"十二五"职业教育国家规划教材
经全国职业教育教材审定委员会审定

高等职业教育理实一体化规划教材电子商务专业

电子商务网站建设

（第2版）

林　锋　主　编

钱丽丹　吴俊峰　副主编

電子工業出版社
Publishing House of Electronics Industry
北京・BEIJING

内 容 简 介

本书按照“项目驱动，职场模拟”的课程改革思路，以网站开发人员的主要职业活动为导向，以典型工作任务及其工作过程为依据，按照“网站设计、网站开发、网站测试和网站发布”的基本开发流程来组织编写教材内容。

本书选用B/S/S三层架构作为软件开发模式，以JavaScript+AJAX为前台脚本开发语言，以C#为后台服务器开发语言，以SQL Server 2005为后台数据库开发平台，将Web应用开发环境配置、界面设计、状态管理、图形编程、权限管理、数据库操作、站点测试与部署等主流网站开发技术融入项目任务中。全书共8个项目，主要内容包括开发一个简单的Web网站、电子商务网站的系统设计、电子商务网站的Web窗体设计、Web应用的基本配置、业务逻辑层的设计与实现、数据访问层的设计与实现、表示层前台子系统的设计与实现、电子商务网站的测试与发布。

本书可作为高职或独立学院电子商务专业、计算机应用技术专业、软件技术专业和网络技术专业等信息类相关专业的教学用书，也可作为相关领域的培训教材和.NET Web程序员的参考用书。

图书在版编目（CIP）数据

电子商务网站建设 / 林锋主编. —2版. —北京：电子工业出版社，2015.1
“十二五”职业教育国家规划教材

ISBN 978-7-121-24132-1

Ⅰ. ①电… Ⅱ. ①林… Ⅲ. ①电子商务—网站—建设—高等职业教育—教材 Ⅳ. ①F713.36②TP393.092

中国版本图书馆CIP数据核字（2014）第191737号

策划编辑：徐建军（xujj@phei.com.cn）
责任编辑：郝黎明
印　　刷：北京捷迅佳彩印刷有限公司
装　　订：北京捷迅佳彩印刷有限公司
出版发行：电子工业出版社
　　　　　北京市海淀区万寿路173信箱　邮编 100036
开　　本：787×1 092　1/16　印张：16　字数：409.6千字
版　　次：2012年6月第1版
　　　　　2015年1月第2版
印　　次：2022年1月第3次印刷
定　　价：35.00元

凡所购买电子工业出版社图书有缺损问题，请向购买书店调换。若书店售缺，请与本社发行部联系，联系及邮购电话：（010）88254888。

质量投诉请发邮件至zlts@phei.com.cn，盗版侵权举报请发邮件至dbqq@phei.com.cn。

服务热线：（010）88258888。

序

高职教育的培养目标、教学理念、课程体系、教学内容、教学方法及教材建设和本科教育有很大的不同。教高［2006］16号文件明确指出：高等职业院校要积极与行业企业合作开发课程；要根据技术领域和职业岗位（群）的任职要求，参照相关的职业资格标准，改革课程体系和教学内容，这为职业教育课程改革和教材编写指明了方向。

浙江经贸职业技术学院电子商务专业作为省重点专业、特色专业，地处杭州这一电子商务极度活跃的地区。专业教学团队紧跟市场需求，一直致力于高职电子商务专业课程体系的重构和课程项目化教学的改革创新工作。改革的总体目标是突破电子商务专业现有的课程体系、课程内容及教学方式，建立基于职业岗位（群）的工作过程系统化课程体系。

多年来，我一直关注着这支队伍的成长。2009年，我得知专业团队的课改设计思路，确定了电子商务网站建设、网络营销及电子商务客户服务三个典型电子商务职业岗位（群），基本完成了电子商务专业课程体系的重构；课程建设作为专业建设的核心工作，我十分赞赏这种探索工作，三年来我一直关注着团队的课改情况，并给予了一些意见和建议。2011年年初，团队完成了电子商务网站建设岗位（群）基于工作过程系统化的课程建设任务，并将几年来项目化教学改革与实践的经验体会汇总形成了校本教材，并在两届在校生中试用。目前，团队经过一年多的教学实践，对教材进行了再次修订，即将交付出版社出版。在各类“工学结合”教材、“能力本位”教材如雨后春笋纷纷面市的今天，一个团队能用三年的时间潜心思考、编写、试用、修订教材，这种务实、负责、严谨的工作态度值得称赏。

翻阅本系列5本教材，我欣喜地看到了团队工作的成效。教材自成体系，按照规划、设计、建设、推广、维护的网站建设流程，涵盖了职业岗位（群）的主要工作内容。通过与企业紧密的合作，整合企业资源，将企业项目转换为学习项目，每本教材均汇聚了校企双方的思想。在如何融“教、学、做”于一体，如何体现“任务驱动”、“项目导向”教学方式，如何按职业岗位工作流程和需要进行内容编排，如何在教学中重现岗位工作任务实施的全过程，如何强化学生职业能力的培养方面做了大量的探索与尝试。这种创新的编写思路、实用易用的教材内容值得肯定，也是一支团队十年专业经营和三年示范建设重要成果的全新亮相。

职业教育课程改革日新月异，新的教学模式、方法、手段层出不穷，但教材建设是培养目标和教学思想的具体体现，是课程建设的核心，是课程教学改革得以实施的重要保证。将专业建设的经验体会和教学实践过程付诸文字，以教材的形式来呈现，也不失为一种专业交流的有效途径。期待能有更多的一线专业教师、更多的教学团队将教学成果精心打造、付梓成书，与同行交流，共同推动职业教育教学的改革和发展。

前言

近年来，我国电子商务发展迅猛，根据知名咨询机构艾瑞咨询集团（iResearch）统计数据显示，2011 年中国电子商务整体交易规模达到 7 万亿元，同比增长 46.4%，预计 2013 年将达到 12.7 万亿元。电子商务已成为以信息化带动工业化，转变经济增长方式，走新型工业化道路的重要举措，成为中国国民经济和社会信息化的重要组成部分。

浙江经贸职业技术学院电子商务专业为省重点专业、特色专业，近年来通过对大量电子商务行业、企业的人才需求调研，确定了电子商务网站建设、网络营销及电子商务客户服务三个典型电子商务工作岗位（群）及其典型工作任务，在此基础上进行课程项目教学化教材开发，目前已经完成了电子商务网站建设岗位（群）方向的 5 本项目化系列教材。

本书围绕"项目驱动，职场模拟"的课程改革思路，以网站开发人员的主要职业活动为导向，以典型工作任务及其工作过程为依据，按照"网站设计、网站开发、网站测试和网站发布"的基本开发流程设置了 8 大教学项目和 25 个工作任务。其中，8 大教学项目以一个中小型 B2C 电子商务网站开发项目为载体，按照商务网站开发的典型工作过程进行划分，即首先介绍网站的需求分析（包括功能分析、性能分析、数据分析），其次介绍网站的规划设计（包括系统设计、界面设计），然后介绍网站的实施过程（包括 Web 应用配置、业务逻辑层开发、数据访问层开发和用户表示层开发），最后介绍网站的测试与发布过程。而每个项目中的工作任务均按照任务分析、任务实施、相关知识、任务拓展和习题 5 个部分进行组织编写，较好地体现了"导教相融、学做合一"的教学思想。通过任务引导进行任务描述和要点分析，通过任务实施进行专项技能实训和培养，通过任务分析进行理论知识要点讲解，通过任务拓展进行专项技能的延续培养，通过习题巩固专项技能和理论知识，从而将知识、技能、态度教学内容很好地融入到工作任务中，使学生在强化训练职业技能的同时，也使职业道德与职业素养得到培养。

本书由浙江经贸职业技术学院电子商务专业教学团队策划。林锋担任主编，制定了本书的总体纲要，并编写了项目一、项目二、项目六；钱丽丹担任副主编，编写了项目四和项目八；吴俊峰担任副主编，编写了项目三和项目七；石东贤编写了项目五。本书在编写过程中，得到了上海商学院宋文官教授的帮助和指导，并为我们系列教材写序。

本书还得到了长沙民政职业技术学院方玲玉教授、北京博导前程信息技术有限公司总裁段建、杭州宏创电子商务有限公司董事长李建宏等专家、学者和企业家的帮助和指导，在此一并致谢！

本书可以说是我们专业团队近年来教学实践的总结。高职课程改革面临的任务还十分繁重，我们希望以此作为与院校同行、与企业界朋友交流的载体，期待大家的指点和帮助，期待大家共同推进电子商务专业教学的改革和发展。

为了方便教师教学，本书配有电子教学课件，请有此需要的教师登录华信教育资源网（www.hxedu.com.cn）注册后免费进行下载，如有问题可在网站留言板留言或发邮件到 hxedu@phei.com.cn。

由于本课程项目教学法正处于经验积累和改进过程中，同时，由于编者水平有限和时间仓促，书中难免存在疏漏和不足。希望同行专家和读者能给予批评和指正。

编　者

目录

项目一

开发一个简单的 Web 网站

项目简介

本项目的工作任务首先是安装和配置 Web 网站的应用开发环境，然后新建一个简单的 Web 应用程序并对其进行调试与发布。通过开发和发布一个简单的 Web 网站让学生了解 Web 网站的基本结构与运行环境，掌握 Web 网站开发的基本流程与主要方法。

能力目标

- 能运用 IIS、VS.NET 和 MS-SQL 等软件安装和配置 Web 网站的应用开发环境
- 能够使用 Web 窗体控件设计和布局网站页面，并使用 C#编写控件事件代码
- 能够在 VS.NET 环境中进行简单地调试和发布 Web 应用程序

知识目标

- 了解 VS. NET 2005 的安装步骤及其工作界面与管理工具
- 掌握 IIS 的基本工作原理及其站点属性与虚拟目录的配置方法
- 了解 Web 应用程序的基本工作原理与开发的基本流程
- 掌握 Web 应用程序界面设计、数据库连接及事件代码编写的方法

任务 1　安装和配置 Web 网站的应用开发环境

安装与配置 Web 网站的应用开发环境是设计与开发电子商务网站的首要任务，主要涉及 Web 服务器运行环境和 Web 应用程序开发环境两大工作环境的配置内容。因此，本任务首先是通过安装和配置微软的 IIS 6.0 组件来构建一个基于 Windows 平台的 Web 服务器运行环境，IIS 6.0 服务器管理界面如图 1.1 所示；然后通过安装和配置微软的 VS.NET 2005 软件来构建一个基于 Windows 平台的 Web 应用程序开发环境，VS.NET 2005 的正常起始界面如图 1.2 所示。

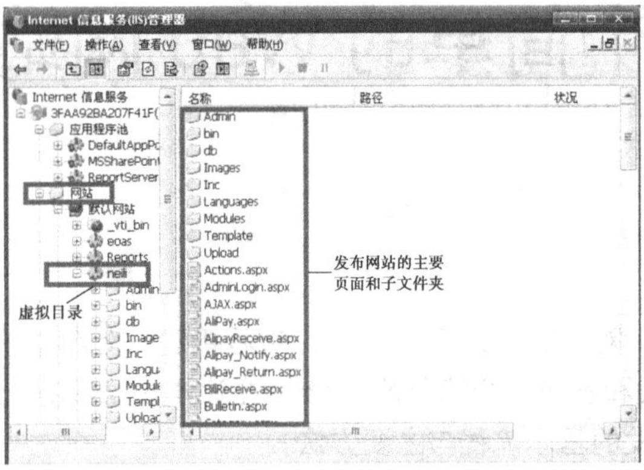

图 1.1　IIS 6.0 服务器管理界面

图 1.2　VS.NET 2005 的正常起始界面

1.1.1　安装和配置 IIS Web 服务器

任务分析

Internet 信息服务器（IIS）由于其可靠性、安全性和可扩展性十分出色，且很好地支持多个 Web 站点，因此是目前运行 ASP.NET 应用程序的首选 Web 服务器。通过 IIS，用户可以轻松地测试、发布、应用和管理自己的 Web 页面和 Web 站点。在默认情况下，IIS 在 Windows NT 系统安装时不会自动安装，只能通过手动安装，并根据需要进行适当配置。

（1）IIS 安装方法和步骤相对简单，一般只需要将配套的系统光盘插入光驱，并在“安装 Windows 功能的选项菜单”中选择相应服务的子组件后，按照安装提示步骤默认安装即可。

（2）IIS 安装完成后，系统会自动配置一个默认的 Web 站点和站点属性。鉴于安全考虑，通常需要将系统默认该站点的主目录进行更改，并为其添加别名和修改站点文件的默认权限。同时，应将网站的首页添加设置为网站访问的默认文档。

（3）IIS 安装和配置完成后，一般就可以在浏览器地址栏中输入 IP 地址或域名直接访问，如果该 Web 网站的端口号不是默认的 80 时，则还应在 IP 地址或域名后加上“:端口号”。

（4）如果要作为专业网站服务器环境，一般要求在 Windows Server 2003 或 Windows Server 2008 系统中安装和配置 IIS，如果是用做教学或学习之用则可以选择 Windows NT 其他系统。

任务实施

步骤一：在 Windows Server 2003 中安装 IIS Web 服务器

（1）将 Windows Server 2003 安装光盘放入光驱。

（2）选择“开始”→设置“控制面板”命令，打开“控制面板”窗口。

（3）双击“添加/删除程序”图标，并选取“添加/删除 Windows 组件”，弹出如图 1.3 所示

“Windows 组件向导”对话框，选中“应用程序服务器”复选框。

（4）单击“Windows 组件向导”对话框中的“详细信息”按钮，弹出“应用程序服务器”对话框，选中“ASP.NET”、“Internet 信息服务（IIS）”、“启用网络 COM+ 访问”和“应用程序服务器控制台”复选框，如图 1.4 所示。

（5）在如图 1.4 所示“应用程序服务器”对话框中，选中“Internet 信息服务（IIS）”复选项，然后单击对话框中的“详细信息”按钮，弹出“Internet 信息服务（IIS）”对话框，选中“FrontPage 2002 Server Extensions”、“Internet 信息服务管理器”、“公用文件”与“万维网服务”等复选框，如图 1.5 所示。

（6）依次单击“确定”→“下一步”按钮，系统自行完成安装。当出现“完成安装”对话框时，单击“确定”按钮，即可完成 IIS 的安装。

（7）打开 IE 浏览器，在地址栏中输入 http://127.0.0.1/postinfo.html，或者输入 http://localhost/postinfo.html，检验服务器上的 IIS 是否可以正常运行。若出现如图 1.6 所示的界面，则表示 IIS 安装正确。

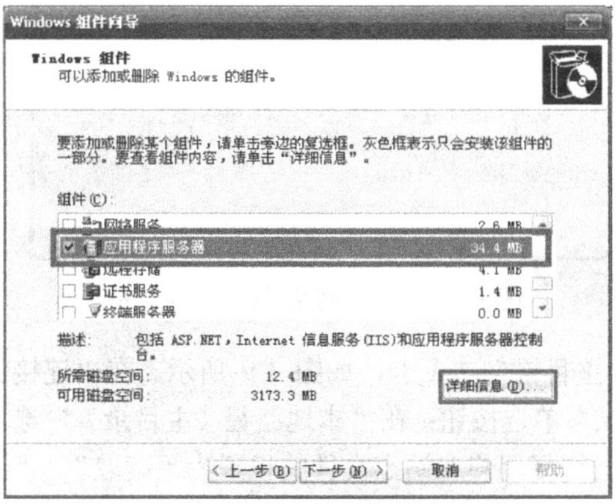

图 1.3 “Windows 组件向导”对话框

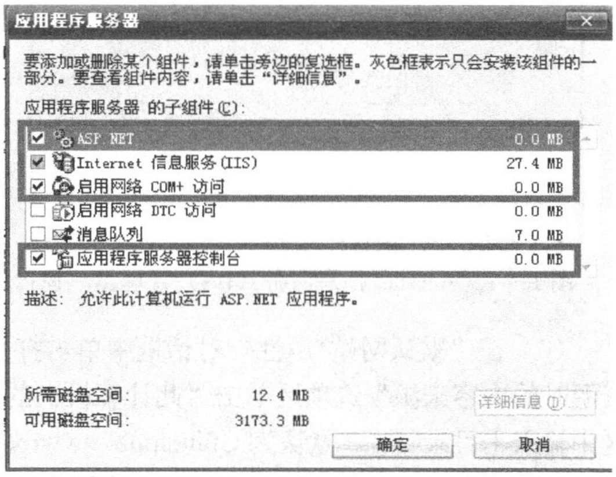

图 1.4 “应用程序服务器”对话框

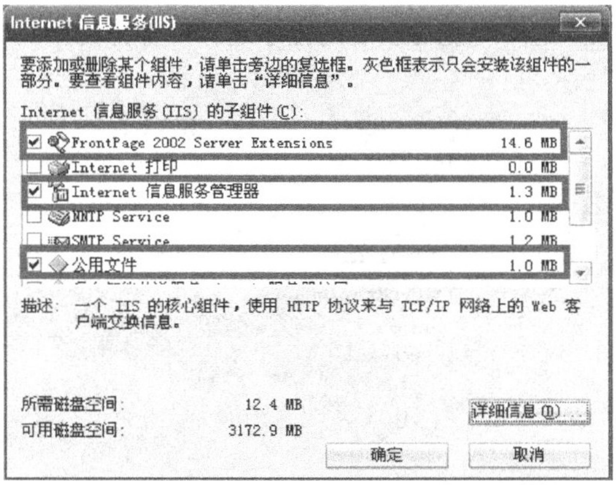

图 1.5 “Internet 信息服务（IIS）”对话框

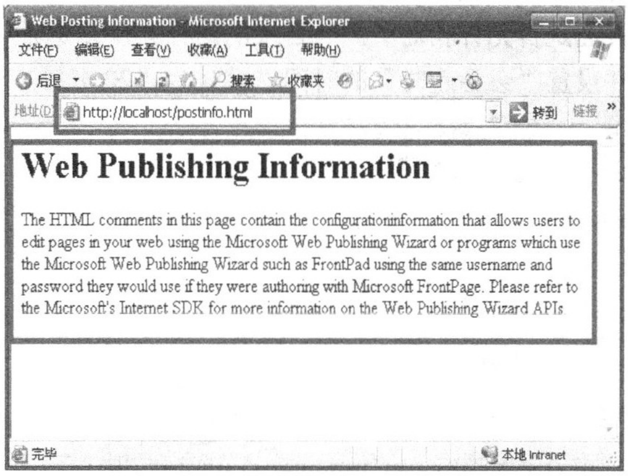

图 1.6 检验 IIS 安装正确的运行界面

步骤二：在 IIS Web 服务器中设置站点属性

（1）选择“程序”管理工具“Internet 信息服务（IIS）管理器”命令即可启动“Internet 信息服务”管理工具，或者直接在“运行”命令框中输入 inetmgr，也可直接进入“Internet 信息服务（IIS）管理器”窗口，如图 1.7 所示。

注：IIS 成功安装后，系统会自动创建一个默认的 Web 站点，系统默认该站点的主目录为 C:\\inetpub\\wwwroot。

（2）用鼠标右键单击“默认网站”选项，在快捷菜单中选择“属性”命令，弹出“默认网站 属性”对话框，如图 1.8 所示。

（3）在“默认网站 属性”对话框中单击打开“网站”选项卡，如图 1.8 所示。在“网站标识”选项区中输入“关于本网站的描述”、“网站的 IP 地址（如 IP 地址有多个，则可以单击‘高级’按钮添加多个 IP 地址）”、“Web 网站的端口号（默认为 80，一般不需要修改）”；在“连接”选项区中输入“连接超时（用户连接请求在等待时间内没有得到服务器的响应）”的秒数，选中“启用日志记录（一般在单机上意义不大）”复选框。

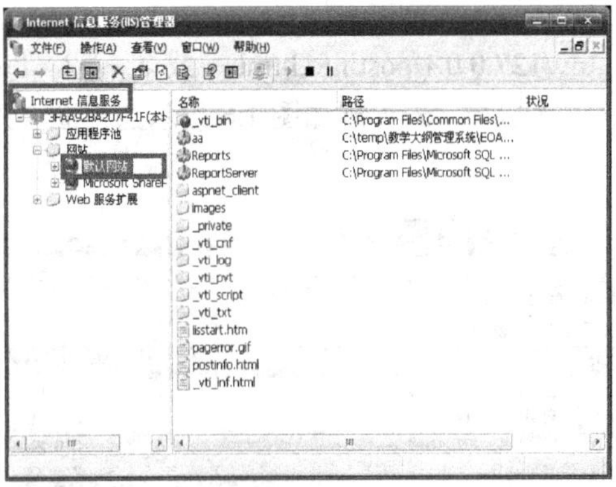

图 1.7 “Internet 信息服务（IIS）管理器”窗口

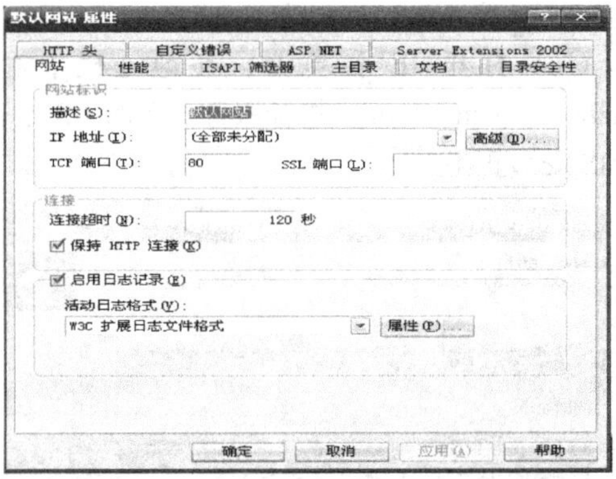

图 1.8 “默认网站 属性”对话框

（4）在“默认网站 属性”对话框中单击打开“主目录”选项卡，如图 1.9 所示。在“连接到资源时的内容来源”选项区单击“此计算机上的目录”单选按钮；在“本地路径（主目录）”选项区中输入主目录路径（默认为 C:\inetpub\wwwroot），选择用户对站点文件的权限为“读取”、“记录访问”和“索引资源”。在“应用程序设置”选项区单击“配置”按钮，弹出“应用程序配置”对话框，如图 1.10 所示。单击打开“选项”选项卡，选中“启用父路径（启用父路径指定了 ASP 页面是否允许相对于当前目录的路径）”复选框，如未选中可能对以后的程序运行有部分的影响，并设置“会话超时”的时间，默认为“20 分钟”。

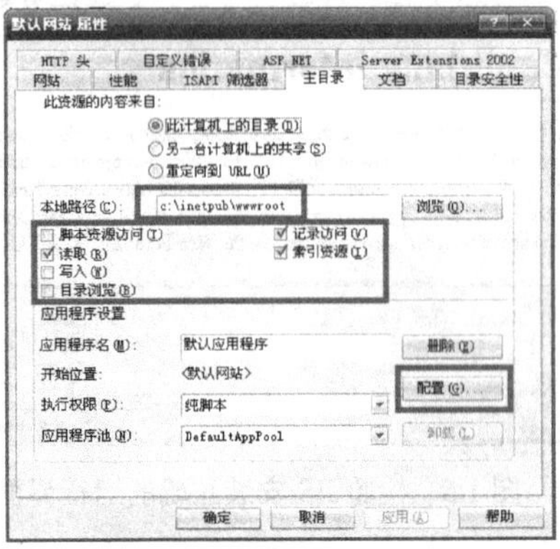

图 1.9 “主目录”选项卡

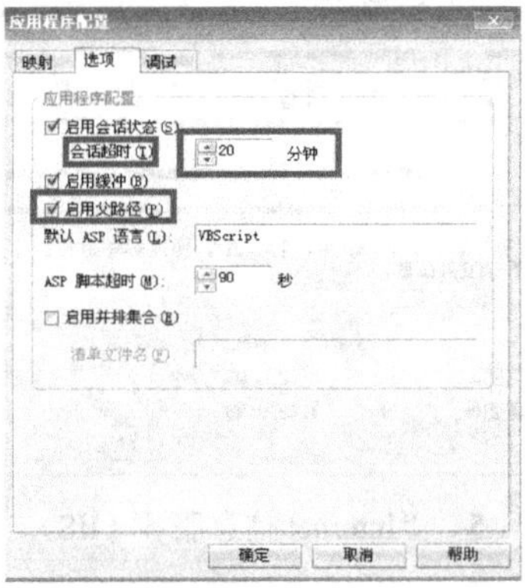

图 1.10 “应用程序配置”对话框

（5）在“默认网站 属性”对话框中单击打开“文档”选项卡，如图 1.11 所示。选中“启用默认文档”复选框，在文档选框内，更改、添加、删除默认文档。

步骤三：快速构建 Web 站点

若在 D 盘上有一个文件夹名为 neili，该文件夹中包含了 Web 网站涉及的所有 HTML 和 ASPX 文件。要在该文件夹中建立网站，可以按照以下步骤完成。

（1）选中该文件夹，用鼠标右击，打开快捷菜单，选择“属性”命令，打开“EOAS 属性”对话框，单击打开“Web 共享”选项卡，如图 1.12 所示。

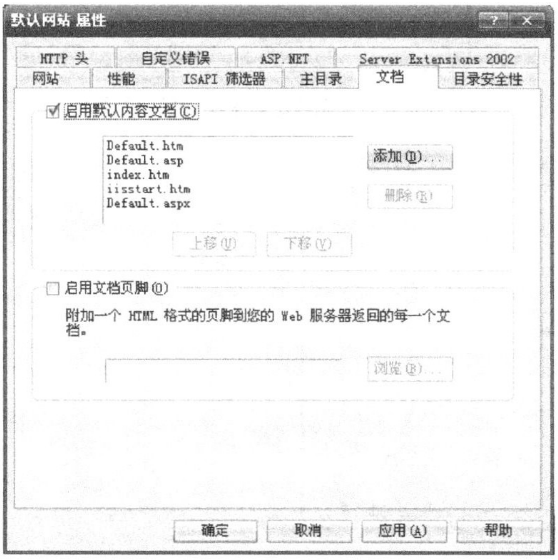

图 1.11 “文档”选项卡

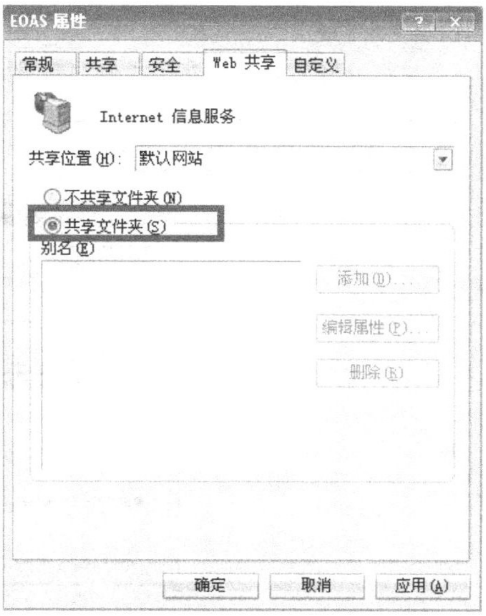

图 1.12 “Web 共享”选项卡

（2）单击“共享文件夹”单选按钮，弹出“编辑别名”对话框，如图 1.13 所示，然后输入 Web 站点别名（如 neili），单击“确定”按钮，完成站点设置。

（3）打开 IE 浏览器，在地址栏中输入“http://localhost/eoas/index.aspx（index.aspx 为该站点的首页）”，即可浏览该网站中的网页。

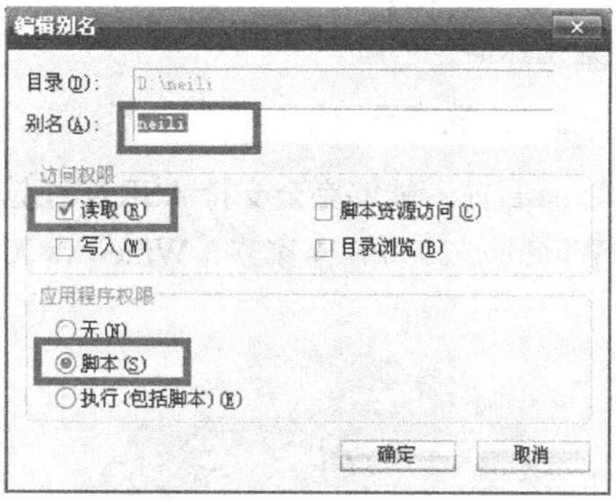

图 1.13 “编辑别名”对话框

步骤四：在 IIS 中创建虚拟目录来组织 Web 应用程序

为提高网站的安全性，可以在默认站点下通过创建虚拟目录来组织 Web 应用程序。

（1）在 IIS 管理器中用鼠标右击“默认网站”选项，在“新建”菜单中选择“虚拟目录”命令，IIS 将启动“虚拟目录创建向导”对话框，单击“下一步”按钮，出现“虚拟目录别名”设置界面，输入网站别名 neili，如图 1.14 所示。

（2）单击“下一步”按钮，出现“网站内容目录”设置界面，单击“浏览”按钮，选择 Web 站点物理路径，如图 1.15 所示。

（3）单击“下一步”按钮，打开“虚拟目录访问权限”设置界面，如图 1.16 所示。默认的虚拟目录访问权限不变，即允许“读取”、“运行脚本”权限。

（4）单击“下一步”按钮，然后单击“完成”按钮创建虚拟目录并终止向导。

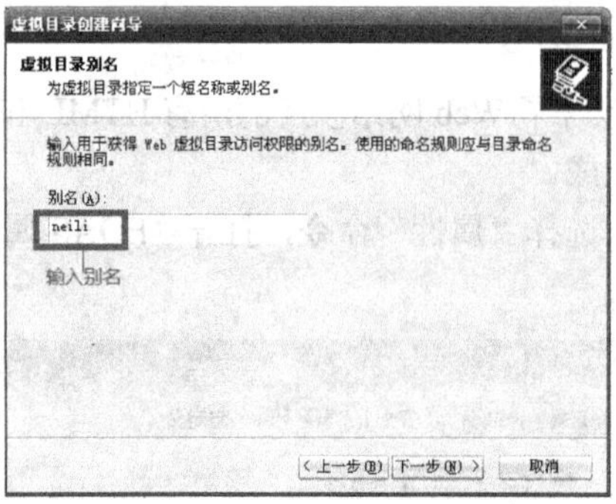

图 1.14　“虚拟目录别名”设置界面

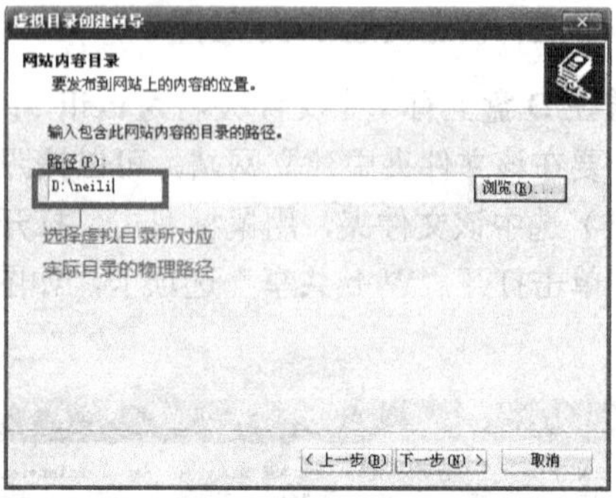

图 1.15　“网站内容目录”设置界面

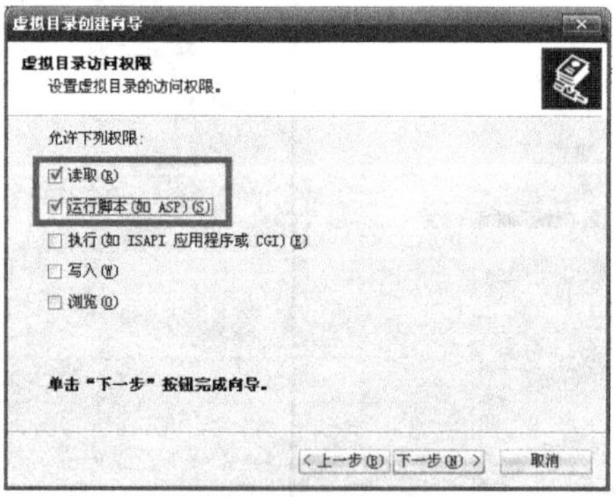

图 1.16　“虚拟目录访问权限”设置界面

相关知识

ASP.NET 应用程序的运行环境是指能提供由 ASP.NET 技术开发的动态 Web 页面正常运行的基本环境。

1. 操作系统平台

目前，能够完全支持 ASP.NET 应用程序运行的 Windows 操作系统主要有 Windows NT SP6、Windows 2000 SP4 家族、Windows XP Professional、Windows Server 2003、Windows Vista 家族、Windows Server 2008 及 Windows 7 家族。

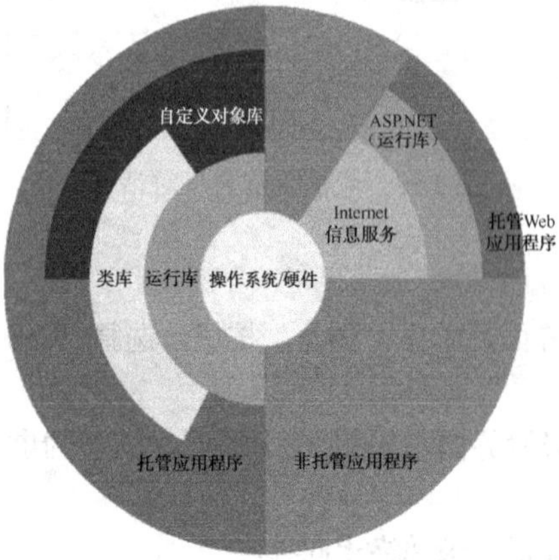

图 1.17　.NET Framework 环境

2. .NET Framework 环境

要正常运行 ASP.NET 应用程序，在操作系统上还必须要安装.NET Framework 运行环境。.NET Framework 是支持生成和运行下一代应用程序和 XML Web Services 的内部 Windows 组件。如图 1.17 所示，.NET Framework 环境包括公共语言运行库（CLR）和类库（CL）两个最主要的组件。

公共语言运行库是.NET Framework 的基础，可以将其看做是一个在执行程序时管理代码的代理，它提供内存管理、线程管理和远程处理等核心服务，并且还强制实施严格的类型安全，以及可提高安全性和可靠性的其他形式的代码。

.NET 类库是一个综合性的面向对象的可重用的类型集合，它可以为传统的命令行、图形用户界面（GUI）应用程序，以及基于 ASP.NET 应用程序（如 Web 窗体和 XML Web Services）的开发提供多种组件和服务，从而大大地简化了编程的工作量，提高了软件开发的效率。使用.NET 类库除能完成一系列常见编程任务（如字符串管理、数据收集、数据库连接及文件访问等）外，还支持下列类型应用程序和服务的开发。

3. IIS Web 服务器

运行 ASP.NET 应用程序还需要安装 IIS 作为 Web 服务器。Internet 信息服务器（IIS）是微软公司主推的服务器，它在同一时间内允许用户打开多个网站页面。打开一个页面占一个 IIS，打开一个站内框架页面占 2～3 个 IIS；若图片等被盗链，在其他网站打开本站图片同样占一个 IIS。假若设置参数为 50 个 IIS，则这个站允许同时有 50 个页面被打开。在一般情况下，参数通常设置为 1000 个 IIS，因为在同一时间内访问网站人数必定远低于 1000 人，除非网站被盗链或框架引发产生的其他消耗。

目前，支持 ASP.NET 应用程序运行的 IIS 版本必须是 5.0 及以上版本。IIS 7.0 作为 Windows Vista、Windows Server 2008 和 Windows 7 中的 Web 服务器角色。与以前版本不同的是，IIS 7.0 所有内置功能（认证、授权、静态文件供应、目录清单支持、经典 ASP、记录日志等）都是使用模块化的管道 API 来实现的。用户可以通过添加或删除模块来自定义服务器，以满足自己的特定需求。同时在 IIS 7 中，ASP.NET 本身也从以 ISAPI 的实现形式变成了直接接入 IIS 7 管道的模块。

4. 数据访问组件

ADO.NET 是与数据源交互的.NET 技术，它提供多个 Data Providers，允许用户使用相似的对象与不同的数据源进行交互。ADO.NET 包含 5 大对象，其中 SqlConnection 对象管理与数据源的连接，SqlCommand 对象允许用户与数据源交流并发送命令给它，SqlDataReader 对象允许用户进行快速的“向前”读取数据，DataSet 对象允许用户将从数据源中检索到的数据缓存到内存中，SqlDataAdapter 对象支持用户将数据源数据与 DataSet 对象进行关联后，断开连接，实现“离线数据库”操作。ADO.NET 为 ASP.NET 应用程序开发提供数据库访问和操作的类的集合，利用 ADO.NET 技术编制的数据库程序必须在.NET 框架下安装微软的数据访问组件（MDAC2.7 以上版本）才能运行。

5. Web 浏览器

为测试 ASP.NET 页面是否能够正确运行，还需要一个 Web 浏览器。ASP.NET 可以根据客户端遵循的 HTML 标准的不同，选择生成符合 HTML 3.2 或者 HTML 4.0 的客户端页面，因此浏览器的选择并不重要。如使用 IE 作为客户端浏览器时，一般只要达到 5.5 及以上版本即可。

任务拓展

在 IIS 服务器中建立多个 Web 站点

在很多情况下，网络里需要的 Web 站点不止一个，如果每建立一个 Web 站点，就投入一台服务器，势必造成硬件资源的浪费。实际上完全可以在一台服务器上建立多个 Web 站点，并让它们同时运行。在 IIS 服务器中，要建立多个 Web 站点，可以使用以下三种方法：设置不同的 IP 地址、设置不同的 TCP 端口号，以及设置不同的主机头名称。

（1）多个 IP 对应多个 Web 站点。

用户需求：某公司现有一台基于 Windows Server 2003 操作系统的 IIS 6.0 服务器，该服务器上已经建立了该公司的一个电子商务网站（ego）（IP 地址：192.168.1.150）。随着公司网上业务交易量的不断增加，现有的网站已经超负荷运行，因此，公司领导决定再增加一个 Web 网站（ego2）（IP 地址：192.168.1.180），以满足公司业务不断增长的需要。

（2）一个 IP 地址对应多个 Web 站点。

用户需求：某公司现有一台基于 Windows Server 2003 操作系统的 IIS 6.0 服务器，该服务器上已经建立了一个公司的电子商务网站（ego）（IP 地址：192.168.1.150）。现公司领导想在公司内网也建立一个 Web 网站，供公司员工使用。由于只是在公司内部使用，所以公司不准备再给这个网站分配一个 IP 地址，而使用与原电子商务网站共享同一个 IP 地址。

（3）多个主机头对应多个 Web 站点。

如果已在 DNS 服务器中将所有需要的域名都已经映射到了此唯一的 IP 地址时，则可以通过设置不同“主机头名”的方法，用域名来完成对不同 Web 站点的访问，如公司外网网站可以使用 www.ego.com 域名来访问，公司内网网站可以使用 www.ego2.com 域名来访问。

1.1.2 安装和配置 Visual Studio 2005 开发环境

任务分析

Visual Studio 2005 是集 Web 应用程序编写、编译、链接、项目管理和程序发布于一体的 ASP.NET 开发工具，本身包含.NET Framework 及 ASP.NET 程序开发服务器，可以在 Windows XP、Windows Server 2003、Windows Vista 和 Windows 7 等操作系统中安装。

（1）安装 Visual Studio 2005 之前，一般要先了解安装 Visual Studio 2005 的必备条件，检查计算机的软硬件配置是否满足 Visual Studio 2005 开发环境的安装要求。

（2）Visual Studio 2005 的安装相对简单，只需双击其中的 Setup.exe 文件即可开始安装，当系统缺少相应的补丁程序与配置时，程序会提示首先进行对其进行安装。

（3）为了更加方便地在 Visual Studio 2005 中开发 Web 应用程序，在安装完成 Visual Studio 2005 工具后，通常需要对 Visual Studio 2005 的“默认环境”、“起始页位置”和“源视图中显示的项目（如自动列出成员、行号、自动换行等）”进行设置。

（4）在编写程序时，可以通过输入控件名的前几个字符、控件名后输入“.”，以及属性或方法名的前几个字符来启动 Visual Studio 2005 开发工具的智能代码提示功能，并在系统主动提示目前可用的信息项目中，选择合适的属性、方法及参数等。

（5）如果在通过 IIS 浏览网站时出现无法预览的情况，则可以在“Visual Studio 2005 命令提示符”窗体中输入“Aspnet_retiis –i”，重新注册.NET 框架。

任务实施

步骤一：安装 Visual Studio 2005 开发工具

（1）选择“安装 Visual Studio 2005”命令后，安装首先需要加载相应的组件，这需要花费一定时间。加载完成后，单击“下一步”按钮，出现如图 1.18 所示的安装界面。此时，用户必须接受“最终用户许可协议”，并在产品密钥文本框中输入产品密钥，方可继续安装。

（2）单击“下一步”按钮，出现如图 1.19 所示的窗口。在此窗口中可以修改安装路径和安装模式。对于熟悉 Visual Studio 2005 的用户而言，可以选择完全或自定义安装模式，对于初学者最好选用默认值安装模式和默认路径。

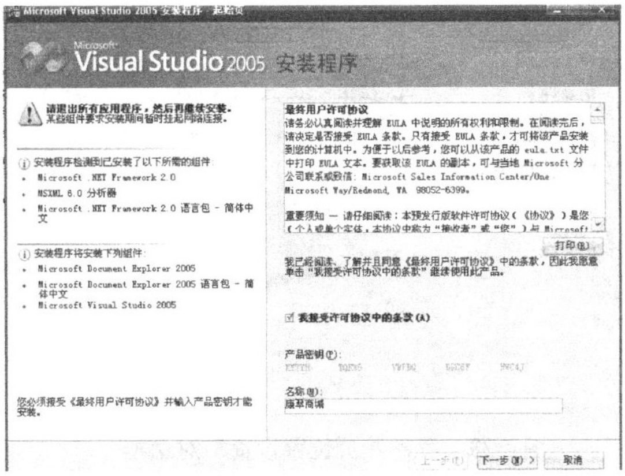

图 1.18 “Microsoft Visual Studio 2005 窗口安装程序-起始页”

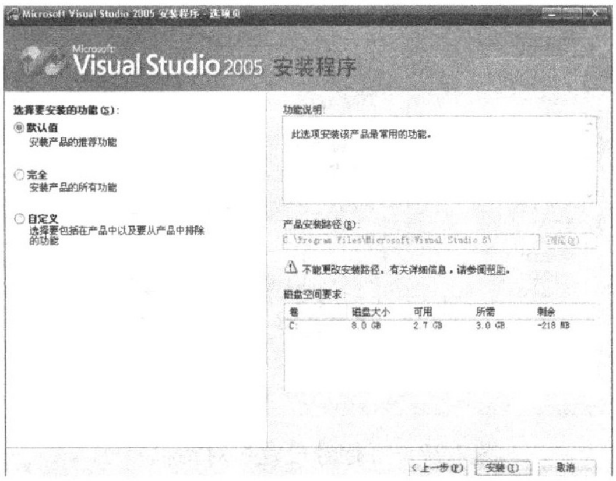

图 1.19 “Microsoft Visual Studio 2005 安装程序-选项页”窗口

（3）单击“安装”按钮开始安装过程，安装程序会复制程序文件并对系统进行必要的设置。最后出现安装成功窗口，单击“完成”按钮即可完成安装。

注意：Visual Studio 2005 安装完毕后可以继续安装产品文档，即 MSDN Library，它包含了 Visual Studio 2005 的帮助文档和许多开发文档，对于学习.NET 非常有帮助。

提示：由于动态网站往往需要同后台数据库发生频繁的数据交互，因此，在构建 Web 动态网站的开发环境时，在计算机中一定要安装数据库管理系统。SQL Server 2005 作为微软新一代数据库管理系统软件，具有高可用、易管理、高安全、高性能和可伸缩的特点。基于此，本书选用 SQL Server 2005 企业版作为后台数据库管理软件。

步骤二：配置 Visual Studio 2005 开发工具

（1）选择“开始”→“程序”→“Microsoft Visual Studio 2005”→“Microsoft Visual Studio 2005”命令，如果用户是第一次使用 Visual Studio 2005 开发环境，则可以在“选择默认环境设置”对话框中选择“Web 开发设置”选项。如果在第一次启动时没有设置默认环境，则可以在 Visual Studio 2005 开发环境菜单栏中选择“工具”→“导入导出设置”命令，然后启动“导入和导出设置”向导，在其中选择“重置所有设置选项”→“Web 开发设置”命令即可，如图 1.20 所示。

（2）在“工具”菜单栏中选择“选项”命令，弹出“选项”对话框。然后根据需要在“环境”、“文本编辑器 HTML”和“HTML 设计器”等命令栏中对“字体和颜色”、“行号”和“起始页位置”等内容进行设置，如图 1.21～图 1.23 所示。

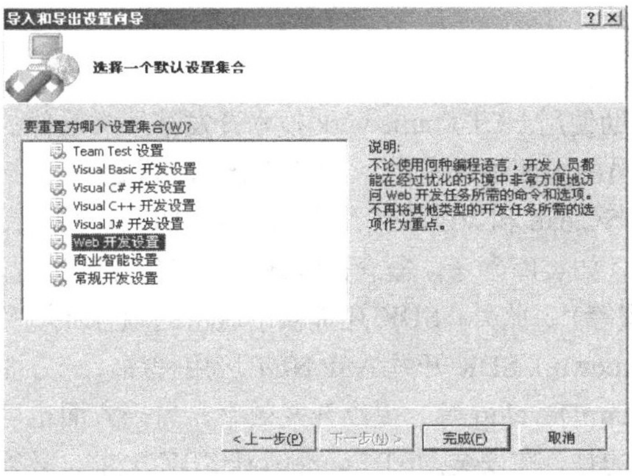

图 1.20 “重置默认环境”对话框

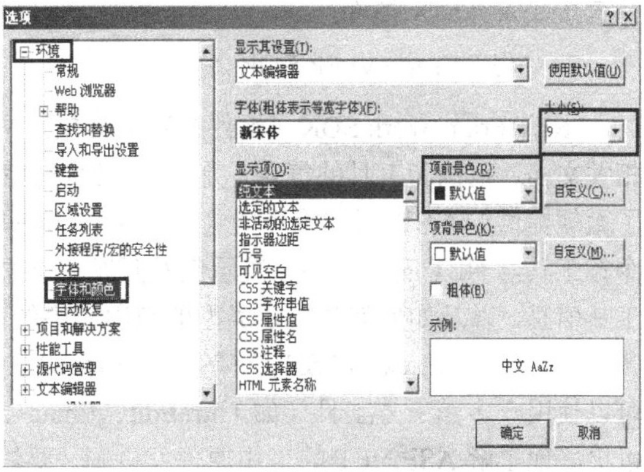

图 1.21 “字体和颜色设置”对话框

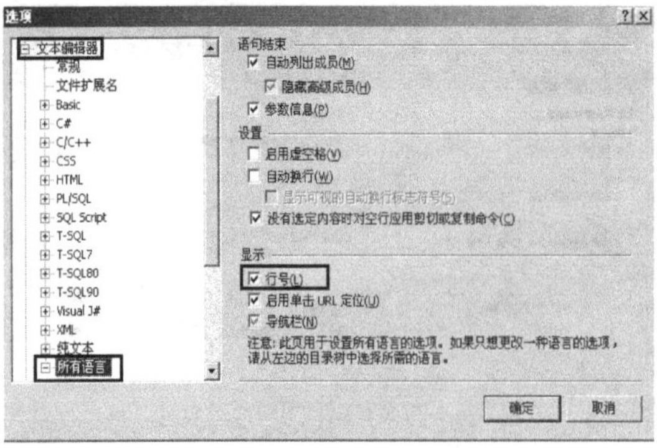

图 1.22 “行号设置”对话框

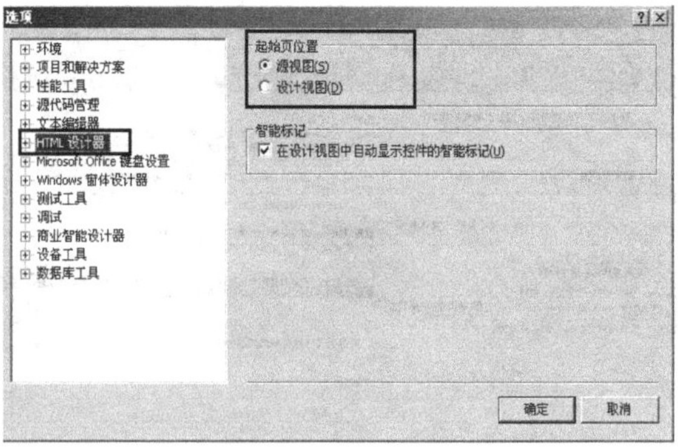

图 1.23 “起始页位置设置”对话框

（3）在“工具”菜单栏中选择“选项”命令，弹出“选项”对话框。然后单击“项目和解决方案”选项卡，并在“项目和解决方案”选项卡的右侧 Visual Studio 项目位置，单击“…”按钮，将项目和解决方案的保存位置更改在其他非系统逻辑磁盘中。

相关知识

ASP.NET 开发环境除了具备基本的运行环境外，还应包括能支持 Web 应用程序代码编写、程序调试及软件发布的完整环境。利用 ASP.NET 开发 Web 应用程序可以采用两种方式：一种是微软的 Visual Studio.NET 集成开发环境，另一种是.NET Framework SDK。

1. Visual Studio.NET

Visual Studio.NET 是微软推出的基于.NET Framework 应用程序的集成开发环境，无论是软件服务商，还是企业应用程序的部署与发布，Visual Studio.NET 都可以提供近乎完美的解决方案。Visual Studio.NET 提供了包括设计、编码、编译调试、数据库连接操作等基本功能和基于开放架构的服务器组件开发平台、企业开发工具和应用程序重新发布工具及性能评测报告等高级功能。

目前，Visual Studio.NET 主要有 2003、2005 和 2008 三个版本，其中 2008 是最新版本。与 2003 版相比，2005 版最大的特点是实现了新建项目与新建网站的分离，另外在一些窗体控件的设计上进行了一些改进，如在 Winform 的设计中，2005 版提供了更为方便的掩码输入框。2008 版作为最新版本，它开始使用 C#3.0，其最大的改进之一是采用 Linq 语言集成查询来写查询数据库，由于增加了很多查询关键字，使得用户可以直接编写查询，而不用再写 SQL 语句。此外，2008 版在 IDE 方面也做了一些改进，如支持 JavacScript HTML CSS 智能感知功能与 JavaScript 断点调试功能，支持直接嵌入 AJAX 控件。

2. .NET Framework SDK

.NET Framework SDK（软件开发工具包）是辅助使用.NET Framework 技术开发某一类软件的相关文档、范例和工具的集合，是.NET 技术开发人员的主要参考资料。.NET Framework SDK 包括了微软提供的.NET 语言编译器（如 C#编译器——CSC.exe 和 VB.NET 编译器——VBC.exe）及命令行工具，.NET 应用程序开发示例及开发完整文档（如类库参考、概念性综述、分步指导的过程、工具信息，以及如何创建特定类型的应用程序的教程等），此外，SDK 还提供了通用的运行环境及各种工具（如 AL.exe 和 SN.exe 等）。使用.NET Framework SDK 开发 ASP.NET 应用程序，一方面可以使用众多第三方工具（如 UltraEdit、Emacs、SharpDevelop 等）提高开发效率，另一方面也可以更好地了解 ASP.NET 的工作原理及机制。要注意的是，在安装.NET Framework SDK 之前，必须要先安装.NET Framework 组件包。

任务拓展

如果在通过 IIS 浏览网站时出现无法预览的情况，则可以尝试重新将.NET 框架注册到 IIS 服务器中，操作步骤如下：

（1）选择“开始”→“所有程序”→“Microsoft Visual Studio 2005”→“Visual Studio Tools”→“Visual Studio 2005 命令提示”命令，打开一个类似于 DOS 的窗口。

（2）输入如下命令行“aspnet_regiis –i”，然后按 Enter 键就可以重新注册.NET 框架，如图 1.24 所示。

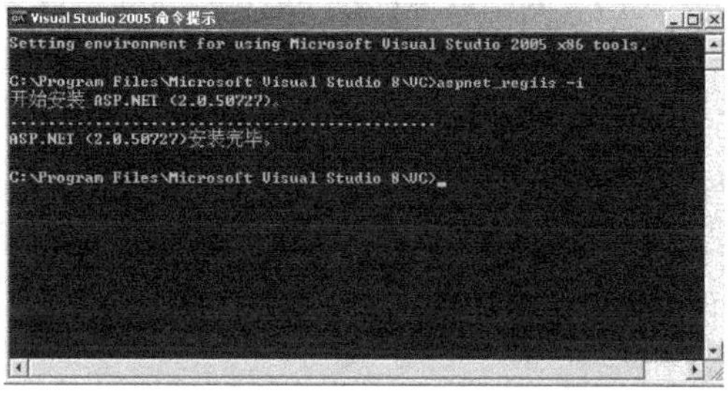

图 1.24　将.NET 框架注册到 IIS 服务器中

任务 2　开发一个简单的 Web 应用程序

ASP.NET Web 应用程序是一种基于 B/S 结构的，以动态网页形式为界面的应用程序，主要由 Web 页面、控件、类代码、资源等文件组成。其中，Web 页面文件（.aspx 文件）与页面代码文件（.aspx.cs 文件）一一对应。.aspx 文件是前台，表示页面内容与格式的展现，负责与用户的交互；.aspx.cs 是后台，表示功能代码的实现，负责用户业务逻辑的处理，以及对业务数据的管理与维护。因此，本任务主要是通过设计和编写一个具有用户登录功能的 Web 应用程序，来熟悉和掌握 ASP.NET Web 应用程序开发的一般流程与步骤，具体内容如下：首先是在 SQL Server 2005 中创建一个后台数据库 ClothesShop.mdf，并在该数据库中创建一张用户信息表 dbo.userinfo，用户信息表结构如图 1.25 所示；其次是在 VS.NET 2005 中新建一个 Web 应用程序项目；然后是进行 Web 页面设计；最后是连接数据库，编写事件处理程序；用户登录 Web 应用程序的运行界面如图 1.26 所示。

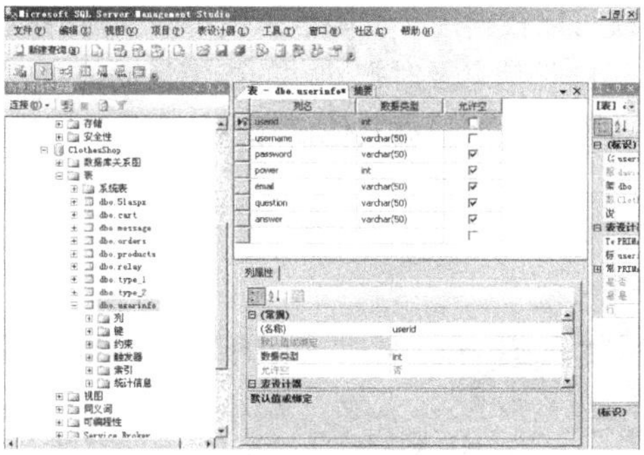

图 1.25　用户信息表结构

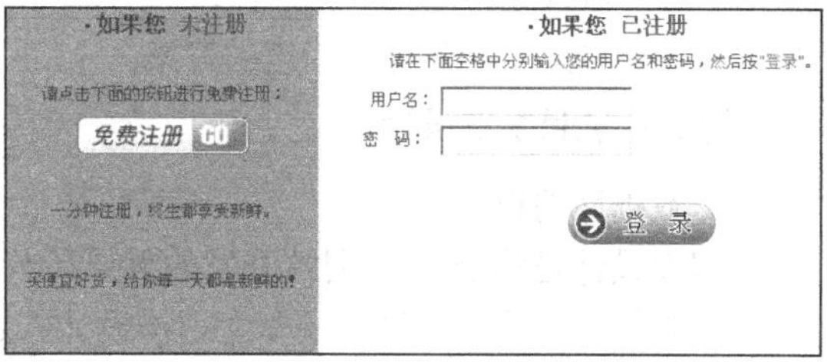

图 1.26　用户登录 Web 应用程序的运行界面

1.2.1　项目需求分析与系统设计

任务分析

电子商务网站需求分析与系统设计作为电子商务网站建设的关键环节，其分析、设计是否合理将直接影响到企业电子商务的成败。就本项目而言，其任务主要是开发一个具有用户登录功能的 Web 应用程序，因此在开发前，应该对其功能需求、数据需求和性能需求等进行系统分析，并对用户登录的基本流程和用户信息数据库表进行详细设计。

（1）网站需求分析一般包括功能需求、数据需求和性能需求等内容，就本项目而言，功能需求应围绕用户的登录流程来确定各个环节的基本功能，如提供用户信息输入的界面、接受并且判断用户信息、返回用户是否登录成功的信息等。数据需求则应围绕“用户与系统的交互内容”来分析确定各个数据实体，如用户基本信息（用户名、密码、电子邮件）、用户权限等。性能需求主要围绕“响应时间、吞吐量”来开展分析，由于本项目规模很小，因此此处可以对其不作分析。

（2）网站系统设计一般包括总体设计、详细设计和数据库设计三部分内容。就本项目而言，总体设计就是功能设计，根据功能需求分析可以将本项目的功能划分为“用户信息输入”、“接受用户信息”、“判断用户信息”、“返回登录成功与否的信息”等几个功能子模块；数据库设计主要是根据用户数据的分析结果将用户信息的各个实体转换为 SQL Server 数据库表中的各个字段；而详细设计就是对用户登录的基本流程进行程序流程图设计。

任务实施

步骤一：项目需求分析

（1）功能需求分析。

在电子商务 Web 应用系统中，经常需要一个用户登录界面，来强制用户输入用户名和密码，并单击“登录”按钮登录系统。如果在登录时用户没有输入用户名和密码，则系统将提示出错信息。否则对用户输入的信息进行合法性验证，如果用户名和密码验证正确后（与数据库信息匹配），系统将根据登录用户的权限，分别跳转到不同的页面，提供不同的服务，并将用户名保存到 Session 中；否则不允许未授权的用户登录系统。在此页面，用户也能通过单击“免费注册”按钮进入注册页面进行注册。

（2）数据需求分析。

用户信息作为用户在 Web 应用系统中进行网上电子商务交易的重要信息，除了用户名和密码信息外，还应包括用户权限、电子邮件等重要信息。系统可以根据用户权限信息使不同权限的用户进入不同界面进行相应的网上活动，也可以根据用户电子邮件信息及时把网站的推销活动信息、购物单信息等内容发送给用户。此外，为了能让用户在丢失密码后能根据其他信息找回密码，在用户信息中一般要设置一些问题和相应的答案。

步骤二：项目系统设计

（1）数据库的设计。

数据库设计是整个 Web 网站开发的重要环节，一个规范的数据库设计一般包括概念结构设计、逻辑结构设计和物理视图设计三个阶段。

① 概念结构设计。

根据前面的需求分析和流程分析，绘制用户信息 E-R 图，完成数据库概念结构设计，操作步骤如下：

首先打开 Microsoft Visio 专业版，选择“文件”→“新建”→“数据库”→“数据库模型图”命令，打开“数据库模型图”窗口；并将左边的实体图标拖到右边的工作区中，双击实体图标，打开数据库属性对话框，如图 1.27 所示。

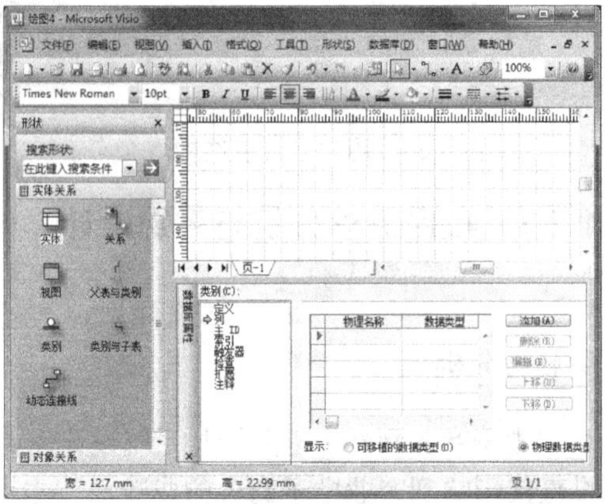

图 1.27　数据库属性对话框

其次，在“定义”类别选项框中，输入“物理名称”、“概念名称”信息为“UserInfo”，如图 1.28 所示。

最后，在“列”类别选项框中，输入用户信息实体相关的属性信息，并在“显示”选项区单击“可移植的数据类型(O)”单选按钮，如图 1.29 所示。

② 逻辑结构设计。

把学生信息 E-R 图转换成二维逻辑关系表，完成数据库逻辑结构设计，如表 1.1 所示。

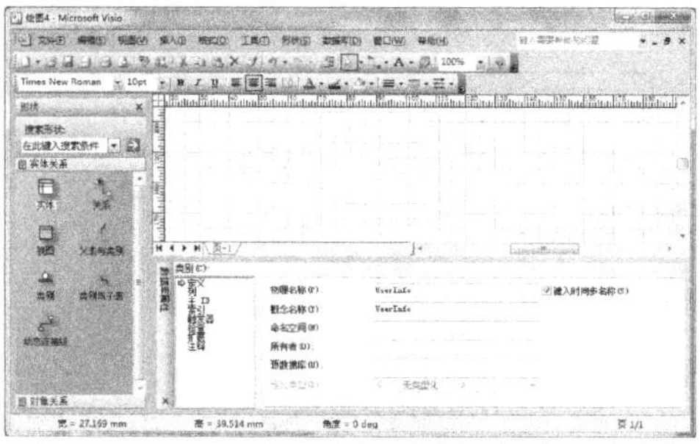

图 1.28 “定义”选项框中输入参数信息

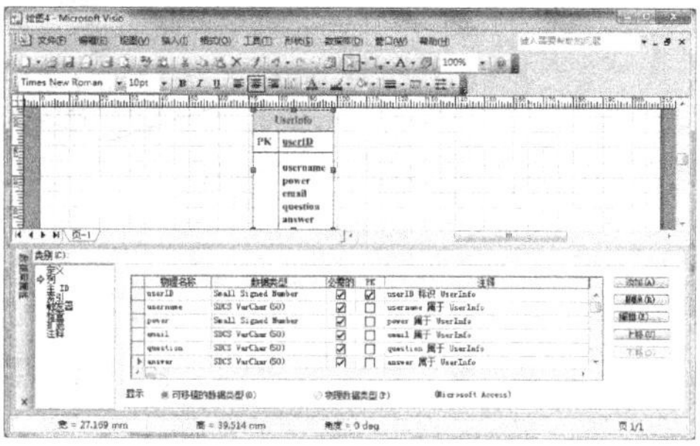

图 1.29 在“列”类别选项框中，输入用户信息实体相关的属性信息

表 1.1 学生信息表逻辑设计

字段名称	数据类型	字段大小	说　明
Userid	int	4	用户编号，主键
username	nvarchar	50	用户名
password	nvarchar	50	用户密码
Power	int	4	用户等级
email	nvarchar	50	用户电子邮件
question	nvarchar	50	用户自设问题
answer	nvarchar	50	用户回答问题

③ 物理结构设计。

根据逻辑结构设计的结构，将二维关系表转换成在 SQL Server 2005 上实现的数据库物理结构视图。为实现在用户登录界面实现对用户信息的验证，在用户信息表 dbo.userinfo 中输入一些用户信息，如图 1.30 所示。

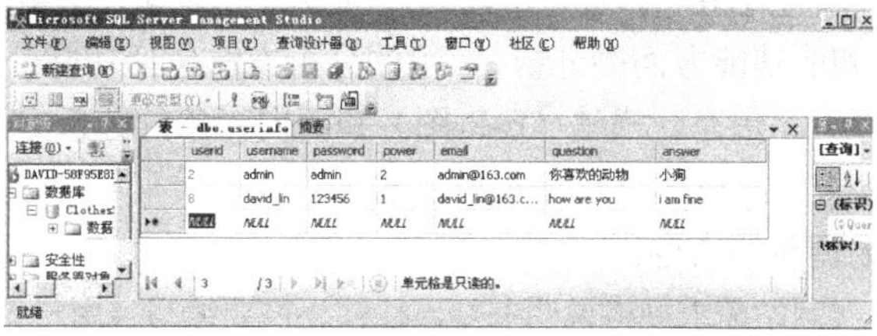

图 1.30 在用户信息表 dbo.userinfo 中输入用户信息

（2）详细设计。

由于用户登录实现功能相对简单，不再进行功能结构设计，因此，此处主要根据用户功能需求的分析结果，绘制程序流程图，如图 1.31 所示。

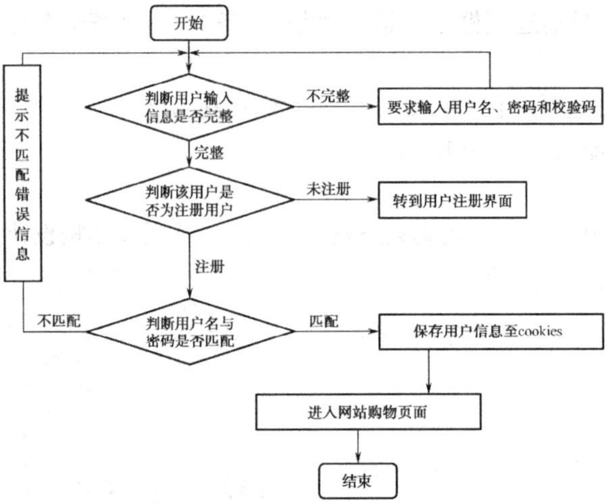

图 1.31　用户登录程序流程图

相关知识

1. 网站需求分析

网站需求分析是指对网站应提供的服务和所受到的约束进行理解、分析、建立文档、检验的过程。网站需求分析是一个螺旋上升的循环迭代过程，因此，需要开发者对网站需求分析的任务、内容、过程、方法进行深入地了解。

（1）网站需求分析的任务与内容。

网站需求分析的任务就是通过用户调查、市场调研等活动，使项目负责人或系统分析人员进一步明确对网站业务需求、用户需求的理解程度，并实现对网站功能需求、数据需求和非功能需求内容的分析，最终完成网站需求规格书。其中功能分析主要是对网站应该具备哪些功能，每个功能有哪些具体细节，包括哪些要素进行分析；数据分析是指对用户与网站交互过程中的输入/输出的基本数据流及中间存储数据进行分析，构建起系统的基本数据实体；而非功能需求主要是指对网站的性能（响应时间、吞吐量）、安全性、可维护性、可移植性等进行分析。

（2）网站需求分析的过程与方法。

网站需求分析一般包括需求获取、需求分析和需求描述三个阶段。需求获取是一个确定和理解业务需求和用户需求及需求限制的过程。业务需求决定用户需求，它描述了用户利用网站需要完成的任务。需求获取通常可以通过用户调查、市场调研及专家咨询等方法实现。需求分析是对获取的网站需求进行功能、数据和非功能方面的分析，常用的分析方法包括功能分析法（功能的分层分解）、结构化分析方法（DFD 图）、信息建模法（E-R 图）和面向对象的分析方法（用例图）。需求描述是指对需求分析的结果以文档的形式进行记录描述的过程，通常采用需求规格说明书进行描述。

（3）用户调查与市场调研的内容。

为了更加清楚地描述《网站需求规格说明书》，往往还需要编写《用户调查报告》和《市场调研报告》文档来辅助说明。通常在开展网站用户调查时，应包括网站当前，以及日后可能出现的功能需求、客户对网站的性能（如访问速度）的要求和可靠性的要求、确定网站维护的要求、网站的实际运行环境、网站页面总体风格，以及美工效果、主页面和次级页面数量、内容管理及录入任务的分配、各种页面特殊效果及其数量（JS、Flash 等）、项目完成时间及进度、明确项目完成后的维护责任。市场调研的内容则主要包括市场中同类网站作品的确定、调研作品的使用范围和访问人群、调研产品的功能设计（主要模块构成，特色功能，性能情况等）和简单评价所调研的网站情况等。

2. 网站系统设计

网站系统设计是指根据需求分析阶段提出的各项功能和非功能要求，结合实际的设计条件，详细地设计出网站的处理流程和基本结构，并为网站实施准备好各种技术资料和文件的过程。网站设计阶段通常包括概要设计和详细设计两个子阶段。

（1）概要设计。

概要设计的主要任务是完成对系统总体结构和基本框架的设计。目前，概要设计主要有结构化和面向对象两种设计方法。其中，结构化设计方法的设计步骤主要有数据设计（设计相应的数据结构）、软件结构设计（软件的层次化模块结构图）、接口设计（数据流和控制流信息）及过程设计（系统中各个功能的过程化描述）；而面向对象设计方法的设计步骤则包括类和对象设计（属性和方法的定义）、子系统设计（类之间的关系）、消息设计和方法设计（各个类的方法及其实现细节）。

（2）详细设计。

详细设计阶段的主要任务是在总体设计的基础上，将设计方案进一步详细化、条理化和规范化。目前，详细设计主要有结构化和面向对象两种设计方法。其中，结构化详细设计主要是对模块图中每个模块的过程进行描述（包括算法流程、内部数据结构），常用的描述方式有程序流程图、N-S图和 PAD 图等。面向对象详细设计主要是对每个类对象的可能状态及事件触发关系进行描述，常见的描述方式有 UML 状态图或活动图等。

（3）数据库设计。

数据库设计是整个 Web 网站开发的重要环节，一个规范的数据库设计一般包括概念结构设计、逻辑结构设计和物理视图设计三个阶段。其中，概念结构设计主要是根据前面的需求分析和流程分析，绘制出用户信息 E-R 图，建立抽象的概念数据模型；逻辑结构设计主要是把概念数据模型设计成数据库的一种逻辑模式（二维关系表及表间关系）；而物理视图设计要求根据逻辑结构设计的结构，将二维关系表转换成在特定数据库管理系统（SQL Server、Oracle、Access 等）中所提供的多种存储结构。

任务拓展

设计一个用户注册页面 register.aspx。该注册页面要求用户在输入用户名、密码、确认密码、电子邮件、密码问题和问题答案信息后，再递交网站进行注册。网站根据用户提交的信息进行审核后再添加到数据库中，即若在审核中发现用户名已经存在，则给出提示信息，并要求用户重新注册。

具体任务：先进行页面功能的需求分析，再开展系统设计和窗体界面设计。

1.2.2 新建 Web 应用程序

任务分析

新建 Web 应用程序是实现 Web 项目开发的关键环节，其内容通常包括项目新建、窗体设计、站点配置、事件代码编写等过程性任务。因此，在开发实施过程中，要充分理解 Web 应用程序开发的整个流程，充分运用 VS.NET 2005 开发平台提供的可视化设计工具和智能化编程工具来完成整个项目的开发工作。

（1）可以运用 VS.NET 已安装的 ASP.NET 网站模板来新建项目，并修改项目的默认保存位置（最好不要在系统盘）和默认开发语言（选择使用 Visual C#语言）。

（2）可以运用 VS.NET 提供的可视化设计界面和工具进行网站界面的设计与布局，也可以在 Dreamweaver 中以新建站点的形式与新建项目进行绑定，实现同步更新。

（3）由于在默认的情况下，SQL Server 2005 数据库“仅限本地连接访问”和“Windows 身份验证模式登录”，给远程用户访问带来不便。因此，需要将其修改为“同时使用 TCP/IP 和 named pipes 访问”和“SQL Server 和 Windows 身份验证模式登录”。

（4）在 Web.config 文件的<connectionStrings>节中设置数据库连接的字符串，实现与 SQL Server 2005 的连接及增查改删操作。

（5）在用户登录成功后，一般需要将其登录名和密码保留至 Session 中，并直至本次用户会话连接结束为止。

任务实施

步骤一：新建一个 Web 应用程序项目

（1）打开 VS.NET 2005，依次选择“文件”→“新建”→“网站”菜单项，打开“新建网站”对话框，如图 1.32 所示。

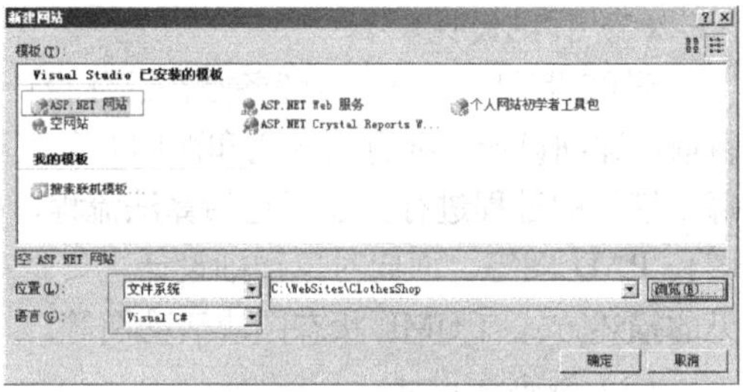

图 1.32　“新建网站”对话框

（2）选中“模板”列表中的“ASP.NET 网站”，创建一个具有.NET 模板的空网站；其次，在“位置”下拉列表框中选择“文件系统”，并在其邮编的下拉列表框中选择或输入网站保存路径（如 C:\WebSites\ClothesShop）；然后，在“语言”下拉列表框中选择“Visual C#”编程语言；最后，单击“确定”按钮，得到一个具有 ASP.NET 模板的网站。

步骤二：Web 窗体设计

（1）将视图从“源”窗口切换到“设计”窗口，然后使用表格进行页面布局。选择“布局”→“插入表”菜单项，打开“插入表”对话框，按照如图 1.33 所示的参数进行设置。

（2）依次选中表格左边的各个单元格，将每个单元格的背景色设成粉红色，方法是，选中表格左侧的某一单元格，选中“属性”列表框中的 Style 属性，单击 Style 属性值右边的“…”按钮，打开“样式生成器”对话框，然后选中“背景”选项，在背景色“颜色”下拉列表框中输入颜色值“#ff65a0”，如图 1.34 所示。

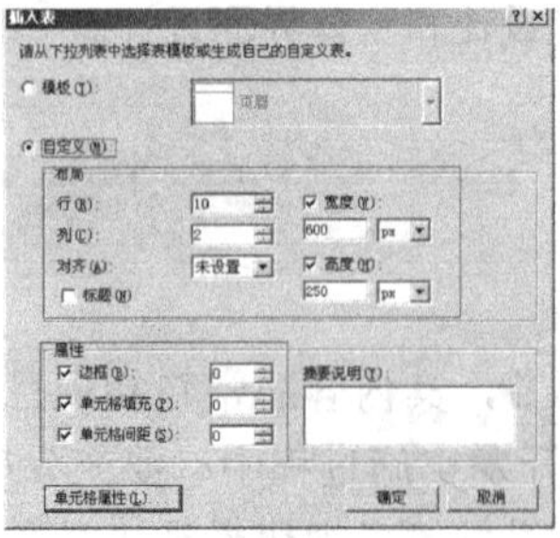

图 1.33　“插入表”对话框

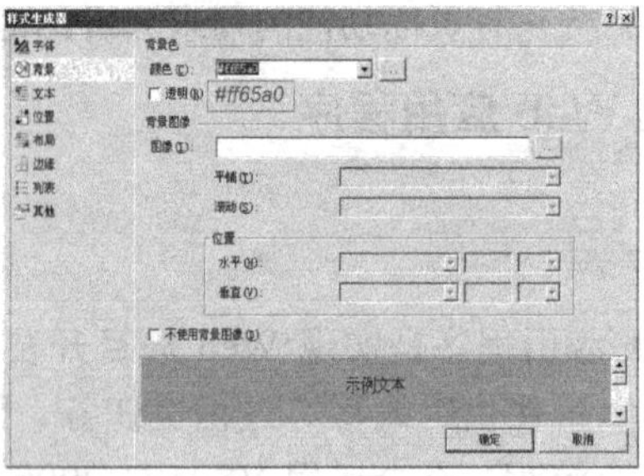

图 1.34　“样式生成器”对话框

（3）单击表格右边的任一单元格，然后使用鼠标左键连续选中表格右半部第 3～第 9 个单元格，然后单击右键，选择“合并单元格”选项。

（4）在合并后的单元格中，插入一个 5 行 2 列的表格，参数设置如图 1.35 所示。

（5）在站点主目录下新建一个文件夹 images，然后将“登录”和“免费注册”两个按钮图标文件 login.gif 和 register.gif 复制到 images 文件夹下；同时将新建的数据库文件 ClothesShop.mdf 和 ClothesShop.ldf 复制到 App_Data 文件夹下。

（6）对新插入表格的行高与列宽进行适当的调整，然后在新插入表格中添加 2 个 Label 控件、2 个 TextBox 控件、2 个 RequiredField Validator 控件、1 个 ImageButton 控件；最后在原表格左侧区域的单元格中插入 1 个 ImageButton 控件，并按照如图 1.30 所示的界面效果在原表格中添加一些修饰引导文件，并形成如图 1.36 所示的控件布局界面，各控件属性值设置如表 1.2 所示。

图 1.35 “插入表”参数设置

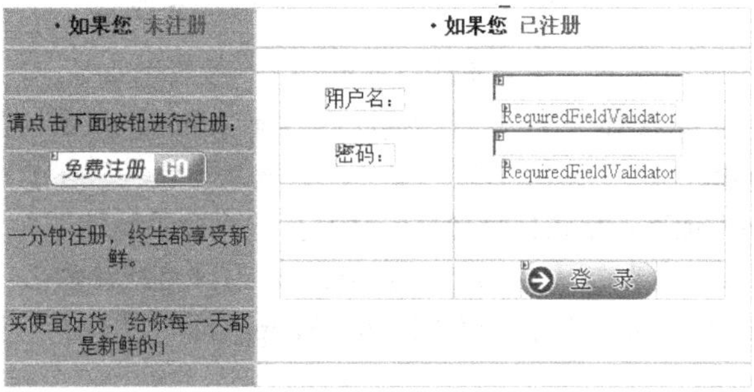

图 1.36 用户登录界面控件布局设计

表 1.2 控件属性值设置

控件类型	属性	属性值	属性	属性值
Label	ID	Lable1	Text	用户名
	ID	Lable2	Text	密码
TextBox	ID	tbusername	MaxLength	50
	ID	tbpassword	TextMode	Password
RequiredField Validator	ID	Check_username	ControlToValidate	username
			ErrorMessage	姓名不能为空！
	ID	Check_password	ControlToValidate	password
			ErrorMessage	密码不能为空！
ImageButton	ID	login	ImageUrl	～/Images/login.gif
	ID	register	ImageUrl	～/Images/register.gif

步骤三：配置 C#和 MS SQL 2005 的远程连接

（1）依次选择“程序”→“Microsoft SQL Server 2005”→“配置工具”→“SQL Server 外围应用配置器”→“服务和连接的外围应用配置器”选项，打开“服务和连接的外围应用配置器”对话框；单击打开“MSSQLSERVER”节点下的“Database Engine”节点，选择“远程连接”，单击“同时使用 TCP/IP 和 named pipes”单选按钮，如图 1.37 所示。

（2）开启数据库的 SQL 服务器身份验证的 SQL 登录验证功能，操作步骤如下：依次选择“程序”→“Microsoft SQL Server 2005”→“SQL Server Management Studio”命令，然后选中“数据库服务器名”，右键单击选择“属性”，打开“服务器属性”对话框，单击“安全性”选项卡，在“服务器身份验证”栏中单击“SQL Server 和 Windows 身份验证模式”单选按钮，如图 1.38 所示。

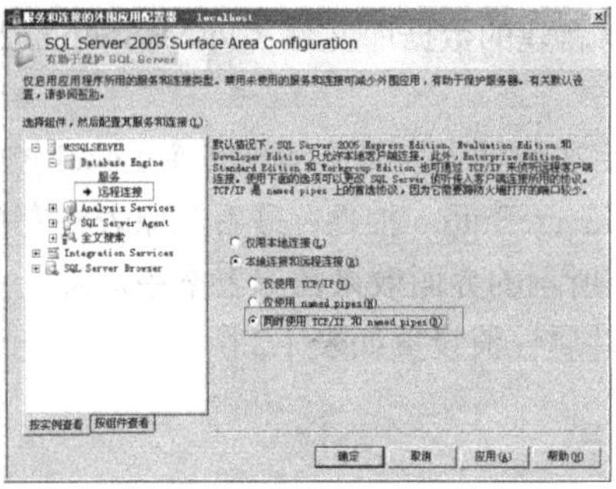

图 1.37　“服务和连接的外围应用配置器”对话框

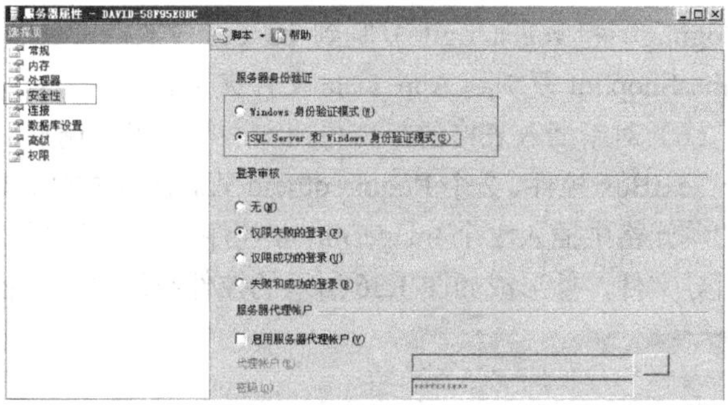

图 1.38　开启 SQL 登录验证功能

（3）设置一个登录账户和密码（一般选用 sa）。操作步骤如下：打开 SQL Server Management Studio，然后依次选择“安全性”→“登录名”→“sa”选项，单击鼠标属性，然后打开“登录属性”窗口，修改密码（此处为 123456），最好将默认数据库修改成本数据库名“ClothesShop”，如图 1.39 所示。

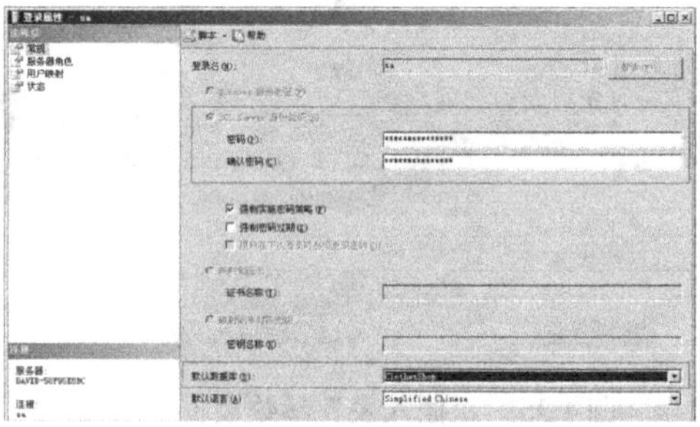

图 1.39　设置一个登录账户和密码

（4）启用用户登录状态。单击登录属性窗口的“状态”选项卡，单击“登录”状态栏的“启用”单选按钮。

步骤四：ASP.NET 网站的配置

ASP.NET 网站的配置是通过 Web.config 文件实现的。Web.config 文件是一个 XML 文本文件，用来存储 ASP.NET Web 应用程序的配置信息，如 Web 应用程序身份验证等。

（1）新建一个 Web.config 配置文件。

首先在“解决方案资源管理器”中，选中 Web 应用程序项目所在的路径，然后单击右键，选择“添加新项”命令项，打开“添加新项”对话框，选择“Web 配置文件”模板，如图 1.40 所示。

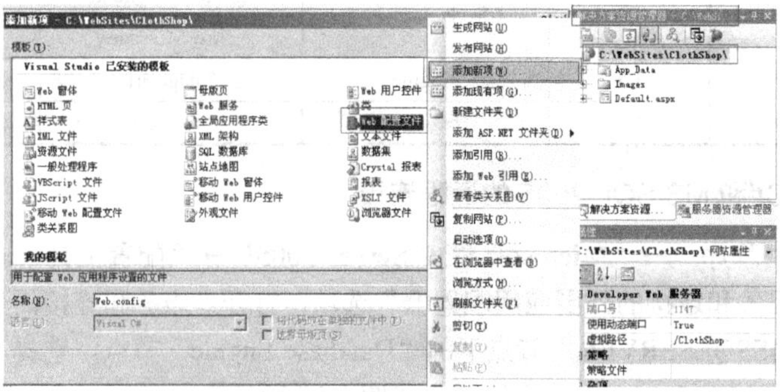

图 1.40　“添加新项”对话框

（2）在 Web.config 文件的<connectionStrings>节中设置数据库连接的字符串，具体实现代码如下：

```
<connectionStrings>
<add name="CShopCStr" connectionString="Data Source=DAVID-58F95E8BC;
Initial Catalog= ClothesShop; Persist Security Info=False; User ID=sa;
```

```
        Password=123456"/>
        </connectionStrings>
```

此处，采用 SQL Server 2005 数据库，数据库服务器名为 DAVID-58F95E8BC，数据库名称为 ClothesShop，数据库用户名为 sa，密码为“123456”；同时要求在数据库连接成功后用户保存密码信息。

（3）在 Web.config 文件的<system.web>中，将< authentication>和<authorization>字节设置安全身份验证。为了使用户不管访问哪个页面，只要还没有验证都会转到登录页（此处为 default.aspx）做验证，并拒绝所有匿名用户访问。具体代码如下：

```
        <system.web>
        …
         <authentication mode="Forms">
        <forms name="loginApp" loginUrl="default.aspx" timeout="60" protection=
"ALL" ></forms>
        </authentication>
        <authorization>
        <deny users="?"/>          <!--此语句表示拒绝所有匿名用户访问-->
        </authorization>
        …
         </system.web>
```

步骤五：编写程序（default.aspx.cs）

```
        ……
        using System.Data.SqlClient; //在引用空间中添加一条 SQL 由文据库引用空间语句
        public partial class _Default : System.Web.UI.Page
        { protected void ImageButton1_Click(object sender, ImageClickEventArgs e)
              { //读取 Web.config 数据库连接字符串 CShopCStr
               string myConn = System.Configuration.ConfigurationManager.
               ConnectionStrings["CShopCStr"].ConnectionString;
              //连接本地计算机上的数据库
               SqlConnection strconn= new SqlConnection (myConn);
              //打开数据库
               strconn.Open ();
              //构造 SQL 语句，该语句在 userinfo 表中检查用户名和密码是否正确
        string mysql= "select * from userinfo where username='"+ this.tbusername.
        Text.ToString().Trim()
        +"'and password='"+this.tbpassword.Text.ToString().Trim() +"'";
              //创建 Command 对象
               SqlCommand cmd=new SqlCommand (mysql,strconn);
              //执行 ExecuteReader()方法,用 SqlDataReader 读取数据库记录
               SqlDataReader dr=cmd.ExecuteReader();
               if(dr.Read ())
                { //将用户信息保存到 Session 中
                  Session["username"]=dr["username"].ToString();
                  Session["password"]=dr["password"].ToString();
                  //用户在填写登录名和密码后，保留 cookie 至本次连接结束 System.Web.
                  Security.FormsAuthentication.RedirectFromLoginPage("this.
                  tbusername",false);
                  //通过认证后自跳转到默认的访问页面 index.aspx
                  Response.Redirect("index.aspx");
```

```
        }
        else
          { //清空用户名和密码输入文本框,并给出提示错误提示信息
            this.tbusername.Text="";
            this.tbpassword.Text="";
            this.tbusername.Focus();
            Response.Write("<script>window.alert('用户名或密码不正确!');
            </script>");
          }
        //关闭连接
        dr.Close();
        strconn.Close();
      }
     protected void ImageButton2_Click(object sender, ImageClickEventArgs e)
      { //重定向到用户注册页面
          Response.Redirect("register.aspx");
      }
  }
```

相关知识

1. Visual Studio.NET 开发环境

在 Visual Studio 2005 起始页界面，新建一个项目或网站后，会进入 Web 应用程序项目开发的基本工作界面，如图 1.41 所示。

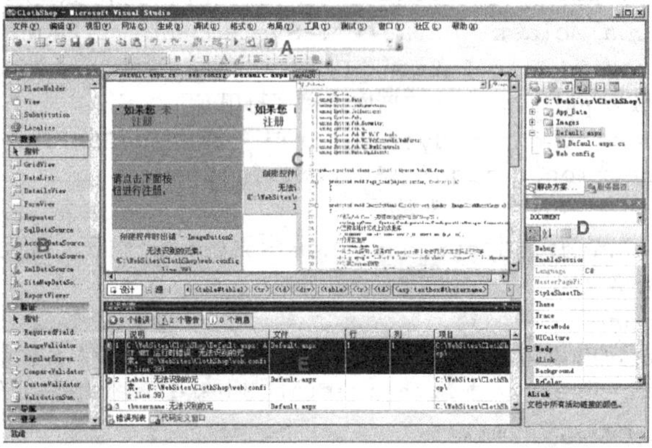

图 1.41　Web 应用程序开发的基本工作界面

Web 应用程序开发的基本工作界面可分为 5 个区域，具体内容及其含义如下：

① A 区是菜单栏和工具栏区。菜单栏是软件常用的命令调用方式。VS.NET 2005 菜单栏一般会随着不同的项目、文件进行动态的变化，常见的菜单有文件菜单、编辑菜单、视图菜单、调试菜单、工具菜单和窗口菜单等。工具栏提供了最常用的功能按钮，同菜单栏一样，VS.NET 2005 工具栏也是动态变换的，常见的工具栏有字体工具栏、对齐工具栏、保存与打开工具栏和项目符号工具栏等。

② B 区是工具箱面板区。工具箱提供了进行 Windows 窗体和 Web 窗体应用程序开发所需的控件、容器、组件等。通过工具箱，开发人员可以方便地进行可视化的窗体设计。若“工具栏”没显示，则可以在“视图”菜单中找到“工具箱”菜单项，或使用 Ctrl+W 快捷键以激活工具箱窗口。

③ C 区是内容显示、编辑区、界面设计器、代码编辑器。VS.NET 2005 提供了两种方式在开

发期间设计 ASP.NET 页面。第一种是源视图，如图 1.47C 区的左侧示意图所示，它展现了页面可视化组件的标记语言（ASP.NET 控件和 XHTML 标签）。第二种是设计视图，如图 1.47C 区的右侧示意图所示，它展现了页面在浏览器中的格式化状态，以所见即所得的方式进行页面布局，通常结合工具箱和属性面板使用。源视图和设计视图可以方便地通过在 C 区左下角代码单击“设计”或“源”按钮进行切换。编辑器是用户编写 ASP.NET 程序代码实现动态网页的区域，ASP.NET 编程常常涉及 ASP.NET 事件模型、C#语法（或其他语言语法），以及常用控件的属性和事件等。

④ D 区是选择面板区，通常包括解决方案管理器、属性面板、类视图面板等。“属性”面板是 Visual Studio 2005 中另一个重要的工具，它为 Web 窗体或 Windows 窗体应用程序开发提供了简单快捷的修改方式，开发者可以方便地通过“属性”面板对窗体中的各个控件属性进行修改。除此之外，“属性”面板还提供了控件的事件管理功能，可以方便地管理窗口及其控件事件。“解决方案资源管理器”面板是一个方便的工具，它提供了直观地观察项目结构的功能。在 Visual Studio 2005 新建项目时，系统会自动创建一个站点所需的最低数量的文件，包括一个默认名为 Default.aspx 文件和一个空的数据目录 App_Data，该目录用来存放系统提供的用于实现客户管理和个性化服务的专用数据库及数据库表。随着程序开发的深入，在解决方案资源管理器中还会添加其他文件，如 App_Code 目录、Web.Config 配置文件及 Global.asax 全局文件等。“类视图”面板也是一个非常实用方便的工具，它提供了观察类结构的功能。通过“类视图”面板可以查看类的内部结构，同时还可以通过右击“类视图”面板来对其进行“自定义”设置。

⑤ E 区是输出信息显示区，包括错误信息显示、输出信息显示和查找信息显示等。“错误列表”面板为代码中的错误提供了即时的提示和可能的解决方法，单击“错误列表”中的错误项，光标即可定位到代码编辑器中的错误代码处，用户可以根据错误提示信息完成对错误代码的修改。“输出”面板用于提示项目的生成情况，包括生成项目名称，配置环境，生成项目中“成功”次数、“失败”次数和“被跳过”次数等信息。

2. Web 应用程序开发

（1）什么是 Web 应用程序。

Web 应用程序是一种通过互联网络实现 Web 浏览器和服务器即时通信的计算机应用程序。不同于静态网站，Web 应用程序可以动态地创建页面，实现 HTML 代码和数据的分离，从而极大地提高网站维护和管理的效率。也就是说 Web 应用程序是一种基于 B/S 结构的，以动态网页形式为界面的、在 Web 服务器端运行的应用程序。

当在一个 Web 服务器上运行多个 Web 应用程序时，应分别为各个应用程序添加虚拟目录，添加虚拟目录后各个应用程序就可以在一个 Web 服务器上运行。通过为应用程序添加虚拟目录，将应用程序中所有的文件限制在一个“应用程序域”中，每个 Web 应用程序都有自己的“应用程序域”，“应用程序域”相互之间是独立的，不相互影响，从而使得应用程序的安全性和执行效率等方面得到了保证。同时，用户还可以针对不同的应用程序做不同的配置，使程序功能得到增强。

（2）ASP.NET Web 应用程序（网站）结构。

ASP.NET Web 应用程序（又称为网站）是由页、控件、代码模块和服务组成的集合，这四个组成部分均在一个 Web 服务器应用程序目录（通常是 IIS 虚拟目录）下运行。ASP.NET 保留了下列用于特定类型的文件夹名称：

—App_Data　包含应用程序数据文件。

—App_Themes　包含用于定义 ASP.NET 网页和控件外观的文件集合（.skin 和.css 文件，以及图像文件和一般资源）。

—App_Browsers　包含 ASP.NET 用于标志个别浏览器并确定其功能的浏览器定义（.browser）文件。

—App_Code　包含作为应用程序一部分进行编译的实用工具类和业务对象（如.cs、.vb 文件）的源代码。

—App_GlobalResources　包含编译到具有全局范围的程序集中的资源（.resx 和.resources 文件）。

—App_LocalResources　包含与应用程序中的特定页、用户控件或母版页关联的资源（.resx 和.resources 文件）。

—App_WebReferences　包含用于定义在应用程序中使用的 Web 引用的引用协定文件（.wsdl 文件）、架构（.xsd 文件）和发现文档文件（.disco 和.discomap 文件）。

—Bin　包含要在应用程序中引用的控件、组件或其他代码的已编译程序集（.dll 文件）。

任务拓展

根据 2.1 任务拓展的需求分析和系统设计结果，为用户注册页面编写一段用户注册提交的事件代码（register.aspx.cs），从而实现对用户注册信息的检测和添加功能。

任务 3　Web 应用程序的调试与发布

在应用程序开发完成后，首先必须要确保其没有错误并且安全可靠，然后才能将其进行发布并交付给用户使用。也就是说，在确定应用程序可以发布之前，程序员必须先彻底检查该应用程序是否存在错误，并且纠正遇到的任何存在于软件中的错误。因此，本任务的主要内容是通过对任务 2 中的用户登录应用程序进行测（调）试与发布工作，从而熟悉和掌握在 Visual Studio.NET 的 IDE 环境中对应用程序进行测（调）试与发布的方法和步骤。

任务分析

1.3.1　Web 应用程序的调试

由于在程序编写过程中随时都可能出现不可预见的逻辑错误或异常终断现象，因此，通常需要程序员对编写的程序进行逐句调试或断点调试操作，排除程序异常问题。

（1）为了尽可能地发现程序中存在的可能错误，一般需要使用“单步执行”进行程序调试。逐语句和逐过程是“单步执行”调试的两种形式，如果要查看函数调用的内容，则使用“逐语句”；如果要避免单步执行函数，那么最好使用“逐过程”。

（2）当在程序全面调试中发现某行代码出现错误或异常时，则可以启动断点调试方式来排除问题。调试时，可以先选中该行代码，并在该行处插入断点，执行有条件和无条件的断点调试，分析比较变量或条件表达式的值输出变换情况，从而发现可能存在的错误。

（3）当某个断点经调试后没有发现错误，但其又与后面的其他断点有牵连关系，这时可以给这个断点设置命中次数，避免每次遇到断点总是中断。

任务实施

步骤一：在 Web.config 文件中进行调试配置

打开任务 2 中的新建项目 ClothesShop.Sln，然后在“解决方案资源管理器”中打开 Web.config

配置文件，在<system.web>节中添加“<compilation debug="True"/>”设置语句。值得注意的是，由于该语句的设置会直接影响到性能，因此只在开发过程中将此值设置为“True”，而在应用程序部署前应禁止调试，即将此值设置为“False”，以提高效率。

步骤二：设置断点

（1）逐语句或逐过程执行语句。

首先打开 default.aspx.cs 文件，然后依次选择“调试”→“逐语句”菜单命令，则启动逐语句调试编译启动程序，进而在“输出”窗口中通过监视执行过程中变量或表达式的值来发现程序中的逻辑错误，如图 1.42 所示。

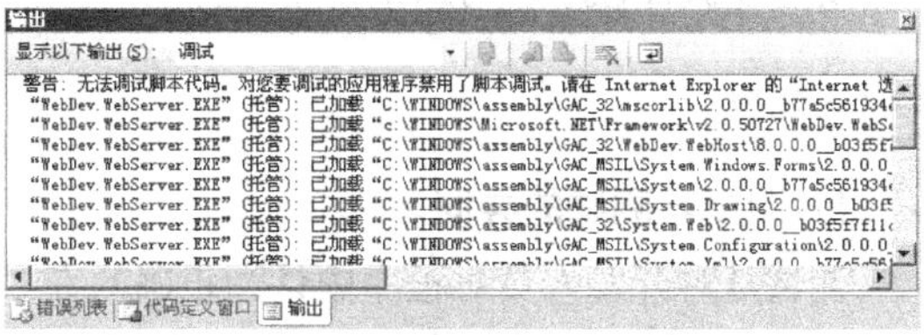

图 1.42　“逐语句”调试的“输出”窗口

值得注意的是，除非是程序文件中每条语句都有变量值输出或者表达式值输出，才需要进行逐语句调试编译。

（2）设置无条件中断的断点。

首先打开 default.aspx.cs 文件，右击所需代码行，如图 1.43（a）所示，选中“if(dr.Read ())”语句，然后在弹出式窗口中，选择“断点”→“插入断点”选项。此时设置断点所在的代码行旁将由彩色点指示，且整行均为高亮显示，如图 1.43（b）所示。

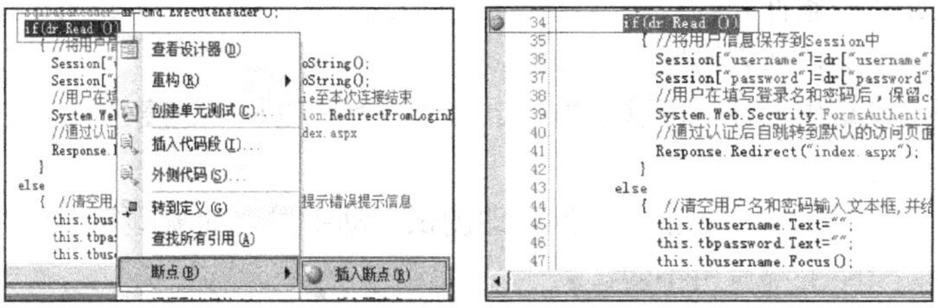

（a）　　　　（b）

图 1.43　设置无条件中断的断点

此时，可以在调试工具栏中，单击“断点”按钮，打开“断点”窗口，查看断点的名称、条件及命中次数的设置状态，如图 1.44 所示。

（3）设置有条件中断的断点。

当只想看看条件表达式满足要求的输出变量值时，可以通过设置有条件中断的断点来实现。方法如下：右击已设置断点的代码行，在弹出窗口中选择“条件”选项，打开“断点条件”对话框，并在条件框中输入条件表达式，如图 1.45 所示。

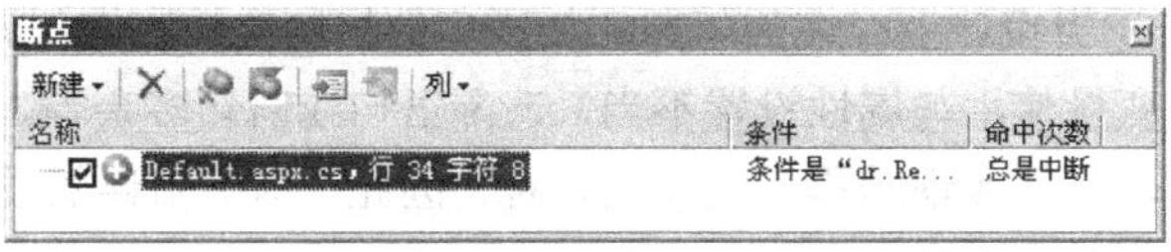

图 1.44　“断点”窗口

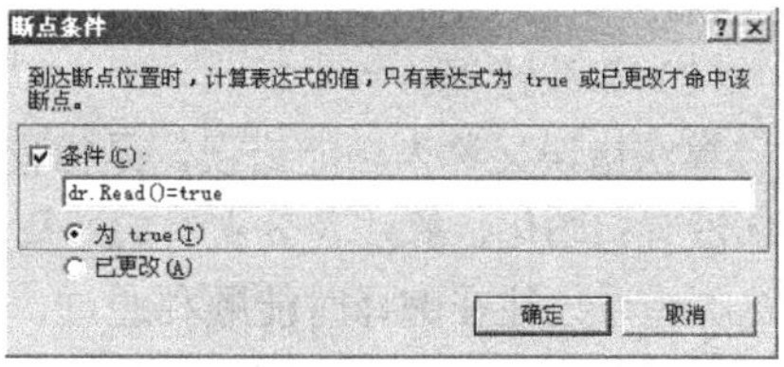

图 1.45　“断点条件”对话框

（4）设置命中次数。

有时，某个断点虽然经调试后没有错误，但由于其与后面的其他断点有牵连关系，所以此时可以给这个断点设置命中次数，避免每次遇到断点总是中断。方法如下：右击已设置断点的代码行，在弹出窗口中选择“命中次数”，打开“断点命中次数”对话框，并在“命中断点时”下拉列表中选中相应的中断方式，如图 1.46 所示。

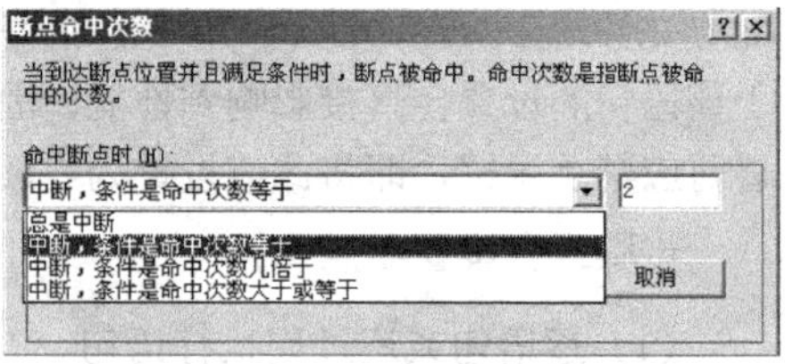

图 1.46　“断点命中次数”对话框

（5）继续执行程序。

由于设置断点后，程序总是在断点处进行停止，因此如要继续执行程序，请从菜单中选择“调试”→“继续”命令或者直接按快捷键 F5 即可。

相关知识

1. 调试与测试的异同

测试是对开发人员对程序中认为正确的许多方面进行确认，直至开发人员发现其中一项不正确的这样一个过程，而调试是指开发人员尽可能地去找出并改正程序中这些存在的不正确项或者错误的一个过程。具体来说主要有以下几点不同：

（1）测试的目的是找出存在的错误；而调试的目的是定位错误、找出错误的原因并修改程序以修正错误。

（2）调试是编码阶段和缺陷修复阶段的活动，测试活动则可以贯穿整个软件的生命周期。

（3）测试是从已知的条件开始，使用预先定义的过程和步骤，有预知的结果；调试从未知的条件开始，其结局不可预知，结束时间无法预计。

（4）测试过程可以事先设计，可以预先制定测试用例和过程，进度也可事先确定，而调试过程无法描述过程和持续时间。

（5）调试是在测试之后，在方法、思路，即测试活动中发现的缺陷需要通过调试来进行定位；它们在方法、思路、策略上都有所不同。

（6）测试的对象可以是文档和代码，而调试的对象只能是代码。

2. Web 应用程序的错误类型

Web 应用程序的错误类型有语法编译错误、算法错误和运行时错误。

（1）语法错误。

语法错误（又称为编译错误）是编码过程中遇到的最明显的一类错误。程序员在编写代码的过程中不遵循语言规则时，就会产生语法错误（包括数量类型转换错误、变量未定义等）。例如，C# 要求程序员在每行代码的末尾加上分号，如果漏掉分号，就被视为语法错误。由于这类错误在编译运行前 VS.NET 2005 就会提示编程者进行修改，因此是最容易解决的错误类型，一般不必借助于调试工具。

（2）算法错误。

算法错误又称为功能错误，是指程序在逻辑设计上存在的问题。如程序的控制结构存在问题，循环没有初始化，算法各分支考虑不周全，变量使用与属性设置不当，遗漏语句或语句多余等。由于这类错误往往在编译时能顺利通过，但它却不能实现编程者预期的目标，因此，这类错误的发现与纠正需要极大的耐心与细心，且必须借助于调试工具。

（3）运行时错误。

当应用程序试图执行无法实施的操作时，就会产生运行时错误（又称为异常）。此类错误发生在运行时，例如，在程序运行过程中要拿一个变量作除数，然而这个时候这个变量的值是 0，这种情况就会产生运行时错误。此类错误仅在其实际发生时出现在运行时，这是最难发现的程序错误。检测此类错误的唯一方式是测试应用程序，以确保其提供的输出结果为预期结果。表 1.3 列出了各种错误之间的区别。

表 1.3　语法错误和语义错误

语 法 错 误	逻 辑 错 误	运行时错误
C#语句的语法错误、缺少括号、拼写错误、缺少语句等	无限循环、读取不存在的文件、计算错误等	内存泄漏、以零作除数、安全异常
在编译时确定	在程序运行时确定	在程序运行时确定
易于确定和更正	难以调试，因为此类错误仅在应用程序运行时出现	难以测试，因为此类错误仅在应用程序运行时出现

3. VS.NET 中的调试工具

由于设置断点后，程序将在断点处进行中断，此时可以通过 VS.NET 调试器窗口查看程序中的数据，如变量、对象、表达式。通过逐句或逐过程的执行，跟踪程序流向，查看执行过程的数据变化，对照监视数据与期望数据之间是否存在差异，进而发现程序中的逻辑错误。

VS.NET 调试器提供有多个窗口，用于监控程序执行。其中，可在调试过程中使用的部分窗口包括“局部变量”窗口、“监视”窗口、“快速监视”对话框和“即时”窗口。

（1）“局部变量”窗口。

“局部变量”窗口显示局部变量中的值。它只列出当前作用域（正在执行的方法）内的变量并跟踪它们的值。控制权一旦转到类中的其他方法，系统就会从“局部变量”窗口中清除列出的变量（如果超出作用域），并显示当前方法的变量。

调试应用程序时从菜单中选择“调试”→“窗口”→“局部变量”命令，即可弹出“局部变量”窗口。

“局部变量”窗口包含三列信息：“名称”列显示变量的名称，“值”列显示变量的值，“类型”列显示变量的类型。当程序执行从一个方法转向另一个方法时，“局部变量”窗口中显示的变量也会改变，从而只显示局部变量。可以为“值”列下的字符串和数值变量输入新值，当值被更改后，新值将显示为红色，程序将使用这个变量的新值。

（2）“监视”窗口。

“监视”窗口用于计算变量和表达式的值，并通过程序跟踪它们的值，也可以用来编辑变量的值。与“局部变量”窗口不同，此窗口中要“监视”的变量应由开发人员提供或指示。因此，可以指定不同方法中的变量。要同时检查多个表达式或变量，可以同时打开多个“监视”窗口。变量的名称应在窗口中指定，执行程序时，“监视”窗口会自动跟踪变量的值。如果被监视的变量作用域不在当前执行的方法内，将会显示“标志符超出范围”的错误。

从菜单中选择“调试”→“窗口”→“监视”命令，即可打开“监视”窗口，可以最多同时打开四个监视窗口。打开监视窗口后，要向其中添加监视表达式，双击“名称”列，输入表达式（如监视某个变量 i 的值，则表达式输入 i）。当然也可以选中所监视的表达式文本，右击鼠标，在弹出的菜单中选择“添加监视”选项即可。

（3）“快速监视”对话框。

“快速监视”对话框可用于快速计算变量或表达式的值，通过此对话框还可以修改变量的值。用右键单击变量并选择“快速监视”选项，即可弹出“快速监视”对话框。“快速监视”对话框每次只能用来显示一个变量的值，如要显示另一个变量或表达式，则可以用“添加监视”或“重新计算”来完成。此外，此对话框实际为模式对话框，也就是说，它不能用来在执行过程中跟踪变量的值。要继续执行代码，必须关闭此对话框。要跟踪变量的值，可以单击“添加监视”按钮，将变量添加到“监视”窗口中。

（4）“即时”窗口。

“命令”窗口的即时模式可用于检查变量的值、给变量赋值及运行一行代码。要查找变量的值，必须在变量的名称前添加问号（？）。当应用程序处于中断模式时，值将显示在“命令”窗口的即时模式中。同样，在此窗口中输入赋值代码，然后按下 Enter 键，即可更改变量的值。分中断模式无法使用“即时”窗口。

从菜单中选择“调试”→“窗口”→“即时”命令，即可显示即时模式下的“命令”窗口。

任务拓展

按照 Web 应用程序调试的基本方法和步骤对任务 2 中的任务拓展用户注册页面 register.aspx 和 register.aspx.cs 进行调试，并使用 VS.NET 调试器窗口工具对调试的结果进行查看，分析错误，解决错误。

1.3.2 Web 应用程序的发布

任务分析

发布 ASP.NET Web 应用程序项目时，Visual Studio 会将 Web 应用程序文件编译为单个程序集，然后将编译后的程序集复制到指定的位置。Web 应用程序项目与标准 Visual Studio 2005 类库项目共享相同的配置设置和行为。可将 Web 应用程序发布到本地文件夹或共享文件夹、FTP 网站或者通过 URL 访问的网站。

（1）发布 Web 应用程序之前，应检查连接字符串、成员资格设置和其他安全设置等设置，确保这些设置适用于实际环境。同时，要禁用调试、跟踪及自定义错误功能。

（2）可以在“发布 Web”对话框（Visual Studio 的“生成”菜单）中，生成并发布 Web 应用程序；也可以在 IIS Web 服务器中对站点文件进行发布更新，但在发布前应先进行编译。

（3）在网站编译后，为保护源代码被未授权人访问，一般建议在发布的文件夹中将其移除。

任务实施

当经过前面的调试后，发现程序无任何问题时，可以对网站进行发布，发布的操作方法如下：依次选择“生成”→“发布网站”菜单命令，打开“发布网站”对话框，如图 1.47 所示，然后在“目标位置”可编辑的下拉列表框中，选择或输入发布后生成网站文件的保存位置，并选中“允许更新此预编译站点”复选框，其他参数默认即可。

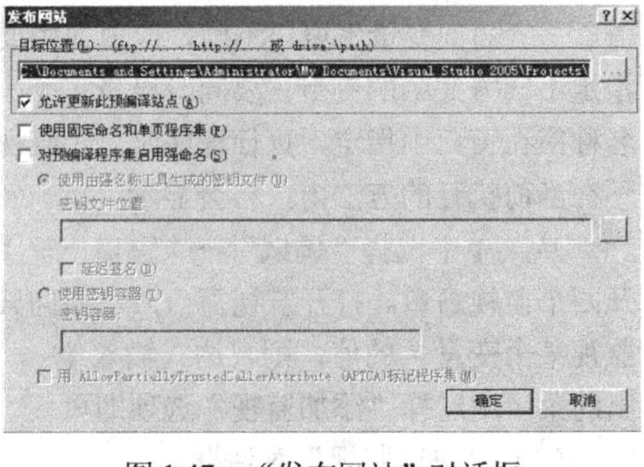

图 1.47 “发布网站”对话框

相关知识

将 VS.NET 2005 中开发的 Web 应用程序部署到 Web 服务器的过程称为 Web 应用程序发布。发布的具体操作是单击“生成|发布网站”，完成相应的对话框设置即可完成发布。发布过程结束后，在指定的文件夹中建立一组文件夹：“项目名

\PrecompiledWeb\Web 应用程序解决方案名”。将所有的业务代码源文件（*.cs）按所在文件夹位置编译成几个.dll 文件放在 bin 文件夹，并将所有源文件（*.cs）删除。编译过程使应用程序既能独立于源代码，又能提高站点页面执行效率。

如果在本地发布网站，并想浏览本地所发布的网站，可将 bin 的文件夹父文件夹设置为虚拟目录，如 MyWebSite，就可以通过 http://localhost/MyWebSite/default.aspx 访问指定页面 default.aspx。当然，如果想把站点发布到其他运行于互联网中的专业服务器上时，可通过向这些提供专业 Web 服务器托管业务的运营商进行申请虚拟主机和相应服务（如数据库服务器等）。然后根据运营商提供的 ftp 地址、域名和密码使用 ftp 工具进行远程登录后，上传发布。

任务拓展

到互联网上申请一个免费域名，然后使用 ftp 工具（如 CutFtp 等），登录托管服务器后，将任务 2 中创建的 Web 应用程序进行远程发布，并使用注册域名进行远程访问。

习题

一、选择题

1. 要正常运行 ASP.NET 应用程序，在操作系统上必须要安装.NET Framework 运行环境。而.NET Framework 运行环境两个最重要的组件是（　　）。

A. 自定义对象库和类库　　B. 公共语言运行库和类库

C. ASP.NET 运行库和自定义对象库　　D. 非托管应用程序和托管应用程序

2. Visual Studio.NET 支持多种编程语言使用相同的集成开发环境（IDE），而 ASP.NET 作为 VS.NET 重要组成部分，能够支持的语言中不包括（　　）。

A. Visual C#.NET　　B. Visual J# .NET

C. Visual FoxPro.NET　　D. Visual Basic.NET

3. 利用 ADO.NET 技术编制的数据库程序必须在.NET 框架下安装微软的（　　）组件才能运行。

A. MSDASQL　　B. SqlHelper　　C. MDAC　　D. OLE DB

4. 在 IIS 服务器中通过使用一个 IP 地址设置多个 Web 站点时，通常可以采用的方法是（　　）。

A. 使用不同主机头名设置多个 Web 站点

B. 使用不同的端口号设置多个 Web 站点

C. 使用不同的域名映射设置多个 Web 站点

D. 使用不同的主文件来设置多个 Web 站点

5. ASP.NET 支持三种控件：HTML 服务器端控件、Web 服务器控件和用户自定义控件，其中，（　　）控件是.NET 推荐使用的控件。

A. HTML 服务器端控件

B. HTML 服务器端控件和 Web 服务器控件

C. 用户自定义控件

D. Web 服务器控件

6. 要在 ASP.NET 中能够对 Sql Server 数据库进行读写，需要引入 Using System.Data 和（　　）两个命名空间。

A. Using System.Data.Oledb　　B. System.Data.Odbc

C. System.Data.OracleClient　　D. System.Data.SqlClient

二、填空题

1．在一般的 ASP.NET 文件中，Code Behind 主要是用两个文件来创建一个 ASP.NET 的页面，其中一个是__________文件，而另外一个是__________文件。

2．ASPX 网页的代码存储模式有两种，分别是__________和__________。

3．一个 Web 页面中代码的执行次序：首先是执行__________，然后是__________，最后是具体的执行事件。

4．开发 ASP.NET Web 应用程序，总的来说有三个步骤：首先是要__________，然后是系统开发与调试，最后是__________。

5．Web 应用程序在系统实现时一般采用从底层到上层逐步实现的思路，即先建立数据库并实现存储过程，然后__________，最后__________。

6．与 Web 网站模式相比，Web 应用程序模式比较适合于相对大型的应用系统的开发，其应用程序 Default.aspx 显示有两个原有文件：__________和__________。

三、实践题

1．在任务 2 的基础上，编写一个“密码修改”Web 页面，使用户在登录后可以对自己的账户密码进行修改。密码修改的流程：首先是要求用户输入原先的密码，然后判断用户输入的旧密码是否正确，如果正确则允许用户输入新密码，如果错误则不允许用户修改密码，并给出错误的提示信息。

2．在任务 2 的基础上，编写一个“找回密码”Web 页面，使用户在密码丢失后，可以通过该页面找回忘记的密码。找回密码的流程：首先是要求用户输入用户名，然后是判断该用户名是否存在，如存在则输出“密码问题”信息，并要求用户输入相应的“问题答案”，如果用户“问题答案”正确的话，则把密码通过用户注册时登记的邮箱地址发送给用户，如果“问题回答”错误的话，则给出错误的提示信息。

3．在任务 2 的基础上，编写一个“注销用户登录”Web 页面，使用户在退出网站时，能够自动清除用户登录的信息，以避免用户的账户被他人盗用。

项目二

电子商务网站的系统设计

项目简介

本项目的工作任务需先安装 Microsoft Office Visio 2003，然后利用安装好的绘图工具绘制出 B/S 软件体系结构图，在此基础上，对电子商务网站进行模块划分，绘制出电子商务网站的功能模块图，并结合数据库设计常用方法设计出电子商务网站所需的数据库。通过对电子商务网站进行体系结构分析、模块划分和数据库设计，让学生了解软件开发的一般流程，并掌握利用 Visio 绘图工具绘制图形的方法。

能力目标

- 能运用 Visio 绘制软件体系结构图
- 能够使用面向对象的设计方法来划分网站功能模块
- 能够使用 Visio 绘制网站的功能模块图
- 能够根据用户需求进行数据库的概念结构设计
- 能够根据概念设计进行逻辑结构设计
- 能够根据逻辑设计进行物理结构设计
- 能够使用命令方式创建、执行和删除存储过程

知识目标

- 了解 Visio 2003 的安装步骤及使用方法
- 了解 B/S 和 C/S 两种软件体系结构
- 了解面向对象的设计思想及设计原则
- 掌握数据库设计的基本步骤
- 掌握使用命令方式添加、删除、查询和更新记录
- 掌握用命令方式创建、执行和删除存储过程

任务1　体系结构的设计

B/S结构作为三层C/S结构在Web上应用的一种特例，极大地简化了客户机的工作，减轻了系统维护与升级的成本和工作量，并降低了用户的总体成本，因此是目前比较流行的软件体系结构之一。本任务首先是调研和分析目前软件开发中常用的软件体系结构；然后利用Visio绘图工具绘制如图2.1所示的B/S软件体系结构图。通过本任务的实训，使学生充分了解软件体系结构的概念、类型，以及如何选择软件体系结构的原则与方法。

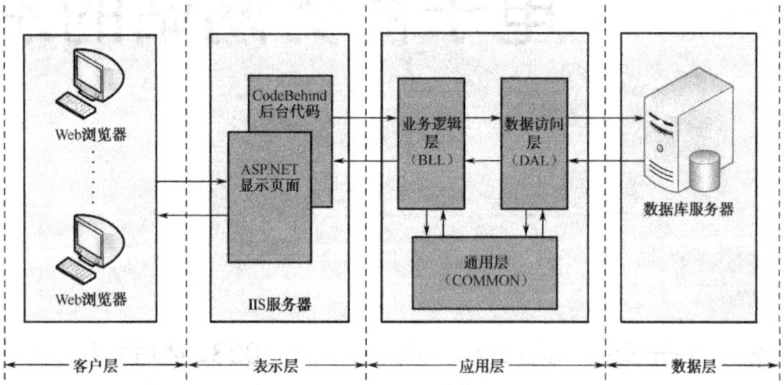

图2.1　B/S软件体系结构图

2.1.1　分析和确定衣购网的软件体系结构

任务分析

在软件开发过程中，软件体系结构的设计起着非常重要的作用，用它来指导整个软件的开发，可以准确地满足用户的需要并降低软件的开发成本。因此，如何根据用户业务需求，为衣购网网站选择确定一个合适的软件体系结构是网站设计的首要任务。

（1）目前在Web网站的设计中，通常采用B/S或B/S+C/S相混合的体系结构。就本项目而言，由于衣购网主要是面向互联网用户来进行产品的宣传和选购，而后台用户则主要进行一些图片上传和订单处理的操作且频率不高；因此相比较而言，B/S+C/S相混合的体系结构没有太多的实际意义，同时，考虑到衣购网作为一个中小型的网站，从投资的成本来看，也比较适合服务器租赁或托管的方式进行网站的发布，故C/S结构没有适合它发挥优势的局域网环境，因此，总体上来讲，本项目比较适合采用B/S结构。

（2）在基于B/S的软件体系结构设计中，通常既要考虑满足业务逻辑需求、数据需求与业务需求，也要考虑支持系统的网络要求。因此，一般采用分层的思想将B/S结构划分为表示层、应用层和数据层三层，其中，应用层又根据Web的应用需求和支持该应用相关的数据支持与接口支持特点，将应用层在划分为业务逻辑、数据访问、通用类模块，从而使得各模块在设计与维护的过程中，便于独立设计，分块维护，利于系统的开发、整合与升级；满足系统的分布式部署的要求；并降低了系统的开发及实现成本。

任务实施

步骤一：调研和分析Web应用系统开发采用的主要体系结构

通过网络数据调研、问卷调查及典型案例分析等方式，对目前Web应用系统设计时采用的软件体系结构进行深入调研，并根据调研结果，分析比较每一种体系结构的优缺点及其应用的主要领域，并把相关数据填入表 2.1 中。

表 2.1 Web 应用系统开发采用的主要体系结构

体系结构名称	主要优点	主要缺点	适用领域

步骤二：分析和总结衣购网的 Web 应用需求及应用环境要求

在用户需求分析的基础上，进一步分析衣购网各用户之间的业务逻辑关系，明确应用系统的数据需求与业务需求，以及支持系统应用的网络要求，并把相关数据填入表 2.2 中。

表 2.2 衣购网的 Web 应用需求及应用环境要求

各用户之间的业务逻辑关系	业务需求	数据需求	支持系统应用的网络要求

步骤三：选择和确定衣购网的软件体系结构

在调研和分析 Web 应用系统开发采用的主要体系结构的基础上，结合衣购网的 Web 应用需求及应用环境要求，为衣购网选择合适的软件体系结构，并把相关数据填入表 2.3 中。

表 2.3 衣购网的软件体系结构及各层定义

衣购网的体系结构	体系结构的层次	各层次的定义及内涵	需要注意的问题

相关知识

1. C/S 体系结构

C/S（Client/Server）结构，即大家熟知的客户机和服务器结构。它是目前正在使用的软件体系结构之一，通过它可以充分利用两端硬件环境的优势，将任务合理分配到 Client 端和 Server 端来实现，降低了系统的通信开销。

（1）C/S 结构的优缺点。

C/S 结构的优点是能充分发挥客户端 PC 的处理能力，很多工作可以在客户端处理后再提交给服务器。对应的优点就是客户端响应速度快。缺点主要有以下几个：

① 只适用于局域网。而随着互联网的飞速发展，移动办公和分布式办公越来越普及，这需要系统具有扩展性。这种方式远程访问需要专门的技术，同时要对系统进行专门的设计来处理分布式的数据。

② 客户端需要安装专用的客户端软件。首先涉及安装的工作量，其次任何一台计算机出问题，如病毒、硬件损坏，都需要进行安装或维护。特别是有很多分部或专卖店的情况，不是工作量的问题，而是路程的问题。还有，系统软件升级时，每一台客户机需要重新安装，其维护和升级成本非常高。

对客户端的操作系统一般也会有限制。可能适用于 Windows 2000 或 Windows XP，但不适用于微软新的操作系统等，更不用说 Linux、UNIX 等。

（2）C/S 架构软件的优势与劣势。

C/S 架构软件的优势有以下几个：

① 应用服务器运行数据负荷较轻。

② 数据的储存管理功能较为透明。

C/S 架构的劣势是高昂的维护成本且投资大。

传统的 C/S 结构的软件需要针对不同的操作系统系统开发不同版本的软件，由于产品的更新换代十分快，代价高和低效率已经不适应工作需要。

2. B/S 体系结构

B/S 型模式，即浏览器/服务器结构。它的模式最大特点是，用户可以通过 WWW 浏览器去访问 Internet 上的文本、数据、图像、动画、视频点播和声音信息，这些信息都是由许许多多的 Web 服务器产生的，而每一个 Web 服务器又可以通过各种方式与数据库服务器连接，大量的数据实际存放在数据库服务器中。客户端除了 WWW 浏览器，无须任何用户程序，只需从 Web 服务器上下载程序到本地来执行，在下载过程中若遇到与数据库有关的指令，由 Web 服务器交给数据库服务器来解释执行，并返回给 Web 服务器，Web 服务器又返回给用户。在这种结构中，将许许多多的网连接到一块，形成一个巨大的网，即全球网。而各个企业可以在此结构的基础上建立自己的 Intranet。

B/S 架构软件的特点：

① 维护和升级方式简单。

② 系统的性能方面，B/S 占有优势的是其异地浏览和信息采集的灵活性。

③ 应用服务器运行数据负荷较重。

3. B/S、C/S 体系结构的比较

（1）软件技术上的比较。

应该说，B/S 和 C/S 各有千秋。在适用 Internet、维护工作量等方面，B/S 比 C/S 要强得多；但在运行速度、数据安全、人机交互等方面，B/S 远不如 C/S。综合起来可以发现，凡是 C/S 的强项，便是 B/S 的弱项，反之亦然。

是否有可能将 B/S 与 C/S 的优势融合呢？答案是肯定的，在这几年的发展中将 B/S 与 C/S 的优势完美地结合起来，就是说该平台的应用系统能以 B/S 的方式发布运行，同时又具有 C/S 方式的极强的可操作性。这点从该平台生成的商品化的网络协同商务管理软件上得到充分的体现。

（2）商业运用上的比较。

① 投入成本比较。B/S 结构软件一般只有初期一次性投入成本，对于集团来讲，有利于软件项目控制和避免 IT 黑洞；而 C/S 结构的软件则不同，随着应用范围的扩大，投资会连绵不绝。

② 硬件投资保护比较。在对已有硬件投资的保护方面，两种结构也是完全不同的。当应用范围扩大，系统负载上升时，C/S 结构软件的一般解决方案是购买更高级的中央服务器，原服务器放弃不用，这是由于 C/S 软件的两层结构造成的，这类软件的服务器程序必须部署在一台计算机上；而 B/S 结构（如 e 通管理系列）则不同，随着服务器负载的增加，可以平滑地增加服务器的个数并

建立集群服务器系统，然后在各个服务器之间做负载均衡。有效地保护了原有硬件投资。

从以上的分析可以看出，B/S 结构的管理软件和 C/S 结构软件各有各的优势。而从国外的发展趋势来看。目前，国外大型企业管理软件要么已经是 B/S 结构的，要么正在经历从 C/S 到 B/S 结构的转变。从国内诸多软件厂商积极投入开发 B/S 结构软件的趋势来看，B/S 结构的大型管理软件可能在将来的几年内占据管理软件领域的主导地位。

任务拓展

在设计一个大型的 B2C 电子商务网站时一般会采用 B/S 和 C/S 相结合的软件体系结构，其中，B/S 结构开发的模块主要是面向互联网用户进行访问和交互的，而 C/S 结构开发的模块则主要是面向电子商务公司内部的工作人员进行使用的。请结合本子任务所学的相关知识，并查阅相关资料，分析研究大型 B2C 电子商务网站采用 B/S 和 C/S 混合体系结构的主要原因及其实施的主要机制与方法。

2.1.2 绘制衣购网的软件体系结构图

任务分析

软件体系结构图的绘制一般可以使用微软的 Visio、Word、Powerpoint，也可以采用 IBM 的 Rose 和 sybase 的 PowerDesigner。Visio 以其简单、快捷的绘制方法和丰富的案例图标是目前最常用的绘图工具之一，因此，本任务可以采用 Visio 工具进行绘制。

（1）尽管 Visio 拥有很多的绘制模板，但就体系结构而言，其没有相应的绘制模板，因此，在绘制前，应根据体系结构图的常用图标，在现有的模板中选择相近或相似的进行绘制。由于软件体系结构图主要有 PC 客户端、数据库服务器图标，而基本网络图模板中则汇集有 PC、数据库、网络设备等图形图标，因此，可以选择“基本网络图”作为绘图的模板。

（2）可以使用工具栏中的“连接线”工具，将工作区中的各个形状联系起来，在连接中要注意的是，只有当连接点出现时，才可以拖动鼠标连接至被连接对象。同时，为了将 B/S 的各个层次区分更为明显，在每个矩形之间最好使用工具栏中的“线条”工具绘制几条垂直虚线进行分隔，并为每个层次添加必要的文字说明。

任务实施

步骤一：选择合适的 Visio 绘图模板

启动 Visio 2003，在“选择绘图类型”的“类别”一栏中，选择“网络”选项，并在右侧的“模板”一栏中选择“基本网络图”，如图 2.2 所示。

步骤二：绘制基本的体系结构分层模块

Visio 2003 自动创建一个名为“绘图 1”的新文档，与典型的 Microsoft Office 软件一样，Visio 2003 窗口包含了标题栏、菜单栏、工具栏、状态栏、滚动条、工作区、标尺等。在工作区中绘制矩形的方法是选择工具栏中的“矩形工具”，在工作区中进行拖曳。在工作区中绘制四个矩形，如图 2.3 所示。

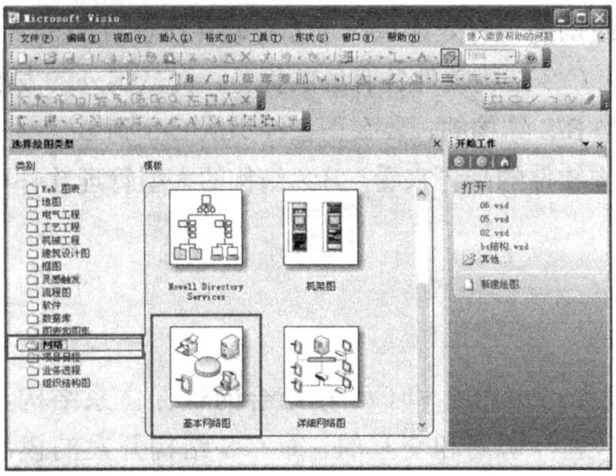

图 2.2 选择绘图类型

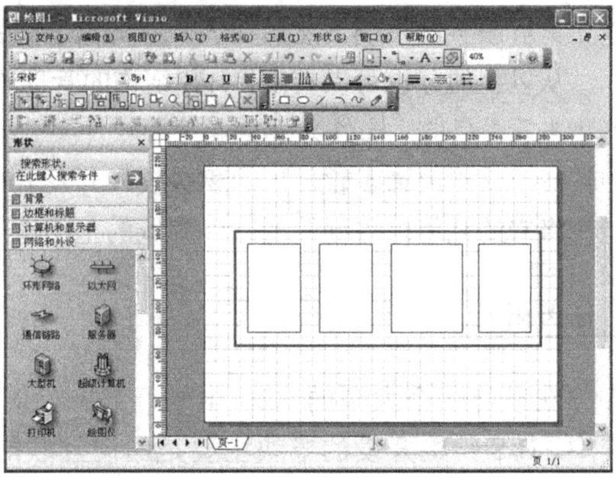

图 2.3 绘制矩形

步骤三：编辑修饰体系结构分层模块图标

为了设置矩形的填充色，利用指针工具选择其中的一个矩形，单击鼠标右键，在快捷菜单中选择“格式”→“填充”命令，将弹出如图 2.4 所示的对话框，在该对话框中将填充颜色设置为“淡蓝色”，其他选项为默认，另外三个矩形也做相同设置。如果多个形状具有相同的属性设置，则可以同时选中这些形状，方法是先选择一个对象，再按住 Shift 键或 Ctrl 键，同时单击其他对象，然后再做统一设置。

步骤四：为各层模块添加合适的设备或子模块

在如图 2.5 所示步骤中，需要在四个矩形内部绘制 B/S 结构，在形状窗口的“计算机和显示器”模具中拖动两台计算机到工作区中的第一个矩形中，代表客户端浏览器，即 B/S 软件体系结构中的 Browser。在第二个矩形中再绘制两个小矩形，分别代表“ASP.NET 显示页面”和“CodeBehind 后台代码”，并为其设置填充色。同理，在第三个矩形中再绘制三个小矩形，分别代表“业务逻辑层”、“数据访问层”和“通用层”。为了在第四个矩形中绘制数据库服务器，需要单击工具栏中的“形状”工具，选择“网络”→“服务器”命令，这时形状窗口中将新增“服务器”模具，找到“数据库服务器”并拖至第四个矩形内部。为了找到所需的形状，也可以利用搜索工具条，如在搜索框中输入“数据库服务器”，然后单击“确定”按钮。此外，在形状中输入文字的方法：先选择形状，再输入文字，或者双击形状，再输入文字。

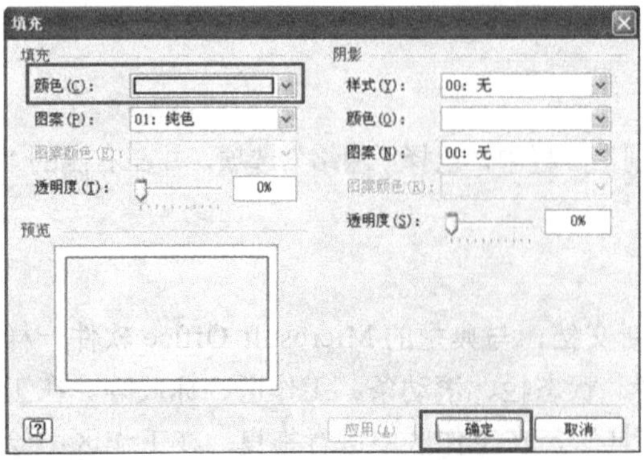

图 2.4 设置填充

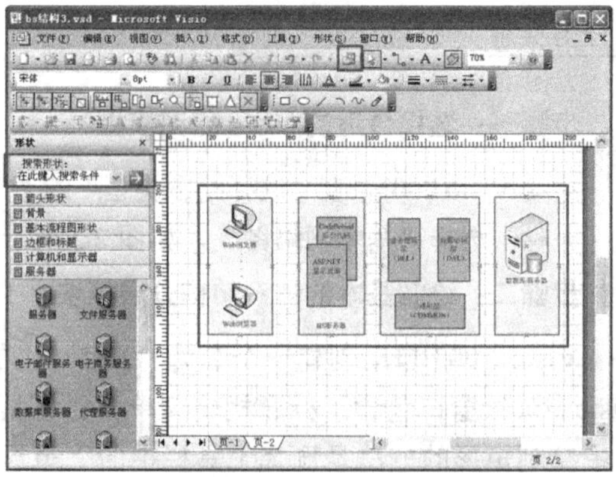

图 2.5 绘制浏览器及服务器

步骤五：添加“连接线”

为了将工作区中的各个形状联系起来，需要使用工具栏中的“连接线”工具，单击“连接线”工具，将鼠标移至需要连接的地方，当出现连接点时，拖动鼠标至被连接对象。另外，利用工具栏上的线型工具和线段工具可以调整线段的类型及箭头指向，具体如图 2.6 所示。

步骤六：添加“分隔线”和图标标识

下面将进一步完善 B/S 软件体系结构图，为了将 B/S 的 4 个层次区分更为明显，在每个矩形之间利用虚线进行分隔，利用工具栏中的“线条”工具，并配合 Shift 键依次绘制出 5 条垂直线，并将线型设置为虚线，最后为每个层次添加文字说明：客户层、表示层、应用层和数据层。单击“保存”按钮，设置保存路径及文件名，并将保存类型设置为“vsd”。完成后的 B/S 软件体系结构如图 2.7 所示。

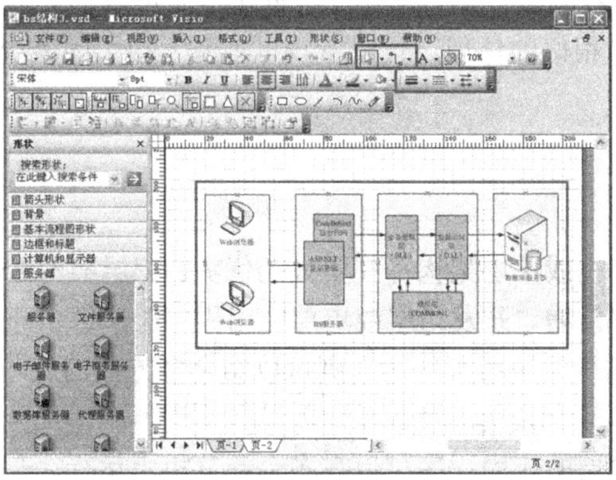

图 2.6　绘制连线

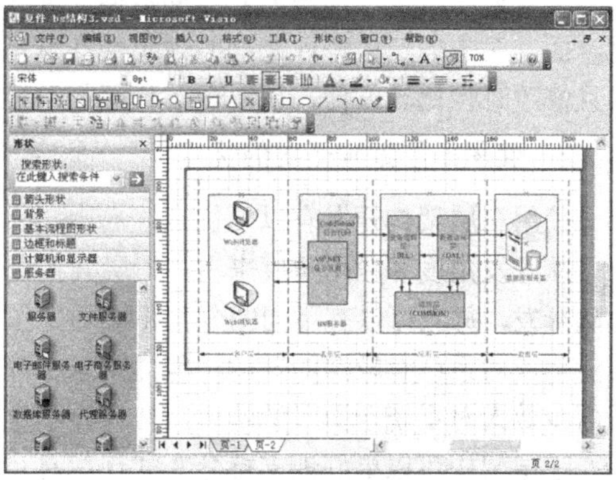

图 2.7　完成后的 B/S 软件体系结构图

相关知识

1. 什么是三层架构开发

三层架构开发就是将系统从逻辑上分为多层，即表示层、应用层和数据层。

（1）表示层。

位于最外层（最上层），离用户最近。用于显示数据和接收用户输入的数据，为用户提供一种交互式操作的界面。

（2）应用层。

应用层，即系统功能实现分为三个部分：BLL（业务逻辑层）、DAL（数据访问层）和 COMMON（通用层）。

BLL：提供对各具体业务逻辑的实现，封闭用户业务算法与处理流程，达到各业务流程与功能独立的目的。

DAL：利用 ADO.NET 技术，封装数据库访问逻辑与部分数据库控制逻辑（部分数据库控制逻辑通过存储过程在数据库系统中实现），使系统业务逻辑处理与具体的数据库实现分离，达到业务与数据库访问分别进行的目的。

COMMON：包含类似于传统编程方法中的“全局公用变量”，其他各层（包括 BLL、DAL 等）与各部分的逻辑子系统均对其可见。其中包含各层中均有可能用到的、与具体业务处理逻辑和具体数据逻辑无关的公用类与公用方法的实现（如各类字符串检验函数，加密解密函数等）。

（3）数据层。

数据层主要用于存储系统所需数据，数据库服务器负责数据的存储和维护任务。数据库服务器可以是 SQL Server 或 ORACLE 等。

2. 为什么使用三层架构

对于一个简单的应用程序来说，代码量不是很多的情况下，一层结构或二层结构开发完全够用，没有必要将其复杂化，如果对一个复杂的大型系统，设计为一层结构或二层结构开发，那么这样的设计存在很严重缺陷。下面具体介绍分层开发如何为大型系统服务。

在开发过程中，初级程序人员将程序中一些公用的处理程序写成公共方法，封装在类中，供其他程序调用。例如，写一个数据操作类，对数据操作进行合理封装，在数据库操作过程中，只要类中的相应方法（数据添加、修改、查询等）可以完成特定的数据操作，这就是数据访问层，不用每次操作数据库时都写那些重复性的数据库操作代码。在新的应用开发中，数据访问层可以直接拿来用。面向对象的三大特性之一的封装性在这里得到了很好的体现。代码量较以前有了很大的减少，而且修改时也比较方便，也实现了代码的重用性。

3. 使用三层架构开发的优点

使用三层架构开发有以下优点：

从开发角度和应用角度来看，三层架构比二层架构或单层架构都有更大的优势。三层架构适合团队开发，每人可以有不同的分工，协同工作使效率倍增。开发二层或单层应用程序时，每个开发人员都应对系统有较深的理解，能力要求很高，开发三层应用程序时，则可以结合多方面的人才，只需少数人对系统全面了解即可，在一定程度上降低了开发的难度。

三层架构可以更好地支持分布式计算环境。逻辑层的应用程序可以在多个计算机上运行，充分利用网络的计算功能。分布式计算的潜力巨大，远比升级 CPU 有效。

三层架构的最大优点是它的安全性。用户只能通过逻辑层来访问数据层，减少了入口点，把很多危险的系统功能都屏蔽了。

4. 三层体系架构的种类

三层架构按驱动模式可划分三种：数据层驱动模式、陈述层驱动模式和隔离驱动模式。其中，隔离驱动模式开发最为重要。下面通过三种模式的对比，介绍隔离驱动模式的重要性。

（1）数据层驱动模式。

数据层驱动模式，就是先设计数据层，陈述层围绕数据层展开，一旦完成了数据层和陈述层，业务层就围绕数据层展开。因为陈述层是围绕数据层展开的，这会使陈述层中的约束不准确，并且限制了业务层的变更。由于业务层受到限制，一些简单变化可以通过 SQL 查询和存储过程来实现。

这种模式非常的普遍，它和传统的客户服务端开发相似，并且是围绕已经存在的数据库设计的。由于陈述层是围绕数据层设计的，它常常是凭直觉模仿数据层的实际结构。

（2）陈述层驱动模式。

陈述层驱动模式是数据层围绕陈述层展开的。业务层的完成一般是通过简单的 SQL 查询和很少的变化或者隔离。由于数据库的设计是为了陈述层的方便，并非从数据层设计方面考虑，所以数据库的设计在性能上通常很低。

（3）隔离驱动模式。

用隔离驱动模式设计，陈述层和数据层被独立的开发，常常是平行开发。这两层在设计时没有任何的相互干扰，所以不会存在人为的约束和有害的设计元素。当两层都设计完成后，再设计业务层。业务层的责任就是在没有对数据层和陈述层的需求变化的基础上完成所有的转换。陈述层驱动模式设计。

表 2.4 将对这三种驱动模式进行了对比。

表 2.4　三种驱动模式对比

	数据层驱动模式	陈述层驱动模式	隔离驱动模式
数据库	(1) 很容易设计； (2) 产生负面影响； (3) 很难改变数据层，因为它和陈述层紧密绑定	(1) 数据库设计很糟； (2) 严重的不规范化设计； (3) 其他系统不易使用； (4) 很难改变数据层，由于它跟陈述层紧密绑定	(1) 优化设计； (2) 集中设计数据库，陈述层对它影响很小
业务需求	常常不能适应业务需求变化	常常适应业务需求变化	适应需求变化
用户界面	是围绕数据层而不是围绕用户，不易修改	适合用户扩展界面	适合用户扩展界面

综上所述，很容易看出隔离驱动模式的优点，隔离驱动模式设计可以极大地提高程序的扩展性。

任务拓展

在本项目 1.1 任务拓展的分析基础上，以某一个大型 B2C 电子商务网站的业务逻辑、数据需求及网络应用要求为例，为该网站绘制一个 C/S 和 B/S 相混合的三层分布式体系结构图。

任务 2　功能结构的设计

电子商务网站的功能设计是整个网站策划中最为核心的环节，在电子商务网站建设中起着十分重要的作用。网站功能的可用性、实用性和可扩展性是否设计合理，将直接决定电子商务网站建设和推广的成败。因此，本任务主要是根据 B2C 电子商务网站的基本运营流程，对电子商务网站售前服务、售中服务和售后服务的基本功能进行需求分析，然后根据需求分析结果进行网站功能结构设计，并使用 Visio 2003 工具绘制功能结构图。网站功能结构图如图 2.8 所示。

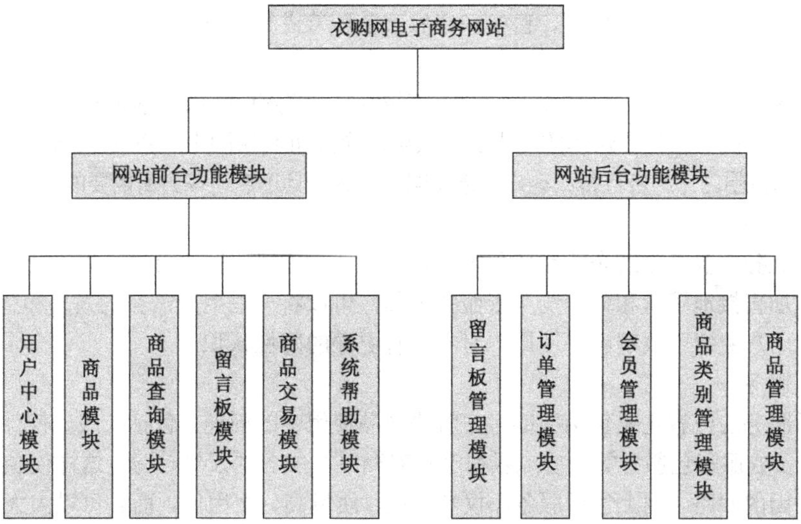

图 2.8　衣购网网站功能结构图

2.2.1 衣购网网站功能分析与设计

任务分析

电子商务网站功能分析和设计是电子商务网站建设的关键环节，其合理与否将直接影响到企业电子商务的成败。

（1）电子商务网站分析的重点是调查分析网站的主要业务信息及其数据处理形式，因此，在分析时应从用户和商家的角度对购物流程和管理流程进行系统分析，分析时可以采用结构化方法的数据流图进行表述，也可以采用 OOA 的用例图进行表述，然后将数据流图中的数据处理或用例图的用例按照自顶而下的方式进行细化和分解。

（2）根据数据流图和用例图的分析结果，按照衣购网电子商务网站应具有先进完备的网上购物功能和强大的后台管理功能的要求，将一个个细化的数据处理或用例进行分类和归并，并把它们依次分类整理成前后和后台功能模块，并表示出各个功能模块之间的从属关系。

任务实施

步骤一：系统流程分析

客户在衣购网电子商务网站中通过注册成为该网站的会员，并成功登录网站进行相关操作。会员登录后，可以在线购物、订单填写和修改个人资料等操作。如果会员想要购买商品，首先需要进行会员登录，然后在查看完商品的详细信息后就把自己想要购买的商品放入购物车中，同时还可以修改购物车中指定商品的购买数量。确定购物车里的商品后，会员就可以去结算中心“结账”下订单。这时相关的程序模块会将会员所提交的信息存储在数据库中，以便上层的管理人员核对信息并在收款后准备发货。如果发货成功并且会员确认收到货物，则此次购物结束。衣购网用户购物流程分析图如图 2.9 所示，衣购网销售业务流程分析图如图 2.10 所示。

步骤二：网站功能分析

由于 B2C 电子商务网站系统是企业为最终用户提供网上产业的销售、订购和配送服务，因此，电子商务网站功能应从商品的售前、售中和售后三个环节进行分析。

（1）售前服务。

Internet 作为一个新媒体，具有“即时互动、跨越时空和多媒体展示”等特性，它强调了互动性，而且广告资料更新较快，比传统媒体的广告费用低廉。企业可利用网上主页（Homepage）和电子邮件（E-mail）在全球范围内作广告宣传；客户可借助网上检索工具迅速地找到所需要的商品信息。

（2）售中服务。

网上售中服务主要是帮助企业完成与客户之间的咨询洽谈、网上订购、网上支付等商务活动，为便于用户更加直接地了解和体验购买衣服的过程，可以将一些用户试穿的效果和感受做成视频，并挂在网上给用户免费下载观看，使用户对衣服有更深的感性认识。

（3）售后服务。

网上售后服务的内容主要包括帮助客户解决产品使用中的问题，包括衣服如何保养、衣服小配饰的搭配，以及衣服三包服务等内容以吸引客户对商品与服务的反馈信息。这样使企业的市场营销能形成一个封闭的回路。网上售后服务不仅响应快、质量高、费用低，而且可以大大减低服务人员的工作强度。

因此，通过上述三个环节的分析，衣购网电子商务网站具有先进完备的网上购物功能和强大的后台管理功能。

在网站前台功能方面：①顾客可以方便地注册与登录；②顾客可以灵活地检索所需商品信息，查看商品的详细资料，了解特价商品信息；③顾客可以方便地管理自己的购物车，如添加或删除选购商品，修改购买数量。

在网站后台功能方面：①管理员可以方便地管理商品及特价商品信息，如新增、删除、修改商品信息；②管理员可以方便地查看订单，进行发货与缺货处理；③管理员可以方便地查看顾客的反馈信息及具体的处理情况；④管理员可以方便地进行网站用户管理，如新增、删除、修改网站用户。

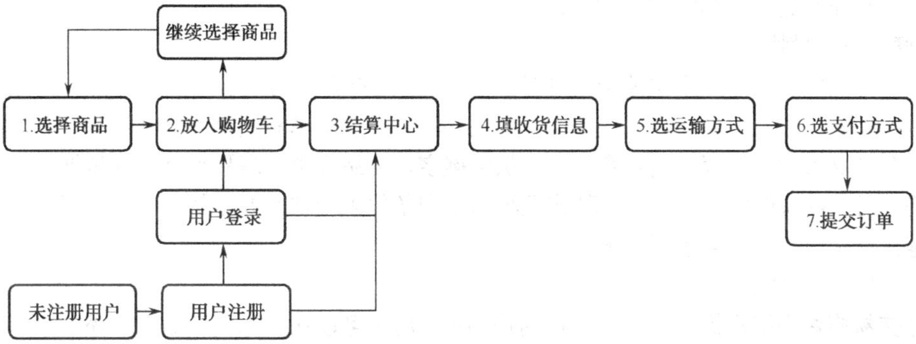

图 2.9　衣购网用户购物流程分析图

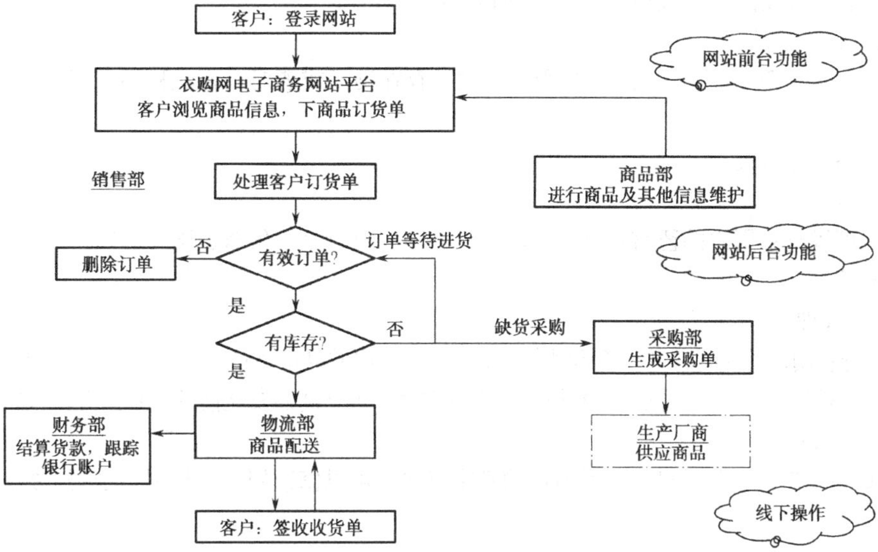

图 2.10　衣购网销售业务流程分析图

步骤三：网站功能设计

通过上述网站需求分析，衣购网电子商务网站从功能实现角度，主要包含前台销售和后台管理两大功能模块，前台销售模块包括商品模块、用户中心模块、商品查询模块、商品交易模块和帮助系统模块。而后台管理模块则包括留言管理、订单管理、会员管理、商品类别管理、商品管理等功能模块。

（1）网站前台功能模块。

① 商品模块。

商品模块为核心模块。商品分为新品上架、特价商品、推荐商品三个小模块，分别显示的是最新发布的商品、打折后价格优惠的特价商品和经过网站推荐并且价格合理的商品。在商品信息的网页中显示一件商品的名称，商品一级分类，商品二级分类，商品被点击数，商品数量，商品销售量，商品的市场价，会员价和特价。

② 用户中心模块。

用户中心模块为用户自己的信息管理中心。用户可以通过该模块对自己的资料进行修改，查看订单，查看购物车等。

③ 留言板模块。

留言板提供给用户一个和网站信息交流的平台，用户对网站有什么疑问和建议，都在留言板上留言，管理员在此进行详细的回答和反馈。

④ 商品查询模块。

商品查询功能提供了一个快速查看商品的途径。商品查询分为基本查询和高级查询。基本查询：提供关键字和商品大类两种条件的查询，用户查询商品可以只填写关键字或者选择商品大类，也可以关键字和商品大类都填写。高级查询：提供关键字，商品大类，商品小类，商品价格范围四种条件的查询，用户可以任意填写其中一种或几种的查询条件来查询想要了解的商品信息。商品查询功能大大地方便了用户，提高了网站的用户体验。

⑤ 商品交易模块。

商品交易模块为用户提供了一个虚拟的购物车，用户可以在找到商品后将其添加到购物车。然后可以在继续购物过程的任何时候对购物车中的商品进行修改，可以选择放弃购买指定商品，增加购买数量或者是继续购物，最后去收银台对这些商品进行结账。

⑥ 帮助系统模块。

帮助系统是一个人性化的功能，当用户对网站存在疑问或者对购物流程不了解时都可以查看帮助系统。

（2）网站后台管理。

① 留言管理。

管理员可以查看用户的留言，对用户的问题和建议进行回复解答。同时对用户的留言也可以进行修改和删除。

② 订单管理。

管理员查看用户的所有订单，了解用户订单的详细情况并且审核订单，可以按用户名和订单状态来查询订单，并对某个订单进行操作，并根据用户基本信息进行商品发送前的联系，并记录发货过程。

③ 会员管理。

管理员可以查看所有用户，了解用户的基本资料，可以修改用户的资料、密码，并且可以删除用户，添加用户。

④ 商品类别管理。

管理员可以对商品的一级类别，二级类别进行管理，可以添加、修改、删除商品的一级类别和商品二级类别。管理员可以先录入一、二级商品类型，然后再根据商品类型录入具体的商品信息。

⑤ 商品管理。

相关知识

1. 电子商务功能设计的关注角度

电子商务网站功能设计应从商家和消费者两个角度为出发点来进行分析和设计。

（1）从商家的角度分析如何设计电子商务网站的功能。

决定如何设计网站功能的一个有效方法是首先检查商家的商业战略。如目前的两种主要商业战略：客户关系管理（CRM）和大规模定制（Mass Customization）。如果说商家追求的是客户关系的市场营销发展战略，网站就要能够尽可能支持这个战略。如果商家追求的是大规模定制的战略，那么网站必须具有收集数据的功能来支持这个战略。

① 客户关系管理战略要求商家从客户的观点出发来考虑如何能为客户提供更多、更好的价值，要求能够解决好客户可能遇到的所有问题，它贯穿于商家必须具备的许多功能中，包括销售管理营销策划、具体实施、分销策略和售后服务。具体就电子商务的应用而来，其主要表现为三个方面，即销售自动化、客户服务自动化和市场营销自动化。

因此，从客户关系管理的商业战略考虑，一个电子商务网站的功能应该包括下面四个方面：第一是销售自动化，即网上销售功能能够帮助网上购物者购买到满意的商品。该功能的设计强调网页作为购买决策支持系统并能够帮助客户在购买商品的时候作出正确的决定。第二是客户服务自动化，该功能对网上用户提供服务，特别是个性化的服务。第三是市场营销数据收集与分析自动化，该功能集中在对客户信息的全面收集。这些数据的收集是商家制定市场营销决策和发展战略的基础。第四，在其他支持功能方面，网站不仅是商业交流的渠道，还是一些其他的信息沟通渠道，网站要能够具有整合这些渠道的功能。

② 大规模定制战略是指商家为消费者提供个性化的产品，价格又和传统大批量生产的产品相差不大。和客户关系管理相似，大规模定制同样强调对客户提供增值服务。不同的是，大规模定制集中在产品生产上对不同的客户根据需求提供不同的产品。其关键是通过降低固定资产来削减成本。然而，如何通过网站界面来了解客户需求，进行产品定制却是复杂的事情，这就要求网站设计时尽量考虑到客户需求，通过帮助客户进行购买需求和决策分析，同时让客户感到在网上定制自己所需要的产品很方便。

大规模定制的商业战略需要网站能够收集到大量的市场营销数据，包括网站使用的数据，客户支持数据等；同时对这些数据的分析又能够是实时进行的，以便更好地应用在生产制造过程中，也就是 JIT 生产方式。这就要求网站可以提供实时数据并进行实时市场营销分析，对卖、买双方提供供求分析，包括哪些网页被浏览过，具有什么价值，客户源来自哪里等问题。网站只有具备了这样的功能才能帮助企业实施并完成大规模定制的商业战略，即在降低生产成本的同时，更好地满足客户个性化的需求。

（2）从客户的角度分析如何设计电子商务网站的功能。

网站应该为客户的购买决策提供支持。传统的消费者购买决策过程包括 5 个阶段：问题识别，信息寻找，选择评估，购买决策和购买后的行为。因此，一个有效益的电子商务网站要能够提供和消费者购买决策各个阶段相关的信息。

① 问题识别：亚马逊网站的销售设计就是一个很好的例子。当一个用户寻找一本书时，他可以得到相似客户曾经购买过的其他书籍信息。如果客户寻找同样的书就是相似的客户。

② 信息寻找：能够给网站用户提供不同产品更多的信息，介绍产品不同的特点，以帮助潜在客户能够得到正确的购买决定。

③ 选择评估：网站要能够提供对客户购买决定形成一个决定性的指导。

④ 购买决策：这时的问题是如何帮助客户在大量信息中，找出一个潜在的起决定作用的信息。

⑤ 购后行为：从客户的观点看，网站应该提供整个购买决策过程的信息，对客户购买行为进行数据收集、整理、分析并提供相应的售后服务。

在电子商务过程中，能够更好地对消费者购买决策进行支持的就是“个性化”。网络个性化关系到对特定用户进行网络内容的量身定制，本质上就是为用户提供特定的决策支持。个性化可以是客户自愿地提供相应的信息，也可以是在网上间接得到客户的相应信息。亚马逊网站每周从网上收集到大约 500GB 的流量数据。即使 10%是有用的，客户的商业信息和档案也能得到及时更新。网站软件能够使用这些档案信息来修正相应的购买决策支持内容以便更适合客户的购买需求。

2. 电子商务功能设计的关键因素

在电子商务的范畴内，企业网站按其功能和特性可以划分为售前、在线销售、售后三个阶段，而通过对著名网站的统计分析，电子商务网站的成功主要和信息与服务质量、顾客使用网站方式、网站娱乐性及系统设计质量四个因素有关。当企业要建立电子商务网站时，要注意到这些因素的重要性，并结合这些因素进行设计。

（1）企业和网站设计者应主动寻找通过网站改善信息和服务质量方式。为了提高质量的信息和服务，企业和网站设计者应在售前和售后阶段树立面向服务的观念。例如，网站可提供有关详细介绍其产品和服务链接的介绍；帮助用户下载或更新信息。

（2）企业和网站设计者应注意顾客使用网站的方式。研究证明，系统的使用方式对网站的成功与否起着至关重要的作用。用户在整个交易过程中应有一定的控制权和主动权。

（3）企业和网站设计者需在网站设计中激励用户参与和吸引用户注意力，使用户从访问网站中获得乐趣。网站的设计者应富有创造性以使用户通过网上购物获得心理的满足。

（4）系统的设计质量，尤其安全性对网站的成功至关重要。没有安全的保证，用户将不可能使用电子商务。此外，系统的经济性、可扩展性及先进性都是应该加以保证的环节。

任务拓展

不同行业的企业，其电子商务网站在形式和内容上也会不尽相同。但其主要的功能和服务模块却是万变不离其宗。总体而言，一个成功运营的大型商务网站，一般都包括网上电子商务系统、用户认证管理系统、个性化服务系统、询价系统、商品检索引擎、邮件列表系统、自助服务系统、论坛系统、短信增值服务系统等几大功能，请通过资料查询并结合已学的知识对这几大系统的功能进行详细定义和描述。

2.2.2 绘制衣购网网站功能结构图

任务分析

为方便、快捷起见，功能结构图采用微软的 Visio 工具进行绘制。

（1）在绘制时，可以选用绘图模板绘制，并选用“块”选项卡中的“框”图标作为功能模块描述。

（2）选用“多树枝直角”图标将各个功能模块连接起来。

任务实施

（1）打开 Visio 2003，依次选择“文件”→“新建”→“框图”→“绘图”命令，打开“绘图”工作界面，如图 2.11 所示。

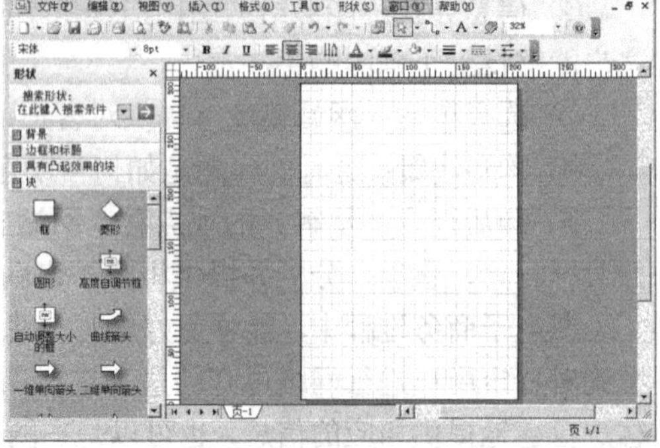

图 2.11 “绘图”基本工作界面

（2）单击“形状”面板中的“块”选项卡，并在该选项卡中将“框”图标拖动到工作区，双击该图标，输入网站功能模板名称，如“衣购网电子商务网站”。然后根据需要适当调整框的形状大小和字体格式。

（3）按照步骤（2）的方法，依次为各个子模块添加“框”图标，并依次输入子模块的功能名称，如网站前台功能模块等。

（4）适当调整各个模块之间的排列顺序，最后形成如图 2.12 所示的框结构示意图。

（5）在左边的“块”选项卡中将“双树枝直角”图标拖动到工作区，选中该图标并单击右键，选择“形状”→“向右旋转”命令，然后和“衣购网电子商务网站”框、“网站前台功能模块”框、“网站后台功能模块”框连接在一起。

（6）在左边的“块”选项卡中将“多树枝直角”图标拖动到工作区，选中该图标并单击右键，选择“形状”→“向右旋转”命令，将其和“网站前台功能模块”框、最左边的功能模块框、最右边的功能模块框连接在一起，然后选中该“多树枝直角”图标，选中位于多树枝顶点和分叉点中间的黄色菱形点，如图 2.13 所示，再按住鼠标左键，拖动鼠标在多树枝直角的水平线上平滑，并将其依次粘贴到各子模块框中的连接点上。

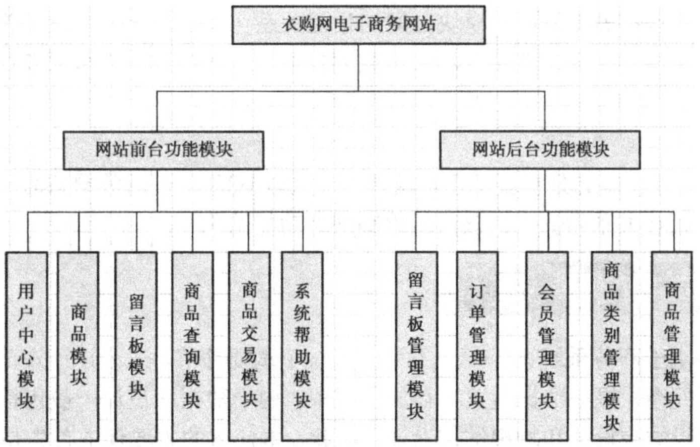

图 2.12　框结构示意图

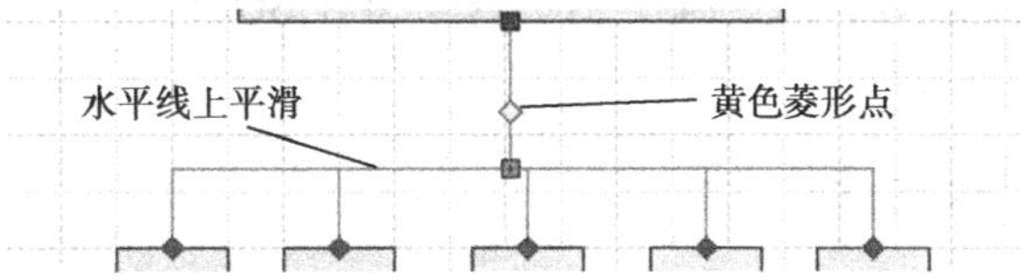

图 2.13　增加分支节点操作方法示意图

（7）用同样的方法依次将“网站前台功能模块”框与其对应的各个子模块框连接在一起，最终形成如图 2.8 所示的功能结构图。

相关知识

1. 功能结构图的概述

功能结构图就是将系统的功能进行分解，按功能从属关系表示的图表。管理信息系统的各子系统可以看做系统目标下层的功能，对其中每项功能还可以继续分解为第三层、第四层……甚至更多的功能。功能结构图就是按照功能的从属关系画成的图表，图中的每一个框都称为一个功能模块。功能模块可以根据具体情况分的大一点或小一点，分解得最小功能模块可以是一个程序中的每个处理过程，而较大的功能模块则可能是完成某一个任务的一组程序。在功能结构图中，每一个框称为一个功能模块，模块之间的连接线表示他们之间的从属关系。

功能结构图主要是为了更加明确的体现内部组织关系，更加清晰的理清内部逻辑关系，做到一目了然规范各自的功能部分，使之条理化。功能结构图一般多应用于程序开发、工程项目施工、组织结构分析、网站设计等模块化场景。目前，使用的比较广泛的功能结构图制作软件有微软公司的Visio、AutoCAD、亿图图示专家、Photoshop、甘特图、Axure等。

2. 功能结构图的设计

功能结构的建立是设计者的设计思维由发散趋向于收敛、由理性化变为感性化的过程。它是在设计空间内对不完全确定设计问题或相当模糊设计要求的一种较为简洁和明确的表示，它以图框形式简单地表示系统间输入与输出量的相互作用关系，是概念设计的关键环节。

功能结构图设计过程就是把一个复杂的系统分解为多个功能较单一的过程。这种分解为多个功能较单一的模块的方法称为模块化。模块化是一种重要的设计思想，这种思想把一个复杂的系统分解为一些规模较小、功能较简单的、更易于建立和修改的部分。一方面，各个模块具有相对独立性，可以分别加以设计实现；另一方面，模块之间的相互关系（如信息交换、调用关系），则通过一定的方式予以说明。各模块在这些关系的约束下共同构成统一的整体，完成系统的各项功能。

任务拓展

在本项目2.1任务拓展的分析基础上，以某一个大型B2C电子商务网站前、后台管理子系统的各个功能模块及其相互关系为例，为该网站绘制网站功能结构图。

任务3 网站数据库设计

数据库设计是电子商务系统设计中必不可少的一个重要环节，一个设计规范、结构合理的数据库将大大减少数据冗余，提高数据检索和存储的效率。由于数据库设计一般包括三个主要过程，即概念结构设计、逻辑结构设计和物理结构设计。因此，本任务的主要任务首先是根据用户需求进行数据库的概念结构设计，绘制E-R图；其次是根据概念结构设计进行逻辑结构设计，绘制二维逻辑关系表；然后是能够根据逻辑设计进行物理结构设计，并在SQLServer 2005中实现；最后是企业管理器创建、执行和删除存储过程。

2.3.1 数据库概念结构设计

任务分析

概念结构设计是指将用户需求抽象为信息结构的过程，它是现实世界到机器世界的一个中间层次，是用户与设计人员之间进行交流的语言，也是整个数据库设计的关键步骤。在本任务中将采用E-R图对衣购网网站的数据库进行概念结构设计。

（1）首先需要对需求分析阶段的数据流图或用例图进一步地优化和完善，将数据流图或用例图中的外部用户和数据存储转换为一项项的信息数据项；信息数据项可能会有所重复或缺失，因此需要按照业务流程关系，对信息数据项进行优化，并把它们转换成相应的实体。

（2）然后为各个实体添加相应的属性和主码，并为各个实体之间添加相应的关联关系，得到初步E-R图；由于可能存在一定冗余性，因此，一般还需要对初步E-R图进行修改和重构，消除其中的冗余部分，得到最终的全局E-R图。

（3）最后就是绘制实体关联模型。在本任务中，可以继续使用微软的Visio工具来进行绘制。

由于 Visio 中没有专门的 E-R 绘图工具，因此可以用基本流程图模板中的符号进行描述。

任务实施

步骤一：设计实体关联模型

根据网站用户需求分析可知，衣购网网站主要是向注册用户提供商品查询、商品选购、商品订购、商品结账、向商家留言功能，而向商家提供商品信息管理、留言反馈、用户管理、结账管理等主要功能，因此，通过对上述系统功能的进一步分析和总结，可设计出如下的信息数据项。

（1）用户信息：用户编号、用户名、用户密码、用户等级、密码提取问题、密码提取答案。

（2）商品信息：商品编号、商品名、商品一类编号、商品二类编号、是否是推荐商品、是否是特价商品、市场价格、会员价格、特价商品、商品点击数、商品图片路径、商品数量、商品销售数量、商品详细介绍。

（3）购物车信息：购物车编号、会员编号、商品编号、商品数量、结账状态。

（4）留言板信息：编号、留言者姓名、留言内容、留言时间、删除状态。

（5）订单信息：订单编号、商品编号、会员编号、收款人、收款地址、邮编、联系电话、送货方式、付款方式、订单状态、订单时间、订单总价格。

（6）管理员回复用户留言信息：留言回复编号、留言回复内容、留言回复时间、留言编号、留言者编号。

由上面的数据项，可以设计出满足用户需求的各种实体及之间的关系，这里主要设计了用户信息实体、一类商品信息实体、二类商品信息实体、购物车信息实体、留言板信息实体、订单信息实体、商品信息实体、管理员回复用户留言信息实体，各实体的属性为上述中的信息数据项，各实体之间的关系如图 2.14 所示。

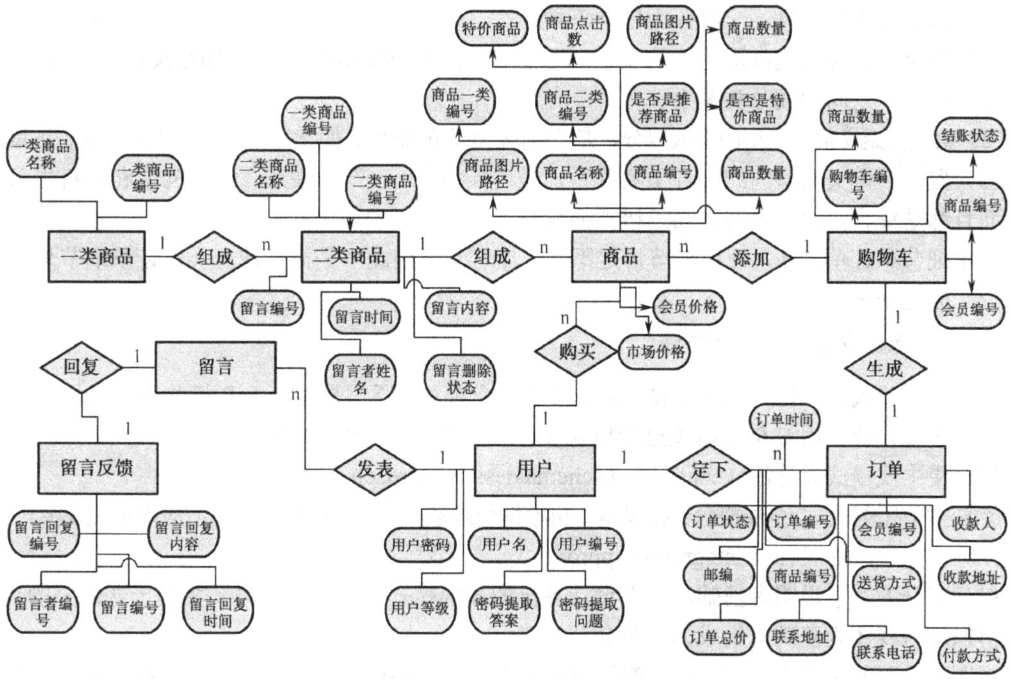

图 2.14 衣购网各实体及其之间的关系示意图

步骤二：绘制实体关联模型图

由于 Visio 中没有专门的 E-R 绘图工具，因此可以用基本流程图中符号进行代替，其中，矩形用进程符号代替，菱形用判断符号代替，椭圆用终结者符号代替，实体之间的关系可以用连接线代替，连接线末端的箭头可以通过设置属性将其去除。Visio 绘制 E-R 图的方法如下：

（1）打开 Visio 2003，依次选择“文件”→“新建”→“流程图”→“基本流程图”命令，打开“基本流程图”工作界面。

（2）单击“形状”面板中的“基本流程图形状”选项卡，并在该选项卡中依次将“进程”图标拖动到工作区，双击这些图标，输入实体名称，如“商品”、“购物车”。然后根据需要适当调整框的形状大小和字体格式。

（3）按照步骤（2）的方法，依次将“判断”图标拖动到工作区，然后双击这些图标，输入联系名称，如“添加”、“生成”等。再根据需要适当调整框的形状大小和字体格式。

（4）按照步骤（2）的方法，依次将“终结符”图标拖动到工作区，双击这些图标，输入实体属性名称，如“商品编号”等。然后根据需要适当调整框的形状大小和字体格式。

（5）选择连接线工具，依次将属性和实体、实体与联系之间联系在一起。

相关知识

1. 概念模型概述

概念模型是数据库系统的核心和基础。概念结构是对现实世界的一种抽象，人们研究把现实世界中的事物抽象为不依赖与具体机器的信息结构，又接近人们的思维，并具有丰富语义的概念模型，然后再把概念模型转换为具体的机器上 DBMS 支持的数据模型。概念模型的描述工具通常是使用 E-R 模型图。该模型不依赖于具体的硬件环境和 DBMS。

关于现实世界的抽象，一般分为以下三种。

（1）分类：即对象值与型之间的联系，可以用“is member of”判定。如张英、王平都是学生，他们与“学生”之间构成分类关系。

（2）聚集：定义某一类型的组成成分，是“is part of”的联系。如学生与学号、姓名等属性的联系。

（3）概括：定义类型间的一种子集联系，是“is subset of”的联系。如研究生和本科生都是学生，而且都是集合，因此它们之间是概括的联系。

订单细节和订单之间，订单细节肯定不是一个订单，因此不是概括或分类。订单细节是订单的一部分，因此是聚集。

2. 数据库概念模型的设计方法

概念设计阶段，一般使用语义数据模型描述概念模型。通常是使用 E-R 模型图作为概念设计的描述工具进行设计。用 E-R 模型图进行概念设计可以采用如下两种方法：

（1）集中式模式设计法（centralized schema design approach）。

该方法首先设计一个全局概念数据模型，再根据全局数据模式为各个用户组或应用定义外模式。

（2）视图集成法（view integration approach）。

以各部分的需求说明为基础，分别设计各自的局部模式，这些局部模式相当于各部分的视图，然后再以这些视图为基础，集成为一个全部模式。

视图是按照某个用户组、应用或部门的需求说明，用 E-R 数据模型设计的局部模式。现在的关系数据库设计通常采用视图集成法。

3. 采用E-R方法的概念模型设计步骤

概念结构设计的第一步就是对需求分析阶段收集到的数据进行分类、组织（聚集），形成实体、实体的属性，标志实体的码，确定实体之间的联系类型（1∶1，1∶N，M∶N），设计分E-R图。简单地讲，就是根据需求说明，确认实体、联系和属性。

采用E-R方法进行概念设计，可分为局部E-R模式设计、全局E-R模式设计和全局E-R模式的优化和评审三步进行。首先设计局部E-R图；然后合并各局部E-R图，并解决可能存在的冲突，得到初步E-R图；最后修改和重构初步E-R图，消除其中的冗余部分，得到最终的全局E-R图，即概念模式。

设计全局E-R模式的目的不在于把若干局部E-R模式形式上合并为一个E-R模式，而在于消除冲突使之成为能够被全系统中所有用户共同理解和接受的统一的概念模型。

在初步E-R图中，可能存在一些冗余的数据和实体间冗余的联系。冗余的数据是指可由基本数据导出的数据，冗余的联系是指可由其他联系导出的联系。冗余的数据和冗余联系容易破坏数据库的完整性，为数据库的维护增加困难，应当予以消除。消除了冗余后的初步E-R图称为基本E-R图。

但并不是所有的冗余数据与冗余联系都必须加以消除，有时为了提高效率，不得不以冗余信息作为代价。因此在设计数据库概念结构时，那些冗余信息必须消除，那些冗余信息允许存在，需要根据用户的整体需求来确定。如果人为地保留了一些冗余数据，则应把数据字典中数据关联的说明作为完整性约束条件。

任务拓展

结合本任务所需的网站需求分析和数据库概念设计的知识，在开展对本学院学生信息管理系统需求分析的基础上，完成“本学院学生信息管理系统”的概念模型设计（E-R图）。

2.3.2 数据库逻辑表设计

任务分析

在数据库概念模型设计完成之后，通常需要把概念设计阶段设计好的基本E-R图转换为与选用的具体机器上的DBMS所支持的数据模式相符合的逻辑结构（包括数据库模式和外模式）。

（1）首先需要把概念模型转换成一般的关系模型。转换时，将每一个实体类型转换成一个关系模式，实体的属性为关系模式的属性；对于二元联系，则按照1∶1、1∶n、m∶n三种情况进行分别处理。

（2）其次需要把转换成的一般关系模型再转换成特定的SQL Server 2005 DBMS所支持的数据模型。转换时应根据SQL Server 2005 DBMS所支持的功能及限制特性（如属性的数据类型、数据约束等）。

（3）然后是进行关系数据模型的优化。优化通常以规范化理论为指导建立数据依赖，但数据依赖一般不超过第三范式。同时，应对关系模式采用水平分解或垂直分解的方法进行必要地分解或合并。

（4）最后是设计用户子模式。设计时应注意以下三个方面的事宜：一是使用更符合用户习惯的别名；二是针对不用级别的用户定义不同的外模式；三是简化用户对系统的使用。

任务实施

数据库逻辑设计阶段的主要工作是将现实世界的概念数据模型设计成数据库的一种逻辑模式，即把E-R实体关联模型转化为适应于SQLServer数据库管理系统所支持的逻辑数据模式。根据上述E-R实体关联模型，本网站设计了8张二维逻辑数据库表，如表2.5～表2.12所示。

表 2.5 cart（购物车信息表）

序 号	列 名	数据类型	长 度	字段说明
1	cartid	整型	50	购物车编号
2	userid	整型	50	会员编号
3	productid	整型	50	商品编号
4	count	整型	10	商品数量
5	checkout	位（布尔）	1	是否已结账

表 2.6 message（用户留言信息表）

序 号	列 名	数据类型	长 度	字段说明
1	messages_ID	整型	50	留言编号
2	messages_Name	文本	50	留言者姓名
3	messages_Content	文本	5000	留言内容
4	messages_Time	日期/时间	8	留言时间
5	isdelete	位（布尔）	1	是否已删除

表 2.7 order（订单信息表）

序 号	列 名	数据类型	长 度	字段说明
1	orderid	整型	50	订单编号
2	productid	整型	50	产品编号
3	userid	整型	50	会员编号
4	acceptname	文本	50	收款人
5	address	文本	100	收款地址
6	postalcode	整型	50	邮编
7	phone	整型	50	联系电话
8	delivery	文本	100	送货方式
9	patment	文本	100	付款方式
10	state	位（布尔）	1	订单是否已递交
11	ordertime	日期/时间	8	订单时间
12	orderprice	货币		订单总价格

表 2.8 product（商品信息表）

序 号	列 名	数据类型	长 度	字段说明
1	productid	整型	50	商品编号
2	productname	文本	50	商品名
3	typeid_1	整型	50	商品一类编号
4	typeid_2	整型	50	商品二类编号
5	recommended	位（布尔）	1	是否是推荐商品
6	specials	位（布尔）	1	是否是特价商品
7	price	货币		市场价格
8	userprice	货币		会员价格
9	specialprice	货币		特价商品
10	pointcount	整型	50	商品点击数
11	imagepath	文本	100	商品图片路径
12	count	整型	50	商品数量

续表

序　号	列　名	数据类型	长　度	字段说明
13	sellcount	整型	50	商品销售数量
14	description	文本	5000	商品详细介绍

表 2.9　relay（回复用户留言信息表）

序　号	列　名	数据类型	长　度	字段说明
1	realy_ID	整型	50	留言回复编号
2	realy_content	文本	5000	留言回复内容
3	realy_time	日期/时间	8	留言回复时间
4	messages_ID	整型	50	留言编号
5	muser_ID	整型	50	留言者编号

表 2.10　type_1（一类商品信息表）

序　号	列　名	数据类型	长　度	字段说明
1	typeid_1	整型	50	一类商品编号
2	typename	文本	100	一类商品名称

表 2.11　type_2（二类商品信息表）

序　号	列　名	数据类型	长　度	字段说明
1	typeid_2	整型	50	二类商品编号
2	typeid_1	整型	50	一类商品编号
3	typename	文本	100	二类商品名称

表 2.12　userinfo（商品信息表）

序　号	列　名	数据类型	长　度	字段说明
1	userid	整型	50	用户编号
2	username	文本	100	用户名
3	password	文本	100	用户密码
4	power	整型	50	用户等级
5	email	文本	100	用户邮箱
6	question	文本	100	提取密码问题
7	answer	文本	100	提取密码答案

相关知识

1. 逻辑设计概述

逻辑结构设计的任务就是把概念设计阶段设计好的基本 E-R 图转换为与选用的具体机器上的 DBMS 所支持的数据模式相符合的逻辑结构（包括数据库模式和外模式）。设计逻辑结构原则上应选择对某个概念结构最好的数据模型，然后对支持这种数据模型的各种 DBMS 进行比较，选出最合适的 DBMS。但实际情况常常是已给定了某台机器，设计人员没有选择 DBMS 的余地。因而在设计时，应分三步完成数据库的逻辑设计。首先把概念结构向一般的关系模型转换，然后将转换来的模型向特定的 DBMS 支持的数据模型转换，最后进行数据模型的优化，并设计完成用户子模式。

2. E-R 图向关系模型的转换

下面以典型的学生—班级 E-R 图为例，来详解 E-R 转换为关系模型的基本方法。图 2.15 所示为学生和班级的 E-R 图。

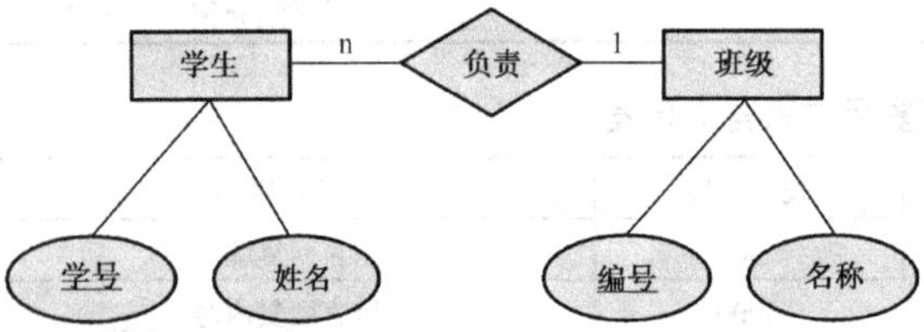

图 2.15　学生和班级的 E-R 图

在图 2.15 中，学生与班级构成多对一的联系。根据实际应用，可以做出这个 E-R 图的关系模式：

学生（学号，姓名，班级）

班级（编号，名称）

其中，“学生•班级”为外键，参照“班级.编号”取值。

3. 转换规则

（1）一个实体型转换为一个关系模式。

一般 E-R 图中的一个实体转换为一个关系模式，实体的属性就是关系的属性，实体的码就是关系的码。

（2）一个 1∶1 联系可以转换为一个独立的关系模式，也可以与任意一端对应的关系模式合并。

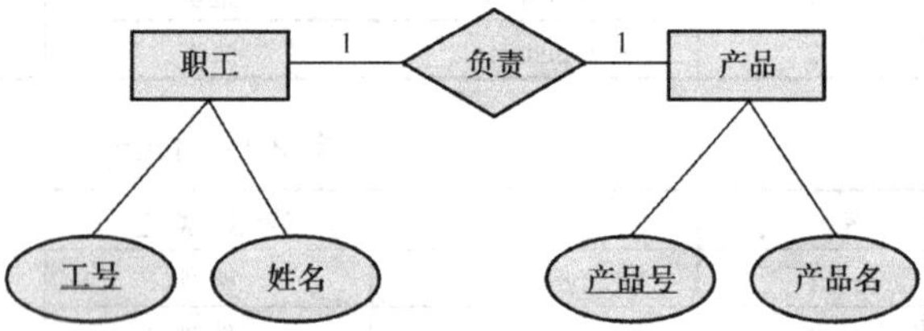

图 2.16　一对一联系

在如图 2.16 所示的 E-R 图中，职工和产品存在一对一联系。根据规则（2），有三种转换方式。

第一，联系单独作为一个关系模式。此时联系本身的属性，以及与该联系相连的实体的码均作为关系的属性，可以选择与该联系相连的任一实体的码属性作为该关系的码。结果如下：

职工（工号，姓名）

产品（产品号，产品名）

负责（工号，产品号）

其中，“负责”这个关系的码可以是工号，也可以是产品号。

第二，与职工端合并。

职工（工号，姓名，产品号）

产品（产品号，产品名）

其中，“职工.产品号”为外码。

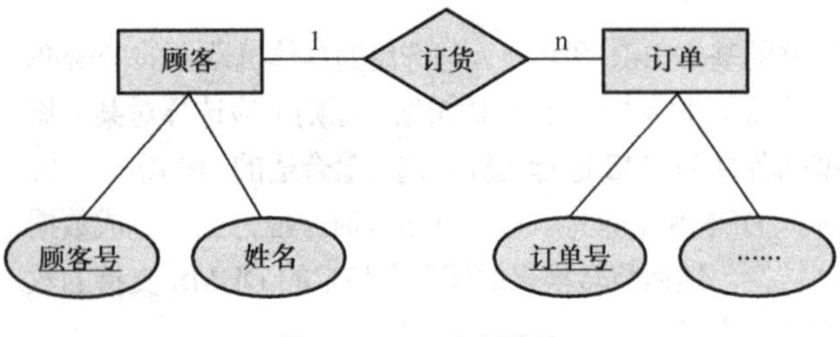

图 2.17　一对多联系

第三，与产品端合并。

职工（工号，姓名）

产品（产品号，产品名，负责人工号）

其中“产品.负责人工号”为外码。

（3）一个 1∶n 联系可以转换为一个独立的关系模式，也可以与 n 端对应的关系模式合并。

在如图 2.17 所示的 E-R 图中，顾客和订单存在一对多联系。根据规则（3），有两种转换方式。

第一，单独作为一个关系模式。此时该单独的关系模式的属性包括其自身的属性，以及与该联系相连的实体的码。该关系的码为n端实体的主属性。

顾客（顾客号，姓名）

订单（订单号，……）

订货（顾客号，订单号）

第二，与n端合并。

顾客（顾客号，姓名）

订单（订单号，……，顾客号）

（4）一个m∶n联系可以转换为一个独立的关系模式。

在如图2.18所示的E-R图中，教师和学生存在多对多联系。根据规则（4），只有一种转换方式。

该关系的属性包括联系自身的属性，以及与联系相连的实体的属性。各实体的码组成关系码或关系码的一部分。

教师（教师号，姓名）

学生（学号，姓名）

教授（教师号，学号）

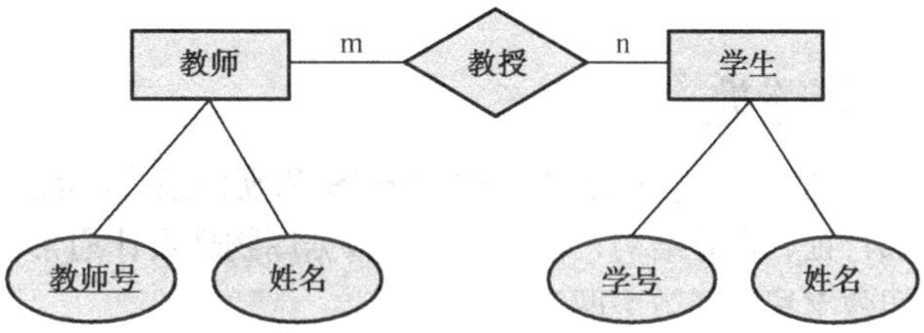

图2.18 多对多联系

（5）一个多元联系可以转换为一个独立的关系模式。

与该多元联系相连的各实体的码，以及联系本身的属性均转换为关系的属性，各实体的码组成关系的码或关系码的一部分。

（6）具有相同码的关系模式可以合并。

（7）有些1∶n的联系，将属性合并到n端后，该属性也作为主码的一部分。

这类问题多出现在聚集类的联系中，且部分实体的码只能在某一个整体中作为码，而在全部整体中不能作为码的情况下才出现。

4. 数据模型的优化

有了关系模型，可以进一步优化，方法如下：

（1）确定数据依赖。

（2）对数据依赖进行极小化处理，消除冗余联系（参看范式理论）。

（3）确定范式级别，根据应用环境，对某些模式进行合并或分解。

以上工作理论性比较强，主要目的是设计一个数据冗余尽量少的关系模式。下面这步则是考虑了效率问题：

（4）对关系模式进行必要的分解。

如果一个关系模式的属性特别多，就应该考虑是否可以对这个关系进行垂直分解。如果有些属性是经常访问的，而有些属性是很少访问的，则应该把它们分解为两个关系模式。

如果一个关系的数据量特别大，就应该考虑是否可以进行水平分解。如在一个论坛中，把会员发的主贴和跟贴设计为一个关系，则在帖子量非常大的情况下，这一步就应该考虑把它们分开了。因为显示的主贴是经常查询的，而跟贴则是在打开某个主贴的情况下才查询。

5. 设计用户子模式

这部分主要是考虑使用方便性和效率问题，主要借助视图手段实现，包括

（1）建立视图，使用更符合用户习惯的别名。

（2）对不同级别的用户定义不同的视图，以保证系统的安全性。

（3）对复杂的查询操作，可以定义视图，简化用户对系统的使用。

任务拓展

结合本任务所学习的数据库逻辑设计的知识和技能，在完成3.1任务拓展“本学院学生信息管理系统概念模型设计”的基础上，完成“本学院学生信息管理系统”的逻辑模型设计。

2.3.3 数据库物理结构设计

任务分析

物理结构依赖于给定的DBMS和硬件系统，因此，设计人员必须充分了解所用RDBMS的内部特征、存储结构、存取方法。数据库物理设计通常包括确定数据库的物理结构，以及评价实施空间效率和时间效率两步。

（1）首先要确定数据库的物理结构，包括确定数据的存储结构、设计数据的存取路径、确定数据的存放位置，以及确定系统配置等。

（2）然后是对时间效率、空间效率、维护代价和各种用户要求进行权衡，选择一个优化方案作为数据库物理结构。在数据库物理设计中，最有效的方式是集中地存储和检索对象。

任务实施

考虑到电子商务网站一般具有较高的数据访问流量，要求数据库管理系统能够提高数据检索速度和稳定性，衣购网系统采用SQL Server 2005作为关系型数据库管理系统。根据数据库逻辑设计阶段的分析并结合SQL Server的基本特性，构建了如图2.19所示的数据库及数据库标间关联。

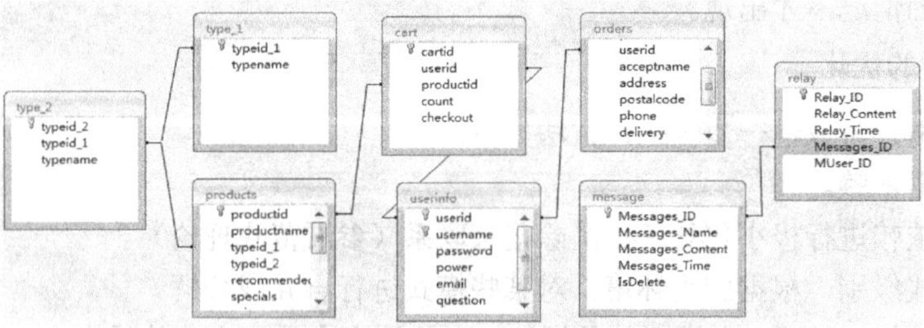

图2.19　数据库物理结构设计图

相关知识

1. 物理结构设计基本概述

数据库物理设计阶段的任务是根据具体计算机系统（DBMS和硬件等）的特点，为给定的数据库模型确定合理的存储结构和存取方法。“合理”主要有两个含义：一个是要使设计出的物理数据库占用较少的存储空间，另一个对数据库的操作具有尽可能高的速度。

数据库的物理结构设计大致包括确定数据的存取方法、确定数据的存储结构。

对于数据库查询事务，需要得到如下信息：

① 要查询的关系。

② 查询条件（即选择条件）所涉及的属性。

③ 连接条件所涉及的属性。

④ 查询的投影属性。

对于数据更新事务，需要得到如下信息：

① 要更新的关系。

② 每个关系上的更新操作的类型。

③ 删除和修改操作所涉及的属性。

④ 修改操作要更改的属性值。

上述这些信息是确定关系存取方法的依据。除此之外，还需要知道每个事务在各关系上运行的频率，某些事务可能具有严格的性能要求。例如，某个事务必须在 20s 内结束。这种时间约束对于存取方法的选择有重大的影响。需要了解每个事务的时间约束。

值得注意的是，在进行数据库物理结构设计时，通常并不知道所有的事务，上述信息可能不完全。所以，以后可能需要修改根据上述信息设计的物理结构，以适应新事务的要求。

2. 确定关系模型的存取方法

确定数据库的存取方法，就是确定建立哪些存储路径以实现快速存取数据库中的数据。现行的 DBMS 一般都提供了多种存取方法，如索引法、Hash 法等。其中，最常用的是索引法。

数据库的索引类似书的目录。在数据库中，索引就是表中数据和相应存储位置的列表。使用索引可以大大减少数据的查询时间。

在创建索引的时候，一般遵循以下的一些经验性原则：

（1）在经常需要搜索的列上建立索引。

（2）在主关键字上建立索引。

（3）在经常用于连接的列上建立索引，即在外键上建立索引。

（4）在经常需要根据范围进行搜索的列上创建索引，因为索引已经排序，其指定的范围是连续的。

（5）在经常需要排序的列上建立索引，因为索引已经排序，这样查询可以利用索引的排序，加快排序查询的时间。

（6）在经常成为查询条件的列上建立索引。也就是说，在经常使用在 Where 子句中的列上面建立索引。

同样，对于某些列不应该创建索引。这时候应该考虑下面的指导原则：

（1）对于那些在查询中很少使用和参考的列不应该创建索引。因为既然这些列很少使用到，有索引并不能提高查询的速度。相反，由于增加了索引，反而降低了系统的维护速度和增大了空间需求。

（2）对于那些只有很少值的列不应该建立索引。例如，人事表中的“性别”列，取值范围只有两项：“男”或“女”。若在其上建立索引，则平均起来，每个属性值对应一半的元组，用索引检索，并不能明显加快检索的速度。

任务拓展

结合本任务所学习的数据库物理设计的知识和技能，在完成 3.2 任务拓展“本学院学生信息管理系统逻辑模型设计”的基础上，完成“本学院学生信息管理系统”的物理模型设计。

习题

一、选择题

1．在.NET 框架下开发三层结构应用程序时，关于三层结构的说法错误的是（　　）。

A．三层结构体现了“高内聚、低耦合”的思想

B．三层结构在大中型应用系统中应用较多

C．三层结构适用于客户界面需求经常发生变化的情景

D．三层结构适用于客户对开发语言要求经常发生变化的情景

2．下列数据库产品中，适合个人用户的桌面 DBMS 为（　　）。

A．Microsoft Access　　B．Microsoft SQL Server

C．IBM DB2　　D．Oracle

3．关于 B/S 和 C/S 编程体系，下面说法不正确的是（　　）。

A．B/S 结构的编程语言分成浏览器端编程语言和服务器端编程语言

B．HTML 和 CSS 都是由浏览器解释的，JavaScript 和 VBScript 语言是在浏览器上执行的

C．目前应用领域的数据库系统全部采用网状型数据库

D．JSP 是 SUN 公司推出的是 J2EE 十三种核心技术中的一种

4．Microsoft SQL Server 的数据库模型属于（　　）。

A．层次模型　　B．网状模型

C．关系模型　　D．面向对象的数据模型

5．E-R 图是表示概念模型的有效工具之一，在 E-R 图中的菱形框表示（　　）。

A．实体　　B．联系　　C．实体的属性　　D．联系的属性

6．在下列关于数据表的陈述中，错误的是（　　）。

A．表中任意两行的值不能相同　　B．表中任意两列的值不能相同

C．行在表中的顺序无关紧要　　D．列在表中的顺序无关紧要

二、填空题

1．目前在软件应用开发领域中，主要分成两大架构体系，一种是基于__________结构的，另一种是基于__________结构的。

2．C/S 结构可以充分利用__________硬件环境的优势，将任务合理分配到__________来实现，降低了系统的通信开销。

3．B/S 体系结构使用户可以通过__________去访问 Internet 上的文本、数据及多媒体信息，有效实现了__________。

4．三层架构开发就是将系统从逻辑上分为多层，即表示层、__________和__________。

5．三层架构中的应用层，即系统功能实现分为三个部分：BLL（业务逻辑层）、__________和__________。

6．数据库设计包括了下列几个步骤：需求分析、__________、__________、物理结构设计、系统实施和运行维护。

三、实践题

1．针对简单的教务管理系统，制定可行性分析报告和软件需求分析报告。

2．对教务管理系统进行合理的模块划分，利用 Microsoft Office Visio 2003 绘制功能模块图。

3．对教务管理系统设计数据库，要求给出 E-R 图及表结构。

项目三

电子商务网站的 Web 窗体设计

项目简介

本项目的工作任务是，设计网站首页，然后对 Web 网站的导航结构进行设计并用站点导航控件加以实现，再结合设计的导航控件、登录控件及其他界面元素实现对 Web 网站的母版页的设计，最后通过应用主题、皮肤和样式设计实现对 Web 网站的统一外观设计。通过对 Web 网站的统一布局设计和整体外观设计让学生了解和掌握 Web 网站的窗体设计的主要方法，用户控件的定义、母版页的定义、站点地图的定义、导航控件的定义及主题样式的使用方法。

能力目标

- 能运用窗体控件实现用户控件的设计
- 能够使用站点地图定义网站结构，并用导航控件控制网站的导航路径
- 能够用母版页实现网站的统一布局
- 能够应用主题和样式实现网站的统一外观控制

知识目标

- 了解 Web 窗体、Web 控件和用户控件的概念
- 掌握 Web 窗体、Web 控件和用户控件的创建方法
- 了解 Web 母版页和站点地图的作用
- 了解 XML 文件的基本结构和创建方法
- 掌握站点地图、母版页的定义方法

任务 1 网站首页的窗体设计

对于电子商务公司来说，如何让浏览者在承载海量信息的电子商务网站中更准确、更方便、更直观地找到自己所需要的信息，是首先要考虑的问题。如何设计静态页面已经在前期课程网页设计中了解了。本任务就是根据网页设计课中完成的网站首页界面的设计图，在 VS.NET 2005 中结合 Web 窗体、Web 控件和自己定义的用户控件，实现首页的 ASP.NET 窗体设计。该页面的整体界面效果如图 3.1 所示。

图 3.1 Web 网站首页界面整体效果

3.1.1 创建网站首页 Web 窗体

任务分析

ASP.NET 中的网页被看成是一个 Web 窗体（Web Form），它是基于 ASP.NET 技术的 Web 应用程序的用户接口，可以用它在服务器上动态生成网页。在 VS.NET 2005 中的解决方案资源管理器中可通过在“添加新项”对话框中选择 Web 窗体模板创建一个新的 Web 窗体。

任务实施

（1）打开网站，在解决方案资源管理器中右击网站名称，弹出如图 3.2 所示菜单，选择“添加新项(W)...”菜单项，打开“添加新项”对话框。

（2）在如图 3.3 所示的“添加新项”对话框中，选择“Web 窗体”模板，在名称文本框中输入窗体的名称，设置语言为“Visual C#”，单击“添加”按钮。

图 3.2　右键菜单

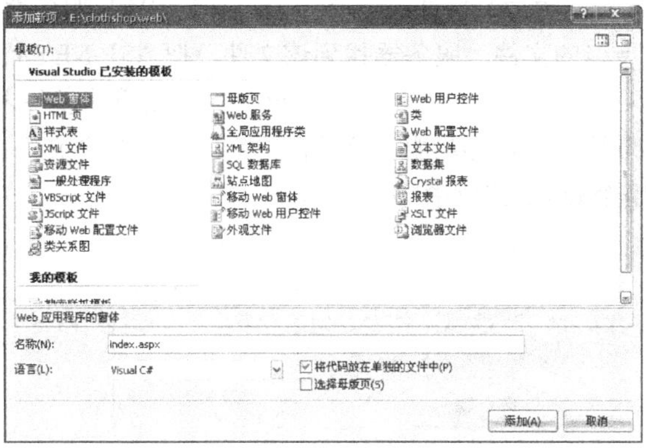

图 3.3　“添加新项”对话框

新窗体 index.aspx 被创建，如图 3.4 所示。

图 3.4　新建的窗体代码

相关知识

网站通过一个个页面将信息呈现给用户，几乎所有网站都包含动态网页。动态网页是一些其内容在被请求时动态生成的网页。例如，在登录淘宝网后，页面将显示用户以前曾购买的商品和查看过的商品。这是一个动态页面，其页面内容是根据访问者不同而专门定制的。任何具有搜索站点内容、订购商品等功能的网站实质上都是动态的。

构成网站的基本单位就是网页，开发网站的主要技术往往浓缩在了一个页面的实现过程中。有许多种技术可用以创建动态页面，ASP.NET 是其中最好的技术之一。

在 ASP.NET 中，一个网页被看成是一个 Web 窗体（Web Form），是一个具有.aspx 文件扩展名的文本文件。Web 窗体（Web Forms）是使用 ASP.NET 的“服务器端控件”（Server-side Controls）所创建的网页窗体，是基于 ASP.NET 技术的 Web 应用程序的用户接口，可以用它在服务器上动态生成网页。

ASP.NET 的 Web 窗体是一种编程模型，它在 Web 服务器上运行以动态地生成和管理 Web 窗体页。

Web 窗体页可以在任何浏览器或客户端设备中向用户提供信息，并使用服务器端代码来实现应用程序逻辑。

当客户从自己的浏览器请求一个 Web 页时，Web 服务器接收到用户请求后，判断是寻找一个以.aspx 为扩展名的文件，服务器找到该文件，把 ASP.NET 代码发送给公共语言运行库进行编译，生成一个特殊的 ASP.NET 对象 Page。该对象要完成的任务之一就是生成 HTML 流，这些 HTML 流返回到 Web 服务器，再从服务器返回给浏览器和指令文件（.aspx）。最后浏览器处理 HTML 并显示页面，整个处理过程如图 3.5 所示。

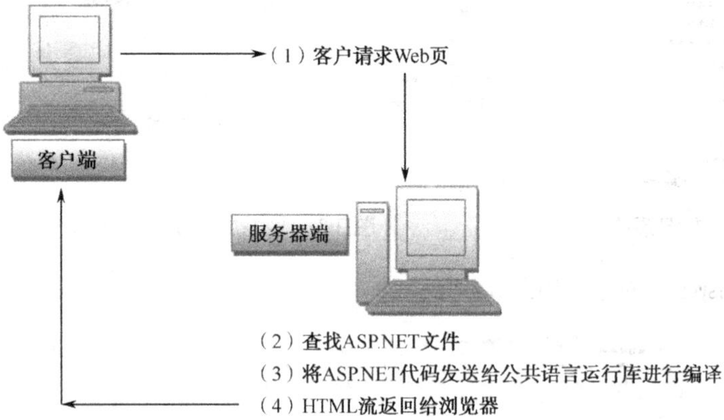

图 3.5　ASP.NET 工作原理

任务拓展

本商城中的所有信息的管理要通过后台管理系统来实现，在本拓展中要求为后台管理系统创建一个首页窗体。

3.1.2　首页窗体的界面设计

任务分析

Web 应用程序的用户界面包括可视化用户组件界面部分和接口逻辑部分。因此界面的制作过程一般包含两个步骤：一是根据事先设计好的界面效果，在窗体的可视部分中放置 HTML 静态内容和各种 Web 控件以定义界面的布局和内容，另一步骤是接口逻辑部分编写代码，实现界面的动态交互功能。

Web 控件是放置在界面中可编程访问的 HTML 代码块。设计人员在窗体中放置 HTML 内容和控件有两种方式，一是在设计视图中输入文本内容和拖放控件，另一种是在源视图中手工输入声明代码。

任务实施

步骤一：在首页窗体中添加 HTML 基本布局代码和登录状态显示模块

（1）导入静态页面设计阶段产生的 HTML 代码。

在窗体设计器中打开首页窗体，并切换到源视图，在<form id=“form1” runat=“server”>和</form>中贴入静态页面设计阶段产生的 HTML 代码，并将要动态生成的内容用文本替代，效果如图 3.6 所示。

（2）在首页窗体中添加用户登录状态显示模块。

① 从如图 3.7 所示的工具箱中拖放两个 Panel 控件到页面中显示用户登录状态的位置，并将 Panel 控件依次设置名称为 loginpanel 和 logoutpanel，如图 3.8 和图 3.9 所示。

图 3.6 静态页面效果图

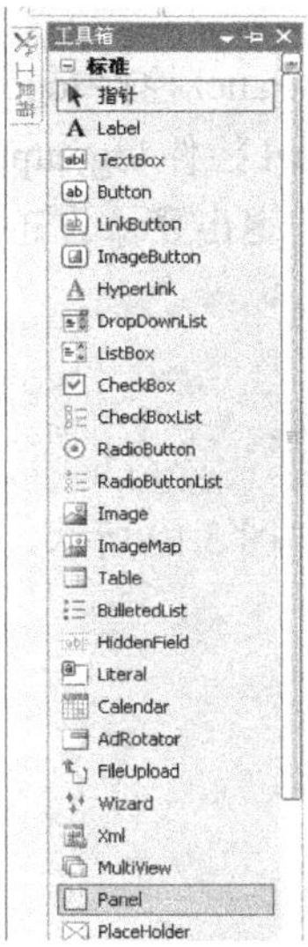

图 3.7 从工具箱中选择 Panel 控件

② 在 Panel 控件 loginpanel 中加入用于登录的链接文本。

在窗体设计器的设计视图中选中 Panel 控件 loginpanel，切换到源视图，找到对应的代码，如下所示：

```
<asp:Panel ID="loginpanel" runat="server">
</asp:Panel>
```

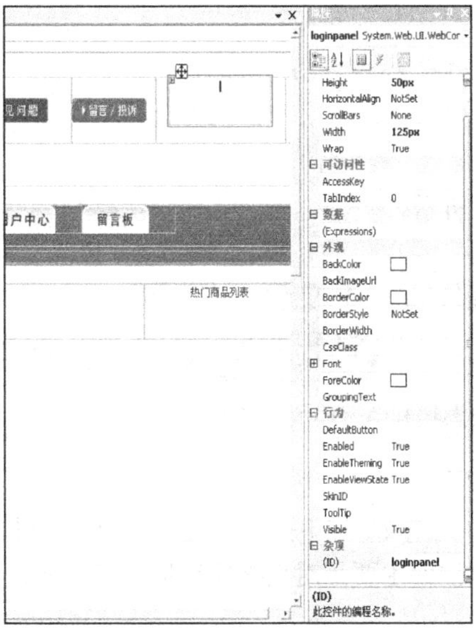

图 3.8 拖放 Panel 控件并设置名称 1

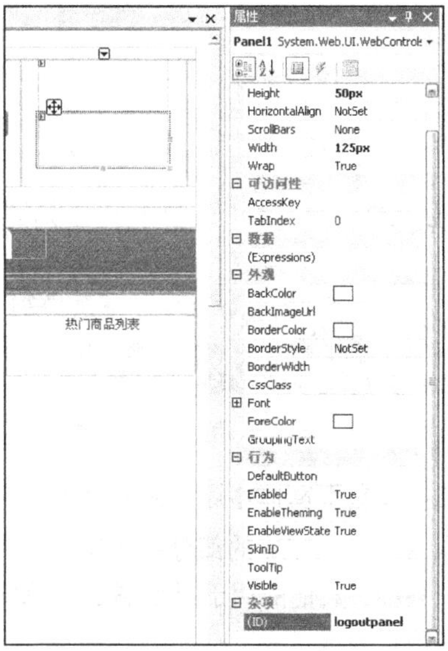

图 3.9 拖放 Panel 控件并设置名称 2

在 Panel 控件 loginpanel 的开始和结束标记之间加入用于用户登录注册的 HTML 链接文本，如下所示：

```
<a title="用户登录" href="login_1.aspx">用户登录</a>
<a title="忘记密码" href="findpassword.aspx" >忘记密码</a>
<a title="用户注册" href="regist.aspx" >用户注册</a>
```

③ 在 Panel 控件 logoutpanel 中加入用于显示已登录用户名的 Label 控件。

在 Panel 控件 logoutpanel 的开始和结束标记之间加入用于显示已登录用户名的 Label 控件，以及用于用户退出登录的链接文本，如下所示：

```
<asp:Label runat="server" ID="usernamelabel"></asp:Label>
<br />
<a title="退出登录" href="admin/logouts.aspx">退出登录</a>
```

效果如图 3.10 所示。

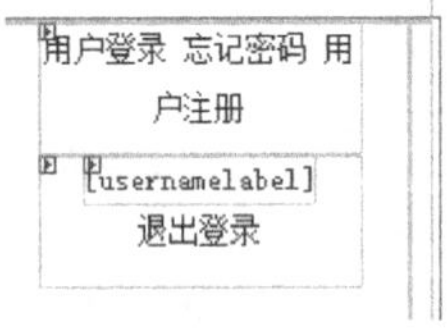

图 3.10 用户登录状态控制界面

④ 编写事件处理程序。双击 Web 窗体的空白处，进入代码设计窗口。在 Page 对象的 Load 事件中输入代码：

```
if (Session["username"] !=null)
        { this.loginpanel.Visible = false;
          this.logoutpanel.Visible = True;
          this.usernamelabel.Text = "欢迎 :" + "<font style='color:red'>"
+ Session["username"] + "</font>" + "进入衣购网站";
        }
        else
        { this.logoutpanel.Visible = false;
          this.loginpanel.Visible = True;
        }
```

⑤ 保存文件后执行程序，执行结果如图 3.11 所示。

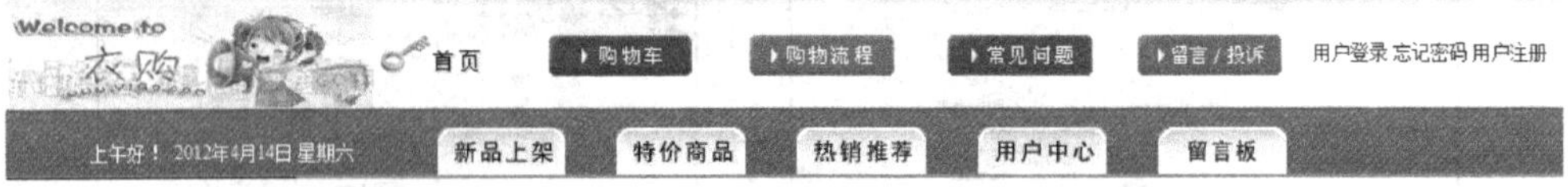

图 3.11 添加用户登录状态控制的页头执行效果

步骤二：在首页窗体中添加用于搜索的用户控件

在首页窗体中未完成的部分都以用户控件的方式定义，接下来将定义一个用户控件以实现网站的搜索入口界面。其他的用于显示商品信息的用户控件主要是对数据库数据的读取和显示，将在学完相关章节后再完成。

（1）在网站名称上右击，在弹出的菜单中选择“新建文件夹”选项，并将新建的文件夹命名为 usercontrol，用于存放网站的所有用户控件。

（2）在文件夹 usercontrol 上右击，选择“添加新项”选项，在对话框“模板”选项区中单击“Web 用户控件”，将名称改为 research.ascx。在“语言”列表框选择“Visual C#”项，最后单击“添加”

按钮，开始创建 research.ascx 文件，如图 3.12 所示。

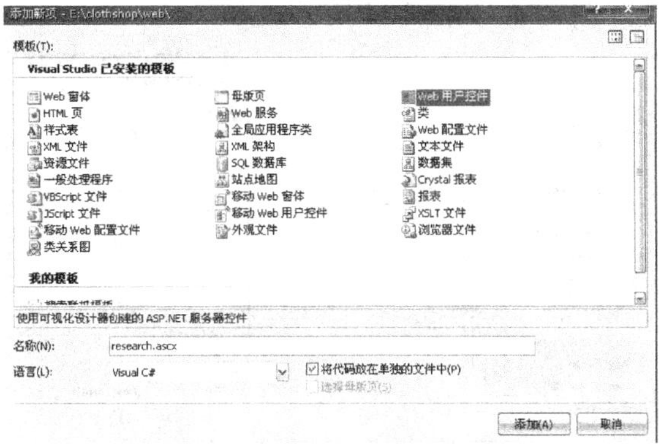

图 3.12　添加用户控件对话框

research.ascx 创建完成后会自动打开该用户控件的 HTML 源视图，并显示如下所示的一行代码：

```
    <%@ Control Language="C#" AutoEventWireup="True" CodeFile="research.
ascx.cs" Inherits="usercontrol2_research" %>
```

这段代码说明这是一个用户控件文件，使用的是 C#语言，代码文件是“research.ascx.cs”。

（3）切换到设计视图，从工具箱 HTML 选项卡中拖动一个 Table 控件到控件设计窗体中，设置表格宽度为“180”，调整为两行一列，从工具箱中拖放一个 Image 控件到表格的第一行第一列中，并设置图片的大小和位置，如图 3.13 和图 3.14 所示。

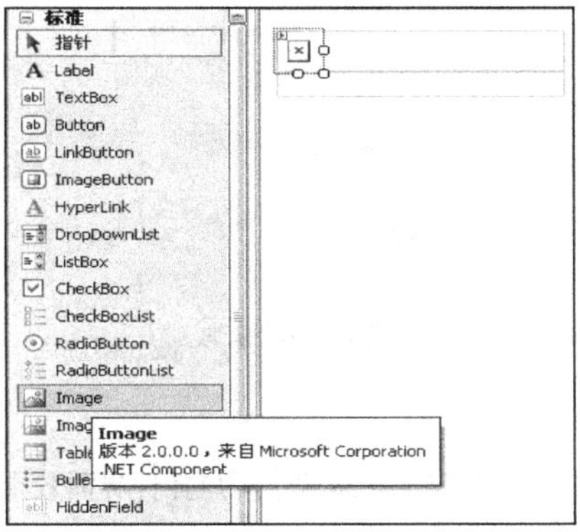

图 3.13　拖放 Image 控件

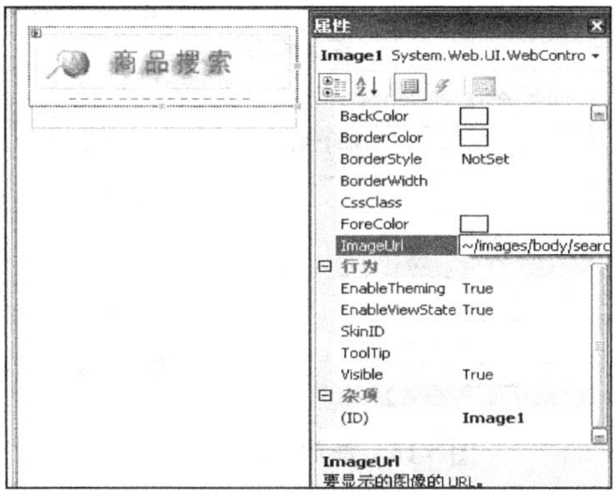

图 3.14　设置 Image 控件的属性

（4）在表格的第二行再放入一个三行一列的表格，设置属性，输入文本，生成的 HTML 代码如下：

```
            <table    align=center    border=0    cellPadding=1    cellSpacing=1
width="88%">
                <tr>   <td align="left">关键字： </td>
                </tr>
                <tr>    <td align="left">商品分类： </td>
                </tr>
                <tr>  <td align="center" height=38>   </td>
                </tr>
         </table>
```

（5）在工具箱中拖放一个 TextBox 控件到表格第一行中的文本“关键字：”后，设置 ID 属性为“keywordtb”，宽度为“80px”，如图 3.15 所示。

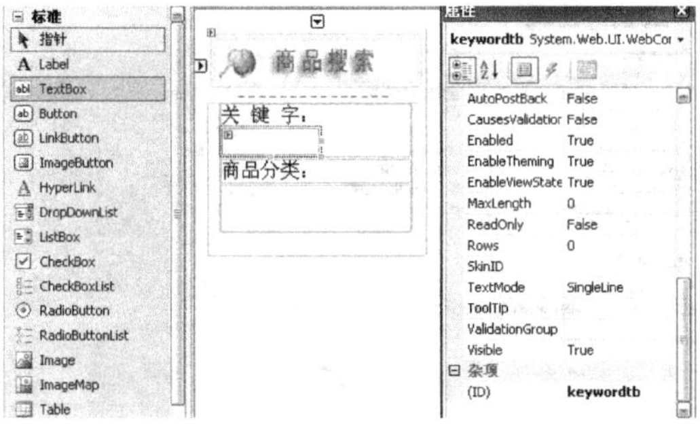

图 3.15　拖放 TextBox 控件

（6）在工具箱中拖放一个 DropDownList 控件到表格第二行中的文本“商品分类：”后，设置 ID 属性为“type_1ddl”，宽度为“80px”，如图 3.16 所示。

（7）切换到源视图，在内层表格的第三行插入以下代码：

```
        <input class=go-wenbenkuang type="button" name="Submit" value="查询"
onclick="url()" />
        <input class="go-wenbenkuang" type="button" name="search" value="高级查
询" onclick="window.location.href='search.aspx'" />
```

完成后界面效果如图 3.17 所示。

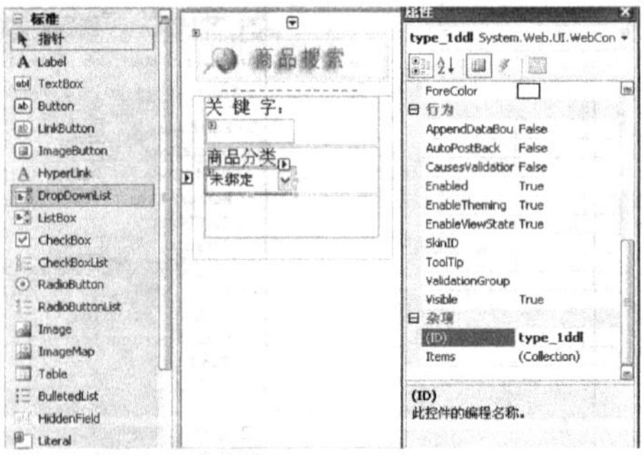

图 3.16　拖放 DropDownList 控件

图 3.17　商品搜索用户控件界面效果

（8）切换到源视图，在代码的第二行插入以下代码，实现查询按钮的单击控制：

```
        <script language="javascript" type="text/javascript">
            function url()
            {  var txt = document.getElementById("<%=keywordtb.ClientID %>").
value;
               var value = document.getElementById("<%=type_1ddl.ClientID %>").
options
        [document.getElementById("<%=type_1ddl.ClientID %>").selectedIndex].
value;
                window.location.href = 'researchlist.aspx?txt=' + txt + '&t_1='
+ value + '&t_2=0&p_1=&p_2=';
            }
        </script>
```

（9）用户控件创建完成后，就可以插入到任何需要用此控件的窗体中。在窗体设计器中切换到首页窗体的设计视图。将用户控件 research.ascx 拖放到窗体上相应位置释放图标，用户控件的布局效果出现在当前窗体中，如图 3.18 所示。

图 3.18　放入商品搜索用户控件的首页界面效果

相关知识

ASP.NET 技术的可编程 Web 页的创建方法是通过使用 Web 窗体，将控件拖放到设计器上然后添加代码。

1. Web 窗体页的组成

Web Form 把 Web 应用程序的用户界面分为两个部分：可视化用户组件界面部分和接口逻辑部分。

（1）可视组件指窗体的可视部分，包含静态 HTML 及 Web 服务器控件声明部分（浏览器中看到的部分），称为“Web 窗体页”文件，带有.aspx 扩展名。这部分如同一个大容器，开发者可以将各种 ASP.NET 控件放在其中。

Web 控件是可编程访问的 HTML 代码块，使得开发人员可根据程序逻辑修改发送给浏览器的 HTML。这些控件是 ASP.NET 网页的 HTML 部分与源代码部分之间的桥梁。

在对 ASP.NET 网页上的 HTML 和 Web 控件进行工作时，有两种视图。第一种是源视图，显示 HTML 页面的底层 HTML 标记和 Web 控件句法。第二种视图称为设计视图，它提供一种更简单的指定页面内容的方法。在这种视图下不需要像源视图中那样手工输入页面的 HTML 标记，可以直接将 HTML 元素和 Web 控件从工具箱拖放到网页上。使用主窗口底部的“设计”和“源”按钮，可以在 ASP.NET 页面的源视图和设计视图之间切换。

将 HTML 内容和控件放入 ASP.NET 网页中有两种方式：

一是在源视图中手工输入 HTML 代码和 Web 控件声明代码；另一种是在设计视图中将 HTML 元素和 Web 控件拖放到页面上。

（2）接口逻辑部分指在窗体后与窗体交互的代码。这些代码由开发人员编写以与窗体进行交互。在可视组件部分中定义了网页的布局和静态内容，而决定网页内容动态部分的是其源代码。

源代码放置的位置有两种：

一是位于与“Web 窗体页”文件不同的另一个文件中。该文件称为“代码隐藏”文件，可以使用 Visual Basic 或 Visual C#来编写，带有“.aspx.vb”（Visual Basic）或“.aspx.cs”（Visual C#）扩展名。在解决方案资源管理器中单击 aspx 文件上的加号图标，将会看到另一个嵌套的文件。

另一个是在相同文件的<script>块中。可以将 HTML 部分和源代码部分放在同一个 aspx 文件中，源代码部分放在一个服务器端<script>块中。

在这两种方式中，前者可以使页面代码更加清晰地与内容进行分离，有利于代码的重复利用、程序的调试和维护。

2. ASP.NET 页面的结构

（1）指令。

ASP.NET 页面通常包含一些指令，允许用户指定页属性和配置信息，作为页面编译器在处理文件时使用的设置。页面指令位于页面文件的顶部，语法如下：

```
<%@directive{attribute=value}*%>
```

常用的指令如下：

@Page 指令。为页面指定多个配置选项，如页面中代码使用的服务器编程语言、是否有母版页等。

如某上页面“default.aspx”文件代码中的第一行为

```
<%@ Page Language="C#"  CodeFile="Default.aspx.cs" Inherits="Default" %>
```

其中，Language="C#"指定该页面源代码使用 C#作为编程语言；CodeFile="Default.aspx.cs"指定页面事件处理程序所在的文件；用 Inherits="Default"指定 Partial 类名称。

在“default.aspx.cs”文件中包含的代码：

```
public partial class Default : System.Web.UI.Page
```

声明 Partial 类 Default，继承自 Page 类，需要与 Default.aspx 一齐编译才能编译成一个完整类。也就是说，将 Default.aspx 和 Default.aspx.cs 合起来才是完整的 ASP.NET 程序。

@Import 指令。用于指定要显式导入到 ASP.NET 应用程序文件中的命名空间。导入的命名空间可以是.NET Framework 类库或用户定义的命名空间的一部分。示例如下：

```
<%@Import namespace="System.NET" %>
```

@Register 指令。注册其他控件以便在页面上使用。为开发人员提供了在 ASP.NET 应用程序文件中引用自定义控件的简明方法。示例如下：

```
<%@Register Src="usercontrol/research.ascx" TagName="research" Tag
Prefix="uc1" %>
```

（2）默认 HTML 内容。

在@Page 指令之后，是新建 ASP.NET 网页时添加的默认 HTML 内容，包括一个<html>元素，其中嵌套包含<head> 和<body>元素，在<body>元素内是一个<form>元素，在<form>元素内是一个<div>元素。当在设计视图中拖放控件到页面时，控件对应的标记将放在这个<div>元素中，如 Default.aspx 中的<asp:Button ID="Button1" runat="server" Text="Button" />。

在 ASP.NET 页面中<head>标记改为如下所示的 HtmlHead 控件对象。

```
<head runat="server">
…
</head>
```

可以使用 ASP.NET 程序来指定 HtmlHead 对象的相关属性，示例如下。

Page.Header.Title=“首页”

以上语句用代码指定页面的标题文字。也可创建 Style 对象指定 CSS 样式，示例如下。

```
Style newstyle = new Style();
      newstyle.ForeColor = System.Drawing.Color.Yellow;
      newstyle.BackColor = System.Drawing.Color.Gray;
      Page.Header.StyleSheet.CreateStyleRule(newstyle,null,"body");
```

以上语句用代码指定页面的背景色和前景色。

在静态页面中 HTML 表单<form>标记可用于收集用户的输入传递给服务器。Web 窗体中使用<form Runat=“Server”>的 HtmlForm 控件对象，所有的服务器端控件都要放在这个元素中，如下所示：

```
<form id="form1" runat="server">
```

```
    …
    </form>
```

（3）服务器端控件。

Web 窗体是由服务器端控件组成的，用于创建应用程序的用户接口，在服务器端执行并转化成为浏览器可理解的 HTML 标记。

ASP.NET 服务器端控件分为两种：HTML 控件与 HTML 标记直接对应，只是新增了 ID 和 Runat 属性，如 HtmlHead 控件对象和 HtmlForm 控件对象；Web 控件对应于 System.Web.UI. WebControls 命名空间中的控件对象，是使用 asp 字头的 XML 标记。如前面给出的 Default.aspx 代码中的以下语句就是 Button 控件的标记。

```
<asp:Button ID="Button1" runat="server" Text="Button" />
```

在后面的章节将详细介绍各个常用的控件。

（4）事件处理程序。

Web 窗体是一种事件基础的设计模型。当用户对控件做出某种操作时，会造成控件的状态发生改变，进而触发事件，事件产生时就会调用事件处理程序来对该事件做出处理。

在 ASP.NET 网页的源代码部分编写代码实际就是在创建针对特定事件的事件处理程序。一个典型例子就是 Page 对象的 Load 事件，该事件在页面被请求时触发，相应的事件处理程序可用于放置在页面每次被请求时都要执行的代码。如下例，其执行效果如图 3.19 所示。

```
protected void Page_Load(object sender, EventArgs e)
    {  Style newstyle = new Style();
        newstyle.ForeColor = System.Drawing.Color.Yellow;
        newstyle.BackColor = System.Drawing.Color.Gray;
        Page.Header.StyleSheet.CreateStyleRule(newstyle,null,"body");
    }
```

除页面级事件外，Web 控件也有相关的事件，如 Button 控件被用户用鼠标单击时，会触发 Button 的 Click 事件，如果为这个事件创建了事件处理程序，则事件处理程序中的代码就会在该 Button 控件被单击时执行。示例如下，其执行效果如图 3.20 所示。

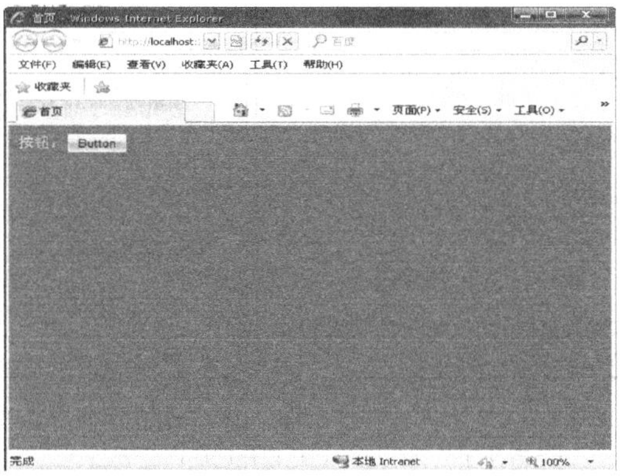

图 3.19　Page_Load 事件处理程序执行效果

图 3.20　Button 控件被单击的执行效果

```
protected void Button1_Click(object sender, EventArgs e)
    {   Response.Write("<script>alert('Button 被单击!')</script>");  }
```

任务拓展

设计和实现商城后台管理系统首页的窗体，如图 3.21 所示：

（1）在窗体中添加 HTML 代码和控件，制作管理系统首页的界面。

（2）编写代码，判断如果管理员未登录，则跳转到商城首页。

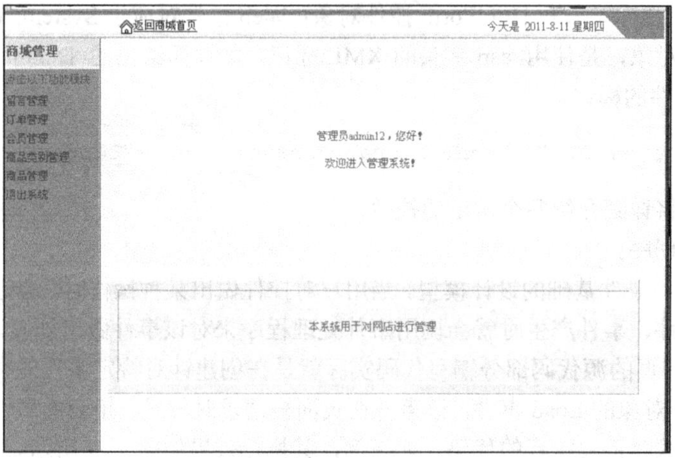

图 3.21　商城后台管理系统首页

任务 2　网站导航栏的设计

随着电子商务网站的规模扩大、栏目增加、内容越来越多，用户在浏览时容易“迷路”，无法判断自身位置，找不到到达想要访问的页面的捷径。解决这个问题的方式是在合理安排网站结构的同时，在网页中设置便于使用的导航提示。

本任务就是根据设计好的网站结构，创建网站地图，并选择适当的导航控件，实现网站的导航。页面的导航效果如图 3.22 所示。商品分类导航效果如图 3.23 所示。

图 3.22　网站导航效果

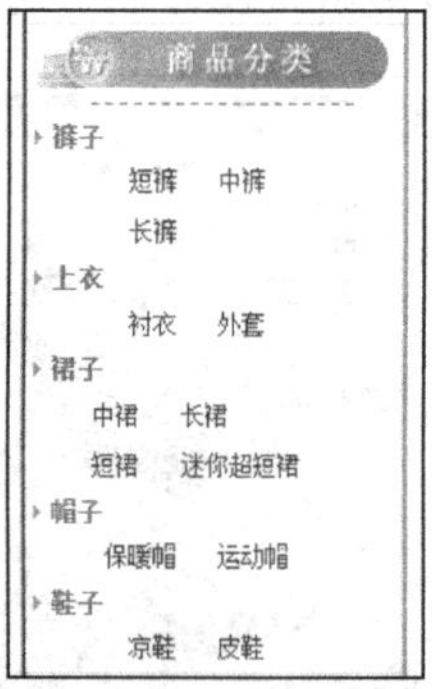

图 3.23　商品分类导航效果

3.2.1　建立站点地图

任务分析

站点地图可用于表示网站各页面间的导航关系。ASP.NET 提供了 XML 格式的站点地图文件用于定义整个网站的结构，该文件名为 Web.Sitemap，必须位于根目录下。在添加新项中选择站点地图模板可以创建该文件。作为 XML 文件，站点地图文件的编写过程主要就是对描述网站导航信息的 siteMapNode 元素的定义过程。

任务实施

步骤一：创建各页面

（1）打开网站后，进入“解决方案资源管理器”，在网站名称上右击，在弹出的快捷菜单中选择“添加新项”命令，在弹出的对话框中选择“Web 窗体”选项，新建一个 aboutus.aspx 页面，选择该文件，在设计视图中输入“关于我们”，并将该文字设定为标题一样式。

（2）重复参照步骤（1），分别再新建 contactus.aspx 页面、copyright.aspx 页面、payment.aspx 页面、booklist.aspx 页面，再在 admin 子目录中新建 home.aspx 页面，并分别在其页面中输入“联系我们”、“版权声明”、“付款方式”、“留言/建议/投诉”、“网站后台首页”等文字，将文字设定为标题一样式。

步骤二：建立站点地图文件

（1）创建 SiteMap 文件。在“解决方案资源管理器”中网站名称上右击，在弹出的快捷菜单中选择“添加新项”命令，在项目模板中选择“站点地图”模板，如图 3.24 所示。站点地图名称为 Web.sitemap（一般不应更改此站点地图的名称）。

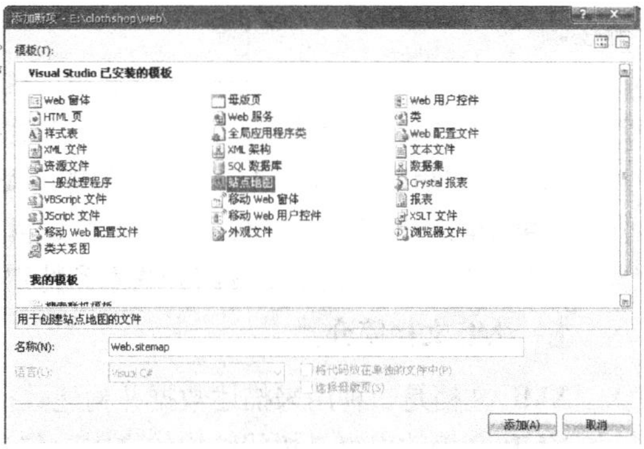

图 3.24　创建站点地图

单击“添加”按钮，生成站点地图文件 Web.sitemap。可以看到设计窗口自动进入该文件的编辑状态，默认生成的代码如下所示：

```
<?xml version="1.0" encoding="utf-8" ?>
<siteMap xmlns="http://schemas.microsoft.com/AspNet/SiteMap-File-1.0" >
   <siteMapNode url="" title=""  description="">
      <siteMapNode url="" title=""  description="" />
      <siteMapNode url="" title=""  description="" />
   </siteMapNode>
</siteMap>
```

（2）根据导航菜单修改 Web.sitemap 文件内容。在 Web.sitemap 文件中输入以下代码。

```
<?xml version="1.0" encoding="utf-8" ?>
<siteMap xmlns="http://schemas.microsoft.com/AspNet/SiteMap-File-1.0" >
   <siteMapNode url="~/index.aspx" title="购物首页"  description="">
      <siteMapNode url="~/aboutus.aspx" title="关于我们"  description="" />
     <siteMapNode url="~/contactus.aspx" title="联系我们"  description="" />
     <siteMapNode url="~/copyright.aspx" title="版权声明"  description="" />
      <siteMapNode url="~/payment.aspx" title="付款方式"  description="" />
      <siteMapNode url="~/booklist.aspx" title="留言/建议/投诉"  description
      ="" />
      <siteMapNode url="~/admin/home.aspx" title="网站后台入口"  descri
ption=
```

```
            "" />
        </siteMapNode>
    </siteMap>
```

站点地图文件是一个 XML 文件，本文件分为两个层次，第 1 层次是 index.aspx 页面，第 2 层次包括 aboutus.aspx 页面、contactus.aspx 页面、copyright.aspx 页面、payment.aspx 页面、booklist.aspx 页面和子目录 admin 中的 home.aspx 页面。

从该文件可以看到，站点地图的层次结构与网站的物理目录结构是没有关联的，这便于对导航的管理和维护。

相关知识

网站由许多页面组成，各个页面之间存在着一定的逻辑联系，并且以一定的方式分类。网站向用户提供一条方便到达各页面的路径。对这种路径的定义称为网站的导航，即网站各页面间的相互链接。

随着网站规模越来越大且越来越复杂，网站的导航管理，尤其是发生页面的增、删及位置改变等变化时的维护，对网站的开发和管理人员都将是巨大的挑战。

ASP.NET 针对网站中页面的导航问题，提供了很好的解决方案。通过 XML 格式的站点地图文件定义整个网站的结构，将网页按一定的逻辑类别进行分组。在站点地图中定义了网站逻辑结构包含的各个部分，并可选地将各部分联系到特定的 URL。

1. XML 文档简介

XML 文档是一种用来描述数据并构建数据的语言。它是目前通用数据共享的标准。

XML 文档的内容是树状结构的文本。作为一种标记语言，与 HTML 的区别在于 XML 的标记没有预定义，需要自行定义。XML 标记的名称可以包含字母、数字及其他字符，不能以数字或标点符号开始，也不能以 xml（不区分大小写）开始，名称中不能包含空格。

正确的 XML 文档以如下的 XML 声明开始，该声明将文档定义为 XML 文档，并指定了文档内容将要符合的 XML 版本。

```
<?xml version="1.0"?>
```

在 XML 声明中还可以包含 encoding 属性，用来定义字符类型，如以下声明定义文档的字符编码为 utf-8。

```
<?xml version="1.0" encoding="utf-8"?>
```

XML 声明之后是文档的根元素，通常指的是文档元素。每个 XML 文档都必须有一个文档元素。

XML 元素是指从开始标记直到结束标记的部分。它是 XML 文档的构件。元素中可以包含其他元素、文本及两者的混合。如在前面提到的 XML 文档中，pants 元素是 cloth 元素的子元素，item 元素是 pants 元素的子元素。

元素的开始标记中可以包含属性用来添加元素的附加信息。属性是名称/值对。如以上 XML 文档中包含的以下两行中，pants 元素中有一个 value 属性，值为“裤子”，而 item 元素有两个属性：value 和 nav。属性值必须包含在一对单引号或双引号之间，可以包含空格，但属性名中不能包含空格。

```
<pants value="裤子">
<item value="短裤" nav="class.aspx?id=1"></item>
```

XML 必须遵循的语法规则主要有以下几项：

（1）所有的 XML 元素必须有结束标记，但不包括 XML 声明，它是属于 XML 标记的。

（2）XML 标记大小写敏感，因此</cloth>并不是<CLOTH>标记的结束标记。

（3）XML 元素必须正确嵌套，如<pants><item></pants></item>是错误的。

（4）XML 元素必须有根元素。

（5）XML 属性值必须加双引号。

2. 用站点地图定义网站结构

站点地图文件是一个 XML 文件，其作用是表示应用程序页面之间的导航关系，这种关系与页面的物理存储关系无关。

站点地图文件的文件名为 Web.Sitemap，必须位于应用程序的根目录中。

站点地图文件的根节点是<siteMap>元素，该元素在文件中只能有一个。在<siteMap>元素中，有一个<siteMapNode>元素，这个元素是顶级节点，一般定义的是网站应用程序的起始页面。在顶级节点中嵌套包含多个<siteMapNode>元素，每一个<siteMapNode>元素描述的是一张网页的导航信息。

<siteMapNode>元素有三个主要属性，如表 3.1 所示。

表 3.1　siteMapNode 元素的主要属性

属　性	说　明
title	提供链接的文本描述
description	说明链接的作用，同时用于链接上的 tooptip 属性
url	描述了网页文件在网站中的位置，在根目录下，使用文件名；如果位于子目录中，就在这个属性值中包含这个子目录名

如：

```
<siteMapNode url="~/admin/home.aspx" title="网站后台入口"  description="" />
```

表示一张网页，位于根目录的 admin 子目录中，文件名为 home.aspx，显示内容为“网站后台入口”。

在每个<siteMapNode>元素中，url 属性不是必需的。如果某个节点不包含 url 属性，则这个节点是不可导航的。但在节点中包含的各个 url 属性值对应的网页地址一定要真实存在，不然会提示出错。

任务拓展

图 3.21 所示的商城后台管理系统中包括 5 个功能模块，为这 5 个功能模块创建窗体，并建立管理系统的站点地图。

3.2.2　在页面中添加导航控件

任务分析

在网页中通常会有面包屑导航条，向用户指示当前位置及提供快速返回上一级页面的方式。这可由 ASP.NET 提供的 SiteMapPath 控件来实现。另外，在前一部分中制作的首页底部导航是用设置链接文本的方式，事实上，在 ASP.NET 中可使用提供的 Menu 控件来实现。作为电子商务网站，商品的分类导航必不可少，在 ASP.NET 中使用 Menu 控件可以很方便地实现。以上提到的这三种导航控件可与站点地图绑定，提供了用户在网站中定位和快速跳转的方式。在建好站点地图后，用拖放控件的方式可分别将 SiteMapPath 控件、Treeview 控件和 Menu 控件放入网页中，与数据源绑定后，再设置显示效果即可实现网站的导航功能。三种导航控件的属性面板中都包含大量对控件各个部分显示效果的控制，如果自行设计外观没有把握，则可使用自动套用格式来选择适合的效果。

任务实施

步骤一：使用 SiteMapPath 控件显示当前页面及其层次

（1）打开 aboutus.aspx 文件，在设计视图下将工具箱中“导航”控件组中的 SiteMapPath 控件 

拖放到 aboutus.aspx 页面中文字“关于我们”的下方，效果如图 3.25 所示。

图 3.25 “关于我们”页中的 SiteMapPath 控件效果

（2）重复上述步骤，在 contactus.aspx、admin/home.aspx 中也拖放 SiteMapPath 控件，效果如图 3.26 和图 3.27 所示。

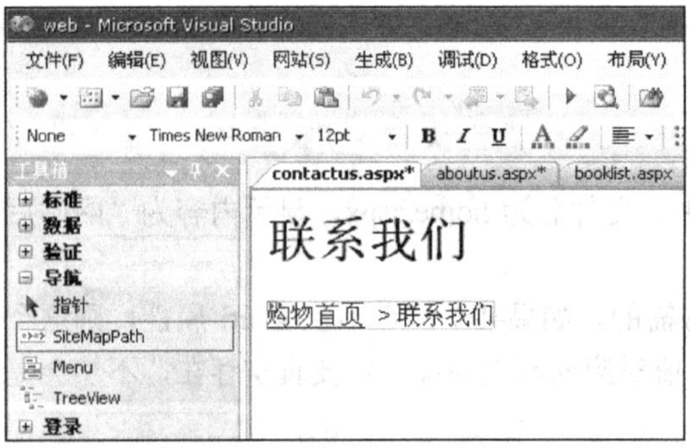

图 3.26 “联系我们”页中的 SiteMapPath 控件效果

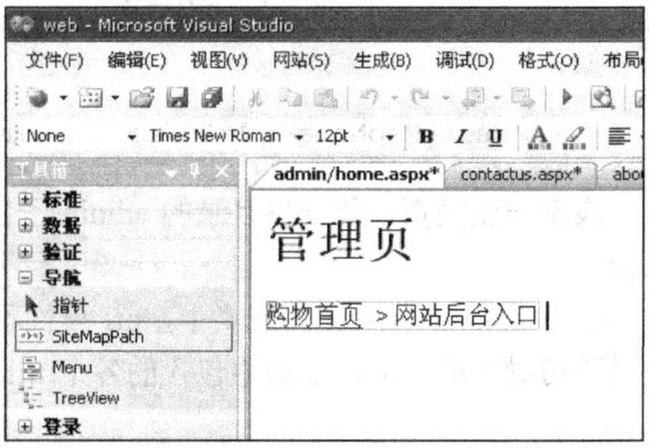

图 3.27 “网站后台”页中的 SiteMapPath 控件效果

需要注意的是，SiteMapPath 控件显示了当前页面和到达当前页的路径，并不表示用户浏览页面的历史路径。

步骤二：使用 Menu 控件制作导航菜单

（1）打开 index.aspx 页面，在设计视图下，把工具箱“数据”控件组中的 SiteMapDataSource 控件 

拖放到页面上，如图 3.28 所示。

图 3.28 拖放 SiteMapDataSource 控件

（2）将工具箱“导航”控件组中的 Menu 控件 Menu 拖放到 index.aspx 页面上 SiteMapDataSource 控件的下方，并在右上方的任务菜单中选择数据源为 SiteMapDataSource 1，如图 3.29 所示。

图 3.29　拖放 Menu 控件并选择数据源

（3）选中拖放进来的 Menu 控件，在属性窗口中将 StaticDisplayLevels 属性设置为“2”，将两层菜单项都静态显示出来，如图 3.30 所示。

（4）将 Orientation 属性从默认的 Vertical 修改为 Horizontal，指定菜单水平呈现，如图 3.31 所示。

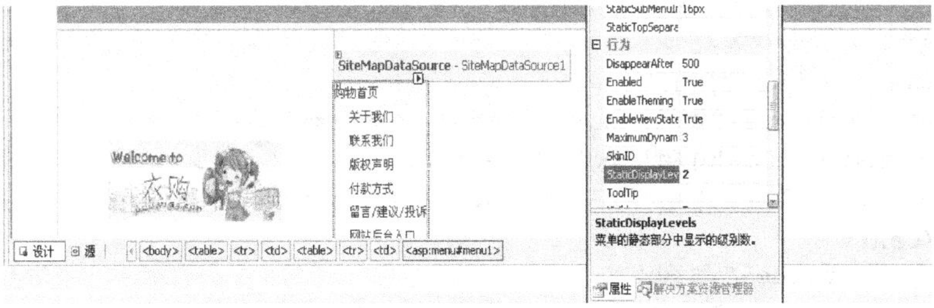

图 3.30　设置 Menu 控件的 StaticDisplayLevels 属性

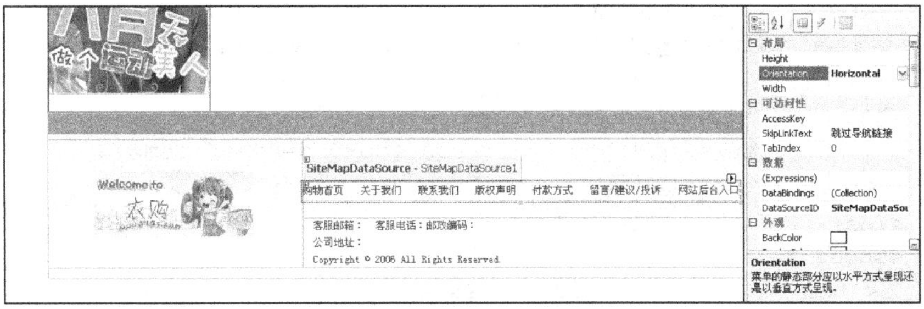

图 3.31　设置 Menu 控件的 Orientation 属性

最终菜单效果如图 3.32 所示。

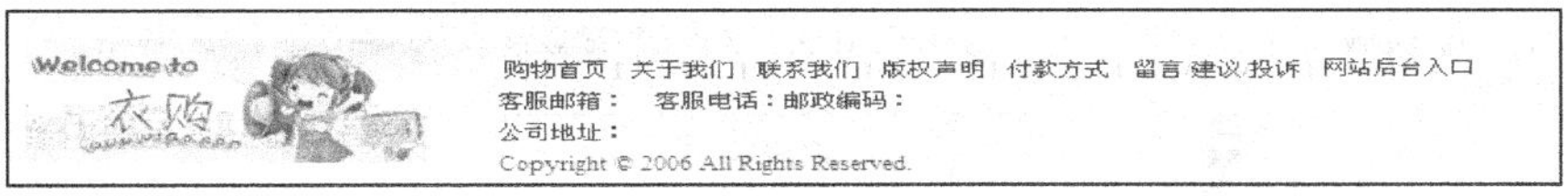

图 3.32　Menu 运行效果

步骤三：使用 Treeview 控件绑定 XML 文件创建分类导航

（1）创建 XML 数据文件。在“解决方案资源管理器”中网站名称上右击，在弹出的快捷菜单中选择“添加新项”命令，在项目模板中选择“XML 文件”模板，在“名称”文本框中输入文件名称 product.xml，单击“添加”按钮，如图 3.33 所示。

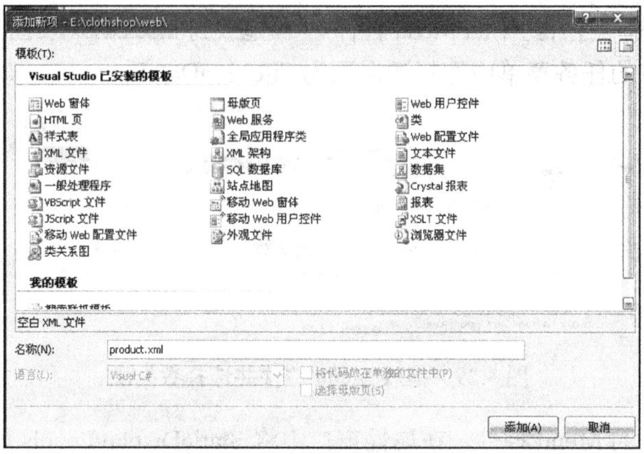

图 3.33　添加 XML 文件

（2）在创建的 product.xml 文件中输入商品的分类数据，如下所示：

```
<?xml version="1.0" encoding="utf-8" ?>
<cloth value="衣服">
  <pants value="裤子">
    <item value="短裤" nav="class.aspx?id=1"></item>
    <item value="中裤" nav="class.aspx?id=2"></item>
    <item value="长裤" nav="class.aspx?id=3"></item>
  </pants>
  <skirt value="裙子">
    <item value="中裙" nav="class.aspx?id=4"></item>
    <item value="长裙" nav="class.aspx?id=5"></item>
    <item value="短裙" nav="class.aspx?id=6"></item>
    <item value="迷你超短裙" nav="class.aspx?id=7"></item>
  </skirt>
  <hat value="帽子">
    <item value="保暖帽" nav="class.aspx?id=8"></item>
    <item value="运动帽" nav="class.aspx?id=9"></item>
  </hat>
  <shoes value="鞋子">
    <item value="凉鞋" nav="class.aspx?id=10"></item>
    <item value="皮鞋" nav="class.aspx?id=11"></item>
  </shoes>
</cloth>
```

（3）在 index.aspx 页面中添加 XmlDataSource 控件 

，如图 3.34 所示。

图 3.34　添加 XmlDataSource 控件

在 XmlDataSource 控件的任务菜单中选择“配置数据源”，弹出“配置数据源”对话框，如图 3.35 所示，在数据文件输入框内选择上述 XML 数据文件 product.xml，单击“确定”按钮完成 XmlDataSource 数据源的配置。

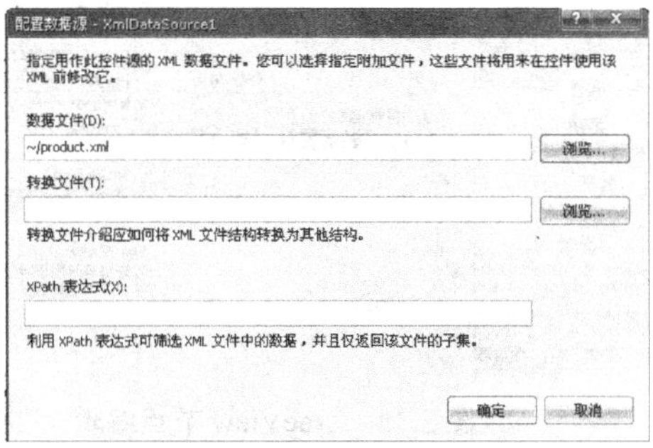

图 3.35　配置 XmlDataSource 数据源

（4）在工具箱的“导航”控件组中拖放一个 TreeView 控件到页面上，选中该控件，单击右上角的黑色箭头按钮，弹出任务菜单，在“选择数据源”的下拉列表框中选择上述步骤创建的 XmlDataSource 数据源，如图 3.36 所示。

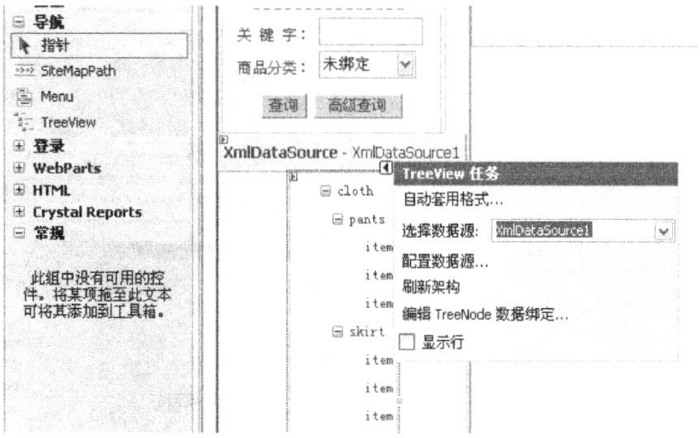

图 3.36　设置 TreeView 控件的数据源

（5）设置 TreeView 的绑定。

用鼠标选中 TreeView 控件，单击右上角的黑色箭头按钮，在任务菜单中选择“编辑 TreeNode”数据绑定，弹出如图 3.37 所示的“TreeView DataBindings 编辑器”对话框。从“可用数据绑定”中选择要设置绑定的节点，单击“添加”按钮，加入到“所选数据绑定”中。在这里，将除 cloth 外的所有节点都添加到“所选数据绑定”中。

依次选中“所选数据绑定”中的各个节点，在数据绑定属性中设置属性 TextField 和 ValueField 为“Value”，如图 3.38 所示。

依次选中“所选数据绑定”中的各个名为 item 的节点，在数据绑定属性中设置属性 NavigateUrlField 值为“nav”，如图 3.39 所示。

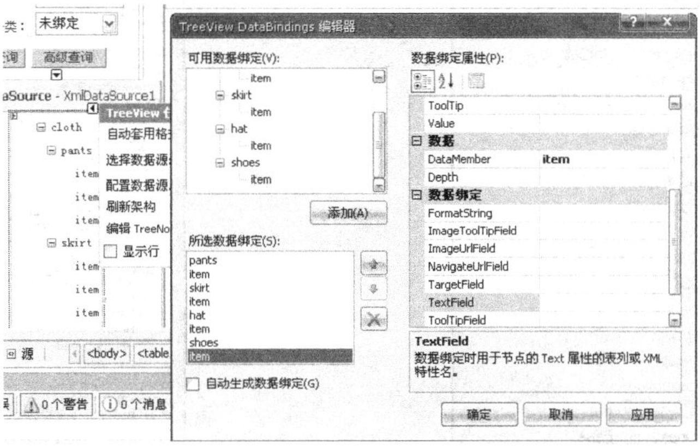

图 3.37　“TreeView DataBindings 编辑器”对话框

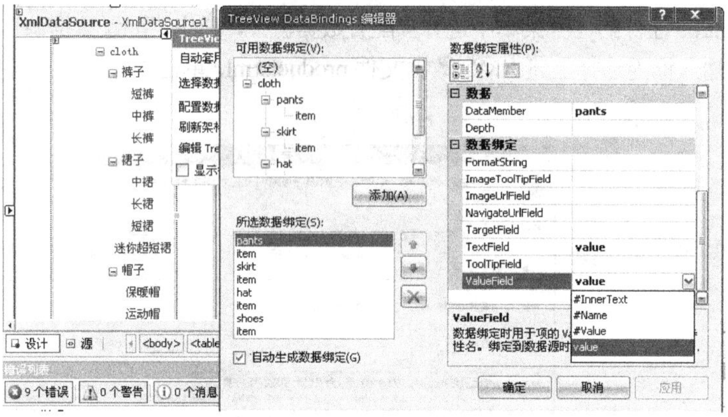

图 3.38　TreeView 节点编辑

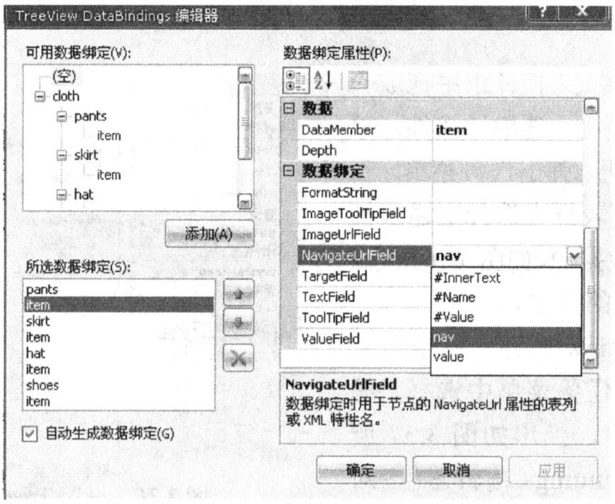

图 3.39　设置 NavigateUrlField 属性

（6）设置 TreeView 的外观。

不需要显示根节点 cloth 和展开/折叠图标，先在 TreeView 控件的属性窗口中设置 ShowExpandCollapse 属性值为“False”，在节点旁边不显示展开/折叠图标，如图 3.40 所示。

再设置 RootNodeStyle 中的 CssClass 属性值为“hide”，如图 3.41 所示。

图 3.40　设置 ShowExpandCollapse 属性

图 3.41　设置 TreeView 根节点的 CssClass 属性

切换到页面的源视图，在<head></head>标记中添加以下代码：

```
<style type="text/css">
    .hide{display:none}
</style>
```

将根节点隐藏。

按设计的效果，要将父节点设置为无链接、橙色、粗体，并在文字前加上箭头小图片。

设置过程：首先单击 TreeView 的 DataBindings 属性值中的省略号按钮，打开“TreeView DataBindings 编辑器”对话框，在“所选数据绑定”中选中不需要设置链接的节点，在“数据绑定属性”中设置 SelectAction 属性的值为“None”，如图 3.42 所示。

图 3.42 设置节点无链接

再在 TreeView 控件的属性窗口的“样式”组中找到 ParentNodeStyle 属性，单击该属性前的加号，如图 3.43 所示。设置 Bold 属性为“True”，ForeColor 属性为“#FF8000”，ImageUrl 属性为要放在文字前的图片位置。

设置完成的效果如图 3.44 所示。

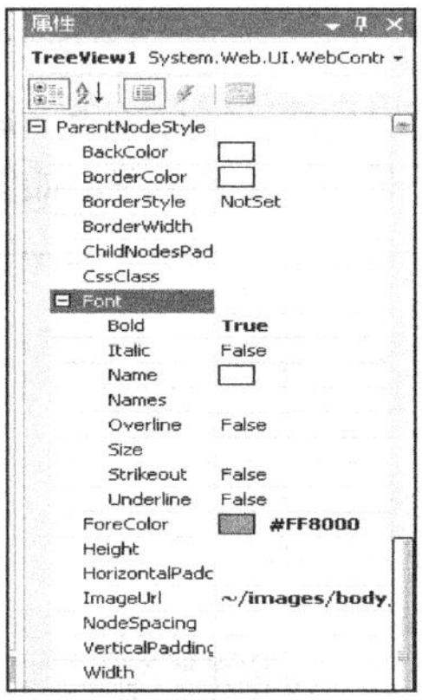

图 3.43 设置 TreeView 父节点的样式属性

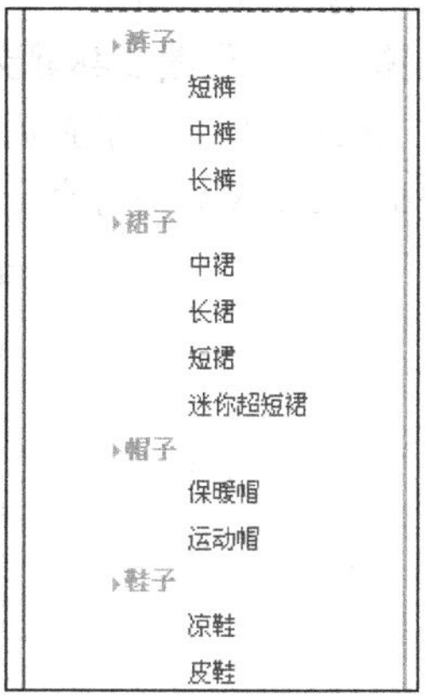

图 3.44 TreeView 设置完成的效果

（7）将分类导航创建为用户控件。

在解决方案资源管理器的 usercontrol 子目录上右击，在弹出的快捷菜中选择“添加新项”选项，弹出“添加新项”对话框，在模板中选择“Web 用户控件”，名称填为 sort.ascx，单击“添加”按钮，如图 3.45 所示。

设计窗口进入到 sort.ascx 的编辑状态，切换到“设计视图”，在“布局”菜单中选择“插入表”菜单项，插入一个两行一列的表格。从工具箱中拖放一个 Image 控件到表格的第一行，如图 3.46 所示。

选中拖入的 Image 控件，在属性窗口中设置 ImageUrl 为图片文件夹中的 left2.jpg，如图 3.47 所示。

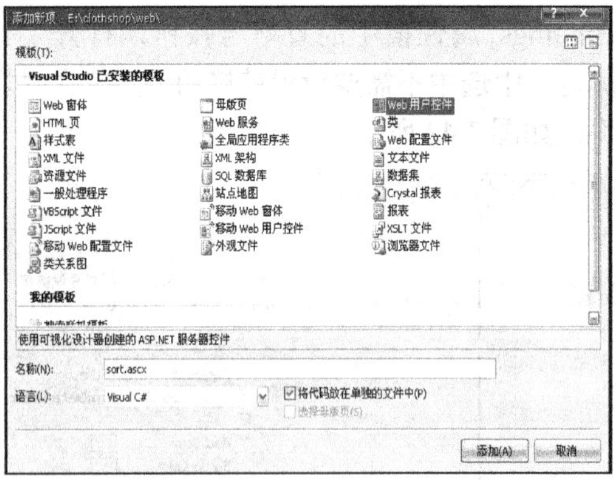

图 3.45　新建用户控件

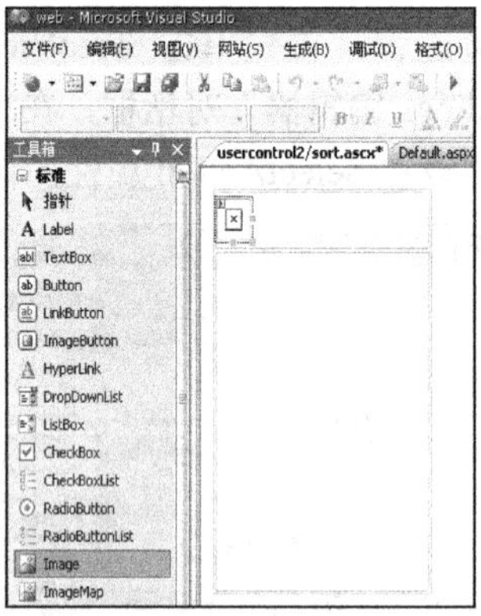

图 3.46　拖放 Image 控件

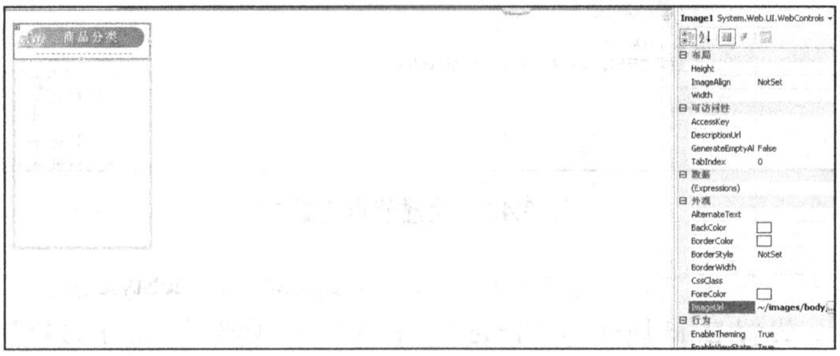

图 3.47　设置 Image 控件的 ImageUrl 属性

从 index.aspx 中将前面完成的 TreeView 控件和绑定的 XmlDataSource 控件剪切到本用户控件 sort.ascx 的表格的第二行，如图 3.48 所示。

用户控件的样式控制一般由所放置页面来控制，接下来把用户控件保存一下，然后打开 index.aspx 文件，将用户控件 sort.ascx 从解决方案资源管理器中拖放到页面上相应的位置，如图 3.49 所示。

图 3.48　把 TreeView 控件拖放到用户控件中

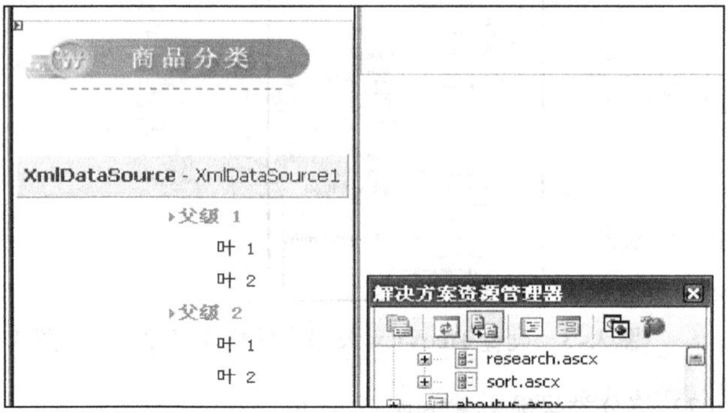

图 3.49　把用户控件拖放到页面上

相关知识

ASP.NET 提供了三种导航 Web 控件：SiteMapPath 控件、TreeView 控件和 Menu 控件。这三种控件都可与站点地图绑定，提供用户在网站中定位的方式，让用户知道自己处在网站的哪个位置，并让用户更容易、更快速地方便地跳转到网站的其他部分。一旦网站地图做出修改，绑定的导航控件将自动更新。

（1）SiteMapPath 控件。

SiteMapPath 控件通过导航路径向用户显示当前页面在网站中所处的位置，并以链接的形式显示返回主页的层次路径。该控件显示的数据直接来自站点地图，因此，在根目录中必须存在名为 Web.sitemap 的网站地图。

在工具箱的导航组中可以找到 SiteMapPath 控件，如图 3.50 所示。

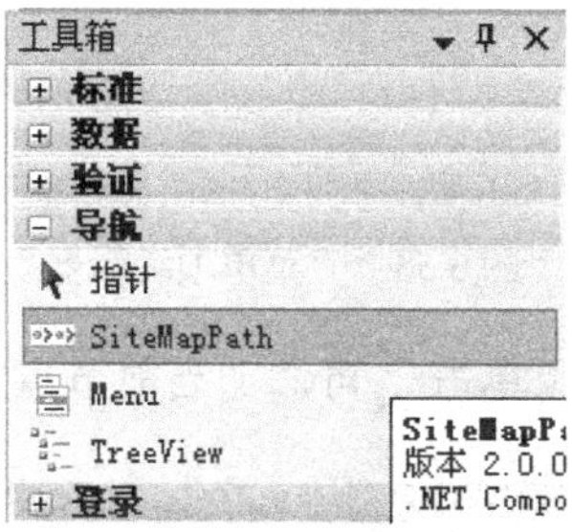

图 3.50　工具箱中的 SiteMapPath 控件

SiteMapPath 控件由节点列表和路径分隔符组成。路径中的每个元素均称为节点，用 SiteMapNodeItem 对象表示。节点分为三种类型：有一个根节点，表示分层树的根；当前节点一个，是对应于用户当前访问的网页所在的节点；通用节点可以有零到多个，取决于当前节点的深度，又称为父节点。

SiteMapPath 控件有如下常见属性。

① PathDirection 属性：主要用来改变输出链接的方向。它有两个值：RootToCurrent 是默认值，另一个值是 CurrentToRoot。

② ParentLevelsDisplayed 属性：有时导航系统的深度比较深，在页面上会显示非常长的导航列表，这种情况可以使用 SiteMapPath 控件的 ParentLevelsDisplayed 属性设置其只显示指定深度的页面。

SiteMapPath 控件与其他 Web 控件一样，也有很多可用于定制其外观的属性，这些属性在属性窗口的“外观”和“样式”部分分别列出。特有的一个属性是 PathSeparator 属性，设置分隔符的样式，可以通过编辑模板更改分隔符为任意样式，分隔符模板是 PathSparatorTemplate。

如果对外观设计没有把握，也可以在智能标签中单击“自动套用格式”，选择适合的格式套用在 SiteMapPath 控件上。

如果网站的页面都继承一个母版页，也可将 SiteMapPath 放在母版页中，不用在每个网页上设置。

（2）Menu 控件。

Menu 控件用于在 Web 网页中显示水平或垂直方向的菜单，常常与数据源控件绑定使用。

如图 3.51 所示，在工具箱的导航组中可以找到 Menu 控件。

拖放 Menu 控件到页面上，可看到如图 3.52 所示的智能标签。

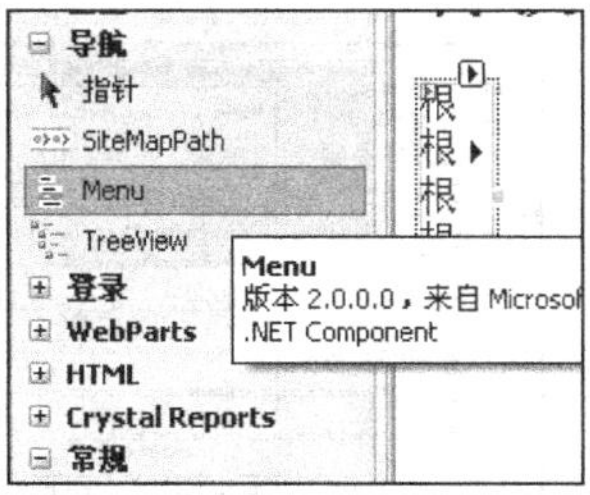

图 3.51　工具箱中的 Menu 控件

图 3.52　拖放到页面中的 Menu 控件

Menu 控件能够以菜单界面方式显示站点地图的全部内容，也可以显示 XML 文档或数据库中的数据。要设置菜单数据来自数据源，先要添加一个相关的数据源控件（如 SiteMapDataSource 控件）到页面上，然后在智能标签中“选择数据源”的下拉列表中选择。默认情况下，选择 

一个菜单项，并以子菜单反映各部分间的层次关系。

图 3.53 “菜单项编辑器”对话框

Menu 控件也可通过在智能标签中选择“编辑菜单项……”手工编辑各个菜单项，如图 3.53 所示为“菜单项编辑器”对话框。

Menu 控件包含一个 Items 集合，保存了所有的根菜单项，子菜单项存储在其父菜单项的 ChildItems 集合中，每个菜单项都是一个 MenuItem 对象，该对象有 Text、Value、Target 和 NavigateUrl 等属性，可以通过如图 3.53 所示的菜单编辑器进行设置，可以通过代码生成和设置。

单击可添加根节点，如图 3.54 所示。

单击可添加当前节点的子节点，如图 3.55 所示。

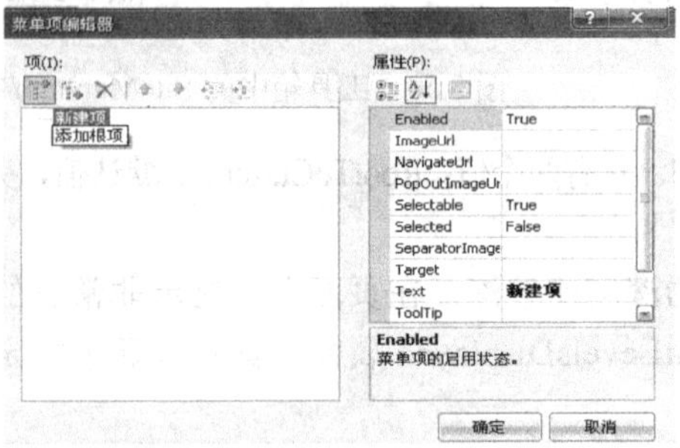

图 3.54 添加根菜单项

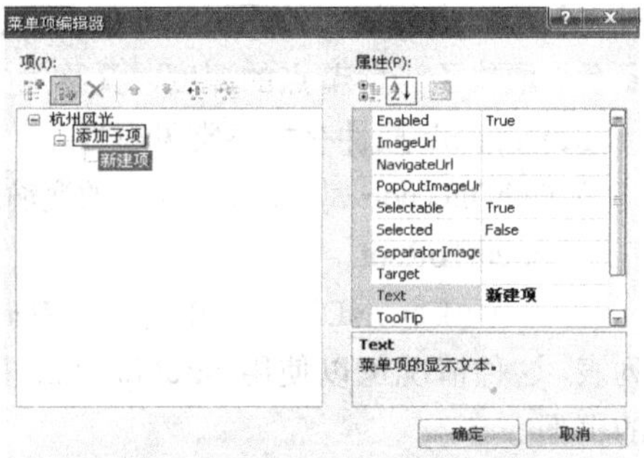

图 3.55 添加子菜单项

在右侧的属性窗格可设置各个节点的属性。常用的属性：NavigateUrl 属性，用于设置单击节点时导航到的 URL 地址；Text 属性，用于设置节点显示的文本；Value 属性，用于设置有关节点的非显示值。

Menu 控件菜单项分为两种，静态部分和动态部分。静态部分在查看网页时始终显示；而动态部分仅当用户将鼠标指针置于包含动态子菜单的父菜单项时才会显示，在持续一定的时间后又自动消失。动态菜单和静态菜单结合，可以提供更多的选项，又不必担心占用页面的空间。

默认情况下只有顶层部分是静态的，如图 3.56 所示。

Menu 控件的 StaticDisplayLevels 属性可用来设置静态显示多少层菜单项。如果有 4 层菜单项，而该属性设置为“3”，则静态显示前 3 层，动态显示最后一层菜单项，如图 3.57 所示。

图 3.56 只显示顶层部分的 Menu 控件

图 3.57 静态显示 3 层的 Menu 控件

（3）TreeView 控件。

TreeView 控件用于以树状结构图形界面显示分层数据，如文件目录、站点导航地图、分类信息等。当 TreeView 控件绑定到一个 SiteMapDataSource 控件时，在它的树形结构中显示的就是站点地图中定义的各节点。用户可以看到网站的所有部分及自己所在位置。树中的每个节点显示为一个超链接，当用户单击时就被引导到相应的页面。

可以从工具箱的导航组找到 TreeView 控件，如图 3.58 所示。

TreeView 控件的树中的每个项都称为一个节点，它是一个 TreeNode 对象。有些节点包含子节点，被单击时可以展开或折叠。

手工编辑 TreeView 控件的节点的方式与 Menu 控件相同，也是在智能标签中单击“编辑节点……”，打开如图 3.59 所示的“节点编辑器”，可以添加、修改、删除各节点。

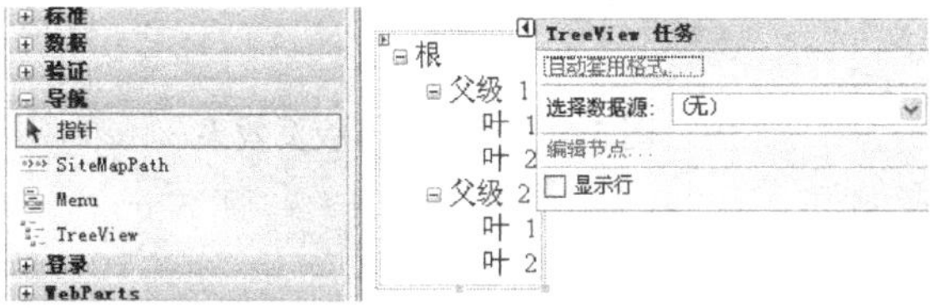

图 3.58　拖放到页面上的 TreeView 控件

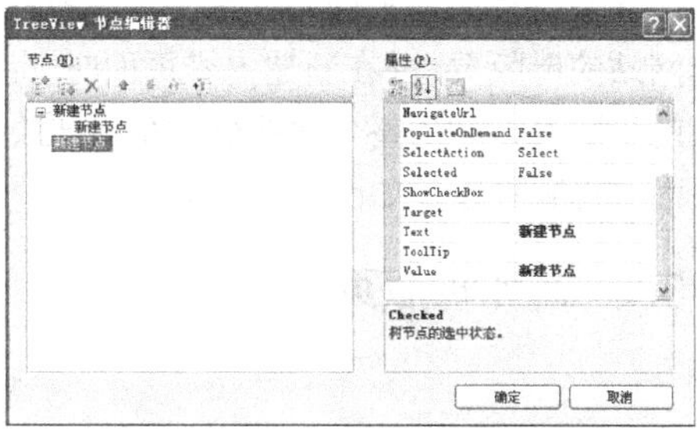

图 3.59　TreeView 控件的节点编辑器

在创建网站的站点地图后，TreeView 控件可通过 SiteMapDataSource 控件获取站点地图包含的层次数据。另外，TreeView 控件也可以使用 XmlDataSource 数据源控件，从 XML 文件中获取层次数据；或者通过其他方式连接到各种数据库，取得数据库中的数据。

DataSourceID 属性用于指定数据源。

和 Menu 控件一样，TreeView 控件也包含很多与外观相关的属性及“自动套用格式”选项用于定制 TreeView 控件的外观。

TreeView 控件也可以通过智能标签使用“自动套用格式”选项改进 TreeView 的外观。图 3.60 所示是选择了一种自动套用的格式的效果。

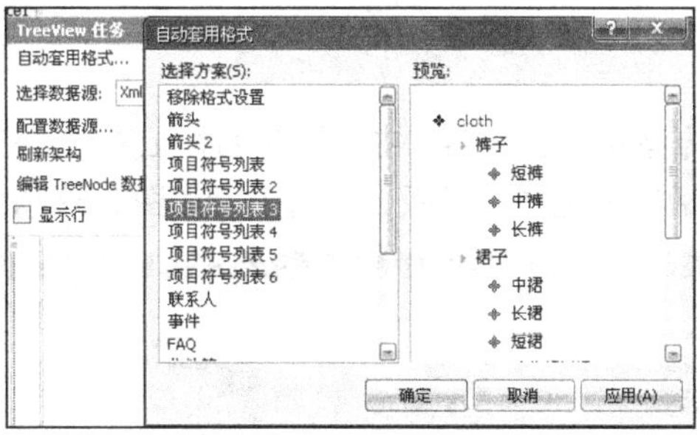

图 3.60　设置 TreeView 自动套用格式

任务拓展

在图 3.21 所示的商城后台管理系统中包括五个功能模块，在后台管理系统中添加导航控件实现各功能模块间的导航功能。

任务3 网站母版页的设计

大家在浏览网页时，会发现同一网站的多数页面都具有统一的设计风格和布局结构，并且都包含一些相同的组成部分。这些相同元素包括相同的网站 LOGO 和页眉部分、用于显示版权信息的页脚部分及相同的导航和搜索框等。如果这些相同部分在每个页面中重复制作，工作量比较大并且容易出错。

ASP.NET 2.0 及以后版本中提供了母版页，可以将上述公共元素封装在母版页中，作为内容页面的基础，统一应用程序站点中各页面的布局。

本任务就是根据网站的统一布局设计，创建网站的母版页，并在新建内容页面时套用网站的母版页，达到整个网站统一布局的效果。页面的母版页设计如图 3.61 所示。

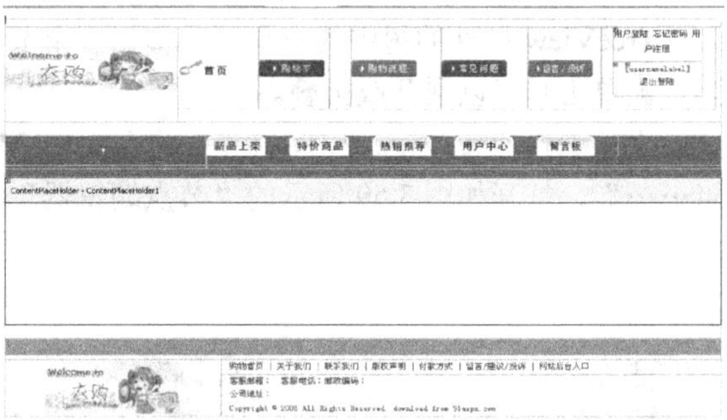

图 3.61 完成的母版页效果

3.3.1 制作母版页

任务分析

母版页中包括两个部分，一个部分是各页面相同的区域，在母版页上制作好之后，在内容页中不可更改；另一部分为可编辑区域，即在各页面中不同的部分，这一部分对应了 ContentPlaceHolder 控件。本任务主要就是确定母版页的这两个部分。从图 3.66 可知，本案例网站中各页面都包含首页中的页眉和页脚两个部分，因此创建的母版页，将从已完成的首页中复制这两个部分，设置为不可在内容页中编辑。另外，再在页眉页脚之间添加 ContentPlaceHolder 控件，以提供内容页可编辑的区域。

任务实施

步骤一：新建母版页

打开网站后，在“解决方案资源管理器”中在网站名称上右击，在弹出的快捷菜单中选择“添加新项”命令，在弹出的对话框中选择“母版页”选项，如图 3.62 所示。

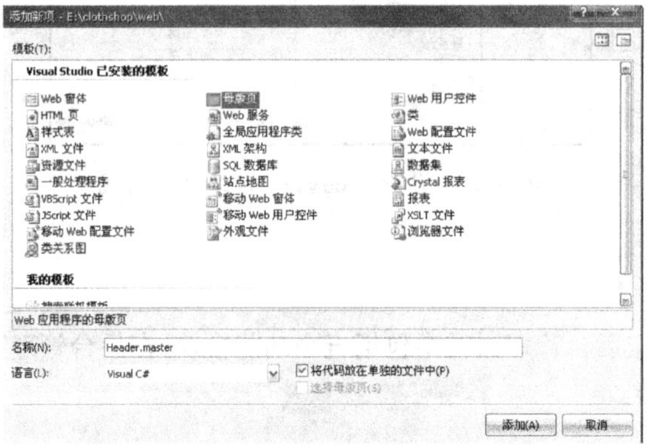

图 3.62 创建母版页

输入母版页的名称，但扩展名“.master”不可更改。单击“添加”按钮，在设计器窗口中打开了新建的母版页，切换到设计视图后，可看到新建的母版页中自动包含一个 ContentPlaceHolder 控件的矩形框，如图 3.63 所示。

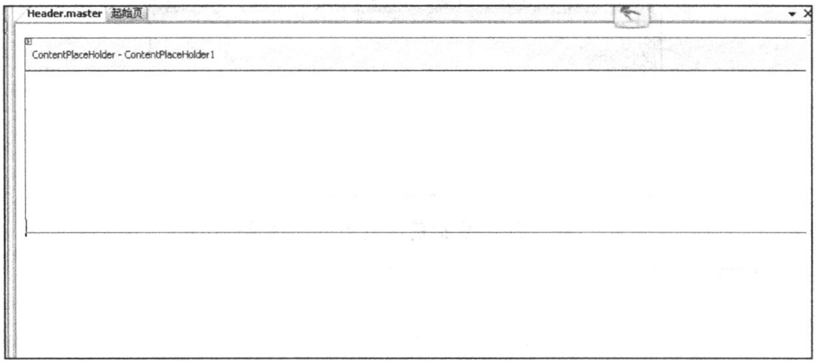

图 3.63　新建的母版页内容

步骤二：向母版页添加内容

在本案例中，母版页的内容是首页的一部分，因此，只需将前面做好的首页的内容复制到母版页中，再删除不属于母版页的内容就可以了。

（1）删除母版页中默认包含的 ContentPlaceHolder 控件，使母版页成为空白页面。

（2）切换到源视图，查看母版页代码，如下所示：

```
<%@ Master Language="C#" AutoEventWireup="True" CodeFile="Header.master.
cs" Inherits="Header" %>
<!DOCTYPE html PUBLIC "-//W3C//DTD XHTML 1.0 Transitional//EN" "http:
//www.w3.org/TR/xhtml1/DTD/xhtml1-transitional.dtd">
<html xmlns="http://www.w3.org/1999/xhtml" >
<head runat="server">
    <title>无标题页</title>
</head>
<body>
    <form id="form1" runat="server">
    <div>
         </div>
    </form>
</body>
</html>
```

（3）复制首页内容到母版页。首先将首页中<head></head>之间的内容复制到母版页的<head></head>之间，将首页中<form></form>之间的内容复制到母版页的<form></form>之间。效果如图 3.64 所示。

（4）删除母版页的中间区域内容，如图 3.65 所示。

双击母版页的空白部分，进入代码编辑状态，将 Index.aspx 的 page_Load 事件处理程序中用于控制用户登录状态显示的代码复制到母版页的 Page_Load 事件处理程序中。

（5）从工具箱中找到 ContentPlaceHolder 控件，拖放到母版页的中间区域，如图 3.66 所示。

图 3.64　复制首页内容到母版页

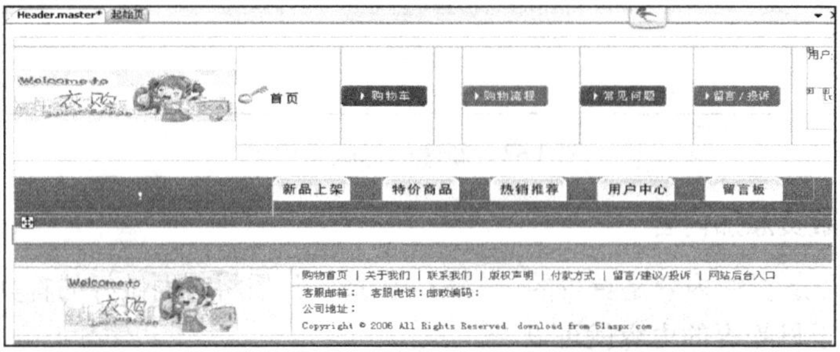

图 3.65　删除多余部分

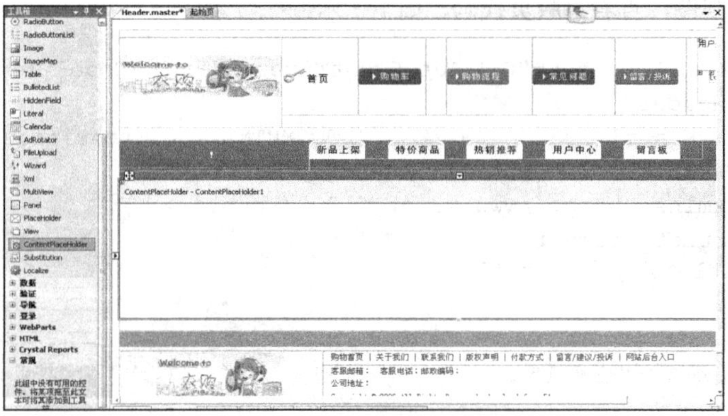

图 3.66　拖放 ContentPlaceHolder 控件

相关知识

ASP.NET Web 应用程序使用母版页设定网站内共享的网页内容，可以让开发人员快速设计出一致性的网站外观。

1. 母版页概述

母版页（Master Page）是一个特殊的 ASP.NET 网页，也包含源代码部分和 HTML，且 HTML 也由静态 HTML 内容和 Web 控件组成。创建新网页时，可以关联到创建好的母版页，继承母版页的外观。采用这种方式，如果想要改变网页外观和布局架构，只需要更新母版页文件，而不用一个一个地修改网页。

母版页由两个部分组成：可编辑区域，对应 ContenPlaceHolder 控件，该控件决定内容页的内容要放在哪里，而其内容由套用母版页的网页定制；除 ContentPlaceHolder 外的部分都是固定部分，出现在每个继承母版页的页面上，且不能在网页上被更改。

设计母版页最重要就是在适当的位置添加 ContentPlaceHolder 控件，而该控件最重要的属性是 ID 属性，这个属性可以让内容页面在设计时确定哪些内容对应母版页的哪个位置。

通常将 Web 应用程序的公用元素，例如，网站标志、广告条、导航条、版权声明等内容整合到母版页中，各功能页面只需继承母版页，就可以包含这些内容。

2. 母版页的创建

母版页的创建与 ASP.NET 网页一样，同样可以拖放控件，编写代码。区别在于：

（1）母版页的扩展名是.master。

（2）母版页必须结合提供页面主要内容的内容页面才是一个完整的可运行的网页。

（3）母版页的第一行是@Master 指令，而一般.aspx 文件@Page 指令。

（4）母版页中可以包含一个或多个 ContentPlaceHolder 控件，在母版页编辑时的工具箱中可以找到，而编辑.aspx 网页文件时没有。

新创建的母版页只包含一个 ContentPlaceHolder 控件。这个控件用来指示母版页的可编辑区域。一个母版页可以包含多个 ContentPlaceHolder 控件，可以从工具箱中拖放此控件。ContentPlaceHolder 控件只能添加到母版页中，因此，只有在编辑母版页时工具箱才包含 ContentPlaceHolder 控件。

可以往母版页中输入内容和拖放控件，方法与常规 ASP.NET 网页相同。

需要注意的是，在母版页中使用相对 URL 时要十分小心。因为当内容页与母版页不在同一个文件夹时，常常会出现资源找不到的情况。解决的办法是，一方面用 Web 控件代替 HTML 标记，如用 Image 控件代替<IMG>；另一方面是控件中采用绝对 URL，可以避免上述错误的发生。

任务拓展

商城后台管理系统的管理界面都统一为如图 3.21 所示的布局效果，为后台管理系统创建母版页实现各页面的统一。

3.3.2 使用母版页统一各内容页

任务分析

在母版页已定义完各内容页的公共部分后，内容页就只需定义独有的部分。在母版页完成后建立内容页，只需在“添加新项”对话框中，将“选择母版页”前的复选框打勾，就可以套用建好的母版页。有一些页面在创建母版页之前已完成内容的制作，则可以在母版页完成后再通过修改代码的方式套用母版页。

任务实施

步骤一：使用母版页新建内容页

在解决方案资源管理器中的网站名称上单击鼠标右键，在弹出的快捷菜单中选择“添加新项”命令，在弹出的对话框中选择“Web 窗体”，选中“选择母版页”复选框，单击“添加”按钮，如图 3.67 所示。

在弹出的“选择母版页”对话框中，选择刚创建的母版页。

在设计窗体中打开显示的新页面只包含几行简单的代码，如图 3.68 所示。

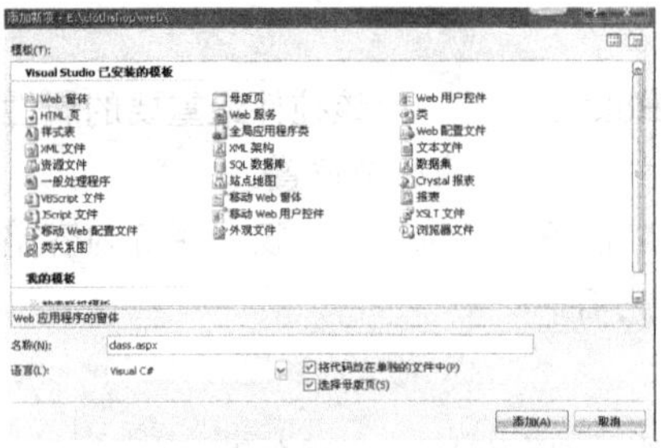

图 3.67　新建使用母版页的内容页

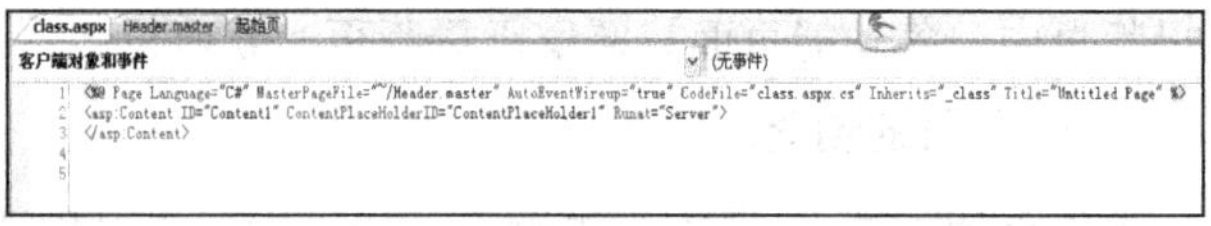

图 3.68　使用母版页的内容页代码

将第一行的 Page 指令中的 Title 属性值改为“分类显示”。

切换到设计视图，在页面中只显示一个 Content 控件的矩形区域，其他部分都是灰色的，不可编辑，如图 3.69 所示。

在 Content 控件中插入一个一行两列的表格，从解决方案资源管理器中拖放一个 sort.ascx 用户控件到表格的第一列，在第二列输入一行字：“分类显示”，并设置为“标题一”，如图 3.70 所示。

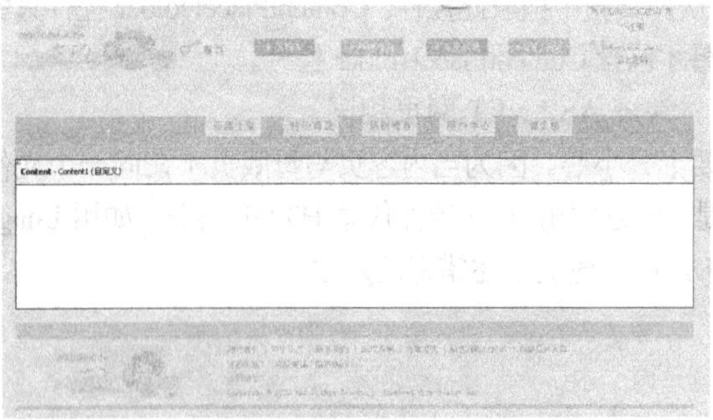

图 3.69　使用母版页的内容页

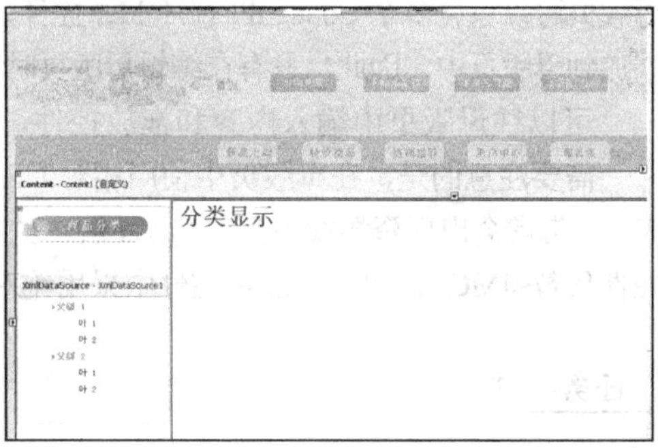

图 3.70　向内容页中添加内容

内容页面运行效果如图 3.71 所示。

图 3.71　套用母版页的内容页运行效果

步骤二：对已有页面使用母版页

在解决方案资源管理器中找到 aboutus.aspx 页面，双击在设计窗口中打开该页面，如图 3.72 所示。

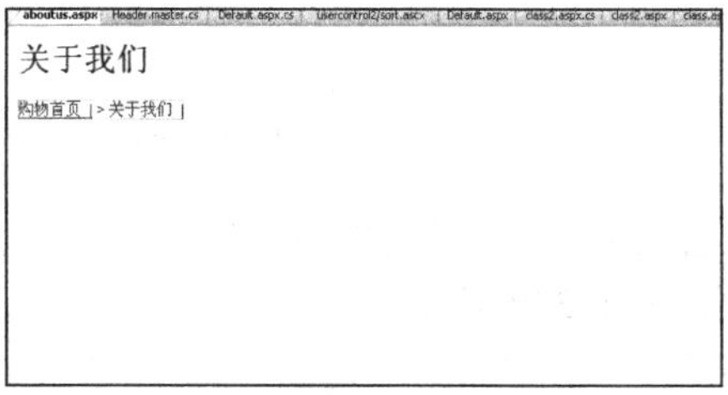

图 3.72 aboutus.aspx 页面内容

切换到源视图，包含以下代码：

```
<%@ Page Language="C#" AutoEventWireup="True" CodeFile="aboutus.aspx.cs" Inherits="aboutus" %>
<!DOCTYPE html PUBLIC "-//W3C//DTD XHTML 1.0 Transitional//EN" "http://www.w3.org/TR/xhtml1/DTD/xhtml1-transitional.dtd">
<html xmlns="http://www.w3.org/1999/xhtml" >
<head runat="server">
   <title>关于我们</title>
</head>
<body>
   <form id="form1" runat="server">
   <div>
      <h1>关于我们</h1>
      <asp:SiteMapPath ID="SiteMapPath1" runat="server"> </asp:SiteMapPath>
   </div>
   </form>
</body>
</html>
```

首先将在第一行的 Page 指令中加入 Masterpage 和 Title 两个属性，如下所示：

```
<%@ Page Language="C#" AutoEventWireup="True" CodeFile="aboutus.aspx.cs" Inherits="aboutus"  MasterPageFile="~/Header.master" Title="关于我们"%>
```

然后将从第二行开始直到<div>标记为止的一段代码删除，将从</div>到后面所有代码删除，余下代码如下所示：

```
<%@ Page Language="C#" AutoEventWireup="True" CodeFile="aboutus.aspx.cs" Inherits="aboutus"  MasterPageFile="~/Header.master" Title="关于我们"%>
      <h1>关于我们</h1>
      <asp:SiteMapPath ID="SiteMapPath1" runat="server">
   </asp:SiteMapPath>
```

接着在<h1>标记前输入<asp:Content>标记，如图 3.73 所示。

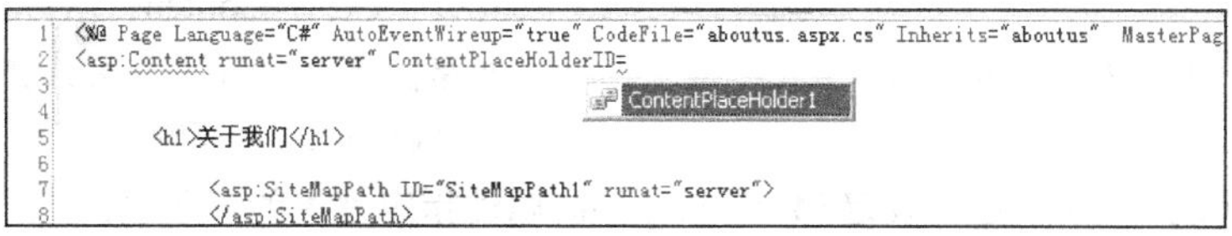

图 3.73 添加 Content 控件

输入的完整代码为

```
<asp:Content runat="server" ContentPlaceHolderID
```

ID="Content1">”，系统会自动在后面添加</asp:Content>，将</asp:Content>剪切并粘贴到</asp:SiteMapPath>标记的后面，如图 3.74 所示。

```
<%@ Page Language="C#" AutoEventWireup="true" CodeFile="aboutus.aspx.cs" Inherits="aboutus" MasterPageFile="~/Header.master"
<asp:Content runat="server" ContentPlaceHolderID="ContentPlaceHolder1" ID="Content1">
        <h1>关于我们</h1>
        <asp:SiteMapPath ID="SiteMapPath1" runat="server">
        </asp:SiteMapPath>
</asp:Content>
```

图 3.74　套用母版页的内容页面最终代码

该页面运行效果如图 3.75 所示。

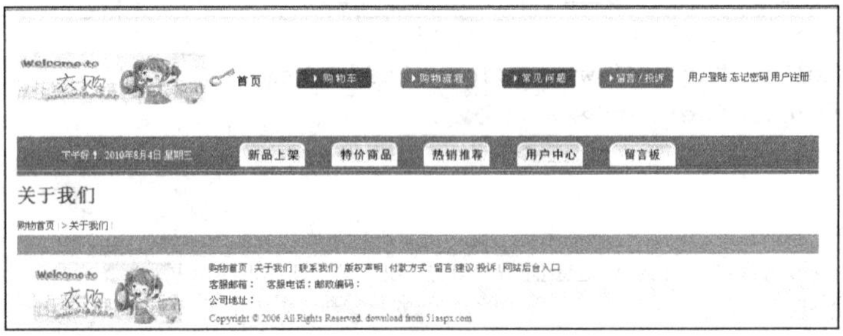

图 3.75　套用母版页的内容页面运行效果

相关知识

套用母版页的网页称为内容页（Content Page）。网页的共享部分都已在母版页中设计完成，建立内容页时，需要完成的任务就是定义对应母版页 ContentPlaceHolder 控件的内容。

1. 内容页的创建与编辑

创建内容页的方式与一般 Web 窗体相同，只是在“添加新项”对话框中多了勾选“选择母版页”的步骤。在单击“添加”按钮后，会打开“选择母版页”对话框，在这个对话框中列出了网站中的所有母版页，可以从中选择要继承的母版页。

继承母版页的内容页创建后，在设计视图中可以看到在内容页上所有不可编辑区域都呈灰色显示，不能进行任何操作。而母版页中 ContentPlaceHolder 控件所在位置是一个 Content 控件，它是可编辑区域，可以直接输入文本，也可以拖放控件到其中。

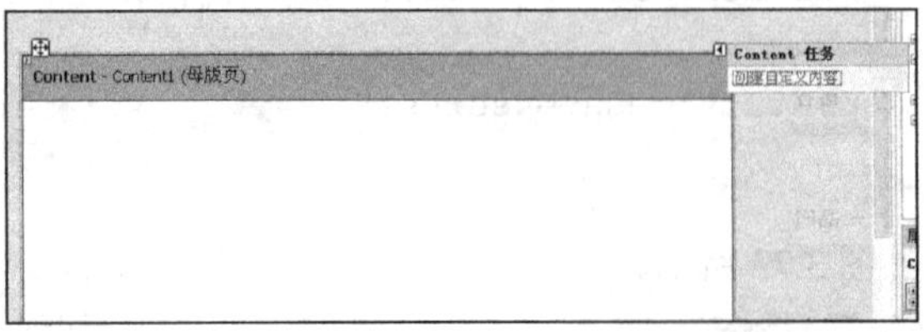

图 3.76　设置 Content 控件

内额主要内容在 Content 控件中设置，可以将一般文字、控件等放在 Content 控件中。在网页被访问时，Content 控件中的所有内容搭配母版页的接口一同输出到界面上。

有时在设计视图中发现 Content 控件无法编辑，只要在 Content 控件的智能标签上单击“创建自定义内容”即可，如图 3.76 所示。

内容页的主要特点如下：

（1）在@Page 指令中一定要设定 MasterPageFile 属性指定使用的母版页。

（2）不能有<html>、<head>、<body>和在服务器端执行的<form>标签，这些标签都已在母版页中定义了。

（3）在内容页中要添加 Content 控件对应于母版页中 ContentPlaceHolder 控件，并且其 ContentPlaceHolderID 属性一定要与母版页中 ContentPlaceHolder 控件的 ID 属性值相应。

2. 在内容页中控制母版页

母版页与内容页是分开设计的，但在执行时会合并输出。如果内容页在执行时需要访问母版页中的控件或数据，可以使用 Page 对象的 Master 属性取得所引用的母版页。

例如，在母版页上有一个图片控件，ID 为 Image_cp，其显示的图片应根据内容页不同而不同。在内容页中使用 Master.FindControl()方法，就可以找到母版页中的控件，进而对其进行设置。如以下代码所示：

```
Image img=(Image)this.Master.FindControl("Image_cp");
img.ImageUrl="~/Images/aboutus.jpg";
```

又如，要设置内容页的页标题，可用以下代码实现：

```
this.Master.Page.Title="关于我们";
```

3. 母版页的事件处理

母版页具有 ASP.NET 网页的特征和功能，因此也可以收集用户输入和进行事件的处理。例如，通常会将用户登录功能放在母版页实现。

又如要在母版页中包含两个用于搜索的控件，如图 3.77 所示。

图 3.77 用于搜索的控件

为搜索按钮的 Click 事件创建事件处理程序，添加以下代码：

```
Response.Redirect("http://www.google.com/search?q=" + Tbsearch.Text);
```

可实现重定向到 Google 的网站，并用查询字符串传递要搜索的词。

如果想要只从某个网站（如 www. site.com）上搜索，可以用“http://www.google.com/search?q=site:www.site.com+搜索词”的形式，以上语句可改为

```
Response.Redirect("http://www.google.com/search?q=site:www.site.com+"
+Tbsearch.Text);
```

即可实现在某个网站上按关键词进行搜索。

任务拓展

为商城后台管理系统的各页面套用建好的母版页，并新建退出系统的确认页，使之套用母版页的布局。

习题

一、选择题

1. 用 C#编写的网页后台代码被保存在（　　）文件中。

   A. aspx　　B. vb　　C. cs　　D. config

2．TreeView 控件包含的节点中当前正被访问的页面的节点称为（　　）。

A．SelectedNode　　B．HoverNode

C．LeafNode　　D．RootNode

3．（　　）控件不需要显式声明 SiteMapDataSource 控件，即可使用站点地图。

A．SiteMapPath　　B．Menu　　C．TreeView　　D．BulletedList

4．母版页文件的扩展名为（　　）。

A．.cs　　B．.config　　C．.aspx　　D．.master

5．在内容页中，所有内容必须包含在（　　）控件中。

A．MultiView　　B．Wizard　　C．Content　　D．ContentPlaceHolder

6．若要在 ASP.NET 网站每个页面的顶部都显示工具栏，而此工具栏仅包括静态 HTML 代码且只能在创建的 ASP.NET 应用程序中使用。那么当计划创建的工具栏可以被应用程序重复使用时，则该采取以下哪个步骤（　　）。

A．创建一个新的“Web 控件库”项目，在一个 Web 自定义控件中创建工具栏

B．将一个新的 Web 用户控件添加到刚创建的 ASP.NET 项目中，然后在 Web 用户控件中创建工具栏

C．将一个新的 Web 窗体添加到刚创建的 ASP.NET 项目中，然后使用 HTML 服务器控件在 Web 窗体内设计该工具条，并用.ascx 扩展名保存该 Web 窗体

D．将一个新的组件类添加到刚创建的 ASP.NET 项目，然后使用 HTML 服务器控件在该组件类的设计程序中设计该工具栏

二、填空题

1．Web Form 把 Web 应用程序的用户界面分为两个部分________和________。

2．________是可编程访问的 HTML 代码块，使得开发人员可根据程序逻辑修改发送给浏览器的 HTML。

3．站点地图文件是一个________，文件名为________，必须位于________中。

4．ASP.NET2.0 提供了________、________和________这 3 个控件来实现站点导航，通过这 3 个控件可以轻松地在页面中建立导航信息。

5．Menu 控件包含一个________集合，保存了所有的根菜单项，子菜单项存储在其父菜单项的________集合中，每个菜单项都是一个________对象。

6．设计母版页最重要的事，就是在适当的位置添加_________控件，而该控件最重要的属性是________属性，这个属性可以让内容页面在设计时确定哪些内容对应母版页的哪个位置。

三、实践题

1．要创建一个 Web 应用程序，用于进行图书销售管理，具有图书信息输入、删除、修改、查询及订单查看和销售查询等功能页面，自行设计该应用程序的导航结构，并创建各页面和站点地图。

2．在题 1 完成的基础上，创建一个用户控件，包含应用程序名称和一个水平排列的菜单，能利用题 1 中的站点地图，导航到各页面。

3．创建一个母版页，包含题 2 中完成的用户控件，自行设计母版页界面，并修改题 1 中创建的各页面，使其套用该母版页。

项目四

Web 应用的基本配置

项目简介

本项目的工作任务首先是为电子商务网站创建全局应用程序类 Global.asax，然后设置 Application_Error 事件处理代码，使得当 Web 服务器出现未处理异常时将出错信息传递给出错处理页面，并通过编辑配置文件 Web.Config 实现 Web 应用程序的总体设置，在任务分析中将进一步介绍内置对象 Response、Request、Application 和 Session 的功能及使用方法。通过学习，让学生了解 ASP.NET 常用内置对象，使学生能够灵活运用 ASP.NET 内置对象，掌握利用 Global.asax 和 Web.config 对站点进行总体设置的方法。

能力目标

- 能够使用 ASP.NET 内置对象 Response、Request、Application 和 Session
- 能够设置 Global.asax 文件中的相关事件
- 能够对页面进行统一出错处理
- 能够使用 XML 语法进行 Web.Config 文件的配置

知识目标

- 了解 Response、Request、Application 和 Session 对象的功能及使用方法
- 了解 Global.asax 中事件被触发的顺序
- 了解 XML 文件的基本结构和语法
- 了解 Web.Config 配置文件的基本结构
- 掌握 Global.asax 文件的使用方法
- 掌握 Web.Config 文件的配置方法

任务 1　Global.asax 文件与应用程序级别异常处理

ASP.NET 提供了许多内置对象，这些对象提供了相当多的功能，例如，可以在两个网页之间传递变量、输出数据，以及记录变量值等。这些对象在 ASP 时代已经存在，到了 ASP.NET 环境下，这些功能仍然可以使用。而且，它们的种类更多，功能也更强大。本任务首先为电子商务网站创建全局应用程序类 Globals.asax，如图 4.1 所示，然后为 Web 应用程序设置 Application_Error 事件处理代码，使得当 Web 服务器出现未处理异常时将出错信息传递给出错处理页面。在任务分析中将进一步学习 ASP.NET 内置对象 Response、Request、Application 和 Session，以了解它们的功能及使用方法。

图 4.1　创建全局应用程序类 Global.asax

4.1.1　Global.asax 文件配置

任务分析

Global.asax 文件（又称为 ASP.NET 应用程序文件）是可选文件，包含用于响应 ASP.NET 或 HttpModule 引发的应用程序级别事件的代码。Global.asax 文件驻留在基于 ASP.NET 的应用程序的根目录中。在运行时，分析 Global.asax 文件并将其编译到一个动态生成的.NET Framework 类，该类是从 HttpApplication 基类派生的。Global.asax 文件本身被配置为自动拒绝对它的任何直接 URL 请求，外部用户无法下载或查看在该文件中编写的代码。

（1）Global.asax 文件是可选的。如果不定义该文件，ASP.NET 页框架假设未定义任何应用程序或会话事件处理程序。当希望在程序中处理应用程序事件或会话事件时，才需要创建 Global.asax 文件。

（2）Global.asax 文件继承自 HttpApplication 类，它维护一个 HttpApplication 对象池，并在需要时将对象池中的对象分配给应用程序。Global.asax 文件包含一系列的事件，如 Application_Start、Application_End、Application_Error、Session_Start、Session_End 等。

（3）ASP.NET 页面框架能够自动识别出对 Global.asax 文件所做的任何更改。在 Global.asax 被更改后 ASP.NET 页面框架会重新启动应用程序，包括关闭所有的浏览器会话，去除所有状态信息，并重新启动应用程序域。

（4）ASP.NET 提供了丰富的异常处理机制，包括应用程序级别异常处理、页面级别异常处理、方法级别异常处理等。在这里讨论如何利用 Global.asax 文件所提供的 Application_Error 事件处理应用程序级别异常，可以在 Application_Error 事件中捕获异常，并将错误信息的处理转交给相关的页面。

任务实施

步骤一：创建全局应用程序类 Global.asax

（1）打开电子商务网站，在解决方案资源管理器中，右击项目，在快捷菜单中选择“添加新项”命令。

（2）在弹出的“添加新项”对话框中，选择“全局应用程序类”，设置名称为“Global.asax”。

（3）单击“添加”按钮，将会在项目的根目录下创建一个名为“Global.asax”的文件。

步骤二：添加事件代码

（1）打开 Global.asax 文件，在该文件中将自动产生一些事件，代码如下：

```
<%@ Application Language="C#" %>
<script runat="server">
    void Application_Start(object sender, EventArgs e)
    {
        // 在应用程序启动时运行的代码
    }
    void Application_End(object sender, EventArgs e)
    {
        //  在应用程序关闭时运行的代码
    }
    void Application_Error(object sender, EventArgs e)
    {
        // 在出现未处理的错误时运行的代码
    }
    void Session_Start(object sender, EventArgs e)
    {
        // 在新会话启动时运行的代码
    }
    void Session_End(object sender, EventArgs e)
    {
        // 在会话结束时运行的代码
        // 注意: 只有在 Web.config 文件中的 sessionstate 模式设置为 InProc 时,
        // 才会引发 Session_End 事件。如果会话模式设置为 StateServer 或 SQLServer,
        // 则不会引发该事件。
    }
</script>
```

（2）为 Application_Error 事件添加事件处理代码，使得当 Web 服务器出现未处理异常时将出错信息传递给出错处理页面 error.aspx。代码如下：

```
    void Application_Error(object sender, EventArgs e)
    {
        // 将服务器出现的异常信息保存至 Application 对象的 error 变量中。
       Application["error"] = Server.GetLastError().InnerException.Message;
// 跳转至出错处理页面 error.aspx
        this.Response.Redirect("error.aspx");
  }
```

相关知识

Global.asax 文件是 Web 应用程序的系统文件，属于选项文件，可有可无。当需要使用 Application 和 Session 对象的事件处理程序时，就需要创建此文件。

1. Global.asax 文件的结构

ASP.NET 的 Global.asax 文件是 ANSI 文本文件，使用 Windows 记事本或 VS 2005 都可以编辑 Global.asax 文件的内容。

Global.asax 文件主要是定义 Web 应用程序的 Application_Start()、Application_End()、Session_Start()和 Session_End()等事件处理程序，如表 4.1 所示。

表 4.1 Application 和 Session 对象的事件处理程序

事件处理程序	说　明
Application_Start()	当第一位用户进入 ASP.NET 程序时，Application_Start 事件就触发，在触发后，就算有成千上万位用户进入网站都不会重新触发，除非 Web 服务器关机。通常用来初始化 Application 变量，如初始的访客计数
Application_End()	当 Web 服务器关机时，Application_End 事件就会触发
Application_Error()	当产生未能处理错误时，触发 Application_Error 事件
Session_Start()	当用户建立 Session 时间时，就触发 Session_Start 事件，如果有 50 位用户，就触发 50 次事件，每个事件是独立触发的，不会互相影响，通常用来初始化用户专用的 Session 变量
Session_End()	当用户在默认时间内没有进入其他 ASP.NET 程序时，就会触发此事件，时间是由 TimeOut 属性设定，通常是善后用途的程序代码，例如，将 Session 变量存入数据库或文本文件

当 Web.config 文件的 sessionstate 模式设为 InProc（此为默认值）时才会触发 Session_End 事件，如果设为 StateServer 或 SQLServer 就不会触发此事件。

2. Global.asax 文件的使用

在 ASP.NET 的 Web 应用程序中使用 Global.asax 文件时，注意，一个 Web 应用程序只能有唯一的 Global.asax 文件，其位置是 Web 应用程序的启动点目录。

（1）Global.asax 事件处理程序的执行顺序。

当用户请求 ASP.NET 程序后，就会替每位用户建立 Session 时间和 Application 对象，接着检查 ASP.NET 应用程序是否含有 Global.asax 文件。

如果有 Global.asax 文件，就将它编译成继承 HttpApplication 类的.NET Framework 类，然后在执行 ASP.NET 文件的程序代码前触发 Application_Start 事件，执行 Global.asax 文件的 Application_Start()事件处理程序，并建立 Session 对象，因为 Global.asax 文件存在，接着执行 Session_Start()事件处理程序。

当 Session 时间超过 TimeOut 属性的设定（默认为 20min）或执行 Abandon()方法，表示 Session 时间结束，就触发 Session_End 事件执行 Session_End()事件处理程序，处理程序是在关闭 Session 对象前执行。

Web 服务器如果关机，在关闭 Application 对象前就会执行 Application_End()事件处理程序，当然也会结束所有用户的 Session 时间，执行所有用户的 Session_End()事件处理程序。

（2）ASP.NET 程序：Global.asax。

结合上述知识，分析下列代码，不难理解该代码的含义。当产生未能处理错误时，就会触发Application_Error事件，Application_Error事件中定义了具体的处理方法，首先将服务器产生的最新的异常信息保存在Application下名称为error的对象中，并跳转至错误页面error.aspx，由error.aspx作进一步的处理。代码如下：

```
        void Application_Error(object sender, EventArgs e)
            {   // 在出现未处理的错误时运行的代码
                Application["error"] = Server.GetLastError().InnerException.
Message;
                this.Response.Redirect("error.aspx");
            }
```

值得注意的是，Global.asax使用了微软的HTML拓展<script>标记语法来限制脚本，也就是说，必须用<script>标记来引用上面的事件而不能用<%和%>符号引用。在Global.asax中不能有任何输出语句，无论HTML的语法还是Response.Write方法都是不行的，Global.asax是任何情况下也不能进行显示的。

任务拓展

Application_BeginRequest事件过滤恶意提交。

请尝试在Global.asax文件中应用Application_BeginRequest事件，以实现如下功能：当用户的请求信息中包含下列关键字时，直接转入错误提示页面（只需要做简单的错误提示即可）。该程序可以保证当用户以get或post方式提交信息时，始终检查信息中是否含有一些敏感的关键字，这些关键字的存在可能会破坏程序中的数据。关键字如下：

```
        and|exec|insert|select|delete|update|chr|mid|master|or|truncate|char|
declare|join
```

4.1.2 创建出错处理页面error.aspx

任务分析

在前面的任务中，已经在Global.asax文件中编写了Application_Error事件代码，当发生应用程序级别的错误时，Application_Error事件首先把错误消息保存至Application对象，并跳转至出错处理页面error.aspx。在这次任务中，将继续完成接下来的内容：创建出错处理页面error.aspx。

由于在Global.asax文件的Application_Error事件中已经定义了错误消息，本次任务的重点是从Application对象中读取错误消息并显示在error.aspx页面中。该任务需要实现两项内容：一是完成出错处理页面error.aspx的页面设计，二是为该页面添加后置代码，以读取Application对象中的错误消息。

任务实施

步骤一：创建出错处理页面

到目前为止，还未创建出错处理页面，该任务用于创建出错处理页面error.aspx。

（1）打开电子商务网站，在解决方案资源管理器中，右击项目，在快捷菜单中选择“添加新项”命令。

（2）在弹出的“添加新项”对话框中，选择“Web窗体”，设置文件名称为“error.aspx”，勾选“将代码放在单独的文件中”复选框，单击“添加”按钮。

（3）切换到代码视图，为 error.aspx 添加代码。代码如下：

```
<%@ Page Language="C#" AutoEventWireup="True" CodeFile="error.aspx.cs"
Inherits="error" %>
<!DOCTYPE html PUBLIC "-//W3C//DTD XHTML 1.0 Transitional//EN" "http://
www.w3.org/TR/xhtml1/DTD/xhtml1-transitional.dtd">
<html xmlns="http://www.w3.org/1999/xhtml" >
<head runat="server">
    <title>出错了</title>
      <script language="javascript" type="text/javascript">
        function showError()
        {  //获得 id 为 error 的 HTML 元素
            var div = document.getElementById("error");
            //改变该元素的显示属性
            if(div.style.display == "none")
            {  div.style.display = "block";  }
            else
            { div.style.display = "none";  }
        }
    </script>
</head>
<body>
    <form id="form1" runat="server">
        <table width="437" border="0" align="center" cellpadding="0"
cellspacing="0" style="text-align: center;border: 1px solid #8dcde9;">
          <tr>
            <td height="35"> </td>
          </tr>
          <tr>
            <td><img height="91" src="images/jinzhi.gif" width="84" alt="
"/> </td>
          </tr>
          <tr>
            <td height="80">
        <span style="font-weight:bold;color:#ff0204">提示：操作错误</span>
      <a onclick="showError();" style="font-size:12px"> 查 看 错 误 信 息
</a><br /><br />
            <div id="error" style="display:none; font-size:16px; color:
Red"> <%=getError() %></div>
              </td>
          </tr>
          <tr>
            <td height="35"><a href="index.aspx"><img height="26" width=
"84" src="images/return.jpg" alt="" border="0" /></a ></td>
          </tr>
          <tr>
            <td height="35"> </td>
          </tr>
        </table>
    </form>
```

```
    </body>
    </html>
```

说明：

代码“<a onclick="showError();" style="font-size:12px"> 查看错误信</a>”中的 showError()将调用< script language="javascript"></ script >中定义的 showError()函数，该函数用于显示或隐藏错误信息，在浏览器中执行，为客户端执行脚本代码。

<%=getError() %>为数据绑定表达式，该表达式将显示后置代码中 getError()方法执行的结果，在服务器上执行，为服务端执行脚本代码，该方法的定义详见步骤二。

步骤二：编写后置代码

打开文件 error.aspx.cs，添加后置代码。代码如下：

```
public partial class error : System.Web.UI.Page
{  protected void Page_Load(object sender, EventArgs e)
    {
    }
    public string getError()
    {  return Application["error"].ToString();
    }
}
```

说明： getError()方法用于返回 Application 对象中名称为 error 的变量的值。Application["error"]已经在 Global.asax 文件中的 Application_Error 事件中定义。

相关知识

ASP.NET 提供了许多内置对象，前面所使用的 Response 对象就是其中一个。这些对象提供了相当多的功能，例如，可以在两个网页之间传递变量、输出数据，以及记录变量值等。

ASP.NET 内置对象是由 IIS 控制台初始化的 ActiveX DLL 组件，用户可以在应用程序中，通过引用这些组件来实现访问 ASP.NET 内置对象的功能。

1. Response 对象

（1）Response 对象的属性。

Response 对象是 HttpResponse 类的一个实例。该类主要是封装来自 ASP.NET 操作的 HTTP 响应信息。Response 对象的属性如表 4.2 所示。

表 4.2 Response 对象的属性

属　性	说　明	属 性 值
BufferOutput	获取或设置一个值，该值指示是否缓冲输出，并在完成处理整个页之后将其发送	如果缓冲了到客户端的输出，则为 True；否则为 False。默认为 True
Cache	获取 Web 页的缓存策略（过期时间、保密性、变化子句）	包含有关当前响应的缓存策略信息的 HttpCachePolicy 对象
Charset	获取或设置输出流的 HTTP 字符集	输出流的 HTTP 字符集
IsClientConnected	获取一个值，通过该值指示客户端是否仍连接在服务器上	如果客户端当前仍在连接，则为 True；否则为 False

由于 Response 对象的 BufferOutput 属性默认为 True，所以要输出到客户端的数据都暂时存储在缓冲区内，等到所有的事件程序，以及所有的页面对象全部编译完成后，才将所有在缓冲区中的

数据送到客户端的浏览器。

（2）Response 对象的方法。

Response 对象可以输出信息到客户端，包括直接发送信息给浏览器、重定向浏览器到另一个 URL 或设置 Cookie 的值。表 4.3 列举了几个常用的方法。

表 4.3　Response 对象的方法

方　法	说　明
Write	将指定的字符串或表达式的结果写到当前的 HTTP 输出
End	停止页面的执行并得到相应结果
Clear	用来在不将缓存中的内容输出的前提下，清空当前页的缓存，仅当使用了缓存输出时，才可以利用 Clear 方法
Flush	将缓存中的内容立即显示出来。该方法有一点和 Clear 方法一样，它在脚本前面没有将 Buffer 属性设置为 True 时会出错。和 End 方法不同的是，调用该方法后，该页面可继续执行
Redirect	使浏览器立即重定向到程序指定的 URL

ASP.NET 中引用对象方法的语法是“对象名.方法名”。“方法”就是嵌入到对象定义中的程序代码，它定义对象怎样去处理信息。使用嵌入的方法，对象便知道如何去执行任务，而不用提供额外的指令。下面通过一个小例子来讲解 Response 对象的常用方法。

在网页编程中，经常会遇到在程序执行到某个位置进行页面跳转的情况。Response.Redirect 方法可以满足这种需求，例如执行下面的代码，页面将跳转到出错处理页面 error.aspx，用同样的方法，可以方便地实现强制用户登录等操作。

```
this.Response.Redirect("error.aspx");
```

2. Request 对象

Request 对象是 HttpRequest 类的一个实例。它能够读取客户端在 Web 请求期间发送的 HTTP 值。

（1）Request 对象的属性（见表 4.4）。

表 4.4　Request 对象的属性

属　性	说　明	属　性　值
QueryString	获取 HTTP 查询字符串变量集合	NameValueCollection 对象
Path	获取当前请求的虚拟路径	当前请求的虚拟路径
UserHostAddress	获取远程客户端的 IP 主机地址	远程客户端的 IP 地址
Browser	获取有关正在请求的客户端的浏览器功能信息	HttpBrowserCapabilities 对象

用 Request.Form["txtVar"]可以方便地得到名称为 txtVar 的表单元素的值，用类似方法，可以获取 QueryString，Cookies，SeverVaiables 的值。调用方法如下：

```
Request.Collection["变量名称"]
```

Collection 包括 QueryString、Form、Cookies、SeverVaiables 四种集合。不过，这里的 Collection 是可以省略的。也就是说，Request["变量名称"]与 Request.Collection["变量名称"]这两种写法都是允许的。如果省略了 Collection，那么 Request 对象会依照 QueryString、Form、Cookies、SeverVaiables 的顺序查找，直至发现 Variable 所指的关键字并返回其值，如果没有发现其值，方法则返回空值

（Null）。但是考虑到页面的执行效率，建议最好还是使用 Collection。

（2）Request 对象的方法（见表 4.5）。

表 4.5　Request 对象的方法

方　法	说　明
BinaryRead	执行对当前输入流进行指定字节数的二进制读取
MapPath	为当前请求将请求的 URL 中的虚拟路径映射到服务器上的物理路径

可以通过下列语句来得到某个文件的实际物理位置，这个方法常常用在需要使用实际路径的地方。如下所示

```
Request.MapPath("FileName");
```

3. Application 对象

Application 对象是 HttpApplicationState 类的一个实例。

一个网站可以有不止一个 Application 对象。典型情况下，可以针对个别任务的一些文件创建个别的 Application 对象。例如，可以建立一个 Application 对象来适用于全部公用用户，而再创建另外一个只适用于网络管理员的 Application 对象。

Application 对象使给定应用程序的所有用户之间共享信息，并且在服务器运行期间持久地保存数据。因为多个用户可以共享一个 Application 对象，所以必须要有 Lock 和 Unlock 方法，以确保多个用户无法同时改变某一属性。Application 对象成员的生命周期止于关闭 IIS 或使用 Clear 方法清除。

（1）Application 对象的属性（见表 4.6）。

表 4.6　Application 对象的属性

属　性	说　明	属 性 值
AllKeys	获取 HttpApplicationState 集合中的访问键	HttpApplicationState 对象名的字符串数组
Count	获取 HttpApplicationState 集合中的对象数	集合中的 Item 对象数。默认为 0

每个 Application 对象变量都是 Application 集合中的对象之一，由 Application 对象统一管理。使用 Application 对象的相关语法如下：

```
Application["变量名"]="变量值";        //设置 Application 对象变量
VariablesName= Application ["变量名"];  //获取 Application 对象变量
```

（2）Application 对象的方法（见表 4.7）。

表 4.7　Application 对象的方法

方　法	说　明
Add	新增一个新的 Application 对象变量
Clear	清除全部的 Application 对象变量
Get	使用索引关键字或变数名称得到变量值
GetKey	使用索引关键字来获取变量名称
Lock	锁定全部的 Application 变量
Remove	使用变量名称删除一个 Application 对象

续表

方　法	说　明
RemoveAll	删除全部的 Application 对象变量
Set	使用变量名更新一个 Application 对象变量的内容
UnLock	解除锁定的 Application 变量

4. Session 对象

Session 对象是 HttpSessionState 的一个实例。该类为当前用户会话提供信息，还提供对可用于存储信息会话范围缓存的访问，以及控制如何管理会话的方法。

可以使用 Session 对象存储特定用户会话所需的信息。这样，当用户在应用程序的 Web 页之间跳转时，存储在 Session 对象中的变量将不会丢失，而是在整个用户会话中一直存在下去。

当用户请求来自应用程序的 Web 页时，如果该用户还没有会话，则 Web 服务器将自动创建一个 Session 对象。当会话过期或被放弃后，服务器将中止该会话。

当用户第一次请求给定的应用程序中的.aspx 文件时，ASP.NET 将生成一个 SessionID。SessionID 是由一个复杂算法生成的号码，它唯一标识每个用户会话。在新会话开始时，服务器将 Session ID 作为一个 Cookie 存储在用户的 Web 浏览器中。

在将 SessionID Cookie 存储于用户的浏览器之后，即使用户请求了另一个.aspx 文件，或请求了运行在另一个应用程序中的.aspx 文件，ASP.NET 仍会重用该 Cookie 跟踪会话。与此相似，如果用户故意放弃会话或让会话超时，然后再请求另一个.aspx 文件，那么 ASP.NET 将以同一个 Cookie 开始新的会话。只有当服务器管理员重新启动服务器，或用户重新启动 Web 浏览器时，此时存储在内存中的 SessionID 设置才被清除，用户将会获得新的 SessionID Cookie。

应注意的是，Session 对象是与特定用户相联系的。针对某一个用户赋值的 Session 对象是和其他用户的 Session 对象完全独立的，不会相互影响。换句话说，这里面针对每一个用户保存的信息是每一个用户自己独享的，不会产生共享情况。

（1）Session 对象的属性（见表 4.8）。

表 4.8　Session 对象的属性

属　性	说　明	属 性 值
Count	获取会话状态集合中 Session 对象的个数	Session 对象的个数
TimeOut	获取并设置在会话状态提供程序终止会话之前各请求之间所允许的超时期限	超时期限（以分钟为单位）
SessionID	获取用于标识会话的唯一会话 ID	会话 ID

（2）Session 对象的方法（见表 4.9）。

表 4.9　Session 对象的方法

方　法	说　明
Add	新增一个 Session 对象
Clear	清除会话状态中的所有值
Remove	删除会话状态集合中的项
RemoveAll	清除所有会话状态值

当然也可以不使用 Add 方法来设置 Session 对象，语法如下：

```
Session["变量名"]=变量值;
```

需要指出的是，以上两种语句在作用上是相同的，用户可以根据自己的习惯来使用。从会话中读取信息的语法如下：

```
VariablesName=Session["变量名"];
```

任务拓展

在 Global.asax 中除了为 Application_Error 事件添加事件处理代码，还可以为其他几个事件添加代码。其中，一个典型的应用就是统计在线人数，考虑使用 Application 内置对象保存当前在线人数，当用户建立 Session 时，就触发 Session_Start 事件，可以在该事件中为当前在线人数作加 1 操作，当用户在默认时间内没有进入其他 ASP.NET 程序时，将触发 Session_End()事件，在该事件中为当前在线人数作减 1 操作，尝试为网站实现统计在线人数功能，在存取 Application 对象的值时考虑进程同步问题。

任务 2　Web.config 文件配置

ASP.NET 具有一个非常重要的特性，就是它为开发者提供了一个非常便利的配置系统。这个配置系统借助基于 XML 格式的文件（Machine.config 和 Web.config）来存储配置信息，使得开发者可以轻松快速地建立自己的 Web 应用环境。本任务要先为电子商务网站创建 Web 配置文件，如图 4.2 所示，然后通过 Web.config 配置文件中节点的设置，为应用程序设置配置信息，如指定编译信息、身份验证模式、为应用程序指定会话超时时间等。在任务分析中将进一步学习 XML 语法，并详细介绍配置文件的查找优先级及 Web.config 配置文件的使用方法。

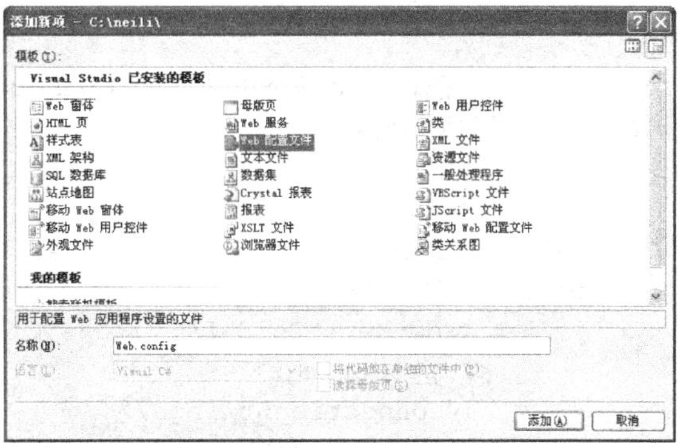

图 4.2　创建 Web 配置文件

4.2.1　Web.config 文件配置

任务分析

Web.config 文件是一个 XML 文本文件，它用来储存 ASP.NET Web 应用程序的配置信息（如最常用的设置 ASP.NET Web 应用程序的身份验证方式），它可以出现在应用程序的每一个目录中。

（1）当通过.NET 新建一个 Web 应用程序后，默认情况下会在根目录自动创建一个默认的 Web.config 文件，包括默认的配置设置，所有的子目录都继承它的配置设置。

（2）如果想修改子目录的配置设置，可以在该子目录下新建一个 Web.config 文件。它可以提供除从父目录继承的配置信息以外的配置信息，也可以重写或修改父目录中定义的设置。

（3）在运行时对 Web.config 文件的修改不需要重启服务就可以生效（注：<processModel>节例外）。当然 Web.config 文件是可以扩展的。你可以自定义新配置参数并编写配置节处理程序以对它们进行处理。

（4）在该任务中将完成下列几项内容：利用 Web.config 文件的<appSettings>节设置数据库连接字符串及数据操作类；修改<compilation >节以开启页面调试功能；修改<compilation>将身份验证模式改为表单验证（默认为 Windows 验证）；利用<sessionState >节设置会话超时时间为 5min。

任务实施

步骤一：创建 Web 配置文件 Web.config

（1）打开电子商务网站，在解决方案资源管理器中，右击项目名，在快捷菜单中选择“添加新项”命令。

（2）在弹出的“添加新项”对话框中，选择“Web 配置文件”，设置名称为 Web.config。

（3）单击“添加”按钮，将会在项目的根目录下创建一个名为 Web.config 的文件。

步骤二：配置 Web.config 文件

打开“Web.config”文件，设置代码如下：

```
        <?xml version="1.0" encoding="utf-8"?>
        <configuration
xmlns="http://schemas.microsoft.com/.NetConfiguration/v2.0">
          <appSettings>
         <!--
        为应用程序设置两个关键字 SqlConnectionString 和 SqlDAL，分别代表数据库连接字符串、数据库文件及数据访问类。
         -->
          <add key="SqlConnectionString" value=" Data Source=DAVID-58F95E8BC; Initial Catalog= ClothesShop; Persist Security Info=False; User ID=sa; Password=123456"/>
          <add key="SqlDAL" value="ClothesShop. SqlDAL"/>
         </appSettings>
           <connectionStrings/>
           <system.web>
              <!--
                 设置 compilation debug="True" 将调试符号插入已编译的页面中。
                 但由于这会影响性能，因此只在开发过程中将此值
                 设置为 True。
              -->
              <compilation debug="True" defaultLanguage="c#" />
              <!--
                 通过 <authentication> 节可以配置 ASP.NET 使用的
                 安全身份验证模式，以标识传入的用户，
                 这里采用 Forms 身份验证模式。
              -->
              <authentication mode="Forms" />
              <!--
                 如果在执行请求的过程中出现未处理的错误，
                 则通过 <customErrors> 节可以配置相应的处理步骤。
                 这里当用户没有权限访问请求的页面就会跳转到 NoAccess.htm 页面，
                 当用户访问的页面不存在则会跳转到 FileNotFound.htm 页面。
               -->
              <customErrors mode="On">
                <error statusCode="403" redirect="NoAccess.htm" />
```

```
        <error statusCode="404" redirect="FileNotFound.htm" />
      </customErrors>
    <!-- 设置会话超时时间为 5min -->
    <sessionState timeout="5" />
  </system.web>
</configuration>
```

步骤三：<customErrors>节测试

设置完 Web.config 配置文件后，为了查看设置是否生效，可以对网站进行测试，这里将对<customErrors>节进行测试。

（1）创建页面 NoAccess.htm，用于当用户没有权限访问请求的资源时，为用户提供信息提示，代码如下：

```
<!DOCTYPE html PUBLIC "-//W3C//DTD XHTML 1.0 Transitional//EN"
"http://www.w3.org/TR/xhtml1/DTD/xhtml1-transitional.dtd">
<html xmlns="http://www.w3.org/1999/xhtml" >
<head>
    <title>您无权查看该资源</title>
</head>
<body>
    <table width="437"border="0" align="center" cellpadding="0"cells
pacing
="0" style="text-align: center;border: 1px solid #8dcde9;">
      <tr> <td height="35"> </td>  </tr>
    <tr> <td><img height="91" src="images/jinzhi.gif" width="84" alt=" "/>
</td> </tr>
      <tr> <td height="80">
     <span style="font-weight:bold;color:#ff0204">提示：操作错误</span><br
      /><br />
     <div id="error" style="font-size:16px; color:Red">对不起，您无权查看
该资源。</div>
          </td>  </tr>
      <tr> <td height="35"><a href="index.aspx"><img height="26"  width=
"84" src="images/return.jpg" alt="" border="0" /></a></td>

      </tr>
      <tr> <td height="35"> </td> </tr>
    </table>
</body>
</html>
```

（2）创建页面 FileNotFound.htm，用于当用户访问的资源不存在时，为用户提供信息提示，代码如下：

```
<!DOCTYPE html PUBLIC "-//W3C//DTD XHTML 1.0 Transitional//EN"
"http://www.w3.org/TR/xhtml1/DTD/xhtml1-transitional.dtd">
<html xmlns="http://www.w3.org/1999/xhtml" >
<head>
    <title>您访问的资源不存在</title>
</head>
<body>
```

```
        <table width="437" border="0" align="center" cellpadding="0" cells
pacing ="0" style="text-align: center;border: 1px solid #8dcde9;">
            <tr>  <td height="35"> </td>  </tr>
        <tr>  <td><img height="91" src="images/jinzhi.gif" width="84"  alt=""/>
</td> </tr>
            <tr> <td height="80">
              <span style="font-weight:bold;color:#ff0204">提示：操作错误</span>
<br/><br/>
        <div id="error" style="font-size:16px; color:Red">对不起，您访问的资源
不存在。</div>
                </td>
            </tr>
            <tr> <td height="35"><a href="index.aspx"><img height="26" width=
"84" src="images/return.jpg" alt="" border="0" /></a></td>
            </tr>
            <tr>  <td height="35"> </td> </tr>
        </table>
    </body>
    </html>
```

（3）为了进行测试，提供两种情况：一是用户访问的资源不存在，二是用户访问了无权请求的资源。操作如下：

在地址栏输入“http://localhost/neili/123.aspx”，这时网站将自动跳转到 FileNotFound.htm 页面，如图 4.3 所示。

在地址栏输入“http://localhost/neili/index.aspx. cs”，这时网站将自动跳转到 NoAccess.htm 页面，如图 4.4 所示。

图 4.3　访问的资源不存在

图 4.4　没有权限访问请求的资源

相关知识

1. XML 文件

XML（Extensible Markup Language）即可扩展标记语言，它与 HTML 一样，都是 SGML（Standard Generalized Markup Language，标准通用标记语言）的一个子集。

与 HTML 的设计区别是：XML 是用来存储数据的，重在数据本身。而 HTML 是用来定义数据的，重在数据的显示模式。

XML 的简单使其易于在任何应用程序中读写数据，这使 XML 很快成为数据交换的唯一公共语言，虽然不同的应用软件也支持其他的数据交换格式，但不久之后它们都将支持 XML，那就意味着程序可以更容易地与 Windows、Mac OS、Linux 及其他平台下产生的信息结合，然后可以很容易加载 XML 数据到程序中并分析，并以 XML 格式输出结果。

（1）XML 实例。代码如下：

```
<?xml version="1.0"?>
<note id="10010">
    <to>Tove</to>
    <from>Jani</from>
    <heading>Reminder</heading>
    <body>Don't forget me this weekend!</body>
</note>
```

文档的第一行：一个应该经常包含的 XML 申明，定义了 XML 文档的版本号。即

```
<?xml version="1.0"?>
```

下一行定义了文档里面的第一个元素（element），也称第一个元素为根元素：

```
<note>
```

再下面定义了根元素的四个子元素（分别是 to、from、heading 和 body）：

```
<to>Tove</to>
<from>Jani</from>
<heading>Reminder</heading>
<body>Don't forget me this weekend!</body>
```

最后一行定义了根元素的结束标记：

```
</note>
```

XML 使用标记来表示数据。标记由包围在一个小于号（<）和一个大于号（>）之间的文本组成，如<note>。起始标记（start tag）表示一个特定区域的开始，如<start>；结束标记（end tag）定义了一个区域的结束，除了在小于号之后紧跟着一个斜线（/）外，和起始标记基本一样，如</note>。XML 还定义了标记的特性（attribute），它们是定义在小于号和大于号之间的值，如<note id="10010">中的 id 特性。

XML 标记是大小写敏感的。例如，标记<Letter>不同于标记<letter>。所有一个标记的开始和结束必须使用同样的大小写，如下面的是错误的：

```
<Message>This is incorrect</message>
```

修改成这样才是正确的：

```
<message>This is incorrect</message>
```

（2）XML 文件的语法。

XML 去掉了之前令许多开发人员头疼的 SGML 的随意语法。在 XML 中，采用了以下语法：

① 任何的起始标记都必须有一个结束标记。

② 可以采用另一种简化语法，可以在一个标记中同时表示起始和结束标记。这种语法是在大于符号之前紧跟一个斜线（/），如<tag />。XML 解析器会将其翻译成<tag></tag>。

③ 标记必须按合适的顺序进行嵌套，所以结束标记必须按镜像顺序匹配起始标记，如<b>this is a <i>sample</i> string</b>。这好比是将起始和结束标记看做数学中的左右括号，在没有关闭所有的内部括号之前，是不能关闭外面的括号的。

④ 所有的特性都必须有值。

⑤ 所有的特性都必须在值的周围加上双引号。

⑥ 所有的 XML 文档都必须要有一个根标记，其他的元素都必须嵌套在这个根元素内。

这些规则使得开发一个 XML 解析器要简便得多，而且也除去了解析 SGML 中花在判断何时何地应用那些奇怪语法规则上的工作。

2. Web.config 配置文件

在开发中经常会遇到这样的情况，在部署程序时为了保密起见并不将源代码随项目一同发布，而开发时的环境与部署环境可能不一致（如数据库不一样），如果在代码中保存这些配置信息，部署时就需要更改代码并重新编译，这种部署方式非常麻烦。

在.NET 中提供了一种便捷的保存项目配置信息的办法，那就是利用配置文件，配置文件的文件后缀一般是.config，在 ASP.NET 中配置文件名一般默认是 Web.config。每个 Web.config 文件都是基于 XML 的文本文件，并且可以保存到 Web 应用程序中的任何目录中。在发布 Web 应用程序时 Web.config 文件并不编译进 dll 文件中。如果将来客户端发生了变化，仅仅需要用记事本打开 Web.config 文件编辑相关设置就可以重新正常使用，非常方便。

（1）Web.config 配置文件的基本结构。

所有的 ASP.NET 配置信息都驻留在 Web.config 文件中的 configuration 元素中。该元素中的配置信息分为两个主区域：配置节处理程序声明区域和配置节设置区域。

① 配置节处理程序声明。

配置节处理程序声明区域驻留配置文件中的 configSections 元素内。它包含在其中声明节处理程序的 ASP.NET 配置 section 元素。可以将这些配置节处理程序声明嵌套在 sectionGroup 元素中，以帮助组织配置信息。通常，sectionGroup 元素表示要应用配置设置的命名空间。例如，所有的 ASP.NET 配置节处理程序都在 system.web 节组中进行分组。

配置节设置区域中的每个配置节都有一个节处理程序声明。节处理程序是用来实现 ConfigurationSection 接口的.NET Framework 类。节处理程序声明中包含配置设置节的名称（如 pages），以及用来处理该节中配置数据的节处理程序类的名称（如 System.Web.Configuration.PagesSection）。

只需要声明配置节处理程序一次，ASP.NET 配置节的节处理程序已在默认的 Machine.config 文件中进行声明。根 Web.config 文件和 ASP.NET 应用程序中的其他配置文件都自动继承在 Machine.config 文件中声明的配置处理程序。只有当创建用来处理自定义设置节的自定义节处理程序类时，才需要声明新的节处理程序。

② 配置节设置。

配置节设置区域位于配置节处理程序声明区域之后，它包含实际的配置设置。

默认情况下，在内部或者在某个根配置文件中，对于 configSections 区域中的每一个 section 和 sectionGroup 元素，都会有一个指定的配置节元素。可以在%windir%\Microsoft.NET\Framework\v2.0.50727\CONFIG\Machine.config 文件中查看这些默认设置。

配置节元素还可以包含子元素，这些子元素与其父元素由同一个节处理程序处理。

（2）Web.config 配置文件的配置方法。

Web.config 文件是一个 XML 文件，它的根节点是<configuration>，在<configuration>节点下的

常见子节点有<configSections>、<appSettings>、<connectionStrings>和<system.web>。其中，<appSettings>节点主要用于配置一些网站的应用配置信息，而<connectionStrings>节点主要用于配置网站的数据库连接字符串信息，<system.web>节点主要是网站运行时的一些配置。

① <appSettings>节点。

<appSettings>节点主要用来存储 ASP.NET 应用程序的一些配置信息，如上传文件的保存路径等，以下是一个例子：

```
        <appSettings>
        <!--允许上传的图片格式类型-->
        <add key="ImageType" value=".jpg;.bmp;.gif;.png;.jpeg"/>
        <!--允许上传的文件类型-->
        <add key="FileType" value=".jpg;.bmp;.gif;.png;.jpeg;.pdf;.zip;.rar;.
xls;.doc"/>
        </appSettings>
```

对于<appSettings>节点中的值可以按照 key 来进行访问，以下就是一个读取 key 值为“FileType”节点值的例子：

```
        string fileType = ConfigurationManager.AppSettings["FileType"];
```

② <connectionStrings>节点。

<connectionStrings>节点主要用于配置数据库连接，可以在<connectionStrings>节点中增加任意个节点来保存数据库连接字符串，将来在代码中通过代码的方式动态获取节点的值来实例化数据库连接对象，这样一旦部署的时候数据库连接信息发生变化仅需要更改此处的配置即可，而不必因为数据库连接信息的变化而需要改动程序代码和重新部署。

以下就是一个<connectionStrings>节点配置的例子：

```
        <connectionStrings>
        <!--SQL Server 数据库配置-->
        <add name="SqlConnectionString" connectionString="Data Source=(local)
;Initial Catalog=ClothesShop;User ID=sa;Password=123456"/>
        </connectionStrings>
```

在代码中，我们可以这么实例化数据库连接对象：

```
        //读取 Web.config 节点配置
        string connectionString = ConfigurationManager.ConnectionStrings ["neili
ConnectionString1"].ConnectionString;
        //实例化 SqlConnection 对象
        SqlConnection connection = new SqlConnection(connectionString);
```

这样做的好处是一旦开发时所用的数据库和部署时的数据库不一致，仅仅需要用记事本之类的文本编辑工具编辑 connectionString 属性的值就行了。

③ <compilation>节点。

在<system.web>节点下包含了<compilation>节点，该节点配置 ASP.NET 使用的所有编译设置。默认的 debug 属性为 True，即允许调试，在这种情况下会影响网站的性能，所以在程序编译完成交付使用之后应将其设为 False。

④ <authentication>节点。

在<system.web>节点下包含了<authentication>节点，该节点用于设置 ASP.NET 身份验证模式，身份验证模式有四种，如表 4.10 所示。

表 4.10　身份验证模式

mode 属性值	说　明
Windows	使用 Windows 身份验证，适用于域用户或者局域网用户
Forms	使用表单验证，依靠网站开发人员进行身份验证
Passport	使用微软提供的身份验证服务进行身份验证
None	不进行任何身份验证

<authentication>节点控制用户对网站、目录或者单独页的访问，必须配合<authentication>节点一起使用。

⑤ <customErrors>节点。

在<system.web>节点下包含了<customErrors>节点，<customErrors>节点用于定义一些自定义错误信息的信息。此节点有 mode 和 defaultRedirect 两个属性，其中 defaultRedirect 属性是一个可选属性，表示应用程序发生错误时重定向到的默认 URL，如果没有指定该属性则显示一般性错误。mode 属性是一个必选属性，它有三个可能值，它们所代表的意义如表 4.11 所示。

表 4.11　<customErrors>节点 mode 属性

mode 属性值	说　明
On	表示在本地和远程用户都会看到自定义错误信息
Off	禁用自定义错误信息，本地和远程用户都会看到详细的错误信息
RemoteOnly	表示本地用户将看到详细错误信息，而远程用户将会看到自定义错误信息

这里有必要说明一下本地用户和远程用户的概念。当访问 ASP.NET 应用程时所使用的机器和发布 ASP.NET 应用程序所使用的机器为同一台机器时称为本地用户，反之则称为远程用户。在开发调试阶段为了便于查找错误 mode 属性建议设置为 Off，而在部署阶段应将 mode 属性设置为 On 或者 RemoteOnly，以避免这些详细的错误信息暴露了程序代码细节从而引来黑客的入侵。

⑥ <error>子节点。

在<customErrors>节点下还包含<error>子节点，这个节点主要是根据服务器的 HTTP 错误状态代码而重定向到自定义的错误页面。

注意：要使<error>子节点下的配置生效，必须将<customErrors>节点的 Mode 属性设置为 On。

⑦ <httpHandlers>节点。

<httpHandlers>节点用于根据用户请求的 URL 和 HTTP 将用户的请求交给相应的处理程序。可以在配置级别的任何层次配置此节点，也就是说可以针对某个特定目录下指定的特殊文件进行特殊处理。

⑧ <httpRuntime>节点。

<httpRuntime>节点用于对 ASP.NET HTTP 运行库设置。该节可以在计算机、站点、应用程序和子目录级别声明。

例如，下面的配置控制用户最大能上传的文件为 40MB（40×1024KB），最大超时时间为 60s，最大并发请求为 100 个。代码如下：

```
    <httpRuntime maxRequestLength="40960" executionTimeout="60" appRequest
QueueLimit="100"/>
```

⑨ <pages>节点。

<pages>节点用于表示对特定页设置，主要有三个属性，如表 4.12 所示。

表 4.12 <pages>节点属性设置

属　性	说　明
buffer	是否启用了 HTTP 响应缓冲
enableViewStateMac	是否应该对页的视图状态运行计算机身份验证检查（MAC），以防止用户篡改，默认为 False，如果设置为 True 将会引起性能的降低
validateRequest	是否验证用户输入中有跨站点脚本攻击和 SQL 注入式漏洞攻击，默认为 True，如果出现匹配情况就会发 HttpRequestValidationException 异常。对于包含有在线文本编辑器页面一般自行验证用户输入而将此属性设为 False

下面就是一个配置节点的例子：

```
    <pages buffer="True" enableViewStateMac="True" validateRequest="false"/>
```

⑩ <sessionState>节点。

<sessionState>节点用于配置当前 ASP.NET 应用程序的会话状态配置。以下就是一个常见配置：

```
    <sessionState cookieless="false" mode="InProc" timeout="30" />
```

上面的节点配置是设置在 ASP.NET 应用程序中启用 Cookie，并且指定会话状态模式为在进程中保存会话状态，同时还指定了会话超时为 30min。

<sessionState>节点的 mode 属性可以是如表 4.13 所示的几种值之一。

表 4.13 <sessionState>节点 mode 属性

mode 属性值	说　明
Custom	使用自定义数据来存储会话状态数据
InProc	默认值由 ASP.NET 辅助进程来存储会话状态数据
Off	禁用会话状态
SQLServer	使用进程外 SQL Server 数据库保存会话状态数据
StateServer	使用进程外 ASP.NET 状态服务存储状态信息

一般默认情况下使用 InProc 模式来存储会话状态数据，这种模式的好处是存取速度快，缺点是比较占用内存，所以不宜在这种模式下存储大型的用户会话数据。

⑪ <globalization>节点。

用于配置应用程序的全球化设置。此节点有几个比较重要的属性，如表 4.14 所示。

表 4.14 <globalization>节点属性设置

属　性	说　明
fileEncoding	可选属性，设置.aspx、.asmx 和 .asax 文件的存储编码
requestEncoding	可选属性，设置客户端请求的编码，默认为 UTF-8
responseEncoding	可选属性，设置服务器端响应的编码，默认为 UTF-8

以下就是 ASP.NET 应用程序中的默认配置：

```
    <globalization   fileEncoding="utf-8"     requestEncoding="utf-8"
responseEncoding="utf-8"/>
```

任务拓展

本任务需要创建一个 SqlHelper 类，为其添加静态方法 GetSqlConnection()，用于返回数据库连接字符串，然后创建测试页面 test.aspx，在 Page_Load 事件中调用 SqlHelper 类的 GetSqlConnection()方法，向页面输出数据库连接字符串。

习题

一、选择题

1．在 ASP.NET 中，下面说法正确的是（　　）。

A．Machine.config 用来保存 ASP.NET 的当前计算机所有应用程序的配置

B．Web.config 通常用来保存一个站点信息的配置信息

C．可以在 Web.config 中配置访问 Web 目录的用户名和密码

D．以上说法都正确

2．在 ASP.NET 的 Global.asax 文件中，当应用程序中遇到一个未处理的异常时，将触发下列事件（　　）。

A．Application_Start　　B．Application_Disposed

C．Application_EndRequest　　D．Application_Error

3．在 ASP.NET 项目中，为了提高连接数据库的灵活性，想将数据库的连接字符串保存在配置文件中，在网站启动时动态读取，那么连接字符串应用保存在（　　）。

A．Web.config 文件的< configSections>节

B．Web.config 文件的< appSettings >节

C．Machine.config 文件的< configSections>节

D．Machine.config 文件的< appSettings >节

4．ASP.NET 配置文件中的四种身份验证类型允许匿名访问的是（　　）。

A．Windows　　B．Forms　　C．Passport　　D．None

5．以下是 ASP.NET 应用程序 Web.config 文件中的部分代码，为了获得配置节 DSN 的值，下列方法正确的是（　　）。

```
    <appSettings>
    <add key="DSN" value="data source=localhost;Integrated Security=SSPI;
Initial Catalog=northwnd" />
    </appSettings>
```

A．string strDSN=System.Configuration.ConfigurationSettings.AppSettings[“DSN”];

B．string strDSN=System.Configuration.ConfigurationSettings.AppSettings(“DSN”);

C．string strDSN=System.Configuration.ConfigurationSettings.GetSettings(“DSN”);

D．string strDSN=System.Configuration.ConfigurationSettings. AppSettings. GetKey(“DSN”);

6．要记录访问某个页面的在线用户数，则需要处理 Global.asax 文件中的哪个事件（　　）。

A．Session_Start 事件　　B．Session_End 事件

C．Application_Start 事件　　D．Session_Start 和 Session_End 事件

二、填空题

1．一般来说 Web.config 文件的根为________标记。也就是说，所有的配置信息都是包含在

________和________标记之间。

2．ASP.NET 配置文件中标记间的配置信息的两个主要区域为________和________。

3．________文件是 ASP.NET 应用程序的中心点，该文件包含响应 ASP.NET 或 HTTP 模块引发的________级别事件的代码。

4．Global.asax 文件主要是定义 Web 应用程序的 Application_Start()、Application_End()、_______、________等事件处理程序。

5．ASP .NET 页面的内置对象有________、________、Application 对象和 Session 对象等。

6．由于多个用户可以共享一个 Application 对象，所以必须要有________和________方法，以确保多个用户无法同时改变某一属性。

三、实践题

1．创建一个用户登录页面 login.aspx，登录验证使用的用户名和密码保存在 Web.config 配置文件中，其中用户名为 admin，密码为 123456。为了防止被人利用程序自动登录系统，考虑加上验证码功能。

2．创建 index.aspx 页面，当用户登录成功则将页面转到 index.aspx 页面，如果登录失败则弹出窗口提示错误。如果用户已经登录就直接跳到 index.aspx 页面而无须重复登录。

3．利用 Global.asax 文件统计 index.aspx 页面的在线人数和访问次数，并指定 Session 的超时时间为 10min（默认为 20min）。

项目五

业务逻辑层的设计与实现

项目简介

在 B/S 三层架构的应用程序开发中，通常把对业务需求有关的逻辑处理（如业务规则的制定、业务流程的实现等）进行封装，以供表示层页面程序的调用，保证程序运行的健壮性。因此，本项目的主要任务是对衣购网电子商务网站相关的业务逻辑规范，以及数据规范进行定义和程序实现。

能力目标

- 能够在 VS.NET 环境中使用 C#编写一个能实现异常处理、内容校验等功能的通用业务类
- 能够在 VS.NET 环境中使用 C#编写一个能实现读取、修改、删除和添加系统代码的业务类

知识目标

- 了解业务逻辑层的基本结构及其作用
- 了解构造器的概念及其作用
- 掌握业务逻辑规范和数据规范的定义方法
- 掌握异常处理、内容校验的的设计步骤与方法
- 掌握 C#类定义、实现与调用的方法

任务1 由需求分析确定业务逻辑

业务逻辑层主要完成系统中的业务逻辑，包括业务规则的制定和业务流程的实现两大部分，如完成数据添加、修改和查询业务等；不允许在指定的文本框中输入空字符串，数据格式是否正确，以及数据类型验证；用户权限的合法性判断等。因此，本任务首先是通过对业务逻辑的分析，确定业务逻辑类；然后再根据接口的访问操作要求，确定业务逻辑类的功能接口。

任务分析

由需求分析可知，衣购网电子商务网站主要包括购物车、留言板、订单、商品、回复、商品类型和用户信息等业务逻辑。首先，通过对业务逻辑层的各个业务逻辑的数据访问操作、操作流程和业务规则的分析，确定并命名各个业务逻辑类，包括 CartBLL、MessageBLL、OrderBLL、ProductBLL、RelayBLL、Type_1BLL、Type_2BLL 和 UserinfoBLL 8 个接口，然后根据这些接口的数据访问操作，确定这些接口类的具体操作方法，最后通过 C#语言对这些接口和方法进行代码实现。

任务实施

步骤一：分析各个业务逻辑的数据访问操作

（1）CartBLL 需要的数据访问操作：添加商品到购物车、删除一件商品、批量删除商品、获取购物列表、获得某个用户的购物列表、修改购物列表的购买数量、判断商品是否存在于购物车中、修改某一购物商品的数量、修改商品的购物状态、购物成功后该商品总数量减一、获得购物记录信息、根据商品 ID 获得购物记录的数量。

（2）MessageBLL 需要的数据访问操作：添加新留言、获得一条留言、删除一条留言、获得全部留言和回复、获得全部留言。

（3）OrderBLL 需要的数据访问操作：添加一条订单记录、更新订单状态、根据条件查询订单记录、根据用户 ID 获得订单列表、根据条件查询订单记录、获得一条订单信息。

（4）ProductBLL 需要的数据访问操作：创建一个商品、删除一个商品、更新一个商品、根据参数查询商品、获得一条商品记录、获得若干数量的新商品、获得若干数量的特价商品、获得若干数量的推荐商品、获得若干数量的热卖商品、获得若干数量的热门商品、更新商品的浏览数量、获得新商品、获得特价商品、获得推荐商品、更新商品图片路径、查询商品。

（5）RelayBLL 需要的数据访问操作：添加一条回复、删除一条回复、留言是否有回复、根据留言 ID 获得回复内容。

（6）Type_1BLL 需要的数据访问操作：创建一个一级分类、删除一级分类、更新一级分类、根据类型名称查询商品一级分类、判断是否已经存在该一级分类、根据类型 ID 获得一级类型名称。

（7）Type_2BLL 需要的数据访问操作：创建一个二级分类、删除二级分类、更新二级分类、根据类型名称查询商品二级分类、判断是否已经存在该二级分类、根据类型 ID 获得类型名称。

（8）UserinfoBLL 需要的数据访问操作：创建一个新用户、获得一个用户资料、删除一个用户、修改用户资料、修改用户密码、找回用户密码、验证用户登录、判断该用户名是否已经存在、获得一般用户或者管理员用户列表。

步骤二：定义各个业务逻辑的接口和操作方法

业务逻辑层各个业务逻辑类中的操作定义如表 5.1～表 5.8 所示。

表 5.1　CartBLL 接口类的操作定义

接口文件	方 法 名	描　述
cart.cs	int createcart(int productid, int userid,int count,bool checkout);	添加购物车方法，包括商品编号，商品数量和是否已付款三个参数
	int deletecart(int cartid)	删除一件商品方法，包括购物车编号参数
	int deltecartlist(int [] cartids)	批量删除商品方法，包括购物车编号数组参数
	DataTable selectcartlist()	获得购物列表方法
	DataTable getcartlist(int userid)	获得某个用户的购物列表方法，包括用户编号参数
	int updatecartlist(int [] cartids,int [] count)	修改购物列表的购买数量方法，包括购物车编号数组、商品数量数组参数
	bool isexitproduct(int productid,int userid)	商品是否存在于购物车中方法，包括商品编号、用户编号参数
	int updatecart(int productid,int userid)	更新某一购物商品的数量方法，包括商品编号、用户编号参数
	int updatestate(int produtid,int userid, bool checkout)	修改商品的购物状态方法，包括商品编号、用户编号和是否已付款参数
	void updateproduct(int productid,int num)	购物成功后该商品总数量减一方法，包括商品编号、商品数量参数
	DataRow getonecartbyproductid(int productid)	获得一条购物记录方法，包括商品编号参数
	int getcartnum(int cartid)	根据商品 ID 和用户 ID 获得一条购物记录的数量方法，包括购物车编号参数

表 5.2　MessageBLL 接口类的操作定义

接 口 文 件	方 法 名	描　述
message.cs	int createmessage(bool IsDelete, string Messages_Name, string Messages_Content,)	添加新留言方法，包括是否删除该删除参数、留言标题和留言内容参数
	DataRow getonemessage(int Messages_ID)	获得一条留言方法，包括留言编号参数
	int deletemessage(int Messages_ID)	删除一条留言方法，包括留言编号参数
	DataTable GetMessageList()	获得全部留言和回复方法
	DataTable messagelist()	获得全部留言方法

表 5.3　OrderBLL 接口类的操作定义

接 口 文 件	方 法 名	描　述
order.cs	int createorder(string orderid, string productid, int userid, string acceptname, string address, string postalcode, string phone, string delivery, string payment, int state, DateTime ordertime, double orderprice)	添加一条订单记录方法，包括订单号、商品号、用户编号、收货人、收货地址、邮政编码、联系电话、送货方式、付款方式、订单状态、下单时间、订单总额参数
order.cs	int updatestate(string orderid,int state);	更新订单状态方法，包括订单号、订单状态参数
	DataTable selectorderlist(string username,string ordertime,int state)	根据条件查询订单记录方法，包括用户名、下单时间、订单状态参数
	DataTable selectorderlist(string username,int state)	根据条件查询订单记录方法，包括用户名、订单状态参数
	DataTable getordersbyuserid(int userid)	根据用户 ID 获得订单列表方法，包括用户编号参数
	DataRow getoneorder(string orderid)	获得一条订单信息方法，包括订单号参数

表 5.4 ProductBLL 接口类的操作定义

接口文件	方法名	描述
product.cs	int createproduct(string productname, int typeid_1, int typeid_2, bool recommended, bool specials, double price, double userprice, double specialsprice, int pointcount, string imagepath, int count, int sellcount, string description);	创建一个商品方法，包括商品名称、商品一级分类、商品二级分类、是否推荐、是否特价、商品原价、会员价格、推荐价格、点击数量、图片路径、商品库存数量、销售数量、商品描述参数
	int deleteproduct(int productid)	删除一个商品方法，包括商品编号参数
	int updateproduct(int productid, string productname, int typeid_1, int typeid_2, bool recommended, bool specials, double price, double userprice, double specialsprice, int pointcount, string imagepath, int count, int sellcount, string description);	更新一个商品方法，包括商品编号、商品名称、商品一级分类、商品二级分类、是否推荐、是否特价、商品原价、会员价格、推荐价格、点击数量、图片路径、商品库存数量、销售数量、商品描述参数
	DataTable productlist(int typeid_1,int typeid_2,string productname)	根据参数查询商品方法，包括商品一级分类、商品二级分类、商品名称参数
	DataTable selectproduct(int typeid_1, int typeid_2, string productname, int recommended, int specials);	根据参数查询商品方法，包括商品一级分类、商品二级分类、商品名称参数、推荐商品、特价商品参数
	DataRow getoneproduct(int productid)	获得一条商品记录方法，包括商品编号参数
	DataTable getnewproductlist(int num)	获得若干数量的新商品方法，包括商品数量参数
	DataTable getnewproduct();	获得新商品方法
	DataTable getspecialproductlist(int num)	获得若干数量的特价商品方法，包括商品数量参数
	DataTable getspecialproduct()	获得特价商品方法
	DataTable getrecommendedproductlist(int num)	获得若干数量的推荐商品方法，包括商品数量参数
	DataTable getrecommendedproduct()	获得推荐商品方法
	DataTable gethotsellproductlist(ref int num)	获得若干数量的热卖商品方法，包括商品数量参数
	DataTable getpointproductlist(ref int num)	获得若干数量的热门商品方法，包括商品数量参数
	void updatepointnum(int productid)	更新商品的浏览数量方法，包括商品号参数
	int updatepic(string path,int productid)	更新图片路径方法，包括图片路径、商品号参数
	DataTable searchproductlist(int type_1,int type_2,string productname,string price_1,string price_2)	查询商品方法，包括商品一级分类、商品二级分类、商品名称、商品价格 1、商品价格 2 参数

表 5.5 RelayBLL 接口类的操作定义

接口文件	方法名	描述
relay.cs	int createrelay(String Relay_Content, Int32 Messages_ID, Int32 MUser_ID)	添加一条回复方法，包括回复内容、消息编号、消息留言者编号参数
	int updaterelay(Int32 Messages_ID, String Relay_Content, Int32 MUser_ID)	更新回复方法，包括消息编号、回复内容、消息留言者编号参数
	int deleterelay(int Relay_ID)	删除一条回复方法，包括回复编号参数
	bool isRelay(int Message_ID)	留言是否有回复方法，包括消息编号参数
	string getrelaybymessageid(int Message_ID)	根据留言 ID 获得回复内容方法，包括留言 ID 参数

表 5.6 Type_1BLL 接口类的操作定义

接口文件	方法名	描述
type_1.cs	int createtype_1(string typename)	创建一个一级分类方法，包括一级分类名称参数
	int deletetype_1(int type_1)	删除一级分类方法，包括一级分类编号参数
	int updatetype_1(int type_1,string typename)	更新一级分类方法，包括一级分类编号、一级分类名称参数
	DataTable type_1list(string typename)	根据类型名称查询商品一级分类方法，包括一级分类名称参数
	bool IsExite(string typename)	是否已经存在该分类方法，包括一级分类名称参数
	string gettypename(int typeid)	根据类型 ID 获得类型名称方法，包括一级分类编号参数

表 5.7 Type_2BLL 接口类的操作定义

接口文件	方法名	描述
type_2.cs	int createtype_2(int typeid_1,string typename);	创建一个商品二级分类方法，包括一级分类编号、二级分类名称参数
	int deletetype_2(int typeid_2)	删除一个商品二级分类方法，包括二级分类编号参数
	int updatetype_2(int typeid_2 ,int typeid_1,string typename)	修改一个商品二级分类方法，包括二级分类编号、一级分类编号、二级分类名称参数
	DataTable type_2list(int typeid_1,string typename)	查询商品二级分类方法，包括一级分类编号、二级分类名称参数
	bool IsExite(string typename)	分类是否存在方法，包括二级分类名称参数
	string gettypename(int typeid)	根据类型 ID 获得类型名称方法，包括二级分类编号参数

表 5.8 UserinfoBLL 接口类的操作定义

接口文件	方法名	描述
userinfo.cs	int createUser(string username,string password,int power,string email,string question,string answer);	创建一个新用户方法，包括用户名称、用户密码、电子邮件、密码问题、问题答案参数
	int delelteUser(int userid)	删除一个用户方法，包括用户编号参数
	int updateUser(int userid,string password,string email,string question,string answer)	修改用户资料方法，包括用户编号、用户密码、电子邮件、密码问题、问题答案参数
userinfo.cs	int updateUserPassword(int userid,string newpassword)	修改密码方法，包括用户编号、新密码参数
	string researchPassword(string username,string question,string answer)	找回用户密码方法，包括用户名称、密码问题、问题答案参数
	bool validUser(string username,string password,int power)	验证用户登录方法，包括用户名称、用户密码、用户权限参数
	bool IsExtie(string username)	判断用户名是否已经存在方法，包括用户名称参数
	DataTable getUser(int userid)	获得一个用户资料方法，包括用户编号参数
	DataTable getUserlist(string name,int power)	获得一般用户或者管理员用户列表方法，包括用户名称、用户权限参数

相关知识

1. 类定义

C#使用 class 关键字来定义类：

```
class MyClass{
// Class members.
}
```

这段代码定义了一个类 MyClass。定义了一个类后，就可以在项目中能访问该定义的其他地方对该类进行实例化。在默认情况下，类声明为内部的，即只有当前项目中的代码才能访问它。可以用 internal 访问修饰符关键字显式指定，如下所示（但这是不必要的）：

```
internal class MyClass{
// Class members.
}
```

另外，还可以指定类是公共的，应可以由其他项目中的代码来访问。为此，要使用关键字 public。

```
public class MyClass{
// Class members.
}
```

2. 接口定义

C#不支持多重继承，但是客观世界出现多重继承的情况又比较多。为了避免传统的多重继承给程序带来的复杂性等问题，C#提出了接口的概念。通过接口可以实现多重继承的功能。 实现接口的类或结构要与接口的定义严格一致。接口描述可属于任何类或结构的一组相关行为。接口可由方法、属性、事件、索引器或这 4 种成员类型的任何组合构成。

接口不能包含字段。接口成员一定是公共的。类和结构可以像类继承基类或结构一样从接口继承，而且可以继承多个接口。当类或结构继承接口时，它继承成员定义但不继承实现。若要实现接口成员，类中的对应成员必须是公共的、非静态的，并且与接口成员具有相同的名称和签名。类的属性和索引器可以为接口上定义的属性或索引器定义额外的访问器。例如，接口可以声明一个带有 get 访问器的属性，而实现该接口的类可以声明同时带有 get 和 set 访问器的同一属性。但是，如果属性或索引器使用显式实现，则访问器必须匹配。

接口可以继承其他接口。类可以通过其继承的基类或接口多次继承某个接口。在这种情况下，如果将该接口声明为新类的一部分，则类只能实现该接口一次。如果没有将继承的接口声明为新类的一部分，其实现将由声明它的基类提供。基类可以使用虚拟成员实现接口成员，在这种情况下，继承接口的类可通过重写虚拟成员来更改接口行为。

任务拓展

编写一个 Type_1BLL 业务逻辑类。具体任务如下：

任务 2 接口的编程实现

在分析确定完业务逻辑层的业务逻辑功能和接口后，通常需要为这些业务逻辑类编写实现的代码，以便表示层进行调用。因此，本任务首先是要为业务逻辑类文件新建一个存放文件夹，然后根据任务 1 类的定义，编写类的实现代码。

任务分析

为了将业务逻辑的业务流程和业务规则进行封装以供表示层的调用，在 ClothesShop 主目录下，新建一个 BLL 文件夹，用于存放所有业务逻辑类。然后为每一个定义的接口类创建类文件，选择

“Visual C#类”模板，通过模板类编程界面来实现接口类的编写，根据任务1的实施，已经定义了不同业务逻辑类的方法，因此在这些逻辑类中分别定义各个方法或者操作，如CartBLL接口类包括添加商品到购物车、删除一件商品、批量删除商品、获取购物列表、获得某个用户的购物列表等，则在CartBLL类中将这些方法通过C#程序语言转化为具体的方法定义，最后保存为对应的cs文件。

任务实施

为了将业务逻辑的业务流程和业务规则进行封装以供表示层的调用，在ClothesShop主目录下，新建一个BLL文件夹，用于存放所有业务逻辑类。

步骤一：编写CartBLL接口类

（1）打开VS.NET，选择“文件”→“新建文件”命令，打开“新建文件”对话框。然后在模板列中，选择“Visual C#类”模板。

（2）单击“打开”按钮，进入“Visual C#类”模板类编程界面，然后编写如下代码：

```
using System;
using System.Collections.Generic;
using System.Text;
using ClothesShop.DALFactory;
using ClothesShop.IDAL;
using System.Data;
using System.Data.SqlClient;
namespace ClothesShop.BLL
{    public class cart
    { private static readonly Icart ocart = DataAccess.Createcart();
        /// 添加到购物车
        public int createcart(int productid,int userid, int count, bool
        checkout)
        {  return ocart.createcart(productid,userid,count,checkout);  }
        /// 删除一件商品
        public int deletecart(int cartid)
        {   return ocart.deletecart(cartid);  }
        /// 批量删除商品
        public int deltecartlist(int[] cartids)
        {   return ocart.deltecartlist(cartids);    }
        /// 获得购物列表
        public DataTable selectcartlist()
        { return ocart.selectcartlist(); }
        /// 获得某个用户的购物列表
        public DataTable getcartlist(int userid)
        {  return ocart.getcartlist(userid);  }
        /// 修改购物列表的购买数量
       public int updatecartlist(int[] cartids, int[] count)
        { return ocart.updatecartlist(cartids,count);  }
        public int updatecart(int productid,int userid, int count)
        { return ocart.updatecart(productid,userid, count);  }
       /// 商品是否存在购物车里
        public bool isexitproduct(int productid,int userid)
        {  return ocart.isexitproduct(productid,userid);  }
        /// 根据某一购物商品的数量
        public int updatecart(int productid,int userid)
```

```
        { return ocart.updatecart(productid,userid); }
        /// 修改商品的购物状态
        public int updatestate(int productid,int userid, bool checkout)
        { return ocart.updatestate(productid,userid, checkout); }
        /// 购物成功后该商品总数量减一
       public void updateproduct(int productid,int num)
        { ocart.updateproduct(productid,num); }
        /// 获得一条购物记录
       public DataRow getonecartbyproductid(int productid)
        { return ocart.getonecartbyproductid(productid); }
        /// 根据商品 ID 获得一条购物记录的数量
        public int getcartnum(int cartid)
        { return ocart.getcartnum(cartid); }
    }
}
```

(3）单击“保存”按钮，将文件名命名为Icart.cs，并另存到BLL文件夹中。

步骤二：编写 MessageBLL 接口类

(1）打开VS.NET，选择“文件”→“新建文件”命令，打开“新建文件”对话框。然后在模板列中，选择“Visual C#类”模板。

(2）单击“打开”按钮，进入“Visual C#类”模板类编程界面，然后编写如下代码：

```
using System;
using System.Collections.Generic;
using System.Text;
using ClothesShop.DALFactory;
using ClothesShop.IDAL;
using System.Data;
using System.Data.SqlClient;
namespace ClothesShop.BLL
{ public class message
    {  private static readonly Imessage msg = DataAccess.Createmessage();
        /// 添加新留言
public int createmessage(string Messages_Name, string Messages_Content,
bool IsDelete)
        { return msg.createmessage(Messages_Name, Messages_Content,
        IsDelete); }
        /// 获得一条留言
        public DataRow getonemessage(int Messages_ID)
        { return msg.getonemessage(Messages_ID); }
        /// 删除一条留言
        public int deletemessage(int Messages_ID)
        {  return msg.deletemessage(Messages_ID); }
        /// 获得全部留言和回复
        public DataTable GetMessageList()
        { return msg.GetMessageList(); }
        /// 获得全部留言
        public DataTable messagelist()
        { return msg.messagelist(); }
    }
}
```

（3）单击“保存”按钮，将文件名命名 Imessage.cs，并另存到 BLL 文件夹中。

步骤三：编写 OrderBLL 接口类

（1）打开 VS.NET，选择“文件”→“新建文件”命令，打开“新建文件”对话框。然后在模板列中，选择“Visual C#类”模板。

（2）单击“打开”按钮，进入“Visual C#类”模板类编程界面，然后编写如下代码：

```
using System;
using System.Collections.Generic;
using System.Text;
using ClothesShop.DALFactory;
using ClothesShop.IDAL;
using System.Data;
using System.Data.SqlClient;
namespace ClothesShop.BLL
{  public class order
    {  private static readonly Iorder ord = DataAccess.Createorder();
      /// 添加一条订单记录
      public int createorder(string orderid, string productid, int userid,
      string acceptname,
         string address, string postalcode, string phone, string delivery,
         string payment, int state, DateTime ordertime, double orderprice)
      {return ord.createorder(orderid,productid,userid,acceptname, address,
     postalcode, phone, delivery, payment, state,ordertime,orderprice);
      }
      /// 更新订单状态
      public int updatestate(string orderid, int state)
      {  return ord.updatestate(orderid,state);
      }
      /// 根据条件查询订单记录
      public DataTable selectorderlist(string username, string ordertime,
      int state)
      {  return ord.selectorderlist(username,ordertime,state);
      }
      public DataTable getordersbyuserid(int userid)
      {  return ord.getordersbyuserid(userid);
      }
      /// 根据条件查询订单记录
      public DataTable selectorderlist(int state)
      {  return ord.selectorderlist(state);
      }
      public DataTable selectorderlist(string username, int state)
      {  return ord.selectorderlist(username, state);
      }
      /// 获得一条订单信息
      public DataRow getoneorder(string orderid)
      {  return ord.getoneorder(orderid);
      }
    }
}
```

（3）单击“保存”按钮，将文件名命名为Iorder.cs，并另存到IDAL文件夹中。

步骤四：编写 Product DAL 接口类

（1）打开VS.NET，选择“文件”→“新建文件”命令，打开“新建文件”对话框。然后在模板列中，选择“Visual C#类”模板。

（2）单击“打开”按钮，进入“Visual C#类”模板类编程界面，然后编写如下代码：

```
using System;
using System.Collections.Generic;
using System.Text;
using System.Data;
using System.Data. SqlClient;
namespace ClothesShop.IDAL
{
    public interface Iproduct
    {  /// 创建一个商品
       int createproduct(string productname, int typeid_1, int typeid_2,
       bool recommended, bool specials, double price,double userprice,
       double specialsprice, int pointcount, string imagepath, int count,
       int sellcount, string description);
        /// 删除一个商品
        int deleteproduct(int productid);
        /// 更新一个商品
        int updateproduct(int productid, string productname, int typeid_1,
        int typeid_2, bool recommended, bool specials, double price,double
        userprice, double specialsprice, int pointcount, string imagepath,
        int count, int sellcount, string description);
        /// 根据参数查询商品
        DataTable productlist(int typeid_1,int typeid_2,string productname);
        /// 根据参数查询商品
       DataTable selectproduct(int typeid_1, int typeid_2, string productname,
       int b recommended, int specials);
        ///获得一条商品记录
        DataRow getoneproduct(int productid);
        /// 获得若干数量的新商品
        DataTable getnewproductlist(int num);
        /// 获得新商品
        DataTable getnewproduct();
        /// 获得若干数量的特价商品
        DataTable getspecialproductlist(int num);
        /// 获得特价商品
        DataTable getspecialproduct();
        /// 获得若干数量的推荐商品
        DataTable getrecommendedproductlist(int num);
        /// 获得推荐商品
        DataTable getrecommendedproduct();
        /// 获得若干数量的热卖商品
        DataTable gethotsellproductlist(ref int num);
        /// 获得若干数量的热门商品
        DataTable getpointproductlist(ref int num);
        ///更新商品的浏览数量
```

```
        void updatepointnum(int productid);
        /// 更新图片路径
        int updatepic(string path,int productid);
        /// 查询商品
        DataTable searchproductlist(int type_1,int type_2,string productname,
        string price_1,string price_2);
        }
}
```

（3）单击“保存”按钮，将文件名命名为Iproduct.cs，并另存到BLL文件夹中。

步骤五：编写 RelayBLL 接口类

（1）打开VS.NET，选择“文件”→“新建文件”命令，打开“新建文件”对话框。然后在模板列中，选择“Visual C#类”模板。

（2）单击“打开”按钮，进入“Visual C#类”模板类编程界面，然后编写如下代码：

```
using System;
using System.Collections.Generic;
using System.Text;
using ClothesShop.DALFactory;
using ClothesShop.IDAL;
using System.Data;
using System.Data. SqlClient;
namespace ClothesShop.BLL
{  public class relay
   { private static readonly Irelay rel = DataAccess.Createrelay();
      /// 添加一条回复
      public int createrelay(String Relay_Content, Int32 Messages_ID,
      Int32 MUser_ID)
      { return rel.createrelay(Relay_Content, Messages_ID, MUser_ID);
      }
      /// 更新回复
      public int updaterelay(Int32 Messages_ID, String Relay_Content,
      Int32 MUser_ID)
      {  return rel.updaterelay(Messages_ID, Relay_Content, MUser_ID);
      }
      /// 删除一条回复
      public int deleterelay(int Relay_ID)
      {  return rel.deleterelay(Relay_ID);
      }
      /// 留言是否有回复
     public bool isRelay(int Message_ID)
      {  return rel.isRelay(Message_ID);
      }
      /// 根据留言 ID 获得回复内容
     public string getrelaybymessageid(int Message_ID)
      { return rel.getrelaybymessageid(Message_ID);
      }
   }
}
```

（3）单击“保存”按钮，将文件名命名为Irelay.cs，并另存到BLL文件夹中。

步骤六：编写UserinfoBLL接口类

（1）打开VS.NET，选择“文件”→“新建文件”命令，打开“新建文件”对话框。然后在模板列中，选择“Visual C#类”模板。

（2）单击“打开”按钮，进入“Visual C#类”模板类编程界面，然后编写如下代码：

```
using System;
using System.Collections.Generic;
using System.Text;
using ClothesShop.IDAL;
using ClothesShop.DALFactory;
using System.Web;
using System.Web.Security;
using System.Data;
using System.Data.SqlClient;
namespace ClothesShop.BLL
{
    public class userinfo
    { private static readonly Iuserinfo user = DataAccess.Createuserinfo();
        /// 创建一个新用户
      public int createUser(string username, string password,int power,
      string email, string question, string answer)
        {  return user.createUser(username,password,power, email,question,
        answer);
        }
        /// 删除一个用户
        public int delelteUser(int userid)
        {  return user.delelteUser(userid);
        }
public int updateUser(int userid, string password, string email, string
question, string answer)
        { return user.updateUser(userid,password,email,question,answer);
        }
        public int updateUserPassword(int userid, string newpassword)
        {  return user.updateUserPassword(userid, newpassword);
        }
        public string researchPassword(string username, string question,
        string answer)
        {  return user.researchPassword(username, question, answer);
        }
        public bool IsExtie(string username)
        { return user.IsExtie(username);
        }
        public bool validUser(string username, string password,int power)
        { return user.validUser(username, password,power);
        }
        public DataTable getUser(int userid)
        {  return user.getUser(userid);
        }
        public DataTable getUser(string username)
```

```
        { return user.getUser(username);
        }
        public void SetCookie(string username)
        { DataTable table = getUser(username);
           if (table.Rows.Count > 0)
          {  int userID = int.Parse(table.Rows[0]["userid"].ToString());
              int power = int.Parse(table.Rows[0]["power"].ToString());
              string userData = username.Replace(@"\", @"\\") + "#" +
              power.ToString();
              FormsAuthenticationTicket ticket = new
              FormsAuthenticationTicket(1, userID.ToString(), DateTime.Now,
              DateTime.Now.AddMinutes(60),false,userData,FormsAuthentication.
              FormsCookiePath);
              string encTicket = FormsAuthentication.Encrypt(ticket);
              HttpCookie newCookie = new HttpCookie(FormsAuthentication.
              FormsCookieName, encTicket);
              HttpContext.Current.Response.Cookies.Add(newCookie);
           }
        }
        /// 判断用户是否登录
       public bool IsLogin()
        { return HttpContext.Current.User.Identity.IsAuthenticated;   }
        public void Logout()
        { FormsAuthentication.SignOut();    }
        /// 获取登录的用户 ID
        public int getUserID()
        { if (IsLogin())
       {  return Convert.ToInt32(HttpContext.Current. User.Identity. Name);  }
           else
           {  return -1;    }
        }
        /// 获得用户名
        public string getUserName()
        {  if (IsLogin())
   {string strUserData = ((FormsIdentity) (HttpContext. Current.User. Identity)).
   Ticket.UserData;
              string[] UserData = strUserData.Split(new string[] { @"#" },
              StringSplitOptions.RemoveEmptyEntries);
              if (UserData.Length > 0)
              { return UserData[0].Replace(@"\\", @"\");        }
              else
                return "";
           }
           else
           { return "";  }
        }
        /// 返回用户的角色
       public int getUserRole()
        {  if (IsLogin())
   {string strUserData = ((FormsIdentity)(HttpContext.Current. User. Identity)).
   Ticket.UserData;
```

```
                string[] UserData = strUserData.Split(new string[] { @"#" },
                StringSplitOptions.RemoveEmptyEntries);
                if (UserData.Length > 0)
                {  return Int32.Parse(UserData[1]);   }
                else
                    return -1;
            }
            else
            { return -1;    }
        }
        /// 获得一般用户或者管理员用户列表
        public DataTable getUserlist(string name,int power)
        {  return user.getUserlist(name,power);   }
    }
}
```

（3）单击“保存”按钮，将文件名命名为 Iuserinfo.cs，并另存到 BLL 文件夹中。

相关知识

1. 类的继承

（1）基本概念。

继承是允许重用现有类去创建新类的过程。它是在类之间建立一种相交关系，使得新定义的派生类实例可以继承已有基类的特征和能力，而且可以加入新的特性或者是修改已有的特性建立起类的新层次。在 C#中不支持多重继承，C#类始终继承自一个基类（如果未在声明中指定一个基类，则继承自 System.Object）。派生类继承基类时用“：”符号连接，派生类继承基类的所有非私有成员变量和方法。

派生类继承基类的语法如下：

```
using System; public class Person
{ //这是基类; }
public class Student:Person
```

（2）调用基类的构造函数。

如果对类没有定义显式构造函数，则编译器将提供默认的构造函数，以初始化这些类的成员字段。如果显式添加了构造函数，就可以有效控制整个构造过程。派生类通过使用:base（）语法可以显式调用基类的构造函数。在必要的情况下，可以利用它来初始化字段。例如：

```
using System;
namespace Jicheng
{ //定义基类
public class Person
{   public string  _name;
public uint  _age;
public Person(string name,uint age) //基类的构造函数
       { this._name = name;
 this._age = age;
Console.WriteLine(_name); //打印输出//派生类
Console.WriteLine(_age); }
}
```

```
       }
    public class Student:Person
    { private uint _id;
    //派生类构造函数并调用基类构造函数用“:base”
     public Student(string name,uint age uint id):base(name,age)
    {  this._id = id;
    Console.WriteLine(_id); //打印输出
    }
    }
    public class Exercise { [STAThread] static void Main(string[] args)
    { //构造 Student
     Student objstudent=new Student("XYZ",45,001);
    }
```

派生类的构造函数：构造函数的调用顺序是先调用 System.Object，再按层次结构由上向下进行，直到到达编译器要编译的类为止。在构造过程中，每个构造函数都初始化它自己类中的字段。

构造函数的地执行顺序，基类的构造函数总是最先调用。

base 和 this 关键字是调用另一个构造函数时允许使用的唯一关键字，其他关键字都会产生编译错误。

注意：只能指定一个其他的构造函数。

（3）虚方法。

把一个基类函数声明为 virtual，表示该函数可以在任何派生类中进行重写。语法如下：

```
    class MyBaseClass
    {
    public virtual string VirtualMethod()
    {
    return "this method is virtual and defined in MyBaseClass";
    }
    }
```

C#要求在派生类中重写另一个函数时，必须使用 override 关键字显式声明。成员字段和静态函数都不能被声明为 virtual，因为 virtual 只对类中的实例函数成员有意义。

（4）隐藏方法。

如果签名相同的方法在基类和派生类中都进行了声明，但该方法没有声明为 virtual 或 override，派生类就会隐藏基类方法。结果调用哪个方法取决于用于引用实例的变量类型，而不是实例本身类型。

C#中应该使用 new 关键字声明要隐藏基类的方法。

C#中从派生类中调用基类方法使用 base.<MethodName>()。

抽象类和抽象方法：C#中允许把函数和类声明为 abstract，抽象类不能被实例化；抽象函数没有执行代码，必须在非抽象的派生类中重写。

如果类中包含抽象函数，该类也是抽象的，也必须声明为抽象的。如代码：

```
    abstract class Building
        {
          public abstract decimal CalculateHeatingCost();//abstract method
        }
```

（5）密封类和密封方法。

C#中允许把类和方法声明为sealed，表示不能继承该类或重写该方法。

2. 类的多态

多态性是指同一操作作用于不同的对象，可以有不同的解释，产生不同的执行结果。多态性通过派生类重载基类中的虚函数型方法来实现。

多态性分为两种，一种是编译时的多态性，另一种是运行时的多态性。

编译时的多态性：通过重载来实现。对于非虚的成员来说，系统在编译时，根据传递的参数、返回的类型等信息决定实现何种操作。

运行时的多态性：是指直到系统运行时，才根据实际情况决定实现何种操作。C#中运行时的多态性是通过覆写虚成员实现。

多态中涉及到的四个概念：重载，覆写，虚方法和抽象方法。

（1）重载。

重载是面向对象编程里的一个重要的特性，是类的多态的一种实现。方法重载就是方法名称相同但是参数列表不相同（包括参数数量不相同和参数类型不相同），且能够通过方法的参数个数或参数类型将这些同名的方法区分开来，在调用的时候不发生混淆。

构成方法重载的条件：第一，必须在同一个类中；第二，方法名称必须相同；第三，方法的参数列表不相同；第四，返回值类型可以不相同。

例如：

```
public int Calculate(int x, int y)
public double Calculate(double x, double y)
```

（2）覆写。

覆写，又称为重写，就是在子类中重复定义父类方法，提供不同实现，存在于有继承关系的父子关系。当子类重写父类的虚函数后，父类对象就可以根据赋予它的不同子类指针动态的调用子类的方法。覆写方法要求具有相同的方法签名，包括相同的方法名、相同的参数列表和相同的返回值类型。

构成方法覆写的条件：第一，.NET 中只有以 virtual 和 abstract 标记的虚方法和抽象方法才能被直接覆写；第二，子类中为满足自己的需要来重复定义某个方法的不同实现；第三，覆写以关键字 override 标记，强调继承关系中对基类方法的重写。

例如：

```
class  Base  //基类
{   public virtual void MyFunc(string str)
    { Console.WriteLine("{0} in Base", str); }
}
class Derived: Base
{  //覆写基类成员
    public override void MyFunc(string str)
    {  Console.WriteLine("{0} in Derived", str);   }
    public static void Main()
    { Base B = new Base();
       B.MyFunc("Hello");
       Derived A = new Derived();
       B = A;
       B.MyFunc("Morning");
    }
```

（3）虚方法。

虚方法就是以 virtual 关键字修饰并在一个或多个派生类中实现的方法，子类重写的虚方法则以 override 关键字标记。虚方法调用，是在运行时确定根据其调用对象的类型来确定调用适当的覆写方法。.NET 默认是非虚方法，如果一个方法被 virtual 标记，则不可再被 static、abstrcat 和 override 修饰。

（4）抽象方法。

抽象方法就是以 abstract 关键字修饰的方法，抽象方法可以看做没有实现体的虚方法，并且必须在派生类中被覆写，如果一个类包括抽象方法，则该类就是一个抽象类。因此，抽象方法其实隐含为虚方法，只是在声明和调用语法上有所不同。abstract 和 virtual 一起使用是错误的。

任务拓展

编写 Type_2BLL 接口类。

习题

一、选择题

1．衣购网最近想对注册会员推出一项优惠措施，凡一次购物消费金额达 1000 元的会员，在结算时按 7.5 折优惠处理。若要实现以上功能，则应在哪一层编写相应的代码（　　）。

A．表示层　　B．业务逻辑层

C．数据访问层　　D．模型层

2．某一用户想在业务逻辑层实现加密算法，但命令空间 System.Web.Security 始终在添加引用对话框里找不到，无法导入，则出现该问题时首先应考虑的是（　　）。

A．.NET Framworks 类库有没装全　　B．.NET Framework 版本号是否太低

C．是否先添加了 System.Web 引用　　D．是否将程序集安装到了 GAC

3．在开发和设计时，下面（　　）不是业务逻辑层应关注的问题。

A．authentication 用户验证　　B．exception management 异常管理

C．logging&auditing 日志与审计　　D．Data Encapsulation 数据封装

4．下面关于重载和覆写的叙述中，正确的是（　　）。

A．重载是指方法名称与功能相同，但参数个数或类型或返回值类型不同

B．使用 overload 修饰符可以用来修改方法、属性、索引器或事件

C．用 override 修饰符重写基类中的方法必须是 virtual、abstract 或 static 方法

D．C#允许用户定义的类型通过使用 operator 关键字定义静态成员函数来重载所有的运算符

5．下面有关虚方法的描述中，正确的是（　　）。

A．虚方法能在程序运行时，动态确定要调用的方法，因而比非虚方法更灵活，更方便

B．在定义虚方法时，基类和派生类的方法定义语句中都要带上 virtual 修饰符

C．重写基类的虚方法时，为消除隐藏基类成员的警告，需要带上 new 修饰符

D．使用了 virtual 修饰符后， 不再允许有 abstract 或 override 修饰符，但可以允许有 static

6．对于一个实现了 IDisposable 接口的类，以下哪一项不可以执行与释放或重置非托管资源相关的应用程序定义的任务（　　）。

A. Close　　B. Dispose　　C. Finalize　　D. Quit

二、填空题

1. 接口（interface）作为抽象类的变体，比较适合为不相关的类提供＿＿＿＿＿＿，而抽象类则主要用于关系密切的＿＿＿＿＿＿。

2. 在.NET 框架下，.NET 引用了＿＿＿＿＿＿功能，省去了程序员手工编码来释放内存。但是在 C#中，不能直接使用 Finalize 方法，而是在＿＿＿＿＿＿中调用基类的 Finalize()方法。

3. 多态性通过派生类重载基类中的虚函数型方法来实现。多态性分为两种，一种是＿＿＿＿＿＿，另一种是＿＿＿＿＿＿。

4. 在基类中将一个成员函数说明成虚函数后，在其派生类中只要＿＿＿＿＿＿、同虚函数名和＿＿＿＿＿＿完全一样就认为是虚函数，而不必再加关键字 virtual。

5. 派生类构造函数各部分的执行次序：首先是调用＿＿＿＿＿＿构造函数，然后是调用新增成员对象的构造函数，最后是执行派生类的＿＿＿＿＿＿。

6. 派生类对象可赋值给基类对象，这时是把派生类对象中从对应基类中继承来的＿＿＿＿＿＿赋值给基类对象。反过来不行，因为派生类的新成员＿＿＿＿＿＿。

三、实践题

1. 针对简单的教务管理系统，根据需求分析报告分析确定业务逻辑功能。

2. 建立业务逻辑类，将各个业务逻辑定义为类中的方法并提供接口。

3. 使用 C#语言，编程实践题 2 中已经建立的业务逻辑类及其接口与方法。

项目六

数据访问层的设计与实现

项目简介

在应用程序的设计中，数据库的访问是非常重要的，通常需要把对数据库的访问集中封装起来，以获得系统良好的可移植性和可维护性。因此，本项目采用 Factory（工厂）模式进行设计，通过对底层操作的封装，以及暴露执行数据集对象等操作来供业务逻辑层的调用。其工作任务首先是进行数据访问层的各个子层（类）及其交互关系进行规划与设计；其次是通过对业务逻辑层接口的分析确定需要何种数据访问操作，从而确定数据访问层接口及数据访问工厂接口；然后是编写数据访问辅助类，用于向数据实体操作子层提供数据库连接、数据库命令、事务、参数和连接字符串；最后是定义数据实体操作子层，即编写在各个数据访问层接口及数据访问工厂接口的实现类。

能力目标

- 能够运用 Visio 工具绘制数据访问层定义的类图及其类间关系
- 能够在 VS.NET 环境中使用 C#和 SQL 语句编写数据访问辅助类
- 能够在 VS.NET 环境中使用 C#和 SQL 语句编写数据访问层接口及数据访问工厂接口
- 能够在 VS.NET 环境中使用 C#和 SQL 语句编写数据访问层接口的实现类

知识目标

- 了解 ADO.NET 的体系结构及其接口技术
- 了解数据访问层的基本结构及现实意义
- 掌握数据库连接、打开、关闭，以及插入、修改、删除的 SQL 语法
- 掌握 C#数据绑定控件的功能及其代码编写的方法

任务 1 数据访问层的规划与设计

规划与设计数据访问层的结构与类间关系是数据访问层设计与开发的首要任务，主要涉及数据访问层的结构框架和类的定义与关系两大内容。因此，本任务主要是根据业务逻辑层的接口定义和关系数据库表，确定数据访问层中的各个数据实体操作类，接口类和辅助类；然后根据 Factory 模式划分各个子层（类）及其关系，并绘制数据访问层类图。数据访问层类图如图 6.1 所示。

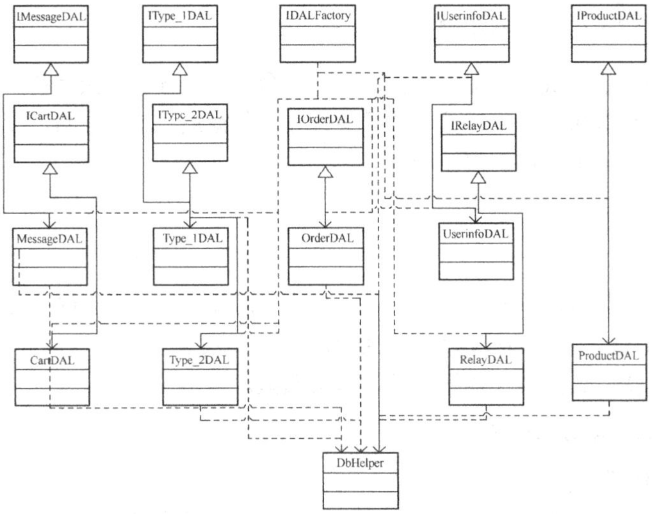

图 6.1 数据访问层类图

6.1.1 由业务逻辑确定数据访问操作

任务分析

由上一项目分析可知，衣购网电子商务网站的各个业务逻辑包括 CartBLL、MessageBLL、OrderBLL、ProductBLL、RelayBLL、Type_1BLL、Type_2BLL 和 UserinfoBLL 8 大块，分别代表购物车、留言板、订单、商品、回复、商品类型和用户信息。因此，本任务通过对这些业务逻辑的功能分析，确定每个业务逻辑的数据访问操作。然后针对操作结果的分析确定数据访问的三层框架结构。

任务实施

依据业务逻辑确定的数据访问操作的分析结果及工厂（Factory）模式要求数据库连接、数据库命令、封装、事务、参数的封装要求，确定将数据访问层划分为接口子层、实体操作类子层及数据访问辅助类子层三层框架结构。具体步骤如下：

步骤一：分析数据访问接口子层

数据访问接口子层解决数据访问的问题，为业务逻辑层提供数据接口服务。数据访问接口子层完成的功能：①从业务逻辑层接收访问请求；②调用数据实体操作类和数据访问辅助类实现与数据库交互；③将数据查询结果填充到数据实体中；④将数据实体返回给业务逻辑层。数据访问接口子层定义的接口类有 ICartDAL、IMessageDAL、IOrderDAL、IProductDAL、IRelayDAL、IType_1DAL、IType_2DAL、IUserinfoDAL 及数据访问工厂接口类 IDALFactory。

步骤二：分析实体操作类子层

实体操作类子层解决数据操作的问题，为数据接口子层提供数据操作的实现。实体操作类子层完成的功能：①从接口子层接收调用请求；②调用数据访问辅助类实现与数据库交互；③将数据查询结果填充到数据实体中；④将数据实体返回给数据访问接口子层。实体操作类子层定义的类有 CartDAL、MessageDAL、OrderDAL、ProductDAL、RelayDAL、Type_1DAL、Type_2DAL、UserinfoDAL。

步骤三：分析数据访问辅助类子层

数据访问辅助类子层解决统一提供数据库连接、命令、事务和连接字符串的问题，为数据实体操作类和数据访问接口提供数据库连接、数据库命令、数据适配器、参数、事务等对象服务，提高代码复用性。数据访问辅助类：DbHelper.cs。

相关知识

在多层应用程序设计时，通常需要将对数据库的访问集中起来，以保证良好的封装性和可维护性。其中，ADO.NET 数据库访问技术为独立数据访问架构提供了良好的解决方案；而 Factory 工厂设计模式为底层数据操作的封装提供了可靠的参考模型。

1. ADO.NET 数据库访问技术

（1）ADO.NET 体系结构。

ADO.NET 有着一组基于.NET Framework 的可以公开数据访问服务的类，用于支持对 SQL Server 和 XML 等数据源进行访问，从而为应用程序和数据库之间的交互提供桥梁作用。ADO.NET 为应用程序提供了两种数据访问的模式：连接模式（Connected Mode）和非连接模式（Disconnected Mode）。通过这两种访问模式，ADO.NET 不仅可以进行与数据源建立连接、提交查询并处理结果等操作，还可以将 ADO.NET 作为一种强壮的、层次化的、断开连接的数据缓存来使用，以脱机方式处理数据。ADO.NET 对象层次结构如图 6.2 所示。

（2）.NET 数据提供程序。

.NET 数据提供程序是 ADO.NET 架构的核心组件，它使得数据源与组件、XML Web Services 及应用程序之间可以进行通信。数据提供程序允许应用程序连接到数据源进行数据检索、更新和删除等操作。目前 Microsoft.NET 框架中主要包含了 SQL Server、OLE DB、ODBC、Oracle 和 EntityClient 5 种类型的.NET 数据提供程序，如表 6.1 所示。每一个数据提供程序都包含了通用 ADO.NET 类的实现，允许以编程方式使用相似的方法在不同数据源之间通信。

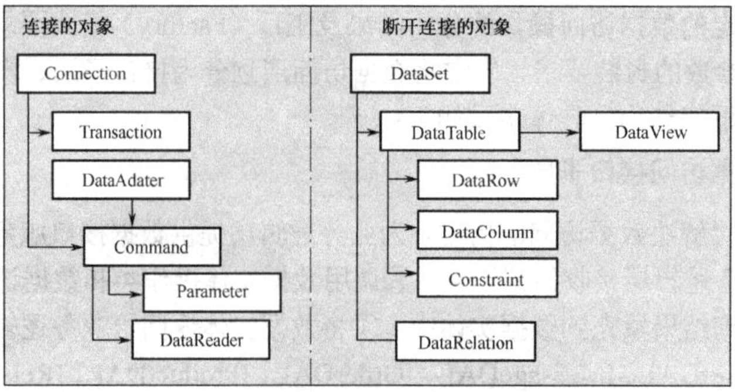

图 6.2 ADO.NET 对象层次结构

表 6.1 .NET 数据提供程序

数据提供程序类型	功能说明
SQL Server 数据提供程序	提供对 SQL Server 7.0 或更高版本中数据的访问。使用 System.Data.SqlClient 命名空间
OLE DB 数据提供程序	提供对 OLE DB 公开的数据源中数据的访问。使用 System.Data. OleDb 命名空间
ODBC 数据提供程序	提供对 ODBC 公开的数据源中数据的访问。使用 System.Data. Odbc 命名空间
Oracle 数据提供程序	提供对 Oracle 8.1.7 或更高版本中数据的访问。使用 System.Data. OracleClient 命名空间
EntityClient 数据提供程序	提供对实体数据模型（EDM）应用程序的数据访问。使用 System.Data. EntityClient 命名空间

ADO.NET 为.NET 数据提供程序提供了一个通用对象模型，如表 6.2 所示。在这个通用对象模型中包含了 Connection、Command、DataAdapter 和 DataReader 4 个类组件，因此又称为数据操作组件。数据操作组件最主要的作用是被当做 DataSet、DataReader、DataView 与数据源之间的桥梁，负责将数据源中的数据取出后植入 DataSet、DataReader、DataView 中及将数据存回数据源的工作。

表 6.2 .NET 数据提供程序通用对象模型

对象类	描述
XxxConnection	建立与特定数据源的连接。Xxx 表示.NET 数据提供程序的类型。例如，SqlConnection 表示是连接到 SQL Server 数据源的对象类。所有 Connection 对象的基类均为 DbConnection 类
XxxCommand	对数据源执行命令。公开 Parameters 并可在 Transaction 范围内从 Connection 执行。例如，SqlCommand 类能在 SQL Server 数据源中执行存储过程和 SQL 语句。所有 Command 对象的基类均为 DbCommand 类
XxxDataReader	从数据源中读取只向前的且只读的数据流。例如，SqlDataReader 类可以从 SQL Server 数据源的表中读取行。通过 XxxCommand 类的 ExecuteReader 方法返回的结果集通常与 SQL SELECT 语句的结果一样。所有 DataReader 对象的基类均为 DbDataReader 类
XxxDataAdapter	使用 XxxCommand 对象填充 DataSet，并解析数据源的更新。例如，SqlDataAdapter 类能管理 DataSet 和 SQL Server 数据源的后台数据之间的交互。所有 DataAdapter 对象的基类均为 DbDataAdapter 类

2．Factory 设计模式

（1）基本原理。

Factory 设计模式首先要求通过提取不同实现方法的公共部分将其定义为一个用于创建对象的接口，然后再在这个接口的基础上实现不同方法类，从而在运行时让子类决定具体实例化哪一个类。Factory 设计模式使一个类的实例化延迟到了它的子类。

（2）主要分类。

工厂模式主要有简单工厂（Simple Factory）、工厂方法（Factory Method）和抽象工厂（Abstract Factory）三种模式。

① 简单工厂模式：专门定义一个类来负责创建其他类的实例，被创建的实例通常都具有共同的父类。

② 工厂方法模式：定义一个用于创建对象的接口，让子类决定具体实例化哪一个类，从而使类的实例化延迟到其子类。

③ 抽象工厂模式：提供一个创建一系列相关或相互依赖对象的接口，而无须指定它们具体的类。

④ 工厂方法模式：只能有一个抽象产品类，但可以派生出多个具体产品类；只能有一个抽象工厂类，但可以派生出多个具体工厂类；每个具体工厂类只能创建一个具体产品类的实例。

抽象工厂模式：可以有多个抽象产品类，而每个抽象产品类可以派生出多个具体产品类；只能有一个抽象工厂类，但可以派生出多个具体工厂类；每个具体工厂类可以创建多个具体产品类的实例。

任务拓展

请对网站的通用数据访问层进行分析与设计。

6.1.2 绘制数据访问层类图

任务分析

首先理解 UML 模型，包括类、用例、关系等，然后熟练使用 Visio 2003 绘图软件画各种图例，如数据访问层的类图，对前一个任务的各个业务逻辑的类图进行描绘，通过 UML 模型图，展示该网站的各个业务逻辑类，以及类与类之间的各种关系，通过 Visio 2003 工具，能够清晰地看出各个实体及实体之间的关系。除此之外，Visio 2003 工具还能适用于系统开发过程中从需求规格描述到系统完成后测试的不同阶段，因此类图只是需求阶段的一部分，但却是不可缺少的一部分。

任务实施

绘制数据访问层类图操作如下：

（1）打开 Visio 2003，依次选择“文件”→“新建”→“软件”→“UML 模型图”命令，打开“UML 模型图”工作界面，如图 6.3 所示。

（2）单击“形状”面板中的“UML 静态结构”选项卡，并在该选项卡中将“类”图标拖动到工作区，然后双击“类”图标，打开“UML 类属性”对话框，如图 6.4 所示。

（3）在“UML 类属性”对话框中的“名称”文本框中，输入相应的类名，如输入“接口子层”中的购物车类接口名“Icart”，其他选项默认，最后单击“确定”按钮。

（4）重复（2）、（3）两个步骤，依次为各个子层添加相对应的类名。

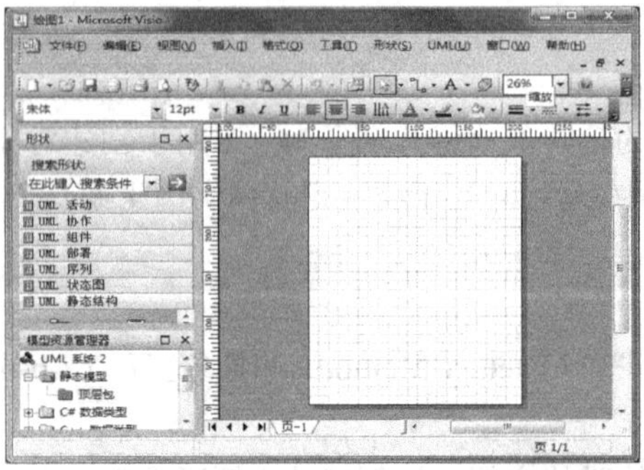

图 6.3 “UML 模型图”工作界面

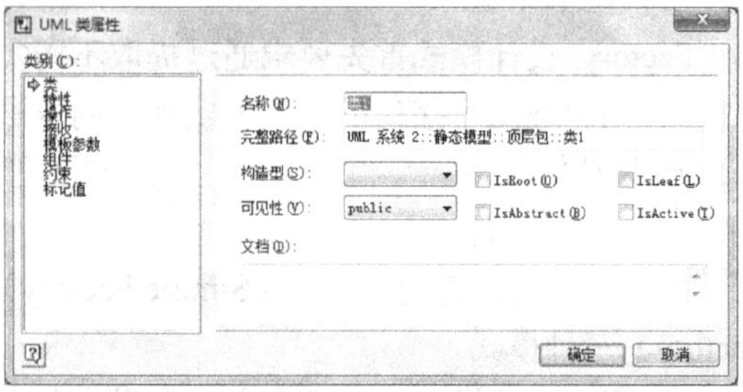

图 6.4 “UML 类属性”对话框

（5）为各个类之间添加类间关系，其中，数据访问工厂类 IDALFactory 与数据实体访问类之间建立依赖关系，数据接口类与数据实体访问类之间建立泛化关系，数据实体访问类与数据访问辅助类之间建立依赖关系。操作方法如下：首先将所有类分成上、中、下三块区域进行排列，其次在“UML 静态结构”选项卡中，单击“依赖关系”图标，并将其尾部拖放到类 IDALFactory 图标下方的 x 上，然后拖动该图标的箭头到数据实体操作类（如 CartDAL）图标上方的 x 上，系统会自动将其连在一起。用同样的方法为各个子类建立相应的关系，建立关系后的类图效果如图 6.1 所示；最后将类图文件命名为“类图.vsd”。

相关知识

1. UML 类图

在 UML 的静态机制中类图是一个重点，它不但是设计人员关心的核心，更是实现人员关注的核心。建模工具也主要根据类图来产生代码。类图在 UML 的 9 个图中占据了一个相当重要的地位。

James Rumbaugh 对类的定义：类是具有相似结构、行为和关系的一组对象的描述符。类是面向对象系统中最重要的构造块。类图显示了一组类、接口、协作及其之间的关系。在 UML 中问题域最终要被逐步转化，通过类来建模，通过编程语言构建这些类从而实现系统。类加上它们之间的关系就构成了类图，类图中还可以包含接口、包等元素，也可以包括对象、链等实例。

2. Visio 建模环境

Microsoft Office Visio 中的“UML 模型图”模板为创建复杂软件系统的面向对象的模型提供全面的支持。该模板包括下列工具、形状和功能：

（1）“UML 模型资源管理器”，它提供模型的树视图和在视图间进行浏览的手段。

（2）预定义的智能形状，这些形状表示 UML 标注中的元素并支持 UML 图类型的创建，通过对这些程序进行编程，使其行为方式同 UML 语义相符。

（3）易于访问“UML 属性”对话框，可通过这些对话框将名称、特性、操作和其他属性添加到 UML 元素。

（4）动态语义错误检查，用于标识和诊断错误，例如，缺少数据或错误地使用了 UML 表示法。

（5）对 Microsoft Visual Studio. NET 中创建的项目进行反向工程并生成 UML 静态结构模型的能力。

（6）从 UML 模型中的类定义将代码框架生成到 C++、Visual C# 或 Microsoft Visual Basic 中。

（7）标识特定于语言的错误的代码检查实用程序，该实用程序可以避免代码为用户生成代码指定的目标语言编译。

（8）创建用于 UML 静态结构、活动、状态图、组件和部署图的报告。

任务拓展

结合该购物网站回答以下问题：

（1）该系统中有哪些参与者？

（2）利用 Visio 画图工具画出“用户添加商品到购物车”、“用户删除一条留言”和“根据条件查询订单记录”的顺序图。

任务 2 数据访问接口子层的设计与实现

为了实现对底层数据库连接和操作的封装，提高软件代码的可移植性与统一性，往往需要定义数据实体操作类的接口以供业务逻辑层的调用，需要定义一个数据访问工厂类接口，以实例化数据实体操作类。因此，本任务将在任务一所定义各接口中的各个操作基础上利用 VS.NET 2005 编写此接口类实现的代码。

6.2.1 接口的定义

任务分析

为了将数据访问接口子层中这些需要在业务逻辑层被调用的代码实现共享，并在运行时动态编译供应用程序使用，因此在 ClothesShop 主目录下，新建一个 IDAL 文件夹，用于存放所有数据访问接口类。

任务实施

步骤一：需求分析

由任务 1 可知，衣购网电子商务网站主要涉及购物车、留言板、订单、商品信息、回复、一类商品信息、二类商品信息和用户信息等业务逻辑模块。因此，为了实现业务逻辑模块对数据层的调用及屏蔽对底层数据库的连接与操作，定义了 ICartDAL、IMessageDAL、IOrderDAL、IProductDAL、IRelayDAL、IType_1DAL、IType_2DAL、IUserinfoDAL 数据层访问接口。

步骤二：接口方法定义

通过对业务逻辑的进一步分析可知，对数据库的操作主要是 CRUD，同时考虑数据操作之间的独立性与耦合性，对各个接口类的操作进行了如表 6.3～表 6.7 所示定义。

表 6.3　ICartDAL 接口类的操作定义

接口文件	方法名	描述
Icart.cs	int createcart(int productid,int userid,int count,bool checkout);	添加购物车方法，包括商品编号、商品数量和是否已付款三个参数
	int deletecart(int cartid)	删除一件商品方法，包括购物车编号参数
	int deltecartlist(int [] cartids)	批量删除商品方法，包括购物车编号数组参数
	DataTable selectcartlist()	获得购物列表方法
	DataTable getcartlist(int userid)	获得某个用户的购物列表方法，包括用户编号参数
	int updatecartlist(int [] cartids,int [] count)	修改购物列表的购买数量方法，包括购物车编号数组、商品数量数组参数
	bool isexitproduct(int productid,int userid)	商品是否存在购物车中方法，包括商品编号、用户编号参数
	int updatecart(int productid,int userid)	更新某一购物商品的数量方法，包括商品编号、用户编号参数
	int updatestate(int produtid,int userid, bool checkout)	修改商品的购物状态方法，包括商品编号、用户编号和是否已付款参数
	void updateproduct(int productid,int num)	购物成功后该商品总数量减一方法，包括商品编号、商品数量参数
	DataRow getonecartbyproductid(int productid)	获得一条购物记录方法，包括商品编号参数
	int getcartnum(int cartid)	根据商品 ID 和用户 ID 获得一条购物记录的数量方法，包括购物车编号参数

表 6.4　IMessageDAL 接口类的操作定义

接口文件	方法名	描述
Imessage.cs	int createmessage(bool IsDelete, string Messages_Name, string Messages_Content,)	添加新留言方法，包括是否删除该删除参数、留言标题和留言内容参数
	DataRow getonemessage(int Messages_ID)	获得一条留言方法，包括留言编号参数
	int deletemessage(int Messages_ID)	删除一条留言方法，包括留言编号参数
	DataTable GetMessageList()	获得全部留言和回复方法
	DataTable messagelist()	获得全部留言方法

表 6.5 IOrderDAL 接口类的操作定义

接口文件	方法名	描述
Iorder.cs	int createorder(string orderid, string productid, int userid, string acceptname, string address, string postalcode, string phone, string delivery, string payment, int state, DateTime ordertime, double orderprice)	添加一条订单记录方法，包括订单号、商品号、用户编号、收货人、收货地址、邮政编码、联系电话、送货方式、付款方式、订单状态、下单时间、订单总额参数
	int updatestate(string orderid,int state);	更新订单状态方法，包括订单号、订单状态参数
	DataTable selectorderlist(string username,string ordertime,int state)	根据条件查询订单记录方法，包括用户名、下单时间、订单状态参数
	DataTable selectorderlist(string username,int state)	根据条件查询订单记录方法，包括用户名、订单状态参数
	DataTable getordersbyuserid(int userid)	根据用户 ID 获得订单列表方法，包括用户编号参数
	DataRow getoneorder(string orderid)	获得一条订单信息方法，包括订单号参数

表 6.6 IProductDAL 接口类的操作定义

接口文件	方法名	描述
Iproduct.cs	int createproduct(string productname, int typeid_1, int typeid_2, bool recommended, bool specials, double price, double userprice, double specialsprice, int pointcount, string imagepath, int count, int sellcount, string description);	创建一个商品方法，包括商品名称、商品一级分类、商品二级分类、是否推荐、是否特价、商品原价、会员价格、推荐价格、点击数量、图片路径、商品库存数量、销售数量、商品描述参数
	int deleteproduct(int productid)	删除一个商品方法，包括商品编号参数
	int updateproduct(int productid, string productname, int typeid_1, int typeid_2, bool recommended, bool specials, double price, double userprice, double specialsprice, int pointcount, string imagepath, int count, int sellcount, string description);	更新一个商品方法，包括商品编号、商品名称、商品一级分类、商品二级分类、是否推荐、是否特价、商品原价、会员价格、推荐价格、点击数量、图片路径、商品库存数量、销售数量、商品描述参数
	DataTable productlist(int typeid_1,int typeid_2,string productname)	根据参数查询商品方法，包括商品一级分类、商品二级分类、商品名称参数
	DataTable selectproduct(int typeid_1, int typeid_2, string productname, int recommended, int specials);	根据参数查询商品方法，包括商品一级分类、商品二级分类、商品名称参数、推荐商品、特价商品参数
	DataRow getoneproduct(int productid)	获得一条商品记录方法，包括商品编号参数
	DataTable getnewproductlist(int num)	获得若干数量的新商品方法，包括商品数量参数
	DataTable getnewproduct();	获得新商品方法
	DataTable getspecialproductlist(int num)	获得若干数量的特价商品方法，包括商品数量参数
	DataTable getspecialproduct()	获得特价商品方法
	DataTable getrecommendedproductlist(int num)	获得若干数量的推荐商品方法，包括商品数量参数
	DataTable getrecommendedproduct()	获得推荐商品方法
	DataTable gethotsellproductlist(ref int num)	获得若干数量的热卖商品方法，包括商品数量参数
	DataTable getpointproductlist(ref int num)	获得若干数量的热门商品方法，包括商品数量参数
	void updatepointnum(int productid)	更新商品的浏览数量方法，包括商品号参数
	int updatepic(string path,int productid)	更新图片路径方法，包括图片路径、商品号参数
	DataTable searchproductlist(int type_1,int type_2,string productname,string price_1,string price_2)	查询商品方法，包括商品一级分类、商品二级分类、商品名称、商品价格 1、商品价格 2 参数

表 6.7 IRelayDAL 接口类的操作定义

接口文件	方法名	描述
Irelay.cs	int createrelay(String Relay_Content, Int32 Messages_ID, Int32 MUser_ID)	添加一条回复方法，包括回复内容、消息编号、消息留言者编号参数
	int updaterelay(Int32 Messages_ID, String Relay_Content, Int32 MUser_ID)	更新回复方法，包括消息编号、回复内容、消息留言者编号参数
	int deleterelay(int Relay_ID)	删除一条回复方法，包括回复编号参数
	bool isRelay(int Message_ID)	留言是否有回复方法，包括消息编号参数
	string getrelaybymessageid(int Message_ID)	根据留言 ID 获得回复内容方法，包括留言 ID 参数

相关知识

1. 接口概念

接口（interface）是一组包含了函数型方法的数据结构。与类相似，接口成员可以是方法、属性、索引器或事件的组合，但接口通常只包含这些成员的签名。接口更多地类似于抽象类，没有构造函数，也没有字段并且不允许运算符的重载，并且不能对接口进行实例化。

2. 接口与抽象类的区别

抽象类是含有 abstract 修饰符的类，抽象类不能创建实例对象，含有 abstract 的方法的类必须定义为抽象类，抽象类里的方法不必是抽象的，抽象类中定义抽象方法必须放在具体子类中实现，因此，在抽象类中不能有抽象的构造方法或抽象的静态方法，如果子类没有实现抽象父类中的所有方法，那么，子类也必须定义为抽象类。

接口是抽象类的特例。接口中的所有方法都必须是抽象的，其方法定义默认为 public abstract finable。也就是说，接口只声明成员，而不具体实现。因此不能创建这个类（接口）的对象，而继承自接口的类必须实现接口的所有方法。

3. 接口的定义

创建接口时使用关键字 interface，具体语法如下：

```
    [attributes] [modifiers] interface interfaceName [: base-list] {interface-body}
    {        }
```

定义说明：

① attributes（可选项） 附加的定义性信息。

② modifiers（可选项） 允许使用的修饰符有 new 和 public、protected、internal、private 四个访问修饰符。在一个接口定义中同一修饰符不允许出现多次，new 修饰符只能出现在嵌套接口中，表示覆盖了继承而来的同名成员。public、protected、internal、private 修饰符定义了对接口的访问权限。

③ interface 定义接口的关键字，为必选项。

④ interfaceName 接口名称，为必选项。

⑤ base-list（可选） 包含一个或多个显式基接口的列表，接口间由逗号分隔。

⑥ interface-body 对接口成员的定义。

⑦ 接口可以是命名空间或类的成员，并且可以包含下列成员的签名——方法、属性、索引器。

⑧ 一个接口可从一个或多个基接口继承。

例如，定义一个可编辑下拉列表框类的接口 IEditableList，代码如下：

```
public interface IEditableList
{  string this[int index] { get ; set ; }  //定义一个索引 this
event EventHandler e ;  //定义一个事件 e
string AcquireValue (int value) ;  //定义一个方法 AcquireValue
string ObjValue { get ; set ; } //定义一个属性 ObjValue
    }
```

接口可以支持多重继承，例如，下面的接口 IEditableList 既继承了接口 ITextBox 继承了接口 IListBox：

```
public interface  ITextBox
{ void  FillValue (string value);
}
public interface  IListBox
{ void  SelectValue (string value);
}
public interface IEditableList: ITextBox, IListBox //同时继承 ITextBox 和
IListBox 接口
{ void  FillValue (string value);  //继承自 ITextBox 接口的成员方法
void  SelectValue (string value);
}
```

任务拓展

（1）确定 IType_1DAL 接口类的操作定义。

（2）确定 IType_2DAL 接口类的操作定义。

（3）编写 IUserinfoDAL 接口类的操作定义。

6.2.2　接口的编程实现

任务分析

为了将数据访问接口子层中这些需要在业务逻辑层被调用的代码实现共享，并在运行时动态编译供应用程序使用，因此在 ClothesShop 主目录下，新建一个 IDAL 文件夹，用于存放所有数据访问接口类。然后根据上一个任务对接口和方法的定义，本任务在 VS.NET 2005 中通过编写 C#代码对 ICartDAL、IMessageDAL 和 IOrderDAL 三个接口类进行具体的方法实现。

任务实施

步骤一：编写 ICartDAL 接口类

（1）打开 VS.NET，选择“文件”→“新建文件”命令，打开“新建文件”对话框。然后在模板列中，选择“Visual C#类”模板。

（2）单击“打开”按钮，进入“Visual C#类”模板类编程界面，然后编写如下代码：

```
using System;
using System.Collections.Generic;
using System.Text;
using System.Data;
using System.Data.SqlClient;
```

```
namespace ClothesShop.IDAL
{
        public interface Icart
         {
           /// 添加到购物车
           int createcart(int productid,int userid,int count,bool
           checkout);
          /// 删除一件商品
           int deletecart(int cartid);
          /// 批量删除商品
           int deltecartlist(int [] cartids);
         /// 获得购物列表
           DataTable selectcartlist();
         /// 获得某个用户的购物列表
           DataTable getcartlist(int userid);
           /// 修改购物列表的购买数量
           int updatecartlist(int [] cartids,int [] count);
           /// 商品是否存在购物车里
           bool isexitproduct(int productid,int userid);
           /// 更新某一购物商品的数量
           int updatecart(int productid,int userid);
           int updatecart(int productid, int userid, int count);
           /// 修改商品的购物状态
           int updatestate(int produtid,int userid, bool checkout);
           /// 购物成功后该商品总数量减一
           void updateproduct(int productid,int num);
           /// 获得一条购物记录
           DataRow getonecartbyproductid(int productid);
           /// 根据商品 ID 和用户 ID 获得一条购物记录的数量
           int getcartnum(int cartid);
          }
}
```

（3）单击“保存”按钮，将文件名命名为Icart.cs，并另存到IDAL文件夹中。

步骤二：编写 IMessageDAL 接口类

（1）打开VS.NET，选择“文件”→“新建文件”命令，打开“新建文件”对话框。然后在模板列中，选择“Visual C#类”模板。

（2）单击“打开”按钮，进入“Visual C#类”模板类编程界面，然后编写如下代码：

```
using System;
using System.Collections.Generic;
using System.Text;
using System.Data;
using System.Data.SqlClient;
namespace ClothesShop.IDAL
{  public interface Imessage
        { /// 添加新留言
          int createmessage(string Messages_Name, string Messages_
Content,
          bool IsDelete);
```

```
        /// 获得一条留言
        DataRow getonemessage(int Messages_ID);
        /// 删除一条留言
        int deletemessage(int Messages_ID);
        /// 获得全部留言和回复
    DataTable GetMessageList();
       /// 获得全部留言
        DataTable messagelist();
        }
}
```

（3）单击“保存”按钮，将文件名命名为 Imessage.cs，并另存到 IDAL 文件夹中。

步骤三：编写 IOrderDAL 接口类

（1）打开 VS.NET，选择“文件”→“新建文件”命令，打开“新建文件”对话框。然后在模板列中，选择“Visual C#类”模板。

（2）单击“打开”按钮，进入“Visual C#类”模板类编程界面，然后编写如下代码：

```
using System;
using System.Collections.Generic;
using System.Text;
using System.Data;
using System.Data. SqlClient;
namespace ClothesShop.IDAL
{  public interface Iorder
          {  /// 添加一条订单记录
      int createorder(string orderid, string productid, int userid, string
       acceptname,
           string address, string postalcode, string phone, string delivery,
            string   payment,int   state,DateTime   ordertime,   double
orderprice);
       /// 更新订单状态
        int updatestate(string orderid,int state);
        /// 根据条件查询订单记录
        DataTable selectorderlist(string username,string ordertime,int
       state);
        /// 根据条件查询订单记录
        DataTable selectorderlist(int state);
        DataTable selectorderlist(string username,int state);
        /// 根据用户 ID 获得订单列表
        DataTable getordersbyuserid(int userid);
        /// 获得一条订单信息
        DataRow getoneorder(string orderid);
          }
}
```

（3）单击“保存”按钮，将文件名命名为 Iorder.cs，并另存到 IDAL 文件夹中。

相关知识

1. 命名空间的基本概述

命名空间是指标识符的各种可见范围，用来组织和限定类名称与方法名称的范围，避免在库文件中因出现同名变量或函数导致使用的问题。命名空间具有以下四个属性：

① 组织大型代码项目。

② 以. 运算符分隔。

③ using directive 意味着不需要为每个类指定命名空间的名称。

④ global 命名空间是“根”命名空间：global::system 始终引用 .NET Framework 命名空间 System。

2. .NET Framework 类库的命名空间

.NET Framework 常用命名空间和类主要包括基础命名空间、图形命名空间、数据命名空间、Web 命名空间、框架服务命名空间、安全性命名空间、网络命名空间、配置命名空间和本地化命名空间九大类型，如表 6.8～表 6.16 所示。

表 6.8　基础命名空间

System.Collections	包含了一些与集合相关的类型，如列表、队列、位数组、哈希表和字典等
System.IO	包含了一些数据流类型并提供了文件和目录同步、异步读写
System.Text	包含了一些表示字符编码的类型并提供了字符串的操作和格式化
System.Reflection	包括了一些提供加载类型、方法和字段的托管视图及动态创建和调用类型功能的类型
System.Threading	提供启用多线程的类和接口

表 6.9　图形命名空间

System.Drawing	提供对 GDI+基本图形功能的访问。在空间中定义了许多类型，实现基本的绘图类型（字体，钢笔，基本画笔等）和无所不能的 Graphics 对象
System.Drawing2D	提供高级的二维和矢量图像功能
System.Drawing.Imaging	定义了一些类型实现图形图像的操作
System.Drawing.Text	提供了操作字体集合的功能
System.Drawing.Printing	定义了一些类型实现在打印纸上绘制图像和打印机交互及格式化某个打印任务的总体

表 6.10　数据命名空间

System.Data	包含了数据访问使用的一些主要类型，基本上由构成 ADO.NET 结构的类组成
System.Data.Common	包含由各种.NET Framework 数据提供程序共享的类。.NET Framework 数据提供程序描述用于访问托管空间中数据源（如数据库）的类的集合
System.XML	包含了根据标准来支持 XML 处理的类
System.Data.OleDb	包含了一些操作 OLE DB 数据源的类型
System.Data.SqlClient	包含了一些操作 MS SQL Server 数据库的类型，提供了和 System.Data.OleDb 相似的功能，但是针对 SQL 做了优化
System.Data.Odbc	包含了操作 Odbc 数据源的类型
System.Data.OracleClient	包含了操作 Odbc 数据库的类型
System.Transactions	提供了编写事务性应用程序和资源管理器的一些类

表 6.11 Web 命名空间

System.Web	这个命名空间包含启用浏览器/服务器通信的类和接口。这些命名空间类用于管理到客户端的 HTTP 输出和读取 HTTP 请求。附加的类则提供了一些功能，用于服务器端的应用程序，以及进程、Cookie 管理、文件传输、异常信息和输出缓存的控制
System.Web.UI	这个命名空间包含 Web 窗体的类，包括 Page 类和用于创建 Web 用户界面的其他标准类
System.Web.UI.HtmlControls	这个命名空间包含用于 HTML 特定控件的类，这些控件可以添加到 Web 窗体中以创建 Web 用户界面
System.Web.UI.WebControls	包含创建 ASP.NET 服务器控件的类，当添加到窗体时，这些控件将呈现浏览器特定的 HTML 和脚本，用于创建和设备无关的 Web 用户界面
System.Web.Services	包含能使用和生成 XML Web Service 的类，这些服务是驻留在服务器中的可编程实体，并通过标准 Internet 协议公开

表 6.12 框架服务命名空间

System.Diagnostics	这个命名空间所提供的类允许启动系统进程，读取和写入事件日志,以及使用性能计数器监视系统性能
System.DirectoryServices	这个命名空间所提供的类可便于从托管代码中访问 Active Directory。此命名空间中的类可以与任何 Active Directory 服务提供程序一起使用
System.Media	包含用于播放声音文件和访问系统提供的声音的类
System.Management	这个命名空间提供的类用于管理一些信息和事件，它们关系到系统、设备和 WMI 基础结构所使用的应用程序
System.Messaging	这个命名空间提供的类用于连接到网络上的消息队列，向队列发送消息，从队列接收或查看消息
System.ServiceProcess	这个命名空间提供的类用于安装和运行服务，服务是长期运行的可执行文件，它们不通过用户界面来运行
System.Timers	这个命名空间提供基于服务器的计时器组件，用于按指定的间隔引发事件

表 6.13 安全性命名空间

System.Security	这个命名空间提供公共语言运行库安全性系统的基础结构
System.Net.Security	这个命名空间提供用于主机间安全通信的网络流
System.Web.Security	这个命名空间包含的类用于在 Web 应用程序中实现 ASP.NET 安全性

表 6.14 网络命名空间

System.Net	包含的类可为当前网络上的多种协议提供简单的编程接口
System.Net.Cache	定义了一些类和枚举，用于为使用 WebRequest 和 HttpWebRequest 类获取的资源定义缓存策略
System.Net.Configuration	包含了以编程方式访问和更新 System.Net 命名空间的配置设置的类

表 6.15 配置命名空间

System.Configuration	包含用于以编程方式访问.NET Framework 配置设置并处理配置文件中错误的类
System.Configuration.Assemblies	包含用于配置程序集的类
System.Configuration.Provider	包含由服务器和客户端应用程序共享，以支持可插接式模型轻松添加或移除功能的基类

表 6.16　本地化命名空间

System.Globalization	包含类定义与区域性相关的信息，这些信息具体包括语言，国家\地区，所使用的日历，日期格式的模式，货币与数字及字符串的排序顺序等
System.Resources	提供一些类和接口，它们使开发人员得以创建、存储并管理应用程序中使用的各种区域性特定资源
System.Resources.Tools	包含 StronglyTypedResourceBuilder 类，该类提供对强类型资源的支持。这个编译时功能通过创建包含一组静态只读属性的类封装对资源的访问，从而使得使用资源变得更加容易

任务拓展

（1）编写 IProduct DAL 接口类。
（2）编写 IRelayDAL 接口类。
（3）编写 IUserinfoDAL 接口类。
（4）编写 IType_1DAL 接口类。
（5）编写 IType_2DAL 接口类。

任务 3　数据访问辅助类的设计与实现

由于业务逻辑层各个功能类模块对数据实体的访问基本类似，为减少代码量，提高代码复用性，可将一些复用的代码抽取出来，编写成助手类。因此，本任务首先是定义数据访问辅助类中的公共操作方法，如获取数据库连接字符串、获取参数对象、执行指定 SQL 语句不返回结果及执行指定 SQL 语句返回结果等操作，然后是在 VS.NET 2005 中编写这些类操作的代码实现。

6.3.1　数据访问辅助类的定义

任务分析

定义数据访问辅助类，以工厂模式提供数据库连接、数据库命令、数据适配器、参数、事务等对象，对数据访问辅助类各个操作进行定义。

任务实施

数据访问辅助类操作方法的定义如表 6.17 所示。

表 6.17　数据访问辅助类操作方法的定义

接口文件	方法名	描　述
DbHelper.cs	String GetSqlConnection()	从配置文件中读取配置项，获取数据库连接字符串
	DbParameter GetParameter(String paramName, OleDbType paramType, Int32 paramSize, String ColName, Object paramValue)	获得参数对象的方法，包括参数名称、数据类型、长度、源列名称、参数实值等方法参数
	int ExecuteSql(String Sqlstr, DbParameter[] param)	执行 SQL 语句，并返回整形参数的方法，包括 SQL 语句、参数对象数组等参数
	DataTable ExecuteDt(String Sqlstr)	执行 SQL 语句并返回数据表的方法，包括 SQL 语句参数
	DataTable ExecuteDt(String Sqlstr, DbParameter[] param)	执行 SQL 语句并返回数据表的方法，包括 SQL 语句、参数对象列表等参数

续表

接口文件	方法名	描述
DbHelper.cs	Int32 ExecuteSqls(String [] Sqlstr,List<DbParameter []> param)	批量执行SQL语句无返回值的方法，包括SQL语句数组、SQL参数对象数组等参数

相关知识

不论从语法来看，还是从风格和设计目标来看，使用ADO.NET开发数据库应用程序都和ADO有显著的不同。在ASP中通过ADO访问数据库，一般要通过以下四个步骤完成。首先要创建一个到数据库的链路（ADO.Connection）；其次是查询一个数据集合，即执行SQL，产生一个Recordset；第三是对数据集合进行相应的操作（CRUD操作）；最后是关闭数据链路。但是，在ADO.NET里，这些步骤有了很大的变化，最大的特点就是ADO.NET利用DataSet可以实现数据记录集合的离线操作。使用ADO.NET开发数据库应用程序的一般步骤如下：

（1）根据使用的数据源，确定使用的.NET Framework数据提供程序，如使用SQL Server数据源时，则应使用System.Data.SqlClient命名空间。

（2）创建一个应用程序与数据库连接的链路，即通过创建一个Connection对象，建立与数据源的连接。

（3）建立对数据源的操作命令，请求一个记录集合，即通过创建一个Command对象来执行建立的SQL命令或数据存储过程。

（4）创建和配置DataAdapter对象，把请求的记录集合填充到DataSet(DataTable)中；或者直接使用DataReader对象从数据库中直接检索和读取数据。

（5）根据需要，可以重复第（3）步，将多个数据集合填充到DataSet（DataSet可以包含多个数据集合）中；当然也可以使用DataReader的read()方法通过循环语句顺序读取多条记录。

（6）关闭数据库连接。如果正在使用数据适配器或SQL命令，则不必显示打开和关闭数据库连接。

（7）对DataSet上的数据集合进行必要的数据操作，如把数据集DataSet绑定到DataGrid、GridView等数据控件上，最终把数据库中的数据显示在用户界面上。

任务拓展

对SQL Server数据库的操作，最常见的有如下5种：

（1）非连接式查询，获取DataTable。

（2）连接式查询，获取DataReader。

（3）查询结果只有1行1列，获取单一数据。

（4）对数据库进行增、删、改操作，进行数据编辑。

（5）判断与数据库是否已连接。

针对以上情况，实现一个SQL Server数据库访问通用类，该通用类可用于ASP.NET和C/S系统中开发。

6.3.2 辅助类的编程实现

任务分析

根据以上分析创建接口文件并通过 C#语言定义这个接口类，并对这些类中的方法进行定义和代码实现，包括如何得到数据库连接、打开数据库连接、关闭数据库连接、开始一个事务 、提交一个事务、回滚一个事务、执行Sql语句等，这些都是通用的数据访问类的方法。

任务实施

步骤一：创建存储目录

在 ClothesShop 主目录下，新建一个 DBUtility 文件夹，用于存放所有数据访问辅助类。

步骤二：实现数据访问辅助类

（1）打开 VS.NET，选择“文件”→“新建文件”命令，打开“新建文件”对话框。然后在模板列中，选择“Visual C#类”模板。

（2）单击“打开”按钮，进入“Visual C#类”模板类编程界面，然后编写如下代码：

```
using System;
using System.Collections.Generic;
using System.Text;
using System.Configuration;
using System.Data;
using System.Data.SqlClient;
using System.Web;
namespace ClothesShop.DBUtility
{ public class SqlHelper
  { public SqlHelper(){ }
    /// 返回数据库连接字符串
    public static String GetSqlConnection()
    { System.Web.UI.Page page = new System.Web.UI.Page();
string conn = ConfigurationManager.ConnectionStrings ["SqlConnection
String"].
ConnectionString;
      return conn;
    }
    ///  获得参数对象
    public static  SqlParameter GetParameter(String paramName, SqlType
    paramType, Int32 paramSize, String ColName, Object paramValue)
    {  SqlParameter  param = new SqlParameter(paramName, paramType,
           paramSize, ColName);
      param.Value = paramValue;
      return param;
    }
      /// 执行 SQL 语句
    public static int ExecuteSql(String Sqlstr, SqlParameter[] param)
    { String ConnStr = SqlHelper.GetSqlConnection();
      using (SqlConnection conn = new SqlConnection(ConnStr))
      { SqlCommand cmd = new SqlCommand();
          cmd.Connection = conn;
          cmd.CommandText = Sqlstr;
          cmd.Parameters.AddRange(param);
          conn.Open();
          cmd.ExecuteNonQuery();
          conn.Close();
          return 1;
      }
    }
```

```
/// 执行 SQL 语句并返回数据表
public static DataTable ExecuteDt(String Sqlstr)
{  String ConnStr = SqlHelper.GetSqlConnection();
   using (SqlConnection conn = new SqlConnection(ConnStr))
   { SqlDataAdapter da = new SqlDataAdapter(Sqlstr, conn);
     DataTable dt = new DataTable();
     conn.Open();
     da.Fill(dt);
     conn.Close();
     return dt;
   }
}
/// 执行 SQL 语句并返回数据表
public  static  DataTable  ExecuteDt(String  Sqlstr,  SqlParameter[]
param)
{  String ConnStr = SqlHelper.GetSqlConnection();
   using (SqlConnection conn = new SqlConnection(ConnStr))
   {  DataTable dt = new DataTable();
      DataAdapter da = new SqlDataAdapter();
      SqlCommand cmd = new SqlCommand(Sqlstr,conn);
      cmd.Connection = conn;
      cmd.Parameters.AddRange(param);
      da.SelectCommand = cmd;
      conn.Open();
      da.Fill(dt);
      conn.Close();
      return dt;
   }
}
/// 批量执行 SQL 语句
public static Int32 ExecuteSqls(String [] Sqlstr,List<SqlParameter
[]>
param)
{  String ConnStr = SqlHelper.GetSqlConnection();
   using (SqlConnection conn = new SqlConnection(ConnStr))
   {  SqlCommand cmd = new SqlCommand();
      SqlTransaction tran = null;
      cmd.Transaction = tran;
      try
      {  conn.Open();
         tran = conn.BeginTransaction();
         cmd.Connection = conn;
         cmd.Transaction = tran;
         Int32 count = Sqlstr.Length;
         for (Int32 i = 0; i < count; i ++ )
         { cmd.CommandText = Sqlstr[i];
           cmd.Parameters.AddRange(param[i]);
           cmd.ExecuteNonQuery();
         }
         tran.Commit();
         return 1;
```

```
                }
                catch
                { tran.Rollback();
                  return 0;
                }
                finally
                {  cmd.Dispose();
                   conn.Close();
                }
            }
        }
    }
}
```

（3）单击“保存”按钮，将文件名命名为 SqlHelper.cs，并另存到 IDAL 文件夹中

相关知识

使用 ADO.NET 开发数据库应用程序的具体步骤如下：

步骤一：创建数据库连接（Connection 对象）

在建立连接时，通常需要通过指定连接串属性（ConnectionString）值来提供一些必要的连接信息，如数据库所在位置、数据库名称、用户账户、密码等，即通过设置 Connection 对象提供的常用属性（见表 6.18）值来构建一个数据库连接字符串，并通过创建 Connection 对象建立链路。

表 6.18　Connection 对象提供的常用属性

属　　性	描　　述
Server/DataSource	指明数据源所在位置，一般为数据库所在主机的名称，DataSource 为 Server 的别名
Database/initial catalog	指定数据源的名称，initial catalog 为 Database 的别名
UserID	登录数据库时使用的用户账号
Password	登录数据库时使用的用户账号密码

下面以创建 SQL 数据库（数据库名为 ClothesShop.mdf，SQL Server 实例名为 ego）连接为例，介绍一下数据库连接的创建方法。

（1）使用 SqlConnection 对象连接（使用 SQL Server 身份验证模式）。

方式一：使用 Windows 身份验证模式，代码如下：

```
    SqlConnection conn = new SqlConnection("server=.\ego; Database=Clothes
Shop; persist security info=false; user id=sa; password=123456;Connect
Timeout=30;")
```

（2）打开数据库连接。

```
    conn.Open();
```

注意：

① server 和 database，data source 和 initial catalog 是配对使用的，两组之间可以互相替换。

② server 或 database 的值应是数据库的实例名，如果本地数据库只安装有一个默认的实例，则其值可以是.或 localhost 或 127.0.0.1，如果有多个实例，则必须使用.\实例名或者(local) \实例名；如

果是远程服务器，则可以将“.或者(local)”替换为远程服务器的名称或 IP 地址。

③ integrated security 默认值是 false，此时需要提供 uid 和 pwd，即将以 sql server 用户身份登录数据库；如果设置为 True、yes 或 sspi，将以 Windows 用户身份登录数据库，此时就不能出现 uid 和 pwd。

④ persist security info 表示是否保存安全信息（如连接密码等），处于安全考虑一般应设置为 false。

⑤ Connect Timeout 获取在尝试建立连接时终止尝试并生成错误之前所等待的时间。也就是等待连接打开的时间（以秒为单位），默认值为 15s。

步骤二：获取或更新数据源（Command 对象）

使用 Command 对象实现获取或更新数据源的数据库操作一般包括以下四个步骤：首先是创建 SqlCommand 构造函数；其次是建立 SqlCommand 与 SqlConnection 的关联；然后是设置 SqlCommand 的命令文本及文本类型；最后是执行 SQL 命令或存储过程。下面以 SqlCommand 对象操作数据库为例，讲述请求数据库记录集的操作方法。

（1）创建 SqlCommand 构造函数，代码如下：

```
SqlCommand comm= new SqlCommand(); //初始化 SqlCommand 类的新实例
```

（2）建立 SqlCommand 与 SqlConnection 的关联，代码如下：

```
comm.Connection = conn;
或者：SqlCommand comm= conn.CreateCommand;
```

（3）设置 CommandType 属性确定命令文本的类型。

类型一：命令文本为 Select、Update、Insert 等 SQL 语句（说明：这种文本类型的主要作用是对数据库进行数据查询或更新操作）。

```
comm.CommandType = CommandType.Text;
```

类型二：命令文本为存储过程名（说明：这种文本类型的主要作用是执行存储过程，不适用于 OleDb 数据库）。

```
comm. CommandType = CommandType.StoreProcedure
```

（4）设置 SqlCommand 的命令文本 CommandText，代码如下：

```
comm.CommandText="update[users] set [password]='abc123' where username=
'peter' ";
或者：String selectQuery = "update [users] set [password]='abc123' where
username='peter' ";
SqlCommand comm= new SqlCommand(selectQuery);
```

当然，步骤（1）、（2）、（3）也可以直接通过“初始化具有命令文本和 SqlConnection 的 SqlCommand 类实例”的方法来实现。代码如下：

```
String SelectQuery ="update [users] set [password]='abc123' where
username='peter' ";
SqlCommand comm = new SqlCommand(selectQuery, conn);
```

注意：上述 CommandText 和 SelectQuery 值也可以是 Insert 子句、Select 子句或者是 Delete 子句或是存储过程名。

（5）设置等待命令执行的时间 CommandTimeout。

获取或设置在终止执行命令的尝试并生成错误之前的等待时间，也就是等待 Command 命令执行的时间（以秒为单位），默认为 30s。

```
SqlCommand.CommandTimeout=90;
```

（6）执行 SQL 命令或存储过程。

方式一：执行一个非查询命令，包括插入、更新或删除记录。

注意：该命令方式执行后，返回受影响的行数。代码如下：

```
String  selectQuery ="delete from users where username='peter' ";
SqlCommand  comm = new  SqlCommand(selectQuery, conn);
comm. CommandType =CommandType.Text
comm.ExecuteNonQuery();
```

当然如果存储过程本身全部都是由非查询命令构成的，则也可以使用 Command 对象的 ExecuteNonQuery()方法。代码如下：

```
comm. CommandType = CommandType.StoreProcedure  //首先应设置该命令文本的类型
comm. CommandText = sp_users;  //设置命令文本为过程名
comm.ExecuteNonQuery();
```

方式二：执行基于数据阅读器的数据查询命令。

注意：该命令方式执行后，返回数据阅读器，并从中获取数据。

① 命令文本为数据库表名：

```
comm. CommandType = CommandType.TabelDirect;  //首先应设置该命令文本的类型
comm. CommandText = "users";  //设置命令文本为表名
OleDbDataReader dr = comm.ExecuteReader();  //只适用于 OleDb 数据库
```

② 命令文本为 Select 子句：

```
comm. CommandType = CommandType.Text;  //首先应设置该命令文本的类型
comm. CommandText = "select * from users";  //设置命令文本为 Select 子句
SqlDataReader dr = comm.ExecuteReader();  //基于 SqlDataReader 数据阅读器
```

③ 命令文本为存储过程：

```
comm. CommandType = CommandType.StoreProcedure  //首先设置该命令文本的类型
comm. CommandText = sp_users;  //设置命令文本为过程名
SqlDataReader dr = comm.ExecuteReader();
```

步骤三：顺序读取数据（DataReader 对象）

使用数据阅读器，可以顺序地从查询结果集中读取记录。

可以使用 SqlDataReader 对象直接操作 SQL Server 数据库，也可以使用 OleDbDataReader 操作 OLEDB 数据源。数据阅读器最重要的方法就是 Read。每次调用 Read 方法只能读取一条记录，前进到下一条记录，如果读取到记录则返回 True，否则返回 False。可以使用 GetValues 方法获取当前行中的所有属性列，使用 GetValue 方法获取指定序号处的列值。

步骤四：存放一组命令（DataAdapter 对象）

如果用户需要随机读取数据或者需要对数据进行 CUD 等操作时，则通常需要借助数据适配器（DataAdapter）对象和数据集（DataSet）对象来实现。

数据库适配器对象类有 OleDbDataAdapter、SqlDataAdapter 等。其中，OleDbDataAdapter 对象适用于由 OLEDB 提供程序公开的任何数据源，而 SqlDataAdapter 对象只能用于 SQL Server 7.0 或更高版本的 SQL Server 数据源。为了实现对数据库的读写，一个数据适配器应包含对记录的增加、删除、修改与查询四项操作，因此，有四个命令对象作为其属性，完成对数据的 CRUD 所有操作，这四个命令对象分别是 InsertCommand、SelectCommand、UpdateCommand、DeleteCommand。

下面以 SqlDataAdapter 对象为例，介绍一下数据库适配器的使用方法。

（1）创建 SqlDataAdapter 构建对象：

```
SqlDataAdapter da = new SqlDataAdapter(); //初始化 SqlDataAdapter 类的新实例
```

（2）建立 DataAdapter 和 SqlConnection，SqlCommand 的关联：

```
da.SelectCommand = new SqlCommand(strSql, conn);  // strSql 为 sql 语句
或者 comm.Connection = conn;
da.SelectCommand = comm; //comm 假设已经设置过 CommandText、CommandType 值
```

当然也可以把（1）和（2）合并，直接用 SelectCommand 字符串和 SqlConnection 连接字符串初始化 SqlDataAdapter 类新实例来实现：

```
SqlDataAdapter da = new SqlDataAdapter(strSql, conn);
```

（3）使用 DataAdapter.Fill()方法将数据填充到 dataset 或 datatable 中。

将数据填充到 dataset 中：

```
DataSet ds = new DataSet();  //创建 DataSet 对象
da. Fill(ds); // 在 DataSet 中添加或刷新行以匹配使用 DataSet 名称的数据源中的行
或者 DataSet ds = new DataSet();  //创建 DataSet 对象
ds.Tables.Add("aTable");  //在 DataSet 中创建一个临时表 aTable
ds. Fill(ds, "aTable");  //将数据填充到指定的 aTable 表中
或者  DataSet ds = new DataSet();  //创建 DataSet 对象
ds.Tables.Add("aTable");  //在 DataSet 中创建一个临时表 aTable
int startRecord= 0;  //指定检索的开始记录号，默认从 0 开始
int maxRecord=100; //指定要检索的最大记录数，此处为 100
ds.Tables.Add(ds,startRecord,maxRecord,"aTable"); //向 aTable 表中填充指
定范围的记录
```

将数据填充到 datatable 中：

```
DataTable dt =new DataTable();  //创建 DataTable 对象
da. Fill(dt); //在 DataTable 中添加或刷新行以匹配使用 DataTable 名称的数据源中的行
```

步骤五：在内存读写数据库操作（DataSet 对象）

DataSet 作为 ADO.NET 的核心，是一个简单、独立、存在于内存中的数据库视图。DataSet 是离线的，它提供了与数据源类型无关的关系编程模型。DataSet 所表示的数据集，可以同时包含各种不同类型的数据源数据（如 SQLServer、Access、Oracle 等）。在 DataSet 中可以包含任意数量的 DataTable（数据表），且每个 DataTable 对应一个数据库中的数据表（Table）或视图（View）。一般来说，一个对应 DataTable 对象的数据表就是一堆数据行（DataRow）与列（DataColumn）的集合。DataTable 会负责维护每一数据行保留它的初始状态（Original State）和当前的状态（Current State），以解决多人同时修改数据时引发的冲突问题。

DataSet 与现有数据源的交互是通过 DataAdapter 来控制的，并使用 DataAdapter 将数据填充到

DataSet 中。DataSet 的使用方法如下：首先是创建 DataSet 对象，即 DataSet myds=new DataSet()；然后是用 DataAdapter 填充 DataSet，即 adapter.fill(myds)或者 adapter.fill(myds，“表名”)；。

例如，使用 dataset 读取 Clothes.mdf 的 user 表中的数据，并利用数据绑定技术显示在 DataGrid 上。要求在刚创建的 default.aspx 页面中实现。代码如下：

```
<% @Import Namespace=" System"%>
<% @Import Namespace=" System.Data"%>
<% @Import Namespace=" System.Data. SqlClient"%>
 <html>
 <Script Language = C#  Runat =Server>
   void  Page_Load( Object Obj, EventArgs E)
     { SqlConnection conn = new SqlConnection("server=.\ego; Database=
ClothesShop; persist security info=false; user id=sa; password=123456;Connect
Timeout=30;")
comm.Connection = conn;
comm. CommandType = CommandType.Text;
comm. CommandText = "select * from users";
SqlDataAdapter da = new SqlDataAdapter();
da.SelectCommand = comm;
DataSet ds = new DataSet();
da. Fill(ds);
myDataGrid.DataSource=ds.Tables[0].DefaultView;
myDataGrid.DataBind();}
</Script>
 <body>
     <h3>衣购网会员信息表</h3>
     <form runat =server>
     <ASP:DataGrid id = "myDataGrid" runat ="server">
       BorderColor ="black"
       BorderWidth = "1"
       GridLines = "Both"
       CellPadding ="5"
       CellSpacing ="0"  />
    </form>
</body>
</html>
```

步骤六：对数据库进行选择性更新（Transaction 对象）

在对数据库进行 CRUD 操作中，有可能按用户意愿要求取消本次操作；或者由于数据完整性不满足，使 SQL 语句不能继续执行下去。这时，往往需要撤销此前的所有操作，就要使用到事务。一般来说，当有两个及以上 CRUD 数据库操作时，就必须要建立事务回滚机制。如果只进行一个操作，则一般不用事务。

通过连接对象的 BeginTransaction 方法生成一个与连接数据库操作相关的事务实例方法如下：开始事务，将事务作用于命令对象，命令对象执行后，通过事务提交方法 Commit 或回滚方法 Rollbak 两条途径，使命令对象的所有 SQL 语句执行有效或无效，从而结束事务。事务一般与异常结合起来使用（写在 try…catch 块里），如果发生异常，则事务内部的所有命令都被取消（回滚）。

填充后的数据集可以通过数据表 DataTable 读取其中的数据，或向其他数据控件提供数据源。数据填充到数据集对象（内存）后，数据适配器对象、数据连接对象与数据命令对象都已完成了自已读取数据的使用。提供一个数据表，可用表达式：

```
ds.Tables["table_name"]。
```

数据表是二维表，它由数据行 DataRow 集合 Rows 和数据列 DataColumn 集合 Columns 组成。由集合的 Count 属性得到集合中元素数目（行数或列数）。访问某个数据列可用表达式 ds.Tables["table_name"].Columns[i]，由数据列的 ColumnName 属性得到列名，由数据列的 DataType 属性得到列的数据类型。访问某个单元格方法是先访问数据行再访问数据列，可用表达式 ds.Tables["table_name"].Rows[i][j]，经类型转换得到实际数据，如要显示，则可以应用 ToString 方法将其转换成字符串。利用数据行集与数据列集读出数据，可以用 Table 标记显示在客户端。若要向数据集中添加一个数据行，可以调用数据表的 NewRow()方法。

例如：

```
DataRow dr =ds.Tables["table_name"].NewRow();   //产生新行
```

若要向数据集中删除一个数据行，可以调用数据表的 Rows.Remove()方法实现。例如：

```
ds.Tables["table_name"]. Rows.Remove()。
```

步骤七：发现与处理数据库运行时的错误（异常 Exception）

异常是在运行过程中发生的现象，既不属于语法错误，也不属于算法错误。例如，不小心将 0 作为除数，就会引起异常。在数据库处理中，运行时也时常出现异常。如用户提供的数据不能满足数据完整性要求，或开发初期未发现 SQL 语句语法错误或其他错误，则都会导致出现异常的情况。有了异常，必须进行处理，否则就会使应用程序崩溃，大大降低应用程序的健壮性。

异常的处理有如下的格式：

```
try
  {  可能产生异常的语句
  }
 catch  (可能产生异常类型 1  异常变量 1)
  {    异常处理语句块 1
  }
catch  (可能产生异常类型 2  异常变量 2)
  {    异常处理语句块 2
  }
…
catch  (可能产生异常类型 n  异常变量 n)
  {
    异常处理语句块 n
  }
Finally
  {    不论异常有无都将执行的语句块
  }
```

任务拓展

使用 Access+SQL 编写一个数据访问助手类。

要求：将这个助手类放在 AccessDAL 下，名称为 AccessDALHelper，负责 Access 数据库的访问。它包括以下三个方法。

（1）GetConnectionString　从配置文件中读取配置项，组合成连接字符串。

（2）ExecuteSQLNonQuery　执行指定 SQL 语句，不返回任何值，一般用于 Insert、Delete、Update 命令。

（3）ExecuteSQLDataReader　执行 SQL 语句返回查询结果，一般用于 Select 命令。

任务 4　数据实体操作类子层的设计与实现

由于接口只能声明，而不具体实现。也就是说，接口不能通过以创建接口对象的形式来实现接口声明操作的功能，而必须通过继承自接口的类来实现接口中声明的所有操作。因此，本任务首先是定义继承之接口的数据实体操作类；然后在 VS.NET 2005 中编写相关代码以实现这些类的实现。

6.4.1　数据实体操作类的定义

任务分析

为了实现业务逻辑模块对数据层的调用，以及屏蔽对底层数据库的连接与操作，本任务首先需要对各个数据对象的访问定义数据实体操作类，包括添加、修改、查询和删除操作（CRUD），然后利用 ASP.NET 平台通过 C#语言实现访问这些实体的操作方法。

任务实施

步骤一：数据实体操作类方法的定义

为了实现业务逻辑模块对数据层的调用，以及屏蔽对底层数据库的连接与操作，系统定义了 ICartDAL、IMessageDAL、IOrderDAL、IProductDAL、IRelayDAL、IType_1DAL、IType_2DAL、IUserinfoDAL 等数据层访问接口。因此，为实现接口定义的声明方法，定义了 CartDAL、MessageDAL、OrderDAL、ProductDAL、RelayDAL、Type_1DAL、Type_2DAL、UserinfoDAL 等数据实体操作类。

同时考虑到数据操作实体类只涉及到数据的 CRUD 操作，而数据库底层操作方法，如获取数据连接字符串、传递参数等被封装在数据访问辅助类，因此，将在数据操作实体类的引用空间中引用 using ClothesShop.DBUtility 命名空间。

步骤二：为数据访问层类图中的数据实体操作类添加操作

（1）打开在任务一中创建的类图.vsd，进入 Visio 2003 中的 UML 静态结构工作界面。

（2）选择任一数据实体操作类的图标，如 CartDAL，然后双击该图标，进入 UML 类属性对话框，如图 6.5 所示。

（3）在“UML 类属性”对话框左侧的类别选项框中，单击“操作”选项卡，然后在右侧的对话框中，依次在“操作”、“返回类型”、“可见性”单元格中填入相应的信息，由于这些操作都是对接口的实现，因此其可见性一般为 PUBLIC，如图 6.6 所示。

（4）重复步骤（3）的操作，依次将数据实体操作类中的操作（方法）、返回类型和可见性填入相应的选项栏中。

（5）重复步骤（3）的操作，依次将数据访问辅助类中的操作（方法）、返回类型和可见性填入相应的选项栏中。

（6）完成效果如图 6.7 所示。

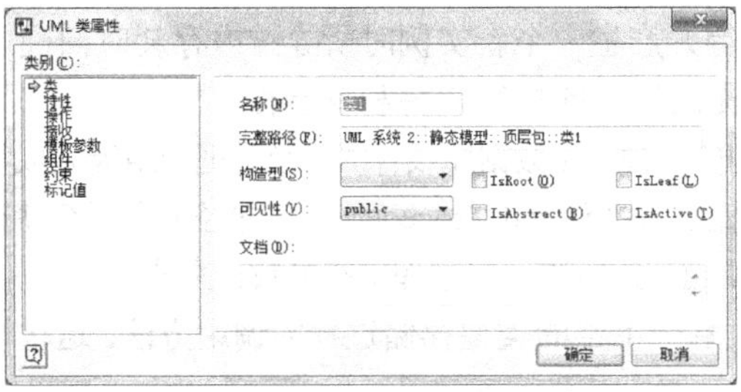

图 6.5 “UML 类属性”对话框

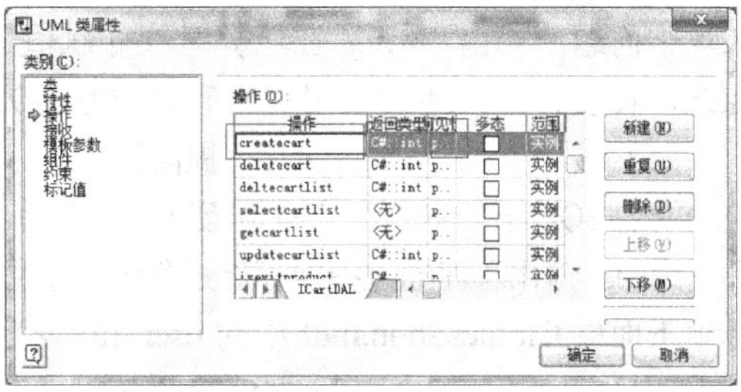

图 6.6 “操作”选项卡对话框

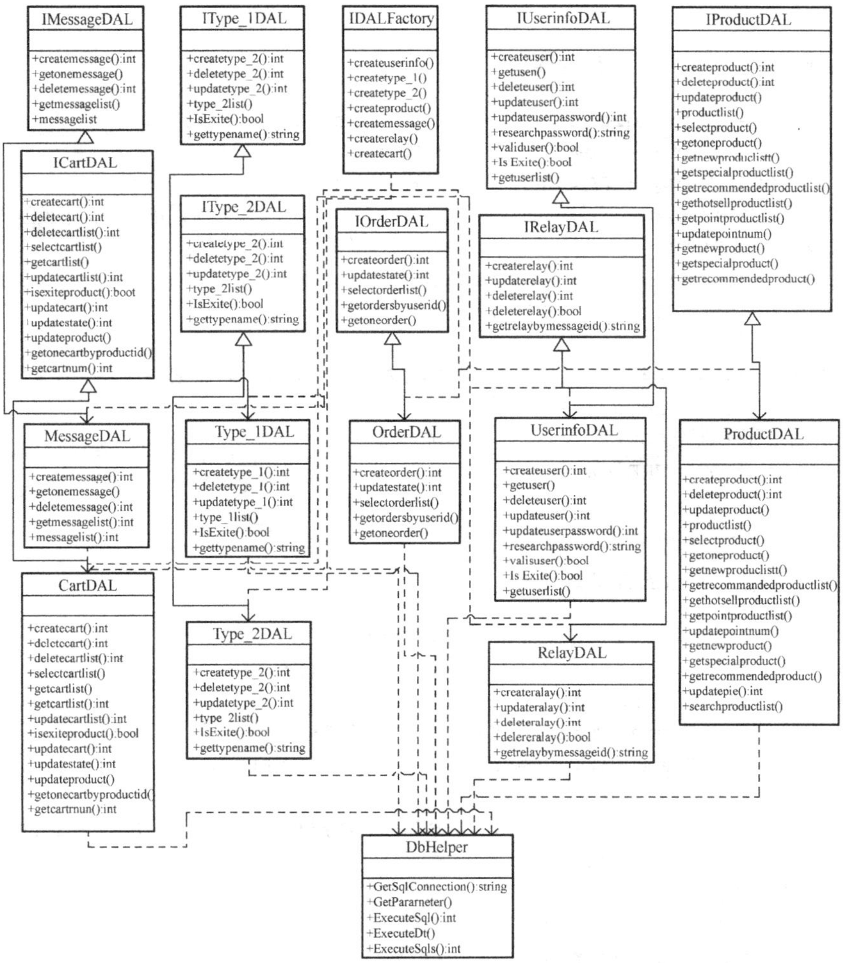

图 6.7 数据访问层类图

相关知识

提高程序执行效率和安全性是数据访问层设计时必须要考虑的重要问题。由于影响程序执行效率和安全性的因素通常有以下几个方面：①由于频繁调用 SQL 语句和频繁执行编译所引起的耗时问题；②由于 SQL 语句出现歧义所引发的程序错误问题；③由于黑客拼接 SQL 语句进行的 SQL 注入攻击问题；④由 String 在运算时（如赋值、拼接等）产生一个新实例时所导致内存耗时问题。因此，在设计中，通常采用调用存储过程等方法来提高程序的执行效率和安全性。

为了减少程序代码的冗余度，提高程序执行效率和安全性，在数据库设计时，经常把一组能完成特定功能的 SQL 语句集和可选控制流语句定义为一个存储过程（Stored Procedure），并经编译后存储在数据库中。应用程序通过指定存储过程的名字并给出参数（如果该存储过程带有参数）来执行。

下面以 ClothesShop.mdf 中的 userinfo 表为例，讲解一下不同类型存储过程的调用方法。这里以调用项目四中的 Web.config 文件中的 connectionStrings 建立连接字符串：

```
        string conn = ConfigurationManager. AppSettings ["SqlConnectionString"] .
ToString();
```

（1）只返回单一记录集的存储过程：

```
        SqlConnection sqlconn = new SqlConnection(conn);
        SqlCommand cmd = new SqlCommand();
        cmd.Connection = sqlconn; // 设置 sql 连接
        cmd.CommandType = CommandType.StoredProcedure; //设定命令文本类型为存储过程
        cmd.CommandText = "showUserInfo"; //指定存储过程名
        SqlDataAdapter dp = new SqlDataAdapter(cmd);
        DataSet ds = new DataSet();
        dp.Fill(ds);         // 填充记录
        GridView1.DataSource = ds; //绑定数据源，显示用户信息
        GridView1.DataBind();
         下面是存储过程 showUserInfo 的定义
        CREATE PROCEDURE Categoriestest1 AS
                select * from userinfo
              GO
```

（2）调用没有输入输出的存储过程：

```
        SqlConnection sqlconn = new SqlConnection(conn);
               SqlCommand cmd = new SqlCommand();
               cmd.Connection = sqlconn;
               cmd.CommandText = "addUserInfo";
               cmd.CommandType = CommandType.StoredProcedure;
               sqlconn.Open();
               Label1.Text = cmd.ExecuteNonQuery().ToString();// 执行并显示影响行数
                 sqlconn.Close();
        下面是存储过程 addUserInfo 的定义
        CREATE PROCEDURE addUserInfo AS
        insert into dbo.userinfo (username, password, power)
        values ('david','123456',1)
        GO
```

（3）调用有返回值的存储过程：

```
        SqlConnection sqlconn = new SqlConnection(conn);
        SqlCommand cmd = new SqlCommand();
        cmd.Connection = sqlconn;
        cmd.CommandText = " addUserInfo1";
        cmd.CommandType = CommandType.StoredProcedure;
        IDataParameter[] parameters ={ new SqlParameter("num", SqlDbType.
Int,4) };
```

```
    // 创建参数
    parameters[0].Direction = ParameterDirection.ReturnValue;// 将参数类型设置为返回值类型
     cmd.Parameters.Add(parameters[0]); // 添加参数
    sqlconn.Open();
    Label1.Text = cmd.ExecuteNonQuery().ToString();//执行存储过程并返回影响的行数
    sqlconn.Close();
    Label1.Text += "-" + parameters[0].Value.ToString();//显示影响的行数和返回值
    下面是存储过程 addUserInfo1 的定义
    CREATE PROCEDURE addUserInfo1 AS
    insert into dbo.userinfo (username, password, power)
    values ('peter','123456',1)
    return @@rowcount
    GO
```

任务拓展

Dapper 是一个实体类操作类，其主页在 http://code.google.com/p/dapper-dot-net/有描述，通过研究，发现其思路很不错，非常适合设计高效的 ORM 框架。但是随着需求的变化可能无法满足一些网站或者项目，请分析该实体操作类存在的不足并提出自己的改进方法。

6.4.2 编写数据实体操作类子层

任务分析

根据以上分析创建实体操作类文件并通过 C#语言定义这些操作类，并对这些类中的方法进行定义和代码实现，包括添加一个实体、查询实体、删除实体和修改实体，利用数据访问辅助类实现 CRUD 功能，这些都是通用的实体操作类的方法。

任务实施

步骤一：创建实体操作类存储文件

为了将数据实体操作类子层中这些需要代码实现共享，并在运行时动态编译供应用程序使用，因此在 ClothesShop 主目录下，新建一个 DAL 文件夹，用于存放所有数据实体操作类。

步骤二：实体操作类代码实现

下面以 MessageDAL 实体操作类为例，介绍数据实体操作类的定义与实现过程。其他实体操作类见附录 B。

（1）打开 VS.NET，选择“文件”→“新建文件”命令，打开“新建文件”对话框。然后在模板列中，选择“Visual C#类”模板。

（2）单击“打开”按钮，进入“Visual C#类”模板类编程界面，然后编写如下代码：

```
using System;
using System.Collections.Generic;
using System.Text;
using System.Data;
using System.Data.SqlClient;
using ClothesShop.DBUtility;
```

```
namespace ClothesShop. SqlDAL
{ public class message : ClothesShop.IDAL.Imessage
   {  /// 添加新留言
  public int createmessage(string Messages_Name, string Messages_Content,
  bool IsDelete)
     { StringBuilder sb = new StringBuilder();
  sb.Append("Insert                    into                    Message
(Messages_Name,Messages_Content,IsDelete)
  values (@Messages_Name,@Messages_Content,@IsDelete)");
  SqlParameter[] param = {SqlHelper.GetParameter
 ("@Messages_Name",SqlDbType.Char,50,"Messages_Name",Messages_Name),
 SqlHelper.GetParameter("@Messages_Content",SqlDbType.Char,5000,"Messa
ges_Content",Messages_Content),
 SqlHelper.GetParameter("@IdDelete",SqlDbType.Boolean,1,"IsDelete",IsD
elete)
   };
 return SqlHelper.ExecuteSql(sb.ToString(), param);
   }
  /// 获得一条留言
  public DataRow getonemessage(int Messages_ID)
  {
 SqlParameter[] param = { SqlHelper.GetParameter("@BookID", SqlDbType.
 Integer, 4, "Messages_ID", Messages_ID) };
  String sql = "Select Messages_ID, Messages_Name, Messages_Content,
  Messages_Time from Message where IsDelete=0 and Messages_ID=@BookID";
   DataTable dt = SqlHelper.ExecuteDt(sql, param);
     return dt.Rows[0];
     }
   /// 删除一条留言
   public int deletemessage(int Messages_ID)
   {SqlParameter[]  param  =  {  SqlHelper.GetParameter("@Messages_ID",
SqlDbType.
   Integer, 4, "Messages_ID", Messages_ID) };
   String sql = "Update Message set IsDelete=1 where Messages_ID =
   @Messages_ID";
    return SqlHelper.ExecuteSql(sql, param);
    }
   /// 获得全部留言和回复
    public DataTable GetMessageList()
      {
    StringBuilder sb = new StringBuilder();
    sb.Append("Select
a.Messages_ID,a.Messages_Name,a.Messages_Content,
    a.Messages_Time,b.Relay_ID,b.Relay_Content,b.Relay_Time ");
     sb.Append("from  Message  as  a  left  outer  join  Relay  as  b  on
a.Messages_ID=b.Messages_ID where a.IsDelete=0 order by a.Messages_Time desc");
     DataTable dt = SqlHelper.ExecuteDt(sb.ToString());
     return dt;
      }
      /// 获得全部留言
     public DataTable messagelist()
      {
```

```
        StringBuilder sb = new StringBuilder();
        sb.Append("select Messages_ID,Messages_Name,Messages_Content,
Messages_Time from message where IsDelete=0 order by Messages_ID desc");
        DataTable dt =SqlHelper.ExecuteDt(sb.ToString());
        return dt;
      }
    }
}
```

（3）单击“保存”按钮，将文件名命名为 message.cs，并另存到 DAL 文件夹中。

相关知识

使用 SqlCommand.Parameters 属性进行参数传递和使用 StringBuilder 对象对字符串进行拼接也能提高程序的执行效率和安全性。

1. 使用 SqlCommand.Parameters 属性进行参数传递

一般来说，在更新 DataTable 或是 DataSet 时，如果不采用 SqlCommand.Parameters 属性，那么当输入的 Sql 语句出现歧义时，如字符串中含有单引号，程序就会发生错误，并且他人可以轻易地通过拼接 Sql 语句来进行注入攻击。SqlCommand.Parameters 属性用于获取 SqlParameterCollection 值，而 SqlParameterCollection 表示与 SqlCommand 相关联的参数的集合，以及各个参数到 DataSet 中列的映射。SqlCommand.Parameters 有 Add 方法、AddRange 方法和 Value 子属性。

（1）Add 方法。

```
    SqlCommand cmd=new SqlCommand();
    cmd.Parameters.Add(new SqlParameter("@参数 1",SqlDbType.参数 1 数据类型, 数
据类型大小));
    …
    cmd.Parameters.Add(new SqlParameter("@参数 n",SqlDbType.参数 n 数据类型, 数
据类型大小));
    cmd.Parameters["@参数 1"].value=参数值 1; 或者 cmd.Parameters[0].value=参数值
    …
        cmd.Parameters["@参数 n"].value=参数值 n;  或者 cmd.Parameters[n-1].
        value=参数值
    例 如 ： strSql="insert  into  dbo.userinfo  (username,password)values
(@username,@password) "
    SqlCommand cmd=new SqlCommand(strSql,conn);
    cmd.Parameters.Add(new SqlParameter("@username", SqlDbType.NVarChar,20));
    cmd.Parameters.Add(new SqlParameter("@password", SqlDbType.NVarChar,20));
    cmd.Parameters[0].value= "peter";
    cmd.Parameters[1].value= "123456";
```

Add 方法每次只能添加一个 SqlParameter，因此当添加多个 SqlParameter 时不方便，此时，可以采用 AddRange 方法。

（2）AddRange 方法。

SqlParameter[] paras = new SqlParameter[] { new SqlParameter("@参数 1", SqlDbType.参数 1 数据类型, 数据类型大小), …,new SqlParameter("@参数 n", SqlDbType.参数 n 数据类型, 数据类型大小) };

```
    cmd.Parameters.AddRange(paras);
    paras [0].Value=参数值 1;
    …
    paras [n-1].Value=参数值 1;
```

相关使用方法可参见相关“使用 C#调用存储过程”中的“调用同时返回参数和记录集的存储过程”的例子。

（3）参数的类型。

SqlCommand.Parameters 传递的参数主要有输入参数（Input）、输出参数（Output）和返回参数（ReturnValue）三种类型，其中输入参数为默认的参数类型。参数类型的设置主要是通过 Parameter 类的 Direction 属性值来实现的。

```
parameters[i].Direction = ParameterDirection.Output; // 设置为输出参数
parameters[i].Value = ParameterDirection.Input; // 设置为输入参数，由于是默认类型，一般不需要设置，但需要指定输入参数的值，即 parameters[i].Value = "参数值";
parameters[i].Direction = ParameterDirection.ReturnValue; // 设置为返回值
```

2. 使用 StringBuilder 对象对字符串进行拼接或重复操作

如果需要修改字符串而不创建新的对象或者频繁操作字符串时，则可以使用 System.Text.StringBuilder 类。StringBuilder 采用构造器设计模式的思想可以高效地构造一个字符串对象，同时，在构造过程中，StringBuilder 可以有效避免临时字符串对象的生成。StringBuilder 类型在最终生成 String 对象之前，不会产生任何 String 对象，这也就很好地解决了字符串操作的性能问题。

（1）设置容量和长度。

虽然 StringBuilder 对象是动态对象，允许扩充它所封装的字符串中字符的数量，但是用户也可以为它设置一个可容纳的最大字符数，此最大字符数称为该对象的容量。当修改 StringBuilder 时，在达到容量之前，它不会为自己重新分配空间；而当达到容量时，它将自动为自己分配新的空间且容量翻倍。

方法一：可以使用重载的构造函数之一来指定 StringBuilder 类的容量。

例如：

```
StringBuilder sb = new StringBuilder("StringBuilder 用法", 100);
```

方法二：使用 Capacity 属性来定义对象的最大长度。

```
StringBuilder sb = new StringBuilder()
sb.Capacity = 100;
```

（2）Append 方法。

Append 方法可用来将文本或对象的字符串表示形式添加到由当前 StringBuilder 对象表示的字符串的结尾处。下面的例子将一个 StringBuilder 对象初始化为“StringBuilder 用法”，然后将一些文本追加到该对象的结尾处。

```
StringBuilder sb = new StringBuilder("StringBuilder Usage ");
sb.Append("Course");
```

（3）AppendFormat 方法。

AppendFormat 方法将文本添加到 StringBuilder 的结尾处，而且实现了 IFormattable 接口，因此可接受格式化部分中描述的标准格式字符串。可以使用此方法来自定义变量的格式并将这些值追加到 StringBuilder 的后面。下面的例子使用 AppendFormat 方法将一个设置为货币值格式的整数值放置到 StringBuilder 的结尾：

```
int MyWages = 3000;
StringBuilder sb= new StringBuilder("MyWages is: ");
sb.AppendFormat("{0:C} ", MyWages);
```

（4）Insert 方法。

Insert 方法将字符串或对象添加到当前 StringBuilder 中的指定位置。下面例子使用此方法将一个单词插入到 StringBuilder 的第 14 个位置：

```
StringBuilder sb = new StringBuilder("StringBuilder Usage");
sb.Insert(14,"basic");
```

（5）Remove 方法。

可以使用 Remove 方法从当前 StringBuilder 中移除指定数量的字符，移除过程从指定位置的索引处（为 0）开始连续移除由参数 2 指定数量个字符。下面例子使用 Remove 方法移除字符串"StringBuilder Usage"中的“Usage”字符：

```
StringBuilder sb = new StringBuilder("StringBuilder Usage");
sb.Remove(13,6);
```

（6）Replace 方法。

使用 Replace 方法，可以用另一个指定的字符来替换 StringBuilder 对象内的字符。下面例子使用 Replace 方法来搜索 StringBuilder 对象，查找所有的 i 字符，并用问号字符*来替换：

```
StringBuilder sb = new StringBuilder("StringBuilder Usage ");
sb.Replace('i', '*');
```

任务拓展

1．编写 Cart DAL 实体操作类。
2．编写 OrderDAL 实体操作类。
3．编写 ProductDAL 实体操作类。
4．编写 RelayDAL 实体操作类。
5．编写 UserinfoDAL 实体操作类。
6．编写 Type_1DAL 实体操作类。
7．编写 Type_2DAL 实体操作类。

习题

一、选择题

1．工厂模式作为最常使用的设计模式，提供了创建对象的接口，下面（　　）不是工厂模式的三种模式之一。

A．简单工厂模式　　　　B．工厂方法模式
C．MVC 设计模式　　　　D．抽象防范模式

2．软件接口作为抽象类的特例，是一组包含了函数型方法的数据结构。下面有关接口叙述错误的是（　　）。

A．接口中的所有方法都必须是抽象的
B．接口中的方法定义默认为 public abstract finable
C．接口只声明成员，而不具体实现，继承自接口的类必须实现接口的所有方法
D．接口中不能有普通成员变量或属性，只能是方法、事件或索引器

3．.NET Framework 类库提供了多个命名空间，下面（　　）命名空间提供了对 GDI+基本图

形功能的访问。

A．System.Drawing　　B．System.Imaging

C．System.Pictures　　D．System.Graphics

4．下列 ASP.NET 语句（　　）正确地使用 SQL Server 身份验证模式创建了一个与 SQL Server 2005 数据库的连接。

A．string connectionString="server=localhost; initial catalog=myDB;uid=sa;pwd=sa;inte grated security=SSPI ";
SqlConnection con1= new SqlConnection(connectionString)

B．SqlConnection con1 = new SqlConnection("Data Source = localhost; initial catalog= myDB; user id=sa; pwd=sa; integrated security=SSPI");

C．string connectionString="server=localhost;database= myDB;
uid=sa;pwd=sa ";
SqlConnection con1= new SqlConnection(connectionString)

D．SqlConnection con1 = new SqlConnection("Data Source = localhost; database= myDB; user id=sa; pwd=sa");

5．下面有关类的继承和多态叙述错误的是（　　）。

A．把一个基类函数声明为 virtual，则该函数可以在任何派生类中进行重写

B．在派生类中重写另一个函数时，C#要求使用 override 关键字显式声明

C．与编译时多态不同，运行时多态是通过重载来实现的

D．与重载不同，重写是指在子类中重复定义父类的方法以提供不同实现

6．若在 C#中要调用非查询 SQL 命令的存储过程时，则应使用以下哪条关键命令（　　）。

A．command.ExecuteNonQuery();　　B．command.ExecuteReader();

C．command.ExecuteQuery();　　D．command.ExecuteScalar();

二、填空题

1．ADO.NET 提供了两种读取数据库的方式，一种是利用 Connection、Command 和________对象，这种方式只能读取数据库，不能修改记录。另一种是利用 Connection、Command、DataAdapter 和________对象，这种方式更灵活，可以对数据库进行各种操作。

2．DataSet 由于在内部是用________来描述数据的，因此其实际上可以容纳具有复杂关系的数据，且不再依赖于________、XML、数据库链路。

3．与工厂方法模式不同，抽象工厂模式可以包含________个抽象产品类，并且每个具体工厂类可以创建________个具体产品类的实例。

4．在 C#中，接口可以继承________个接口，而类只能继承________个类。

5．StringBuilder 采用构造器设计模式的思想可以高效地构造一个________对象，同时在构造过程中 StringBuilder 可以有效避免________对象的生成。

6．SqlCommand.Parameters 属性用于获取 SqlParameterCollection 值，而 SqlParameter Collection 表示与________相关联的参数的集合，以及各个参数到________中列的映射。

三、实践题

1．针对简单的教务管理系统，按工厂模式对数据访问层进行规划与设计。

2．根据业务逻辑层接口的分析确定数据访问层接口及数据访问工厂接口。

3．使用 C#语言编写数据实体操作类，实践题 2 中已经建立的接口与方法。

项目七

表示层前台子系统的设计与实现

项目简介

在项目七中完成了对衣购网电子商务网站相关的业务逻辑规范及数据规范的定义和程序实现。本项目的工作任务是设计和实现衣购网电子商务网站的表示层。表示层位于三层结构的最外层，离用户最近，用于显示数据和接收用户输入的数据，为用户提供一种交互式操作界面。本项目的各个任务就是使用服务器控件对各功能模块的界面进行设计和实现。

能力目标

- 能够在 VS.NET 环境中使用工具箱中的标准控件制作一个信息显示界面
- 能够在 VS.NET 环境中使用工具箱中的标准控件制作一个接收用户输入的界面
- 能够在 VS.NET 环境中使用工具箱中的验证控件对用户的输入进行验证
- 能够在 VS.NET 环境中使用工具箱中的数据控件对数据进行显示和处理

知识目标

- 了解表示层的含义、作用及与业务逻辑层的关系
- 掌握各标准控件的作用和各属性作用
- 了解输入验证的含义
- 掌握各验证控件的作用和验证方法
- 了解数据绑定的基本概念、数据绑定表达式和数据绑定方法
- 掌握各数据控件的应用及设置方法

任务 1　用户中心模块的设计与实现

用户中心模块为用户自己的信息管理中心。用户可以通过该模块注册、登录网站，并在登录后可以对自己的资料进行修改，修改密码，查看订单，查看购物车及退出登录。与用户中心模块相关的数据访问和业务类都已在前几个项目任务中完成，本任务主要在 VS.NET 2005 中用 Web 控件实现用户中心模块的界面设计。该模块的界面效果如图 7.1～图 7.3 所示。

图 7.1　新用户注册界面效果

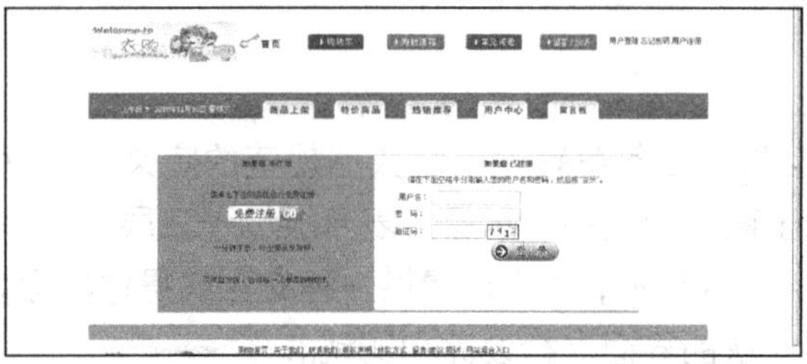

图 7.2　用户登录界面效果

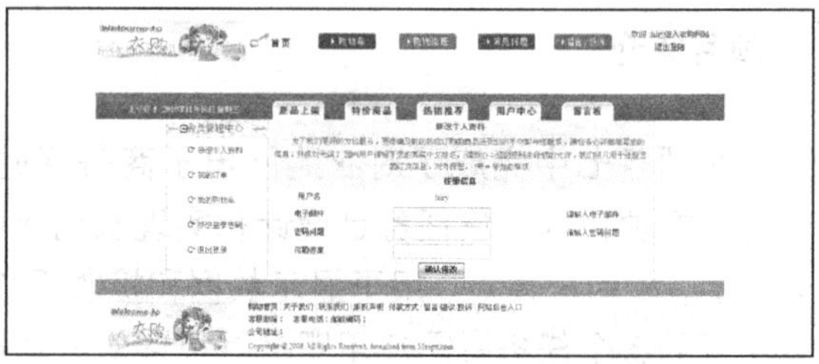

图 7.3　用户中心界面效果

7.1.1　登录窗体的设计与实现

任务分析

在用户登录界面中通常提供文本框，要求用户输入用户名和密码，并显示验证码让用户输入进行验证。在 ASP.NET 中可添加表格实现对界面的布局。HTML 控件中的 Input 控件可显示为文本框形式，提供输入接口。用户在输入内容并单击登录后，就使用验证控件对输入内容进行验证，验证通过后调用相关的业务类方法对用户名、密码进行验证。

任务实施

（1）在网站中添加一个套用母版页的新窗体，名为 login.aspx。

（2）在窗体 login.aspx 中添加表格进行布局并输入文字，如图 7.4 所示。

（3）在窗体 login.aspx 中添加注册链接图片。从解决方案资源管理器中找到 images/register_b.gif，用鼠标拖放到窗体中合适位置，将图片链接到 regist.aspx 页面，如图 7.5 所示。

（4）在窗体 login.aspx 中添加 HTML 服务器控件。从工具箱的 HTML 组中找到 Input（Text)控件，用鼠标拖放到窗体中合适的位置，并设置 ID 属性为 username，如图 7.6 所示。

在添加的控件 username 上单击鼠标右键，在弹出的菜单中选择“作为服务器控件运行”选项，如图 7.7 所示。

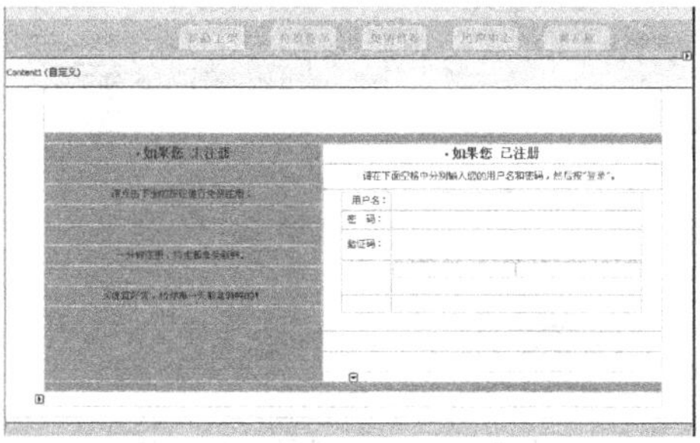

图 7.4　login.aspx 窗体的布局

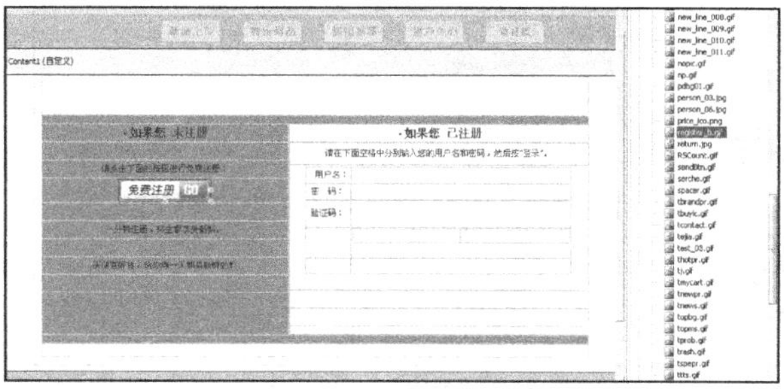

图 7.5　拖放图片到窗体中

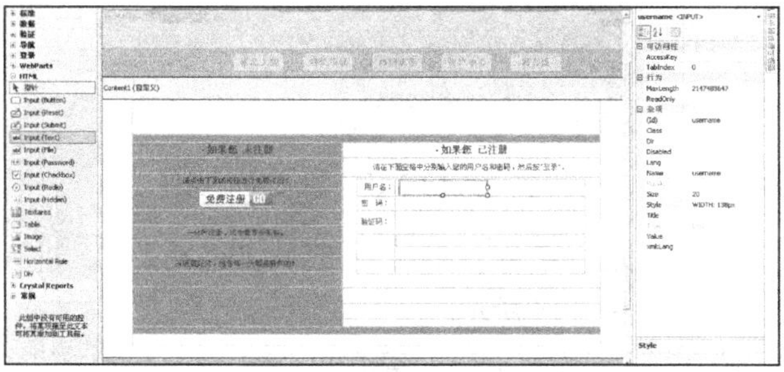

图 7.6　拖放 HTML 控件到窗体中

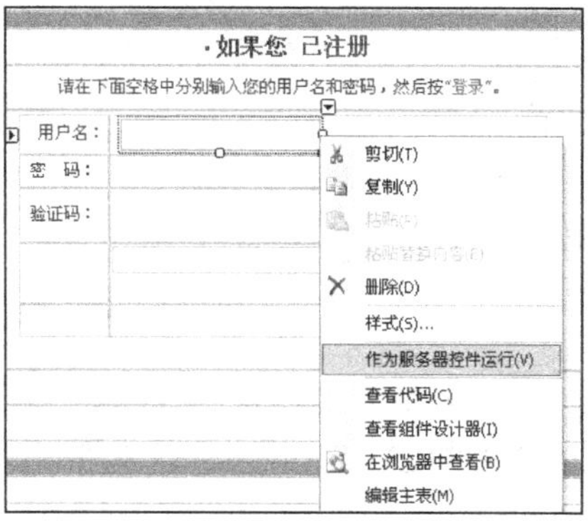

图 7.7　将 HTML 控件转化为服务器控件

（5）在窗体 login.aspx 中添加密码文本框。从工具箱的 HTML 组中拖放 Input(Password)控件到窗体中合适的位置，并设置属性，转化为服务器控件，如图 7.8 所示。

（6）在窗体 login.aspx 中添加验证码文本框。从工具箱的标准组中拖放 TextBox 控件到窗体中合适位置，并在属性窗口中设置 width 值为“80px”，ID 为“checkCokdeTb”，如图 7.9 所示。

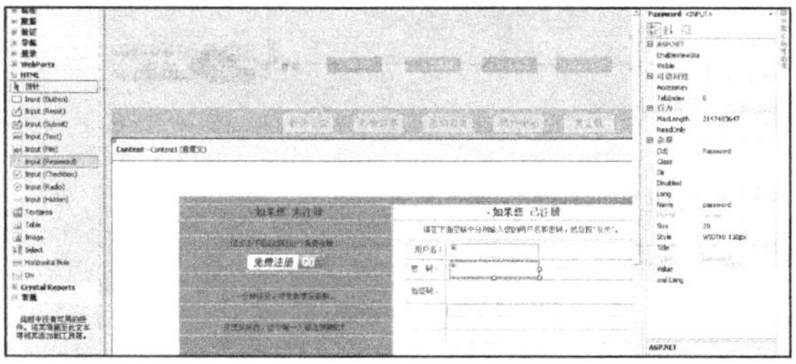

图 7.8　添加密码输入框

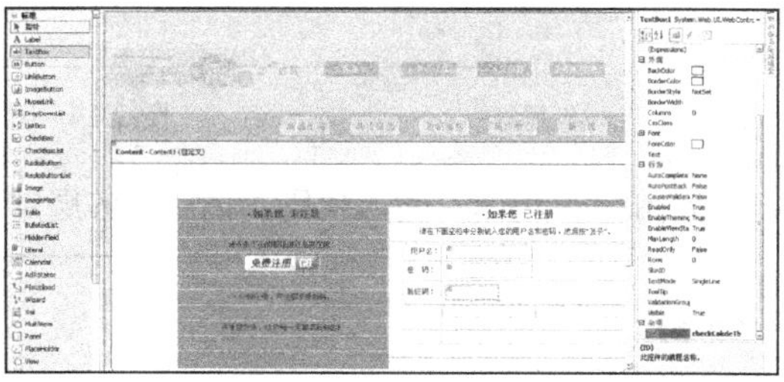

图 7.9　添加验证码输入框

（7）在窗体 login.aspx 中添加验证码图片。从工具箱的 HTML 组中拖放 Image 控件到窗体中合适的位置，并在属性窗口中设置 Src 属性为“validimage.aspx”，如图 7.10 所示。

（8）在窗体 login.aspx 中添加登录按钮图片。从工具箱的 HTML 组中拖放 Image 控件到窗体中合适的位置，并按如图 7.11 所示设置各属性。

（9）在窗体 login.aspx 中添加输入验证。从工具箱的验证组中拖放 RequiredFieldValidator 控件到窗体中合适的位置，设置 ErrorMessage 属性值为“*”，在 ControlToValid 属性值的下拉表中选择“username”控件，修改 ID 属性值为“usernamerfv”，如图 7.12 所示。

（10）用同样的方式为密码和验证码添加验证控件，如图 7.13 所示。

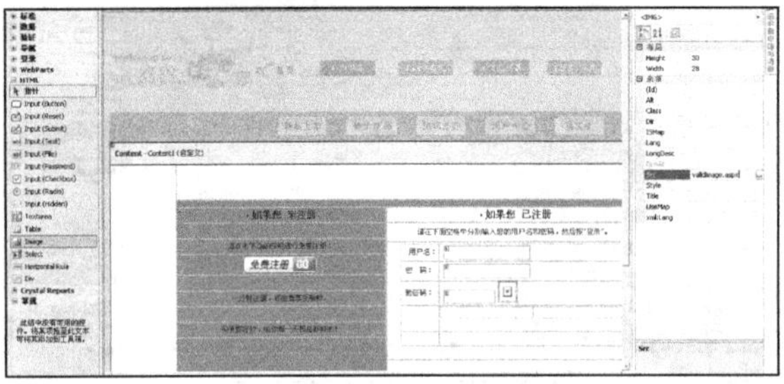

图 7.10　添加验证码图片

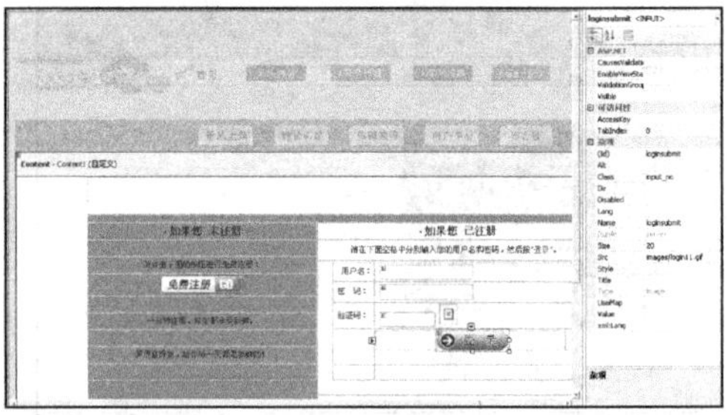

图 7.11　添加登录按钮图片

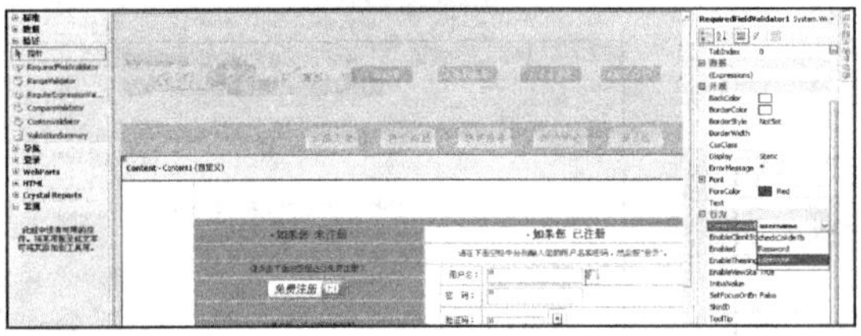

图 7.12　为用户添加输入验证

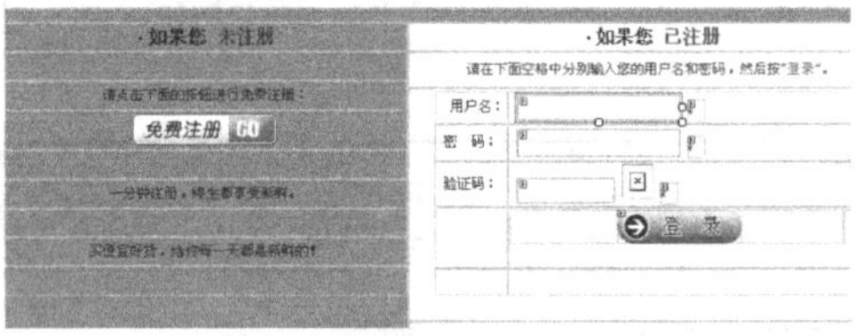

图 7.13　添加验证控件

（11）添加事件处理程序。在登录图片按钮上双击鼠标左键，打开 login.aspx.cs，进入 loginsubmit_ServerClick 事件处理程序的编辑状态，如图 7.14 所示。

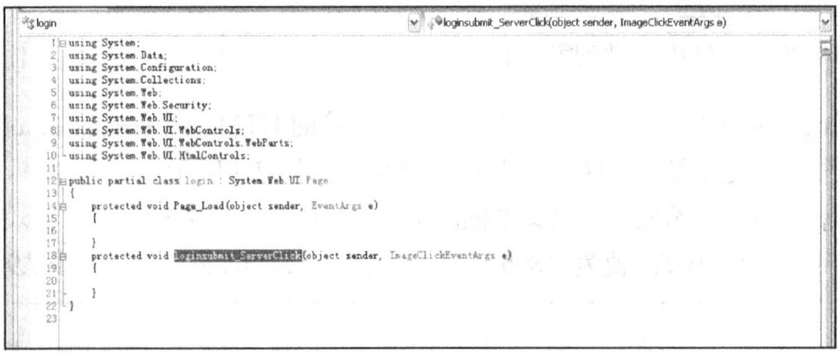

```
login                                   loginsubmit_ServerClick(object sender, ImageClickEventArgs e)
using System;
using System.Data;
using System.Configuration;
using System.Collections;
using System.Web;
using System.Web.Security;
using System.Web.UI;
using System.Web.UI.WebControls;
using System.Web.UI.WebControls.WebParts;
using System.Web.UI.HtmlControls;

public partial class login : System.Web.UI.Page
{
    protected void Page_Load(object sender, EventArgs e)
    {

    }
    protected void loginsubmit_ServerClick(object sender, ImageClickEventArgs e)
    {

    }
}
```

图 7.14　添加事件处理程序

如图 7.15 所示，输入代码，调用业务层定义的方法进行登录处理。

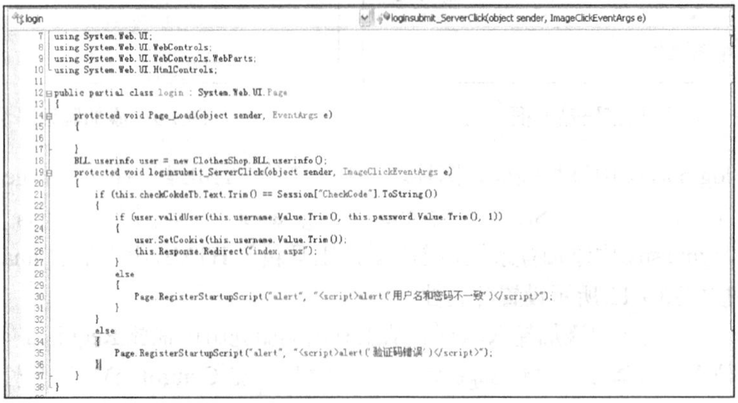

```
login                                   loginsubmit_ServerClick(object sender, ImageClickEventArgs e)
using System.Web.UI;
using System.Web.UI.WebControls;
using System.Web.UI.WebControls.WebParts;
using System.Web.UI.HtmlControls;

public partial class login : System.Web.UI.Page
{
    protected void Page_Load(object sender, EventArgs e)
    {

    }
    BLL.userinfo user = new ClothesShop.BLL.userinfo();
    protected void loginsubmit_ServerClick(object sender, ImageClickEventArgs e)
    {
        if (this.checkCokdeTb.Text.Trim() == Session["CheckCode"].ToString())
        {
            if (user.validUser(this.username.Value.Trim(), this.password.Value.Trim(), 1))
            {
                user.SetCookie(this.username.Value.Trim());
                this.Response.Redirect("index.aspx");
            }
            else
            {
                Page.RegisterStartupScript("alert", "<script>alert('用户名和密码不一致')</script>");
            }
        }
        else
        {
            Page.RegisterStartupScript("alert", "<script>alert('验证码错误')</script>");
        }
    }
}
```

图 7.15　登录的处理程序

代码如下：

```
    BLL.userinfo user = new ClothesShop.BLL.userinfo();
        protected void loginsubmit_ServerClick(object sender, ImageClick
EventArgs
         e)
         { if (this.checkCokdeTb.Text.Trim() == Session["CheckCode"].ToString
         ())
             { if (user.validUser(this.username.Value.Trim(), this.password.
             Value.Trim(), 1))
                 { user.SetCookie(this.username.Value.Trim());
                    this.Response.Redirect("index.aspx"); }
                 else
    { Page.RegisterStartupScript("alert", "<script>alert('用户名和密码不一致
    ')</script>"); }
             }
             else
             { Page.RegisterStartupScript("alert", "<script>alert('验证码错误
             ')</script>"); }
         }
```

相关知识

ASP.NET 的 HTML 控件比 HTML 标记多两个属性：runat 和 id。当 runat 属性值设为 server 时，用来告诉 ASP.NET 这是个服务器端执行的控件，否则是在客户端执行；属性 id 用来指定控件的名称，控制控件时要用这个 id 号。HTML 控件属性可以由 ASP.NET 程序来设定，从而设计出动态页面；而 HTML 标记不具备这种功能，它只能机械地实现用户编写的代码，无法实现互动。对于 runat 属性，ASP.NET 中 HTML 控件如果不添加该属性，则控件是在客户端响应并执行，这样便增加了客户端的数据处理量，此时客户端又称为副客户端；如果添加了这个属性，则该控件是在服务器端响应并执行，然后下载到浏览器中显示出来，这样就增加了服务器端的数据处理量而减少了客户端的数据处理量。

（1）HTML 控件常用属性。

HTML 控件的常用属性，这些属性都是在设计页面中使用的 HTML 控件的公共属性。熟练使用这些属性，将有助于页面设计。

① ID 属性　获取或设置该控件的名称。

② Visible 属性　适用于文字、按钮或文本框等的 HTML 控件。若此属性被设定为 False，则该控件不可见（更不能用）。

③ Style 属性　获取或设置该控件的外观效果，包括背景颜色、边框颜色或控件中字符显示格式等多种效果。

④ InnerHtml 属性　用于设定标记对之间的 HTML 文件，如果 InnerHtml 属性中包含 HTML 标记，那么其中的 HTML 标记会被浏览器视为 HTML 标记并加以翻译。

⑤ InnerText 属性　用于设定标记对之间 HTML 文字，如果 InnerText 属性中包含 HTML 标记，那么其中的 HTML 标记会被浏览器视为文字，并且不翻译直接在浏览器中显示。

（2）常用 HTML 控件。

HtmlInput 控件又称为用户输入控件，与之对应的 HTML 标记是用户输入类型<input type=/>。该控件类型多样，包括 Button、Reset、Submit、Text 和 Radio 等。

当 Input 控件的 type 属性为 Button 时，呈现为按钮控件。它适用于 IE 4.0、NetScape 6.0 及以

上版本的浏览器，使用该控件时需要将其放置在<form runat="server">和</form>标记对之间。将其作为服务器控件运行时，可以在后台程序编写 OnServerClick 事件。

当 HtmlInput 控件的属性 type 为 CheckBox 时，可以组成多选框。新增 Checked 作为判断条件，当 Checked 为 True 时表示选择了该项，否则表示没有被选中。

当 Input 控件的属性 type 为 Radio 时，即成为一组单选框，通过将 name 属性设置为组内<input type=radio>元素所共有的值，可以将多个 HtmlInputRadio 控件组成一组。

InputRadio 控件具有 onserverchange 事件，用于编写处理程序。

注意：控件不会自动向服务器发送信息，必须依赖于使用某个按钮控件的事件，如用 InputSubmit 来发送到服务器。这些按钮必须放在 form 标记对中才能起作用。

InputText 和 InputPassword 控件，这两个控件常用来输入用户名和密码。两个控件的 type 属性不同，但具有相同的常用属性，例如，value 存储输入框中信息；size 用于设置输入框的大小；而 maxlength 用于设置输入文本字符串的最大限制。

当 Input 控件 type 属性为 Inputfile 时，即为一个文件上传控件。该控件可以从浏览器的客户端向服务器的指定目录中上传二进制文件或文本文件，所有 HTML 3.2 和更高版本的 Web 浏览器都支持文件上传，该控件比以往的任何上传程序都简单。

当 Input 控件的 type 属性为 Hidden 时，将生成一个隐藏传输数据的控件，该控件主要用于传输数据而不使用 Cookies 或 Session，尽管此控件是窗体的一部分，但它永远不在窗体中显示。我们可以用隐藏输入控件来处理一些要传送而又不想在页面上显示出来的信息，例如，在电子商务网站中，如果向银行网关接口传送订单信息，可以用隐藏输入控件来处理。

HtmlSelect 控件是 HTML 标记为<select>的控件，该控件允许用户在列表中选择。该控件具有两个关键属性：Value 属性代表被选取的选项；Item 属性代表所有的选项，该属性为对象集合，可利用 Add()方法添加新的列表项。

HtmlTextArea 控件是多行文本控件，与 HTML 标记中的<TextArea>相同。HtmlTextArea 控件与 HtmlInputText 具有相似属性，如同样使用 Value 属性来读取文本内容，但是 HtmlTextArea 又具有特殊属性，如 Rows 属性和 Cols 属性，它们分别控制控件的高度和宽度。

使用 HtmlImage 控件的作用是显示图像，相当于 HTML 中<img>标记。该控件具有如下多种属性：

① Src 属性　用于获取或设置图像的源地址。

② Width 属性　用于获取或设置图像宽度。

③ Height 属性　用于获取或设置图像的高度。

④ Border 属性　用于获取或设置图像边框的宽度。

⑤ Alt 属性　用于获取或设置在图像不可用或当前正在下载且尚未完成的情况下浏览器显示的替换标题，Alt 属性是 HtmlImage 控件的必须属性。

⑥ Align 属性　用于获取或设置图像与其他网页元素的对齐方式。

HtmlTable 控件与 HTML 标记中的<table>相对应，用于创建一个表。HtmlTable 控件由一些行组成，行存储在表的 Rows 集合中，由 HtmlTableRow 对象表示，相当于 HTML 标记中的<tr>；每行均由存储在行 Cells 集合中的单元格组成，单元格由 HtmlTableCell 对象表示，相当于 HTML 标记中的<td>。使用这个控件创建表格方式与 HTML 标记方法相同。

HtmlTable 控件中具有多种属性，通过设置这些属性能够设计令用户满意的表格，关键属性如下所示：

① BgColor 属性　用于获取或设置控件的背景颜色。

② Border 属性　用于获取或设置控件的边框宽度。

③ Height 属性　用于获取或设置控件的高度。

④ Width 属性　用于获取或设置控件的宽度。

⑤ CellPadding 属性　用于获取或设置控件中单元格内容和单元格边框之间的间距，以像素为单位。

⑥ CellSpacing 属性　获取或设置控件中相邻单元格之间的间距，以像素为单位。

⑦ Rows 属性　获取包含在控件中的所有行的 HtmlTableRowCollection 集合，且属性中又包含了诸多方法。

任务拓展

设计和实现后台管理登录入口的功能。

单击“登录”按钮，进入事件处理程序的编辑状态，输入以下代码：

```
        if (user.validUser(this.username.Value.Trim(), this.password.Value.
Trim(), 2))
        { user.SetCookie(this.username.Value.Trim());
          this.Response.Redirect("home.aspx"); }
        else
        { Page.RegisterStartupScript("alert", "<script>alert('用户名和密码不一致
')</script>"); }
```

7.1.2　注册窗体和修改个人资料窗体的设计与实现

任务分析

在新用户注册时，往往要求用户输入注册名、密码、重输密码及邮箱，并在提交前，需要对用户输入的内容进行格式验证，验证通过后提交给注册程序处理。在用户登录成功后，可以对自己的资料进行修改，此时需要验证用户是否已登录，这一验证可通过 ASP.NET 的相关对象实现。

任务实施

步骤一：创建注册窗体

（1）在网站中添加一个套用母版页的新窗体，名为 regist.aspx。

（2）在窗体 regist.aspx 中添加表格进行布局并输入文字，如图 7.16 所示。

（3）在注册窗体中添加服务器控件。界面如图 7.17 所示。

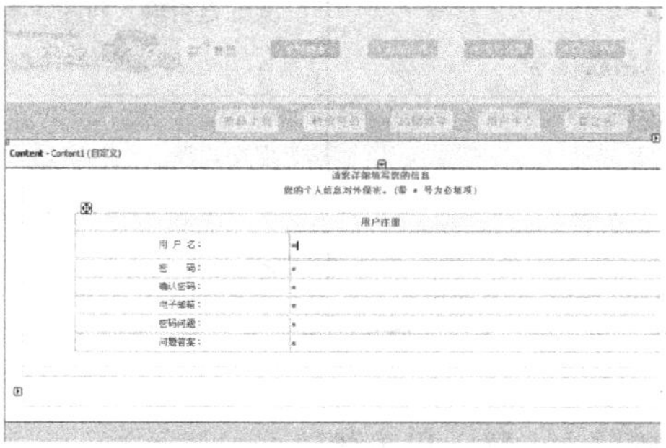

图 7.16　在注册窗体中添加表格与文字

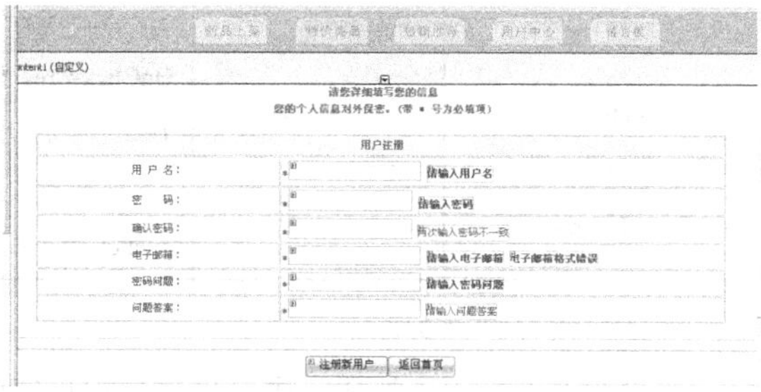

图 7.17　在注册窗体中添加服务器控件

按表 7.1 所示拖放和设置各控件。

表 7.1　服务器各控件及其属性

控件类型	控件 ID	主要属性	功能
TextBox	usernameTb		输入用户名
RequiredFieldValidator	usernameRFV	ErrorMessage="请输入用户名" ControlToValidate="usernameTb" Display="Dynamic"	验证是否输入用户名
TextBox	passwordTb	TextMode="Password"	输入密码
RequiredFieldValidator	passwordRFV	ControlToValidate="passwordTb" Display="dynamic" ErrorMessage="请输入密码"	验证是否输入密码
TextBox	repasswordTb	TextMode="Password"	确认密码
CompareValidator	comparepassword	ControlToCompare="passwordTb" ControlToValidate="repasswordTb" Display="Dynamic" ErrorMessage="两次输入密码不一致"	验证两次密码输入是否一致
TextBox	emailTb		输入 E-mail
RequiredFieldValidator	emailRFV	ControlToValidate="emailTb" Display="dynamic" ErrorMessage="请输入电子邮箱"	验证是否输入 E-mail
RegularExpressionValidator	emailREV	ControlToValidate="emailTb" Display="dynamic" ErrorMessage="电子邮箱格式错误" ValidationExpression= "\w+([-+.']\w+)*@\w+([-.]\w+)*\.\w+([-.]\w+)*"	验证输入的 E-mail 格式是否正确
TextBox	questionTb		输入密码问题
RequiredFieldValidator	questionRFV	ControlToValidate="questionTb" Display="dynamic" ErrorMessage="请输入密码问题"	验证是否输入密码问题
TextBox	answerTb		输入问题答案
RequiredFieldValidator	answerRFV	ControlToValidate="answerTb" Display="dynamic" ErrorMessage="请输入问题答案"	验证是否输入问题答案
Button	registBt	OnClick="registBt_Click" Text="注册新用户"	提交注册
Input(Button)		value="返回首页" onclick="window.location.href='index.aspx'"	返回首页

（4）编写事件处理程序。

双击“注册新用户”按钮，进入事件处理程序的编辑状态，输入以下代码：

```
BLL.userinfo user = new ClothesShop.BLL.userinfo();
 protected void registBt_Click(object sender, EventArgs e)
```

```
        { if (user.IsExtie(this.usrernameTb.Text.Trim()) == false)
        { int result = user.createUser(this.usrernameTb.Text.Trim(), this.
passwordTb.Text.Trim(), 1, this.emailTb. Text.Trim(), this.questionTb.Text,
this.answerTb.Text.Trim());
              if (result == 1)
              { this.Response.Redirect("index.aspx");  }
               else
               {Page.RegisterStartupScript("alert", "<script>alert('新用户注册
失败!请填好资料在尝试')</script>"); }
              }
              else
              {Page.RegisterStartupScript("alert", "<script>alert('用户已存在,
请换个用户名')</script>");   }
        }
```

步骤二：创建修改个人资料窗体

（1）在网站中添加一个套用母版页的新窗体，名为 user.aspx。

（2）在窗体 user.aspx 中添加表格和进行布局并输入文字、添加控件，界面如图 7.18 所示。

图 7.18 修改个人资料窗体界面

控件属性如表 7.2 所示。

表 7.2 个人资料窗体各控件及其属性

控件类型	控件 ID	主要属性	功能
Label	usernamelb		显示用户名
TextBox	emailTb		输入 E-mail
RequiredFieldValidator	emailRFV	ControlToValidate="emailTb" Display="dynamic" ErrorMessage="请输入电子邮箱"	验证是否输入 E-mail
RegularExpressionValidator	emailREV	ControlToValidate="emailTb" Display="dynamic" ErrorMessage="电子邮箱格式错误" ValidationExpression= "\w+([-+.']\w+)*@\w+([-.]\w+)*\.\w+([-.]\w+)*"	验证输入的 E-mail 格式是否正确
TextBox	questionTb		输入密码问题

续表

控件类型	控件 ID	主要属性	功能
RequiredFieldValidator	questionRFV	ControlToValidate="questionTb" Display="dynamic" ErrorMessage="请输入密码问题"	验证是否输入密码问题
TextBox	answerTb		输入问题答案
RequiredFieldValidator	answerRFV	ControlToValidate="answerTb" Display="dynamic" ErrorMessage="请输入问题答案"	验证是否输入问题答案
Button	updateBt	Text="确认修改" OnClick="updateBt_Click"	提交修改
HiddenField	HiddenField1		传递密码

（3）切换到 user.aspx.cs 文件的编辑状态，设置事件处理程序，代码如下所示：

```
        BLL.userinfo user_1 = new ClothesShop.BLL.userinfo();
        protected void Page_Load(object sender, EventArgs e)
            { if (user_1.IsLogin() == True)
                {  if (!this.IsPostBack)
                    {  this.Bind();  }
                }
                else
                {  this.Response.Redirect("login_1.aspx");  }
            }
            private void Bind()
            { DataTable tabel = user_1.getUser(user_1.getUserID());
                if (tabel.Rows.Count > 0)
              { this.usernamelb.Text = tabel.Rows[0]["username"].ToString();
                    this.emailTb.Text = tabel.Rows[0]["email"].ToString();
                    this.questionTb.Text                                    =
tabel.Rows[0]["question"].ToString();
                    this.answerTb.Text = tabel.Rows[0]["answer"].ToString();
                    this.HiddenField1.Value = tabel.Rows[0]["password"].
                     ToString();}
            }
            protected void updateBt_Click(object sender, EventArgs e)
            {if
(user_1.updateUser(user_1.getUserID(),this.HiddenField1.Value.ToString(),this
.emailTb.Text.Trim(),this.questionTb.Text.Trim(),this.answerTb.Text.Trim())
== 1)
                {  Page.RegisterStartupScript("alert","<script>alert('修改成
功')</script>");  }
                else
                {Page.RegisterStartupScript("alert", "<script>alert('修改失败
                  ')</script>");  }
            }
```

相关知识

1. ASP.NET 的 Page 对象

Page 对象位于 System.Web.UI 命名空间下。用户创建的每一页 ASP.NET 程序在编译后就创建一个 System.Web.UI.Page 对象，即 Page 对象。

Page 对象充当页中所有服务器控件的命名容器。Page 类是一个用做 Web 应用程序的用户界面的控件。

当用户请求 ASP.NET 程序，在加载和执行 ASP.NET 时，会触发一系列 Page 对象的事件。

（1）Page 对象的常用事件。

① PreInit 事件　在服务器准备从文件夹加载 ASP.NET 时发生。

② Load 事件　当 ASP.NET 程序已经加载内存时发生，可以在此事件初始化控件属性和执行窗体处理。

③ PreRender 事件　在创建控件前产生，执行最后的控件更新。

④ Unload 事件　当 ASP.NET 程序完全执行之后产生。

（2）Page 对象的常用属性。

① Buffer 属性设置指示是否对页输出进行缓冲处理的值。如果对页输出进行缓冲处理，则为 True，否则为 False，默认值为 True。大多数情况下不要在代码中设置该属性，而是使用.aspx 文件中的@Page 指令设置 Buffer 特性。

② ClientQueryString 属性获取请求的 URL 的查询字符串部分。例如，如果请求的 URL 是 http://www.mysite.com/default.aspx?id=111，则 ClientQueryString 属性将包含 id=111。

③ ClientScript 属性获取用于管理脚本、注册脚本和向页添加脚本的 ClientScriptManager 对象。ClientScriptManager 类是 ASP.NET 2.0 中新增的类，它替代现在已被否决的用于管理脚本的 Page 类方法，用于管理客户端脚本并将它们添加到 Web 应用程序中。

通过在网页的 HTML 标记中包含脚本，可以声明方式向网页添加客户端脚本。然而，有些情况下需要动态添加客户端脚本。若要动态添加脚本，根据想添加脚本的时间及方式，使用 RegisterClientScriptBlock 方法、RegisterClientScriptInclude 方法、RegisterStartupScript 方法或 RegisterOnSubmitStatement 方法。

例如，在任务实施中用以下语句让页面在用户输入错误的用户名密码时弹出提示对话框：

```
    Page.ClientScript.RegisterStartupScript("alert", "<script>alert('用户名和密码不一致')</script>");
```

RegisterClientScriptBlock 方法向页的顶部添加一个脚本块，以字符串形式创建脚本，然后将其传递给方法，方法再将脚本添加到页中。可以使用此方法将任何脚本插入到页中，但脚本可能在所有元素完成之前呈现到页中；因此可能无法从脚本中引用页上的所有元素。RegisterClientScriptInclude 方法与 RegisterClientScriptBlock 方法类似，但此方法将添加引用外部 .js 文件的脚本块。包含文件在任何其他动态添加的脚本之前添加；因此可能无法引用页上的某些元素。RegisterStartupScript 方法向页中添加一个脚本块，该脚本块在页完成加载后引发页的 onload 事件之前执行。该脚本通常不创建为事件处理程序或函数，通常只包含要执行一次的语句。RegisterOnSubmitStatement 方法添加响应页的 onsubmit 事件而执行的脚本，该脚本在提交页之前执行，允许取消提交。

④ ErrorPage 属性获取或设置错误页，在发生未处理的页异常的事件时请求浏览器将被重定向

到该页。例如：

```
if(!IsPostBack)
    this.ErrorPage = "Error_Page.aspx";
```

⑤ Header 属性获取对 HtmlHead 对象的引用，该对象可用于设置页的文档标头信息。通过 HtmlHead 可以将样式表、样式规则、标题和元数据之类的信息添加到 head 元素中。如以下代码动态设置页面的背景色、前景色和 Title：

```
Style bodyStyle = new Style();
bodyStyle.ForeColor = System.Drawing.Color.Blue;
bodyStyle.BackColor = System.Drawing.Color.LightGray;
Page.Header.StyleSheet.CreateStyleRule(bodyStyle, null, "body");
Page.Header.Title = "HtmlHead Example";
```

⑥ IsPostBack 属性的值用来确定页面是第一次呈现还是正在响应回发，如果是为响应客户端回发而加载该页，则为 True；否则为 False。如以下代码控制页面初始化时 DropDownList1 控件的选项：

```
protected void Page_Load(object sender, EventArgs e)
    { if (!Page.IsPostBack)
        { for (int i = 1; i <= 12; i++)
              DropDownList1.Items.Add(i.ToString());
        }
    }
```

⑦ IsValid 属性获取一个值，该值指示页验证是否成功。如果页验证成功，则为 True；否则为 False。

（3）Page 对象的常用方法。

FindControl 方法在页命名容器中搜索带指定标识符的服务器控件。可用于访问在设计时其 ID 不可用的控件。该方法返回指定的控件，如果指定的控件不存在的话，返回 null()。

ParseControl 方法将输入字符串分析为 Web 窗体页或用户控件中的 Control 对象。如以下代码：

```
Control btn =Page. ParseControl("<asp:button text='Click me!' runat=
'server' />");
form1.Controls.Add(btn);
```

2. Server 对象

Server 对象是定义了一个与 Web 服务器相关的类，该类提供了对服务器中方法和属性的访问。

（1）Server 对象的属性：

① MachineName 属性可用于获取服务器的计算机名称。

② ScriptTimeout 属性可用于获取和设置请求超时值（以秒计）。如以下代码将请求超时期限设置为 30s：

```
Server.ScriptTimeout=30;
```

（2）Server 对象的常用方法。

① CreateObject 方法创建服务器组件的实例。语法如下：

```
Server.CreateObject( progID )
```

参数 progID 指定要创建的对象的类型。如以下语句创建一个名为 MyAd 的 MSWC. AdRotator 服务器组件，MSWC.AdRotator 组件可用于在 Web 页上的自动轮换广告。

```
Set MyAd = Server.CreateObject("MSWC.AdRotator")
```

不能创建与内建对象同名的对象实例。如以下语句将返回错误：

```
<% Set Response = Server.CreateObject("Response") %>
```

② HtmlEncode 方法对指定的字符串应用 HTML 编码，语法如下：

```
Server.HTMLEncode( string )
```

HtmlDecode 方法则是对 HTML 编码的字符串解码，并返回已解码的字符串。语法如下：

```
Server.HTMLDecode( string )
```

参数 string 指定要编码及解码的字符串。例如：

```
protected void Page_Load(object sender, EventArgs e)
    {
        string str = Server.HtmlEncode("<b>字符串</b>");
        Response.Write("编码： " + str);
        Response.Write("<p/>");
        str = Server.HtmlDecode(str);
        Response.Write("解码： " + str);
    }
```

显示结果如图 7.19 所示。

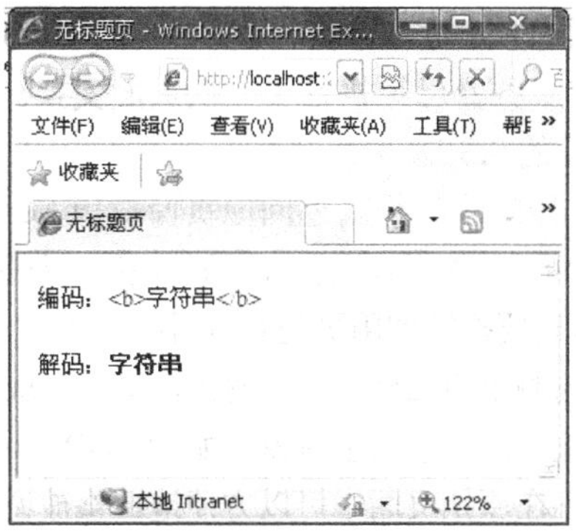

图 7.19　HTML 编/解码字符串

③ MapPath 方法将指定的相对或虚拟路径映射到服务器上相应的物理目录上。语法如下：

```
Server.MapPath( Path )
```

参数 Path 指定要映射物理目录的相对或虚拟路径。若 Path 以一个正斜杠（/）或反斜杠（\）开始，则 MapPath 方法返回路径时将 Path 视为完整的虚拟路径。若 Path 不是以斜杠开始，则 MapPath 方法返回同代码所在文件中的路径相对的路径。

MapPath 方法不检查返回的路径是否正确或在服务器中是否存在。如以下代码获取 default.aspx 文件的物理路径：

```
Server.Mappath("default.aspx")
```

④ URLDecode 方法和 URLEncode 方法用于对字符串进行 URL 解码和编码，语法如下：

```
Server.URLDecode( string )
Server.URLEncode( string )
```

参数 string 指定要解码或编码的字符串。

如下例：

```
protected void Page_Load(object sender, EventArgs e)
{  string str = Server.UrlEncode("<b>字符串</b>");
    Response.Write("URL 编码：" + str);
    Response.Write("<p/>");
    str = Server.UrlDecode("<b>字符串</b>");
    Response.Write("URL 解码：" + str);
}
```

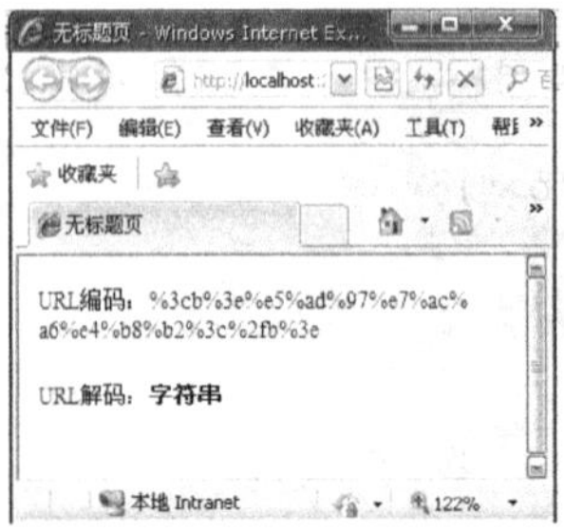

图 7.20　URL 编/解码字符串

显示结果如图 7.20 所示。

⑤ 用代码控制从一个页面导航到另一个页面。ASP.NET 有三种不同的方式可以达到相似的目的：调用 Response 对象的 Redirect 方法，调用 Server 对象的 Transfer 或 Execute 方法。这三种导航方式的行为基本相似，但也有区别。

Server.Transfer 方法把执行流程从当前的 ASPX 文件转到同一服务器中的另一个 ASPX 页面。调用 Server.Transfer 时，当前的 ASPX 页面终止执行，执行流程转入另一个 ASPX 页面，但新的 ASPX 页面仍使用前一 ASPX 页面创建的应答流。

用 Server.Transfer 方法实现页面之间的导航，浏览器中的 URL 不会改变，因为重定向完全在服务器端进行，浏览器根本不知道服务器已经执行了一次页面变换。

Server.Execute 方法允许当前的 ASPX 页面执行一个同一 Web 服务器中的指定 ASPX 页面，当指定的 ASPX 页面执行完毕时，控制流程重新返回原页面发出 Server.Execute 调用的位置。

这种页面导航方式类似于针对 ASPX 页面的一次函数调用，被调用的页面能够访问发出调用页面的表单数据和查询字符串集合，所以要把被调用页面 Page 指令的 EnableViewStateMac 属性设置成 False。

在默认情况下，被调用页面的输出追加到当前应答流。但是，Server.Execute 方法有一个重载的方法，允许通过一个 TextWriter 对象（或者它的子对象，如 StringWriter 对象）获取被调用页面的输出，而不是直接追加到输出流，这样，在原始页面中可以方便地调整被调用页面输出结果的位置。

Response.Redirect 方法导致浏览器链接到一个指定的 URL。当 Response.Redirect 方法被调用时，它会创建一个应答，在应答头中指出了状态代码 302（表示目标已经改变）及新的目标 URL。浏览器从服务器收到该应答，利用应答头中的信息发出一个对新 URL 的请求。

使用 Response.Redirect 方法时重定向操作发生在客户端，总共涉及到两次与服务器的通信（两个来回）：第一次是对原始页面的请求，得到一个 302 应答，第二次是请求 302 应答中声明的新页面，得到重定向之后的页面。

任务拓展

设计和实现后台管理员对操作员进行管理的功能：管理员登录后可添加、删除操作员，可重置操作员的密码，创建窗体实现这样的功能。

任务 2 添加商品子模块的设计与实现

添加商品子模块是后台管理中的商品管理模块的一部分，是典型的以不同方式收集用户数据的实例。商品数据如何经过怎样的业务处理，如何放入数据库的问题在数据访问层和业务逻辑层中解决，本任务主要实现在开发环境中用 Web 标准控件采集商品信息的数据，传送给业务层处理。该模块的界面效果如图 7.21 所示。

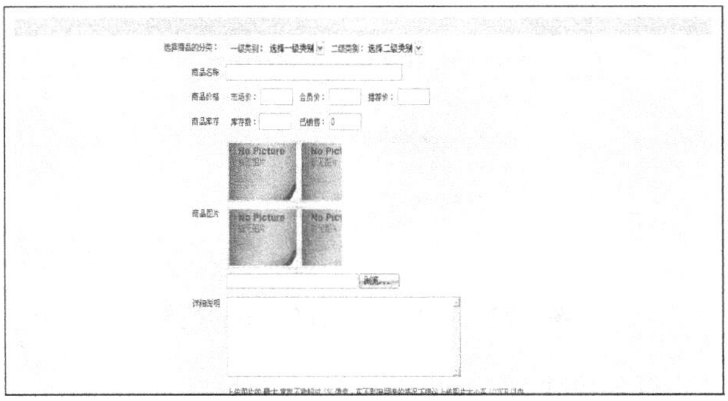

图 7.21 添加新商品界面

7.2.1 添加商品子模块的窗体设计

任务分析

在新商品的添加中，需要选择商品的类别，输入商品的名称、各种价格、数量及说明信息，并上传商品的图片。这些元素可以通过拖放 ASP.NET 提供的各种服务器控件来实现。另外，在把输入的信息提交到数据库之前，需要对这些数据进行非空或有效性的验证，在 ASP.NET 中提供了多个验证控件，可用于处理各类验证需求。

任务实施

步骤一：窗体的布局

（1）在网站的 admin 文件夹中添加一个新窗体，名为 addproduct.aspx。

（2）在窗体 addproduct.aspx 中添加表格进行布局并输入文字，如图 7.22 所示。

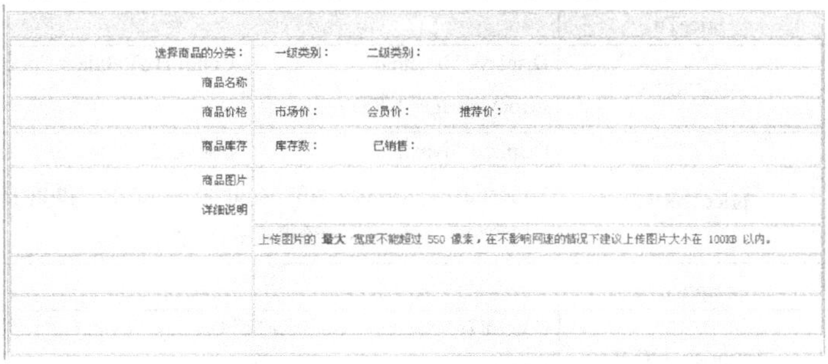

图 7.22 添加新商品布局效果

步骤二：在窗体中添加控件并设置属性

在窗体中添加服务器控件。界面如图 7.23 所示。

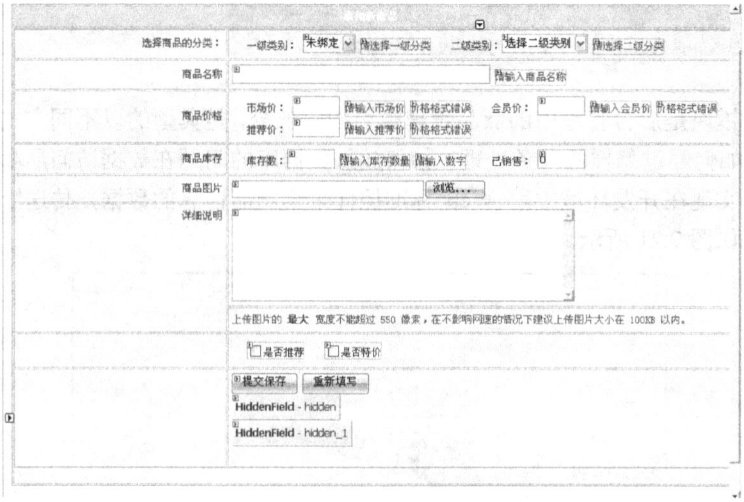

图 7.23 添加新商品窗体中的控件

按表 7.3 所示拖放和设置各控件。

表 7.3 窗体服务器各控件属性

控 件 类 型	控 件 ID	主 要 属 性	功 能
DropDownList	type_1ddl		选择一级类别
CustomValidator	type_1customvalidator	ClientValidationFunction="type_1ddl" ControlToValidate="type_1ddl" Display="dynamic" ErrorMessage="请选择一级分类"	验证是否选择类别
DropDownList	type_2ddl		选择二级类别
CustomValidator	type_2customvalidator	ClientValidationFunction="type_2ddl" ControlToValidate="type_2ddl" Display="dynamic" ErrorMessage="请选择二级分类"	验证是否选择类别
TextBox	productnameTb		输入商品名称
RequiredFieldValidator	productnameTbRFv	Display="dynamic" ControlToValidate="productnameTb" ErrorMessage="请输入商品名称"	验证是否输入商品名称
TextBox	priceTb		输入市场价
RequiredFieldValidator	priceTbRFV	Display="dynamic" ControlToValidate="priceTb" ErrorMessage="请输入市场价"	验证是否输入市场价
RegularExpression Validator	priceTbREV	Display="dynamic" ControlToValidate="priceTb" ValidationExpression="^(0|[1-9]\d*)(\.\d{1,2})?$\|^[0-9]*[1-9][0-9]*$" ErrorMessage="价格格式错误"	验证价格格式是否正确
TextBox	userpriceTb		输入会员价
RequiredFieldValidator	userpriceTbRFV	ControlToValidate="userpriceTb" Display="dynamic" ErrorMessage="请输入会员价"	验证是否输入会员价
RegularExpression Validator	userpriceTbREV	ControlToValidate="userpriceTb" Display="dynamic" ValidationExpression="^(0|[1-9]\d*)(\.\d{1,2})?$\|^[0-9]*[1-9][0-9]*$" ErrorMessage="价格格式错误"	验证输入的价格格式是否正确

续表

控件类型	控件 ID	主要属性	功能
TextBox	specialspriceTb		输入推荐价
RequiredFieldValidator	specialspriceTbRFV	ControlToValidate="specialspriceTb" Display="dynamic" ErrorMessage="请输入推荐价"	验证是否输入推荐价
RegularExpression Validator	specialspriceTbREV	ControlToValidate=" specialspriceTb" Display="dynamic" ValidationExpression="^(0|[1-9]\d*)(\.\d{1,2})?$\|^[0-9]*[1-9][0-9]*$" ErrorMessage="价格格式错误"	验证输入的价格格式是否正确
TextBox	countTb		输入库存
RequiredFieldValidator	countTbRFV	ControlToValidate="countTb" Display="dynamic" ErrorMessage="请输入库存数量"	验证是否输入库存
RegularExpression Validator	countTbREV	ControlToValidate="countTb" Display="dynamic" ValidationExpression="^[0-9]*[1-9][0-9]*$" ErrorMessage="请输入数字"	验证输入的库存格式是否正确
TextBox	sellcountTb	Text="0"	输入已销售
FileUpload	picupload	Width="300px" onchange="PreviewImg(this)"	提交商品图片
TextBox	descriptionTb	TextMode="MultiLine" Width="400px" Height="100px"	输入详细说明
CheckBox	recommendedCB	Text="是否推荐"	选择是否推荐
CheckBox	specialsCB	Text="是否特价"	选择是否特价
Button	submitBt	Text="提交保存" OnClick="submitBt_Click"	提交保存按钮
Input(Button)		value="重新填写"	重填
HiddenField	hidden		
HiddenField	hidden_1		

相关知识

在创建 ASP.NET 网页时，可以使用以下类型的控件。

（1）HTML 服务器控件：对服务器公开的 HTML 元素，可对其进行编程。HTML 服务器控件公开一个对象模型，该模型十分紧密地映射到相应控件所呈现的 HTML 元素。在任务 1 中用了 HTML 服务器控件。

（2）Web 服务器控件：这些控件比 HTML 服务器控件具有更多内置功能。Web 服务器控件不仅包括窗体控件（如按钮和文本框），而且还包括特殊用途的控件（如日历、菜单和树视图控件）。Web 服务器控件与 HTML 服务器控件相比更为抽象，因为其对象模型不一定反映 HTML 语法。

（3）验证控件：包含逻辑以允许对用户在输入控件（如 TextBox 控件）中输入的内容进行验证的控件。验证控件可用于对必填字段进行检查，对照字符的特定值或模式进行测试，验证某个值是否在限定范围之内等。

（4）用户控件：作为 ASP.NET 网页创建的控件。ASP.NET 用户控件可以嵌入到其他 ASP.NET 网页中，这是一种创建工具栏和其他可重用元素的捷径。这在其他章节中介绍。

1. ASP.NET Web 服务器控件

ASP.NET Web 服务器控件是 ASP.NET 网页中的对象，这些控件在该页被请求时运行并向浏览器呈现标记。

基本上，所有的 Web 服务器控件的使用方式都差不多，都是先拖放进页面，然后设置控件的名称和相关属性。

在网页中使用 Web 控件时，具有统一语法，如下所示：

```
<asp:button attributes runat="server" id="MyButton" ></asp:button>
```

Web 控件通常以<asp:type>开始，后面是 Web 控件属性。在运行 ASP.NET 网页时，Web 服务器控件在网页中呈现适当的标记，这通常不仅取决于浏览器类型，还与对该控件所做的设置有关。例如，TextBox 控件可能呈现为 input 标记，也可能呈现为 textarea 标记，具体取决于其属性。

在开发工具的“工具箱”窗口中可以看到所有 ASP.NET 提供的 Web 服务器控件，用选项卡分类。需要使用哪种控件，只需用鼠标拖放到页面中相应位置就可以了。

无论哪种控件，在网页上都需要一个控件名称，同一网页中的控件名称不可以重复。选中控件后，在“属性”窗口的 ID 为控件设置控件名称。为控件设置名称时最好根据它在网页中的作用取有意义的名称，而不要用默认的名称。

控件的许多功能、外观都可通过“属性”窗口修改，“属性”窗口最上方的下拉列表会列出网页中所有的控件，在下拉列表中选择或在网页中单击，可以切换到设置选中控件的属性。

2. ASP.NET 的验证控件

使用 ASP.NET 验证控件可在网页上检查用户输入。有用于各种不同类型验证的控件，如范围检查或模式匹配验证控件。每个验证控件都引用网页上其他位置的输入控件（服务器控件）。当处理用户输入时（例如，当提交网页时），验证控件会对用户输入进行测试，并设置属性以指示输入是否通过了测试。调用了所有验证控件后，会在网页上设置一个属性以指示是否出现验证检查失败。

检测到错误的验证控件后，将生成要显示在网页上的错误信息。可以使用 ValidationSummary 控件在某个位置显示所有验证错误。

ASP.NET 提供了三种显示方式：Static，静态显示方式，为系统默认显示方式，当验证控件初始化时，需要在页面上有足够的空间来放置验证控件，如果没有显示错误信息时，则验证控件仍然占据一定的页面空间；Dynamic，动态显示方式，当验证控件初始化时，控件不占页面空间，只有在需要显示错误信息时，控件才占据一定的页面空间；None，不在当前验证控件中显示错误信息，而在页面总结验证控件中显示错误信息。

每个验证控件只能做一项检查，若要对同一个字段进行一项以上的检查，可结合多个验证控件，并将它们的 ControlToValidate 都指向同一个控件。例如，在对价格数据同时进行必需输入、数据类型、范围验证时，需要用三个验证控件来实现。

（1）RequiredFieldValidator 控件用于确保用户不会跳过某个必填字段。

将 RequiredFieldValidator 控件拖放到网页中合适的位置后，从 ControlToValidate 属性下拉列表中选择要使用 RequiredFieldValidator 进行验证的控件。再将 ErrorMessage 属性设置为要在用户将控件留空时显示的文本。

（2）CompareValidator 控件为比较验证控件，主要用来比较两个 TextBox 控件的内容或者某个控件与某个固定表达式值是否相等。当比较结果不相等时，显示出错信息。该控件在用户修改密码或输入新密码时非常有用。使用控件时属性设置至关重要，该控件的关键属性如下所示：

① ControlToCompare 属性　获取或设置用于比较的输入控件的 ID，默认值为空。

② ControlToValidate 属性　设置需要验证控件的 ID。

③ ValueToCompare 属性　获取或设置要比较的值，可以单独与 ControlToValidate 比较，不需

ControlToCompare。

④ Operator 属性　获取或设置验证中使用的比较操作。默认值为 Equal。

⑤ Type 属性　获取或设置比较的两个值的数据类型。默认值为 String 类型。

（3）RangeValidator 控件为范围验证控件，在用户输入不在验证范围内时将引发页面错误。控件提供了 Integer、String、Date、Double 和 Currency 5 种验证类型，要正确选择。

① Integer：主要用来验证输入是否在指定整数范围内。

② String：主要用来验证输入是否在指定的字符串范围内。

③ Date：主要用来验证输入是否在指定的日期范围内。

④ Double：主要用来验证输入是否在指定的双精度范围内。

⑤ Currency：主要用来验证输入是否在指定的货币范围内。

每种验证都存在最小值和最大值，使用该控件的标准代码如下所示：

```
    <asp:RangeValidator ID="MyRV" runat="server" ErrorMessage="数量必须在 0～100 之间" ControlToValidate="需要验证的控件" Type="Currency|Integer|Date|Currency| String" MinimumValue="最小值" MaximumValue="最大值">
    </asp:RangeValidator>
```

（4）RegluarExpressionValidator 控件又称为正则表达式验证控件，该控件功能非常强大，用于确定输入控件的值是否与某个正则表达式所定义模式匹配。开发工具中提供了常用的格式，如身份证号、邮政编码、电话号码等都可以被选择。

使用这个控件时主要是修改控件的三个属性值：ControlToValidate，指向需要验证的控件；ErrorMessage，验证出错时显示的信息；ValidationExpression，验证用的正则表达式。

（5）ValidationSummary 控件用于集中显示所有的报错信息。

在 ASP.NET 程序设计时，如果页面比较庞大而需要验证的控件较多，用户在观察错误信息时可能会出现混乱，而 ValidationSummary 解决了这一难题，该控件又称为错误总结控件，与其他控件相比具有一些特殊属性，如下所示：

① HeaderText　控件汇总信息。

② DisplayMode　错误信息显示的格式，如横向排列、竖向排列等。

③ ShowMessageBox　是否以弹出对话框来显示验证控件的错误。

④ ShowSummary　是否使用错误汇总信息。

⑤ EnableClientScript　是否使用客户端验证，系统默认值为 True。

任务拓展

针对订单结算功能设计窗体。

新建窗体，添加文本、输入控件和验证控件，界面如图 7.24 所示。

图 7.24　订单结算界面

7.2.2 添加商品子模块的事件处理程序

任务分析

在输入界面中填写数据，并验证通过后，这些数据应被送到服务器上的数据库中存储。在表单中的按钮上可以编写事件处理程序，对按钮的单击事件设置响应。编辑事件处理程序的方法是在按钮控件上双击，进入事件处理程序的编辑状态编写代码。

任务实施

双击“提交保存”按钮，进入事件处理程序的编辑状态，输入以下代码：

```
protected void Page_Load(object sender, EventArgs e)
        {  if (user.IsLogin() == True && user.getUserRole() == 2)
            {  if (!this.IsPostBack)
                {   Bindtype();    }
            }
            else
            { this.Response.Redirect("logins.aspx");  }
        }
        ClothesShop.BLL.userinfo user = new ClothesShop.BLL.userinfo();
        ClothesShop.BLL.product pro = new ClothesShop.BLL.product();
        ClothesShop.BLL.type_1 t_1 = new ClothesShop.BLL.type_1();
        private void Bindtype()
        {   DataTable dt_1 = t_1.type_1list("");
            foreach (DataRow row in dt_1.Rows)
            {
        ListItem li = new ListItem(row["typename"].ToString(), row
        ["typeid_1"].ToString());
             this.type_1ddl.Items.Add(li);
            }
            this.type_1ddl.Items.Insert(0, new ListItem("选择一级类别",
            "0"));
        }
        protected void submitBt_Click(object sender, EventArgs e)
        { if (this.hidden_1.Value != "")
            {  int typeid_2 = int.Parse(this.hidden_1.Value);
                string productname = this.productnameTb.Text.Trim();
                int typeid_1 = int.Parse(this.type_1ddl.SelectedValue.
                ToString());
                bool recommended = this.recommendedCB.Checked;
                bool specials = this.specialsCB.Checked;
                Double price = Double.Parse(this.priceTb.Text.Trim());
                Double userprice = Double.Parse(this.userpriceTb.Text.
                Trim());
                Double specialsprice = Double.Parse(this.specialspriceTb.
                Text.Trim());
                int pointcount = 0;
                string imagepath = this.getimagepath();
                int count = int.Parse(this.countTb.Text.Trim());
                int sellcount = int.Parse(this.sellcountTb.Text.Trim());
```

```
                string description = this.descriptionTb.Text;
                if (pro.createproduct(productname, typeid_1, typeid_2,
                recommended, specials, price, userprice,
                specialsprice, pointcount, imagepath, count, sellcount,
                description) == 1)
{Page.ClientScript.RegisterClientScriptBlock(this.GetType(),        "alert",
"<script> alert('添加新产品成功!')</script>", false);
              this.picupload.SaveAs(Server.MapPath("../pic/" + imagepath));
                }
                else
{  Page.ClientScript.RegisterClientScriptBlock(this.GetType(),
            "alert", "<script>alert('添加新产品失败!')</script>",
            false);       }
              }
          }
          private string getimagepath()
          {  try
           { return this.picupload.HasFile ? DateTime.Now.ToString
           ("yyyymmddhhmmss") + ".gif" : "nopic.gif";  }
             catch
             {  return "nopic.gif";  }
          }
```

相关知识

1. ASP.NET 控件的事件处理

在用户单击网页中的按钮后，浏览器会将这一页的内容送回服务器，这个动作称为 Postback。

ASP.NET 提供了三种不同的按钮控件，都会产生 Postback 动作，但外观不太一样，如图 7.25 所示。

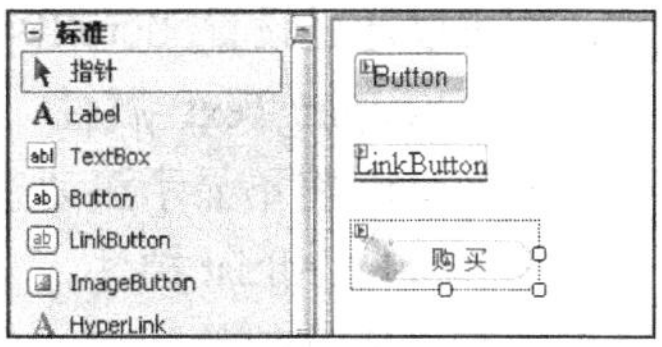

图 7.25　三种按钮控件

（1）设置按钮的外观：Button 控件和 LinkButton 控件都是通过 Text 属性设置显示在按钮上的文字；ImageButton 控件以一张图片作为按钮图案，并在 ImageUrl 属性中设置图片的路径和文件名。

（2）按钮的 Click 事件。

在默认情况下，当用户单击了一个按钮控件时，浏览器会将用户在这一页操作的数据送回服务器，再次启动同一网页中的程序，即 Postback。

用户的单击按钮动作，使 ASP.NET 会产生一个 Click 事件。在 ASP.NET 网页中可以针对这个事件编写程序，以响应用户单击按钮的动作，即编写“事件处理程序（Event handler）”。

双击按钮或在“属性”窗口单击上方的事件列表图标后再双击 Click 事件，开发工具会自动产生事件处理程序，接着就可以在这个事件处理程序中添加代码。

2. ASP.NET 的输出控件

ASP.NET 提供了一系列用于输出数据的控件，可显示文本、图片、表格、列表等网页元素。

（1）Label 控件。

Label 控件可控制文本在网页的特定位置出现，并可以动态生成要显示的内容。要显示什么内容由 Text 属性决定，可以直接在“属性”窗口中设置，也可以用代码设置。

如下代码让 Label 在网页上显示当前时间：

```
    Lb_Message.Text = DateTime.Now.ToString();
```

（2）Image 控件。

使用 Image 控件，可以在 ASP.NET 网页上显示图像，并用自己的代码管理这些图像。

向网页中添加 Image 控件后，将该控件的 ImageUrl 属性设置为 .gif、.jpg 或其他 Web 图形文件的 URL。若要显示的图片文件在同一个目录下，直接输入文件名即可，最好不要输入完整网址，以免在网站移植时会出现图片找不到的情况。

若图片文件在同一网站的不同目录下，可用“～/”代表网站的根目录，如“～/images/logo.gif”。

Image 控件的常用属性如下：

① Height 属性和 Width 属性　在网页上为图形保留空间。当网页呈现时，将根据保留的空间相应调整图像大小。

② ImageAlign 属性　使用如 Top、Bottom、Left、Middle 和 Right 这样的值将图像与环绕文本对齐。在代码中，可以使用 ImageAlign 属性来设置图像的对齐方式。

③ AlternateText 属性　若不能加载图形，可以在显示时用文本来代替。在有些浏览器中，此文本还会显示为工具提示。

（3）Panel 控件。

Panel 控件是 ASP.NET 网页中的一种容器控件，可以将它用做静态文本和其他控件的父控件。对于一组控件和相关的标记，可以通过将其放置在 Panel 控件中，然后操作此 Panel 控件的时候可以将它们作为一个单元进行管理，可以同时隐藏或显示。

Panel 控件的常用属性如下：

① HorizontalAlign 属性　指定子控件在面板内的对齐方式（左对齐、右对齐、居中或两端对齐）。

② Wrap 属性　指定面板内过宽的内容是要换到下一行，还是要在面板边缘处截断。

③ ScrollBars 属性　如果已经设置了 Height 和 Width 属性将 Panel 控件限制为特定的大小，则可以通过设置 ScrollBars 属性来添加滚动条。

④ GroupingText 属性　在 Panel 控件周围呈现边框和标题。如果指定了滚动条，则设置 GroupingText 将不显示滚动条。

（4）BulletedList 控件。

BulletedList 控件创建一个无序或有序(编号)的项列表，分别呈现为 HTML <UL> 或 <OL> 标记。可以指定项、项目符号或编号的外观，可以静态定义列表项或通过将控件绑定到数据来定义列表项，也可以在用户单击项时作出响应。

为 BulletedList 控件定义项时，要定义两个属性：Text 属性和 Value 属性。Text 属性定义控件在网页上显示的内容。Value 属性定义第二个值，该值不会显示，但你可能希望在用户选择某个项时返回该值。例如，可以将一个商品的名称显示为某个项的文本，但将该商品的条码用做值；当用户单击该项时，就可以直接看到该值。

为 BulletedList 控件定义项的过程：单击“BulletedList”控件，在智能标签上单击“编辑项”，在“ListItem 集合编辑器”对话框中，单击“添加”按钮添加一项。在“ListItem 属性”区域中，设置 Text 和 Value 属性。重复以上步骤，直到添加了所有需要的项为止。

BulletedList 控件可呈现项目符号或编号，具体取决于 BulletStyle 属性的设置。如果将控件设置为呈现项目符号，则可以选择与 HTML 标准项目符号样式匹配的预定义项目符号样式字段（如 Disc、Circle 和 Square 字段表示的内容）。

如果将控件设置为呈现编号，同样可以从 HTML 标准编号选项（如 LowerAlpha、

LowerRoman 和 UpperAlpha 域）中进行选择。通过设置 FirstBulletNumber 属性，还可以为序列指定一个起始编号。

如果已将 DisplayMode 属性设置为 HyperLink，则在每一项的 Value 属性中指定超链接的目标 URL。

若要将项目符号显示为自定义图像，请将 BulletStyle 属性设置为某个图形的 URL。对每一项都会显示该图形。

（5）Table 控件。

使用 Table 控件可以在 ASP.NET 网页上创建服务器可编程的表格。如果要创建的是静态表格（运行时不会在其中添加或更改内容的表格），则应使用 HTML 表格，而不是 Table 控件。

向网页中添加 Table 控件后，可以向行集合中添加行。行添加完毕后，可以向行中添加单元格。

添加行的操作：单击 Table 控件，在“属性”窗口中单击 Rows 属性旁的省略号按钮，以打开“TableRows 集合编辑器”对话框。 单击“添加”按钮向表格中添加行。在“TableRow 属性”区域中，为表格行设置属性。

添加单元格的操作：在“TableRows 集合编辑器”对话框中的“成员”区域中，单击以选择要添加单元格的行。在“TableRows 属性”区域中，选择 Cells 属性并单击省略号按钮以打开“TableCell 集合编辑器”对话框。单击“添加”按钮向行中添加单元格。在“TableCell 属性”区域中，设置单元格的属性。

对应于表格标记的<table>、<tr>、<td>分别为 Table、TableRow、TableCell 控件。可以编写代码动态生成表格。

通过下面的例子了解表格的动态生成。如图 7.26 所示，在页面拖放两个文本框用于输入要生成的表是几行几列，拖放一个按钮控件，设置 Text 属性为“生成表格”。再拖放一个 Table 控件，将 Table 控件的 GridLines 属性设置为 both，将表格线显示出来。

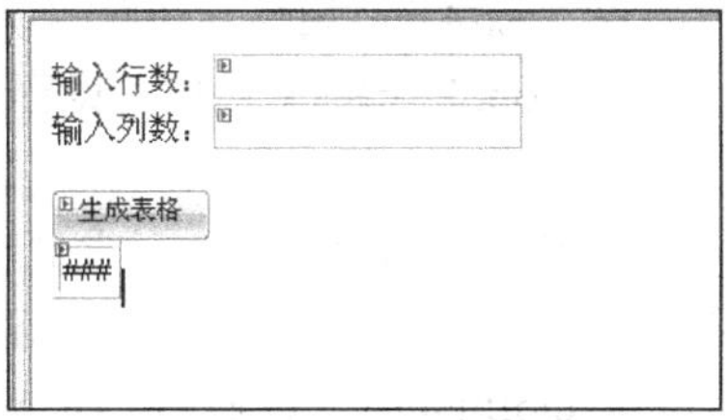

图 7.26 在网页中拖放 Table 控件

在按钮控件的 Click 事件处理程序中输入以下代码：

```
protected void Button1_Click(object sender, EventArgs e)
    { int rs = int.Parse(TextBox1.Text);
      int cs = int.Parse(TextBox2.Text);
      for (int i = 1; i <= rs; i++)
      { TableRow tr = new TableRow();
          for (int j = 1; j <= cs; j++)
          { TableCell tc = new TableCell();
            tc.Text = "第" + i.ToString() + "行第" + j.ToString() + "列";
             tr.Cells.Add(tc); }
          Table1.Rows.Add(tr);
      }
    }
```

3. ASP.NET 的输入控件

要创建有用的 Web 应用，必须能够收集用户输入并给用户返回根据其输入信息定制的网页。ASP.NET 提供了多种形式的输入控件以便更直观灵活地获取用户提供的信息。

（1）TextBox 控件。

通过 TextBox 控件，用户可以在网页上输入一行或多行文字，还可以将输入的数据使用特殊的符号来显示。

在默认情况下，TextBox 提供的是单行文本的输入功能。设置 MaxLength 属性可以限制用户输入字符串的长度。默认值为 0，即不限制。

要输入一行以上文字，则要将 TextBox 控件的 TextMode 属性设为 MultiLine。当输入的文字超过一行时，默认会自动换行。如果不希望自动换行，可将 Wrap 属性设置为 False。

以下代码在用 Label 控件显示 TextBox 控件中输入的多行文本时，将换行用
替换，可以让输入的多行文本在显示时也有同样的换行效果：

```
protected void Button1_Click(object sender, EventArgs e)
    { Label1.Text = TextBox1.Text.Replace(Environment.NewLine, "<br/>");  }
```

当需要用户输入密码时，为避免被别人看到，通常会隐藏输入的字符，这项功能可通过将 TextBox 控件的 TextMode 属性设为 Password 来实现。

用户输入在 TextBox 控件中的内容记录在它的 Text 属性中，因此可以通过该属性取得用户输入的内容，同样也可以用这个属性设置显示在 TextBox 中的内容。

（2）CheckBox 控件和 RadioButton 控件。

CheckBox 控件使用属性 Checked 来判断该复选框是否被选中，其他常用属性如下所示：

① Text 属性　获取或设置与 CheckBox 关联的文本值。

② TextAlign 属性　获取或设置与 CheckBox 关联文本的对齐方式。

③ AutoPostBack 属性　设置当用户更改选项时，是否回发给服务器，True 为回发，False 为不回发。

RadioButton 控件是一种单选按钮控件，多个 RadioButton 控件组合在一起即可形成一个单选按钮组。

RadioButton 控件与 CheckBox 控件有相似之处，它们都用 Checked 属性来判断选项是否被选中。在没有设置分组时放入同一页面的各个 RadioButton 控件并不具有单选功能，只有将 GroupName 属性设置为相同才成为同一组单选按钮。

（3）列表类选择控件。

列表类控件共有的一个特点就是拥有多个项（item），而这些项都放在一个项目集合（ListItemCollection）中。

ListItemCollection 集合可通过 Add 方法添加成员 ListItem，通过 Remove 方法删除成员。若要取得某个成员，可通过索引值访问。通过 Count 属性可得到成员的数量。

如下代码是调用 Add 方法在项目集合中添加新项：

```
ListItemCollection items = new ListItemCollection();
items.Add("项目一");
Response.Write(items[0].Text);
```

又如，一个项要记录两个数据时，可用以下代码实现：

```
ListItemCollection items = new ListItemCollection();
ListItem li = new ListItem();
li.Text = "项目一";
li.Value = "item1";
items.Add(li);
Response.Write(items[0].Value);
```

调用 Clear 方法可清除集合中所有的项目。若要删除某个位置的项目，可用 RemoveAt 方法，指定欲删除项目的索引值。

要依次处理集合中各项目，可以 foreach 循环，代码如下所示：

```
foreach (ListItem li in items)
{
    Response.Write(li.Text + "<br/>");
}
```

RadioButtonList 控件表示一个封装了一组单选按钮控件的列表控件，限制用户只能在项目中选择一个。在 RadioButtonList 中添加选项的方法如下：

在“RadioButtonList 任务”菜单上，单击“编辑项目”。在“ListItem 集合编辑器”对话框中，单击“添加”添加一项。在“ListItem 属性”区域中，设置 Text 和 Value 属性。重复以上步骤，直到添加了所有需要的项为止。

每个项都有 Enabled、Selected、Text、Value 四个属性。Selected 设置 False 表示不选取此项，反之设为 True 表示选取。

RadioButtonList 只能选取一项，因此，要知道哪项被选中，只要读取 SelectedItem、SelectedValue 或 SelectedIndex 即可。SelectedItem 表示被选取到的项目，具有 Text 和 Value 两个属性；SelectedValue 表示被选取到的项目的值；SelectedIndex 表示被选取到的项目的索引值（顺序，从 0 开始）。也可通过设置 SelectedIndex 指定选取项目。

使用 CheckBoxList 控件可提供多选项能，属性设置与单选按钮列表相似，但由于有一个以上的被选取项目，所以要用 foreach 循环判断每个项目的 Selected 属性。

代码如下所示：

```
foreach (ListItem li in CheckBoxList1.Items)
{  if(li.selected==True)
    { Response.Write(li.Text + "<br/>"); }
}
```

DropDownList 也就是“下拉菜单”，用户只能选取一个，实现的也是“单选”功能。项目设置方法和选取项判断方法与 RadioButtonList 一样，这里不再赘述。

ListBox 在网页上显示一个列表，可用 Height 或 Rows 属性控制高度。

ListBox 可以设置为单选也可以设置为多选，SelectedMode 设置为 Single 时，表示只能从列表中选取一项。若设为 Multiple，用户可以在按住 Ctrl 键的同时选择多个项目。

当 ListBox 是单选列表时，选取项的处理与 RadioButtonList 相同，用 SelectedItem、SelectedValue 和 SelectedIndex 就可以得到选取的项目；如果是多选列表，则与 CheckBoxList 一样要用 foreach 循环依次判断每个选项。

任务拓展

编写订单结算功能的事件处理程序。

任务 3　商品显示及交易模块的设计与实现

商品显示及交易模块为电子商务网站的核心模块。本任务中的商品显示模块以新品上架，特价商品、推荐商品三个小模块分别显示最新发布的商品、打折后价格优惠的特价商品和经过网站推荐并且价格合理的商品，将这些商品的缩略图、名称、市场价和会员价以表格形式罗列出来。商品缩略图和名称在单击后打开用于显示该商品的详细信息的网页。在该网页中将显示：商品的名称、商品一级分类、商品二级分类、商品点击数、商品数量、商品销售量、商品的市场价、会员价和特价等，用户单击“购买”按钮时会将商品放入用户的购物车。用户可查看自己的购物车，修改相关数据及生成订单。与商品显示及交易模块相关的数据访问和业务类都已在前几个项目任务中完成，本任务主要在 VS.NET 2005 中用 Web 控件实现商品显示及交易模块的界面设计。该模块的界面效果如图 7.27～图 7.29 所示。

图 7.27　商品列表界面效果

图 7.28　商品详细信息显示界面效果

图 7.29　购物车的界面效果

7.3.1　商品显示模块的设计与实现

任务分析

在电子商务网站中通常先以列表的形式将商品罗列给客户，客户在单击某商品后可以在详情页中查看商品的详细信息。商品的所有信息都保存在数据库中，网页上显示的数据需要从数据源中读取出来。商品列表显示的功能可使用 ASP.NET 提供的数据绑定控件 DataList 控件很方便地实现，而商品详细信息显示的功能则可通过将各显示控件的属性与相关数据项动态绑定的方式来实现。

任务实施

步骤一：用 DataList 控件实现商品列表的显示

（1）在网站中添加一个套用母版页的新窗体用于显示新上架的商品，名为 newproductlist. aspx。

（2）从如图 7.30 所示的工具箱的数据组中拖放一个 DataList 控件到 newproductlist.aspx 窗体中，从智能标签中选择“属性生成器”，如图 7.31 所示。

图 7.30　DataList 控件

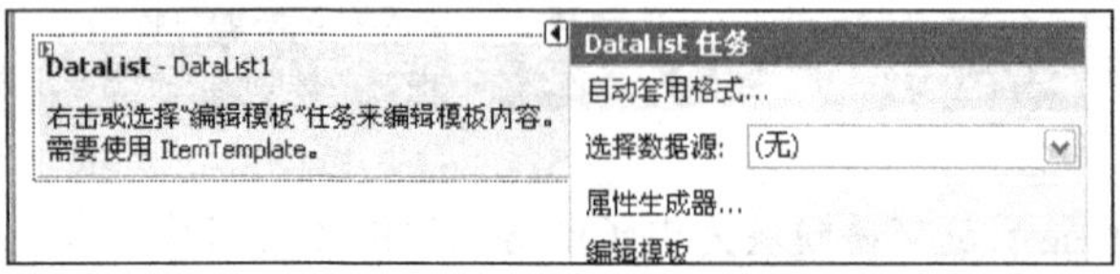

图 7.31　DataList 控件的智能标签

如下所示，设置 DataList 的属性：

```
    ID="newproductlistdl"   RepeatColumns="5"
    RepeatDirection="Horizontal"   CellSpacing="10"
```

选择编辑模板，进入 DataList 控件的项模板的编辑状态，如图 7.32 所示，在模板中放置表格、Image 控件及输入文字。

图 7.32 DataList 的项模板

切换到“源视图”，修改 DataList 的代码，如下所示：

```
    <asp:DataList runat="server" ID="newproductlistdl" RepeatColumns="5"
CellSpacing="10" RepeatDirection="Horizontal" >
     <ItemTemplate>
       <div align="left">
          <table width="140" height="142" cellspacing="1" cellpadding="2"
          border="0">
          <tbody>
             <tr>
             <td align="center" background="images/136.jpg" style="width:
             138px; height: 140px">
    <a href='productinfo.aspx?pid=<%#Eval("productid")%>'
    title='<%#Eval("productname")%>' ><img src='pic/<%#Eval("imagepath").
ToString() %>' width="100" height="100" border="0" align="absMiddle" /></a>
             </td>
             </tr>
             <tr>
             <td valign="top" align="center" style="width: 138px; height:
             80px">
              <a title='<%#Eval("productname") %>'
    href='productinfo.aspx?pid=<%#Eval("productid")%>'><b>
    <%#ClothesShop.Web.usaulclass.LeftTitle(Eval("productname").ToString(),
    18) %>
    </b></a><br />市场价：<s><%#Eval("price") %></s> 元 <br />
    会员价：<%#Eval("userprice") %> 元 <br />
            </td>
            </tr>
          </tbody>
          </table>
       </div>
     </ItemTemplate>
    </asp:DataList>
```

（3）添加其他控件。

按表 7.4 所示拖放和设置各控件。位置如图 7.33 所示。

表 7.4 窗体各控件属性

控件类型	控件 ID	主要属性	功能
Panel	pagepanel		用于隐藏显示组中控件
Label	countlabel		总页码
Label	currentlabel		当前页码
HyperLink	firstlinkbutton	Text="第一页"	到第一页的链接
HyperLink	prevlinkbutton	Text="上一页"	到上一页的链接
HyperLink	newlinkbutton	Text="下一页"	到下一页的链接
HyperLink	lastlinkbutton	Text="最后一页"	到最后一页的链接

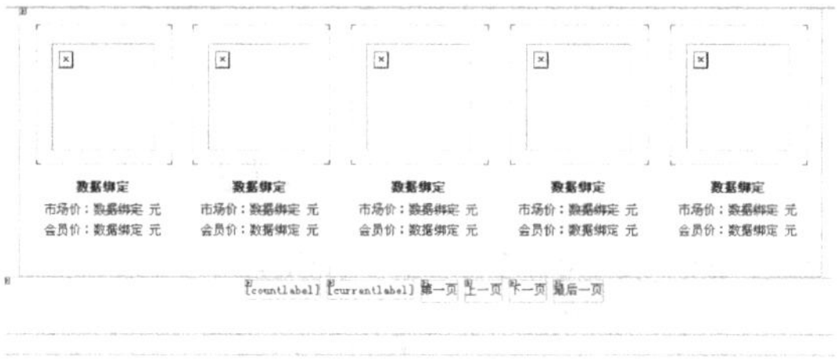

图 7.33 窗体中各控件位置

（4）编写事件处理程序。

双击窗体空白处，进入事件处理程序的编辑状态，输入以下代码：

```
public partial class newproductlist : BasePage
    { protected void Page_Load(object sender, EventArgs e)
       { if (!this.IsPostBack)
           {  this.Bind();  }
       }
       private void Bind()
       { ClothesShop.BLL.product pro = new ClothesShop.BLL.product();
           DataTable table = pro.getnewproduct();
           if (table.Rows.Count > 0)
           { this.newproductlistdl.Visible = True;
               this.pagepanel.Visible = True;
               PagedDataSource objPds = new PagedDataSource();
               objPds.DataSource = table.DefaultView;
               objPds.AllowPaging = True;
               objPds.PageSize = 15;
             this.countlabel.Text = "共:" + objPds.PageCount.ToString() +
               "页";
               int CurPage;
               if (Request.QueryString["Page"] != null)
                 CurPage = Convert.ToInt32(Request.QueryString["Page"]);
               else
                   CurPage = 1;
               objPds.CurrentPageIndex = CurPage - 1;
               this.currentlabel.Text = "当前页：" + CurPage.ToString();
               if (!objPds.IsFirstPage)
 { this.firstlinkbutton.NavigateUrl = Request.CurrentExecutionFilePath +
 "?Page=1";
                   this.prevlinkbutton.NavigateUrl = Request.
```

```
CurrentExecutionFilePath + "?Page=" + Convert.ToString(CurPage - 1);
                        }
                        if (!objPds.IsLastPage)
                        { this.newlinkbutton.NavigateUrl = Request.
CurrentExecutionFilePath + "?Page=" + Convert.ToString(CurPage + 1);
                            this.lastlinkbutton.NavigateUrl = Request.
CurrentExecutionFilePath + "?Page=" + objPds.PageCount.ToString(); }
                        this.newproductlistdl.DataSource = objPds;
                        this.newproductlistdl.DataBind();
                    }
                    else
                    { this.newproductlistdl.Visible = false;
                        this.pagepanel.Visible = false; }
                }
            }
```

（5）按步骤（1）～（4）再建两个新窗体，specialproductlist.aspx 用于列表显示特价商品，recommendedproductlist.aspx 用于列表显示热销商品。界面布局及控件属性设置都与 newproductlist.aspx 相同。只是在特价商品页事件处理程序中将 Bind()方法中语句

```
        DataTable table = pro.getnewproduct();
```

改为

```
        DataTable table = pro.getspecialproduct();
```

而热销商品页事件处理程序中改为

```
        DataTable table = pro.getrecommendedproduct();
```

步骤二：用数据绑定方式实现商品详细信息的显示

（1）在网站中添加一个套用母版页的新窗体，名为 productinfo.aspx。

（2）在窗体中用表格布局，输入提示文本，拖放控件，按表 7.5 所示设置控件属性，如图 7.34 所示。

表 7.5 各控件属性

控件类型	控件 ID	主要属性	功能
image	IMG1	width=300 border=0 alt="商品名称：" height="300"	用于显示商品大图
Literal	productnameliteral		显示商品名称
Literal	type_1nameliteral		显示商品一级分类
Literal	type_2nameliteral		显示商品二级分类
Literal	pointcountliteral		显示商品单击数
Literal	countliteral		显示商品数量
Literal	sellcountliteral		显示商品销售数量
Literal	priceliteral		显示商品市场价
Literal	userpriceliteral		显示商品会员价
Literal	specialsliteral		显示商品特价
ImageButton	addcart	ImageUrl="images/buy1.gif" OnClick="addcart_Click"	加入购物车按钮
Literal	descriptionliteral		显示商品详细描述

图 7.34　窗体布局和控件

（3）编写事件处理程序。

双击窗体空白处，进入事件处理程序的编辑状态，输入以下代码：

```
public partial class productinfo : BasePage
    { protected void Page_Load(object sender, EventArgs e)
        { if (!this.IsPostBack)
            {  this.Bind();
        pro.updatepointnum(int.Parse(this.Request.QueryString["pid"].
        ToString()));}
        }
    ClothesShop.BLL.product pro = new ClothesShop.BLL.product();
        ClothesShop.BLL.type_1 t_1 = new ClothesShop.BLL.type_1();
        ClothesShop.BLL.type_2 t_2 = new ClothesShop.BLL.type_2();
        private void Bind()
        {  int pid = int.Parse(this.Request.QueryString["pid"].ToString());
            DataRow row = pro.getoneproduct(pid);
            this.productnameliteral.Text = row["productname"].ToString();
            this.IMG1.Src = "pic/" + row["imagepath"].ToString();
            this.type_1nameliteral.Text = t_1.gettypename(int.Parse(row
            ["typeid_1"].ToString()));
            this.type_2nameliteral.Text = t_2.gettypename(int.Parse(row
            ["typeid_2"].ToString()));
            this.pointcountliteral.Text = row["pointcount"].ToString();
            this.countliteral.Text = (int.Parse(row["count"].ToString())
> int.Parse(row["sellcount"].ToString())) ? row["count"].ToString() : "缺货";
            this.sellcountliteral.Text = row["sellcount"].ToString();
            this.priceliteral.Text = row["price"].ToString();
            this.userpriceliteral.Text = row["userprice"].ToString();
            this.specialsliteral.Text = row["specialsprice"].ToString();
            this.descriptionliteral.Text = row["description"].ToString();
        }
        /// 添加到购物车
        protected void addcart_Click(object sender, ImageClickEventArgs e)
        { ClothesShop.BLL.userinfo user = new ClothesShop.BLL.userinfo();
            if (user.IsLogin() == True)
            {  if (this.countliteral.Text.Trim() != "缺货")
                { ClothesShop.BLL.cart ocart = new ClothesShop.BLL.cart();
    if (ocart.isexitproduct(int.Parse(this.Request.QueryString["pid"].
ToString()),user.getUserID()) = false)
```

```
                            {
        if
(ocart.createcart(int.Parse(this.Request.QueryString["pid"].ToString()),
user.getUserID(), 1, false) = 1)

{Page.ClientScript.RegisterClientScriptBlock(this.
                                GetType(), "alert", "<script>alert('购物成功')
                                </script>", false);         }
                                else

{Page.ClientScript.RegisterClientScriptBlock(this.
                                GetType(), "alert", "<script>alert('购物失败')
                                </script>", false);   }
                            }
                            else
                            {if
(ocart.updatecart(int.Parse(this.Request.QueryString
                            ["pid"].ToString()),user.getUserID()) == 1)

 { Page.ClientScript.RegisterClientScriptBlock(this.
                                GetType(), "alert", "<script>alert('购物成功')
                                </script>", false);   }
                                else

{ Page.ClientScript.RegisterClientScriptBlock(this.
                                GetType(), "alert", "<script>alert('购物失败')
                                </script>", false); }
                            }
                        }
                        else
                        { this.addcart.Enabled = false;   }
                    }
                    else

{ Page.ClientScript.RegisterClientScriptBlock(this.GetType(),
                    "alert", "<script>alert('你还没有登录')</script>", false);  }
            }
        }
```

相关知识

数据绑定控件在开发 ASP.NET 应用程序中起到了关键的作用。ASP.NET 中有两组专用于数据处理的控件，分别是数据源控件和数据绑定控件。数据源控件用于处理后台的数据连接，以及编辑、排序、分页等行为。在任务中，这一部分不涉及。而数据绑定控件则用来呈现数据，最终在页面上将数据显示给用户，是提供数据源控件和用户之间的链接，因此是本任务中重点要掌握的内容。

1. 数据绑定

直接或间接继承于 System.Web.UI.Control 类的控件都支持数据绑定，如 TextBox、Label、Button、DataList、DataGrid 等。用于绑定控件的表达式放置于<%#…%>标记之间。

还有一类控件继承了 ListControl 或 BaseDataList 的 DataSource 属性，这些控件可以将其 DataSource 属性绑定到 DataSet、DataTable、DataView、ArrayList 和 Array 等数据对象。

数据绑定服务器控件一般具备用于数据绑定的相关属性，如下所示：

① DataSourceID 属性　指定数据绑定控件所使用的数据源服务器控件的 ID。

② DataTextField 属性　指定要与控件中每项的 Text 属性相关联的字段的名称（如表中的列）。

③ DataValueField 属性　包含要与控件中每项的 Value 属性相关联的字段的名称。

④ DataKeyField 属性　用于获得或设置指定数据源中的键字段。

常用的数据绑定控件包括以下两种。

① 简单列表控件　支持同时显示很多数据项，特别是数据源的内容。

列表控件包括 DropDownList、CheckBoxList、RadioButtonList、ListBox 及 BulletedList 控件。

② 复杂数据控件　支持复杂数据呈现和操作的服务器控件，包括 GridView、DetailsView、DataList、FormView、Repeater。

（1）列表控件。

列表控件是一种特殊的输入收集控件，向用户提供一个选项列表。列表控件包括 BulletedList、CheckBoxList、DropDownList、RadioButtonList 和 ListBox 控件。它们具有相同的编程特征：Items 相关特性。每个选项有两个属性：Text 和 Value，因此最多只能绑定到数据表中的两列。

列表控件的各列表项可以在设计时创建，也可以从数据源中读取。用于数据绑定时，列表控件中的每一项对应于数据源中的一项（如数据表中的一行）。控件可以显示来自数据源的一个字段，还可以使用第二个字段作为项的值。

通过将列表控件的 AppendDataBoundItems 属性设置为 True，可以将设计时创建的列表项与从数据源填充的列表项组合在一起。例如，创建一个文本为“选择一项”的列表项，将其作为 DropDownList 控件的第一项。然后，可以用数据源的各数据项填充 DropDownList 控件中的其余项。为列表控件设置数据绑定的步骤如下：

① 右击列表控件，并单击“显示智能标记”。

② 在“任务”菜单中，单击“选择数据源”。显示“数据源配置向导”对话框。

③ 在“选择数据源”列表中，设置数据源。

④ 在“选择要显示的数据字段”列表中，单击要在控件中显示的数据字段。还可以在“为值选择数据字段”列表中选择，单击要作为每个项的值存储的数据字段。

如果从数据源填充列表时控件已包含要保留的静态定义列表项，还可以选择将控件的 AppendDataBoundItems 属性设置为 True。

（2）数据 Web 控件。

在 ASP.NET 中提供了一组用于显示数据的控件，包括 GridView 控件、DataList 控件、DetailsView 控件、FormView 控件和 Repeater 控件。这些控件的主要用途就是在网页上显示绑定的数据源数据，它们与列表控件的区别在于：列表控件的数据绑定其连接数据可以视为一维数组；而数据 Web 控件中的 GridView、DataList 和 Repeater 是二维数据的表格，可以显示整个数据表的记录数据。

2. 数据绑定的语法和步骤

ASP.NET 引入了一种新的声明语法 <%#...%>。该语法是在 ASP.NET 网页中使用数据绑定的基础。所有数据绑定表达式都必须包含在这些字符中。

使用<%# 表达式 %>进行绑定，对 HTML 标记和 Web 服务器控件都可以使用。

例如，要将 HTML 文本框文本绑定到页面的一个字段 name，该字段必须为公有字段或受保护字段，即访问修饰符为 public 或 protected，在 HTML 源中可以这样绑定：

```
<INPUT type="text" value="<%#  name  %>">
```

又如，有一个 TextBox 控件要绑定到一个访问修饰符是 public 或 protected 的 Test()方法，则其代码如下：

```
    <asp:TextBox ID="TextBox1" runat="server" Text="<%#Test() %>"></asp:
TextBox>
```

但这种方式在页面加载时都需要使用 Page.DataBind();方法将数据绑定，在页面上才能显示出绑定的数据。

在用数据 Web 控件绑定到数据源时，需要指定控件的属性绑定到哪个字段。ASP.NET 支持两种类型的数据绑定：单向和双向。绑定时使用 Eval 和 Bind 函数。其中，Eval 函数用于定义单向，即只读的数据绑定；而 Bind 函数则用于定义双向，即可更新的绑定。单向数据绑定只是将取得的字段值赋予绑定到的控件属性；而双向数据绑定不仅将数据源中的字段值赋予绑定到的控件属性，还执行反向的操作，获取控件的属性值，赋给数据源控件的参数。

3. DataList 控件

使用 DataList 控件可以显示模板定义的数据绑定列表，其内容和布局是使用模板定义的，可以为项、交替项、选定项和编辑项创建模板；也可以使用标题、脚注和分隔符模板自定义 DataList 的整体外观。

将 DataList 控件拖入页面后，可以在智能标签中指定数据源，也可以在代码中指定其数据源。

在如图 7.35 所示的属性生成器中可以设置显示样式，如一行显示几条记录、方向布局等。在属性生成器中的设置会反映在 DataList 的各个属性中。

在属性生成器中切换到“格式”选项，如图 7.36 所示，设置各个项的外观样式。

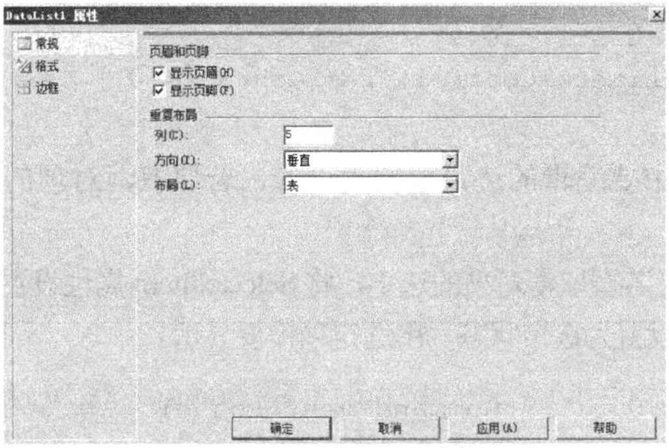

图 7.35　用属性生成器设置 DataList 属性

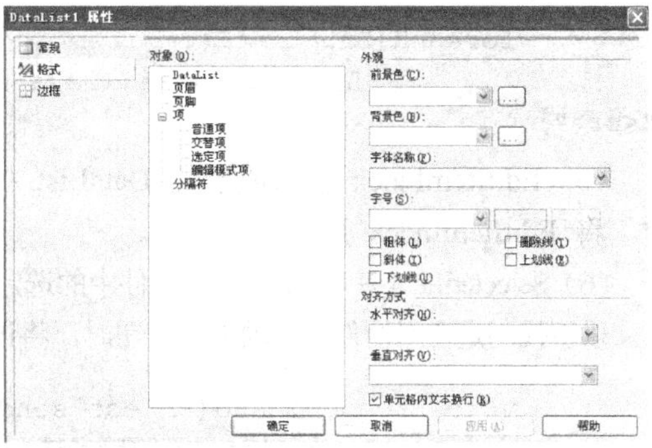

图 7.36　用属性生成器设置 DataList 的外观样式

ItemStyle 用于设置列表中各项的样式；AlternatingItemStyle 用于设置交替项的样式；SeparatorStyle 用于设置分隔标记的样式；SelectedItemStyle 用于设置选定项的样式；EditItemStyle 用于设置编辑项的样式；HeaderStyle 用于设置列表标题的样式；FooterStyle 用于设置列表页脚的样式。

如果对显示样式的设计不擅长，DataList 还可以在智能标签中选择“自动套用格式”选项。使用开发环境提供的一些样式。

在 DataList 的智能标签上单击“编辑模板”，可以进入模板编辑状态。这时显示的是 DataList 的 ItemTemplate，其他模板中都没有内容，如图 7.37 所示。

可以选择编辑其他模板。模板的编辑与窗体编辑类似，也可以从工具箱中拖放控件或直接输入文本到模板中。

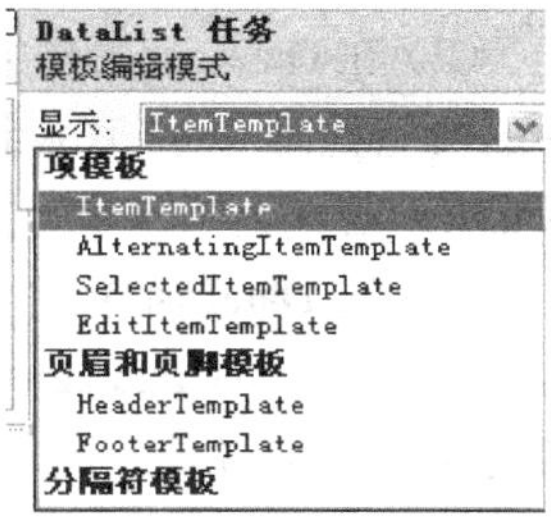

图 7.37　DataList 的项模板

如下所示为 DataList 控件的一些比较重要的属性。

（1）DataSource 属性用于获取或设置数据源，该源包含用于填充控件中的项的值列表。但不能与 DataSourceID 同时指定，如果两个属性都有值，将引发异常。用 DataSource 指定了数据源后，使用 DataBind 方法将数据源绑定到控件。而 DataSourceID 方式则不必编写显式调用 DataBind 方法的代码。如下所示：

```
DataList1.DataSource= CreateDataSource();
    DataList1.DataBind();
```

（2）DataKeyField 属性用于获取或设置由 DataSource 属性指定的数据源中的键字段。例如：

```
<asp:DataList id="Datalist1"
         BorderColor="Black"
         ShowFooter="False"
         CellPadding=3
         CellSpacing="0"
         HeaderStyle-BackColor="#aaaadd"
         DataKeyField="IntegerValue"
         OnDeleteCommand="Delete_Command"
         runat="server">
```

（3）DataKeys 属性存储数据列表控件中每个记录的键值。

如在事件处理程序中常用代码 DataList1.DataKeys[e.Item.ItemIndex]返回操作行的键值。

（4）Items 属性获取表示控件内单独项的 DataListItem 对象的集合。

以下代码循环处理控件中的各项的第一个控件：

```
foreach(DataListItem item in DataList1.Items)
{        Label1.Text+=((DataBoundLiteralControl)item.Controls[0]).Text+
"<br>"; }
```

（5）EditItemIndex 获取或设置 DataList 控件中要编辑的选定项的索引号，若要取消对项的选定，将 EditItemIndex 属性设置为-1。

（6）SelectedItem 获取 DataList 控件中的选定项，若要取消对项的选定，将 SelectedItem 属性设置为-1。以下代码是在对控件某个项单击按钮时，将该项设置为选定状态，用选定项模板显示。

```
void Item_Command(Object sender, DataListCommandEventArgs e)
     { ItemsList.SelectedIndex = e.Item.ItemIndex;
       ItemsList.DataSource = CreateDataSource();
       ItemsList.DataBind();
     }
```

如下所示为 DataList 控件的一些比较重要的方法和事件。

（1）FindControl 方法在当前的命名容器中搜索指定的服务器控件。

（2）在 DataList 控件中，单击 Cancel 按钮时引发的 CancelCommand 事件。CancelCommand 事件的典型处理程序将 EditItemIndex 属性设置为-1（以取消选择项），然后将数据重新绑定到 DataList 控件。

（3）对 DataList 控件中的某个项单击 Delete 按钮时会引发 DeleteCommand 事件。

用于 DeleteCommand 事件的典型事件处理程序会从数据源中移除选定项，然后将数据重新绑定到 DataList 控件。代码如下：

```
void Delete_Command(Object sender, DataListCommandEventArgs e)
```

```
            {  String item = ((Label)e.Item.FindControl("ItemLabel")).Text;
               CartView.RowFilter = "Item='" + item + "'";
               if (CartView.Count > 0)
               {  CartView.Delete(0);     }
               CartView.RowFilter = "";
               ItemsList.EditItemIndex = -1;
               BindList();
            }
```

（4）在 DataList 控件中，单击 Edit 按钮时会引发 EditCommand 事件。

EditCommand 事件的典型处理程序将 EditItemIndex 属性设置为选定行，然后将数据重新绑定到 DataList 控件。

（5）当单击某项的 Update 按钮时会引发 UpdateCommand 事件。

UpdateCommand 事件的典型处理程序更新数据，并将 EditItemIndex 属性设置为-1（以取消选择项），然后将数据重新绑定到 DataList 控件。

（6）ItemCommand 事件在单击 DataList 控件中的任一按钮时引发，并且在具有带自定义 CommandName 值的按钮控件时通常使用它。

任务拓展

在电子商务网站的管理系统中通常会有对商品类别和商品信息的管理功能，首先要列出所有信息，再进行增、删、改的操作，试着使用数据绑定和 DataList 控件实现以上功能。

7.3.2 查看购物车与查看订单功能的实现

任务分析

用户在选购了商品后，通常会查看购物车，并在提交之前可删除某商品或对某商品的数量进行更改。在对购物车中的商品操作完毕，并填写了收货信息后，订单生成，用户可以看到订单列表及订单中的商品详情。这两部分功能都可使用 ASP.NET 提供的 Repeat 控件来实现，过程为拖放 Repeater 控件，用输入代码方式往 Repeater 控件中添加内容，再编写事件处理程序实现动态交互功能。

任务实施

步骤一：实现查看购物车功能

（1）在网站中添加一个套用母版页的新窗体，名为 cart.aspx。

（2）在窗体中用表格布局，拖放一个 Repeater 控件，ID 为 cartrepeater，切换到源视图，在 <asp:Repeater runat="server" ID="cartrepeater" >和</asp:Repeater>之间输入以下代码：

```
            <ItemTemplate>
               <table width="90%" border="0" align="center" cellpadding="2"
 cellspacing="1" bgcolor="#f1f1f1">
               <tr bgcolor="white" align=center>
                 <td width=25% >
                    <asp:Label runat="server" ID="cartidlabel" Text='<%#Eval
("cartid") %>'></asp:Label>
                  <asp:Label runat="server" ID="productidlabel" Text='<%#Eval
```

```
("productid") %>'></asp:Label>
                    <%#Eval("productname") %>
                  </td>
                  <td width=15% >
                    <asp:Label runat="server" ID="pricelabel"></asp:Label>
                  </td>
                  <td width=15% >
                    <asp:TextBox  runat="server"  ID="counttb"  Width="30px">
</asp:TextBox>
                  </td>
                  <td width=15% >
                    <asp:Label runat="server" ID="countpricelabel"></asp:Label>
                  </td>
                  <td width=10% >
                    <asp:ImageButton  runat="server"  ID="deletebt"  ImageUrl=
"images/trash.gif" CausesValidation="false" CommandName="deletecart" />
                  </td>
                </tr>
                </table>
              </ItemTemplate>
```

（3）输入文字，拖放其他控件，如图 7.38 所示。

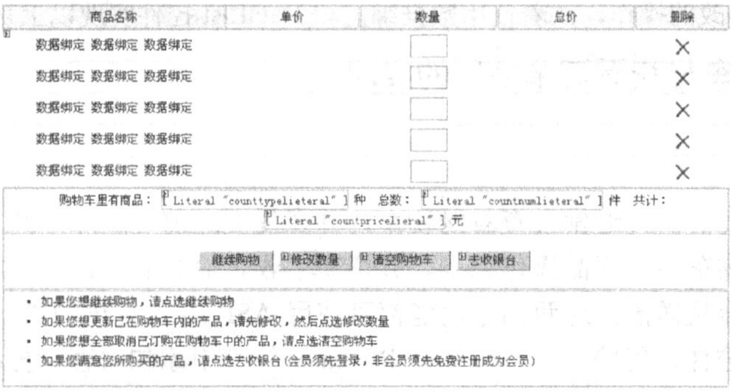

图 7.38　购物车页面的控件布局

（4）切换到 cart.aspx.cs 文件，输入事件处理程序，代码如下：

```
      protected void Page_Load(object sender, EventArgs e)
            {  if (user.IsLogin() == True)
                 { if (!this.IsPostBack)
                    {  this.Bind();     }
                 }
                 else
                 {  this.Response.Redirect("login_1.aspx");    }
            }
            ClothesShop.BLL.cart ocart = new ClothesShop.BLL.cart();
            ClothesShop.BLL.userinfo user = new ClothesShop.BLL.userinfo();
            private void Bind()
            {   DataTable table = ocart.getcartlist(user.getUserID());
                 this.cartrepeater.DataSource = table.DefaultView;
                 this.cartrepeater.DataBind();
                 this.counttypelieteral.Text = this.cartrepeater.Items.Count.
```

```
            ToString();
        this.countnumlieteral.Text = num.ToString();
            this.countpricelieral.Text = price.ToString();
        }
        int num = 0;
        double price = 0.0;
        protected void cartrepeater_ItemDataBound(object sender,
        RepeaterItemEventArgs e)
        { if (e.Item.ItemType == ListItemType.Item || e.Item.ItemType ==
        ListItemType.AlternatingItem)
            { Label pricelabel = e.Item.FindControl("pricelabel") as
Label;
              Label countpricelabel = e.Item.FindControl("countpricelabel")
                as Label;
              TextBox counttb = e.Item.FindControl("counttb") as TextBox;
                DataRowView drv = e.Item.DataItem as DataRowView;
                if (drv["specials"].ToString().ToLower() == "True")
                  {                    pricelabel.Text               =
drv["specialsprice"].ToString(); }
                else
                    { pricelabel.Text = drv["userprice"].ToString(); }
                counttb.Text = drv["count"].ToString();
      countpricelabel.Text = (double.Parse(pricelabel.Text) * int.Parse(counttb.
Text.Trim())).ToString();
      num += int.Parse(counttb.Text.Trim());
                price += double.Parse(countpricelabel.Text.Trim());
            }
        }
        protected void updatecount_Click(object sender, EventArgs e)
        {   List<int> ids = new List<int>();
            List<int> counts = new List<int>();
            foreach (RepeaterItem item in this.cartrepeater.Items)
            { Label label = item.FindControl("productidlabel") as Label;
                TextBox textbox = item.FindControl("counttb") as TextBox;
                ids.Add(int.Parse(label.Text.Trim()));
                counts.Add(int.Parse(textbox.Text.Trim()));   }
            for (int i = 0; i < ids.Count; i++)
            { ocart.updatecart(ids[i],user.getUserID(),counts[i]);  }
                this.Bind();
        }
        protected void clearcount_Click(object sender, EventArgs e)
        {   foreach (RepeaterItem item in this.cartrepeater.Items)
            { Label label = item.FindControl("cartidlabel") as Label;
                ocart.deletecart(int.Parse(label.Text.Trim()));   }
            this.Bind();
        }
    protected void cartrepeater_ItemCommand(object source,
    RepeaterCommandEventArgs e)
        {  if (e.CommandName == "deletecart")
            { Label label = e.Item.FindControl("cartidlabel") as Label;
                int id = int.Parse(label.Text);
```

```
                    ocart.deletecart(id);
                    this.Bind();    }
            }
            protected void orderbt_Click(object sender, EventArgs e)
            {  if (this.cartrepeater.Items.Count > 0)
                {  StringBuilder productidsb = new StringBuilder();
                    StringBuilder countsb = new StringBuilder();
                    foreach (RepeaterItem item in this.cartrepeater.Items)
                    {                   Label           productidlabel          =
item.FindControl("productidlabel")
                    as Label;
                        productidsb.Append(",");
                        productidsb.Append(productidlabel.Text);
                      TextBox counttb = item.FindControl("counttb") as TextBox;
                        countsb.Append(",");
                        countsb.Append(counttb.Text.Trim());  }
                    Session["count"] = countsb.ToString();
                    Session["productids"] = productidsb.ToString();
                    Session["price"] = this.countpricelieral.Text;
                    this.Response.Redirect("checkout.aspx");
                }
            }
```

回到 cart.aspx 的编辑状态，设置 Repeater 控件 cartrepeater 的事件处理程序：

```
        OnItemDataBound="cartrepeater_ItemDataBound" OnItemCommand=
"cartrepeater_ItemCommand"
```

步骤二：实现查看订单功能

（1）新建窗体，命名为 orderlist.aspx，拖放 Repeater 控件，在 Repeater 控件中加入的代码如下所示：

```
        <asp:Repeater ID="orderrepeater" runat="server" OnItemDataBound="
        orderrepeater_ItemDataBound"
OnItemCommand="orderrepeater_ItemCommand">
                    <ItemTemplate>
                    <table width="100%" border="0" align="center" cellpadding="2"
cellspacing="1" bgcolor="#f1f1f1" >
                    <tr bgcolor=#f1f1f1 align=center>
                     <td width=20%  >
                    <a href='orderdetail.aspx?oid=<%#Eval("orderid") %>' target="_
                     blank">
        <asp:Literal runat="server" ID="orderidliteal" Text='<%#Eval("orderid")
        %>'></asp:Literal>
                      </a>
                      </td>
                   <td width=20% >
                     <%#Eval("ordertime").ToString() %>
                    </td>
                    <td width=15% >
                   <asp:Label  runat="server" ID="orderpricelabel" Text='<%#Eval
```

```
("orderprice").ToString() %>'></asp:Label>
                    </td>
                    <td width=10% >
                  <asp:Label runat="server" ID="statecode" Text='<%#Eval("state")
%>' Visible="false"></asp:Label>
                  <asp:Label runat="server" ID="statelabel"></asp:Label>
                    </td>
                    <td width=10% >
                   <asp:LinkButton runat="server" ID="opratelinkbutton"
CausesValidation="false"  CommandName="canelorder"  Text=" 取 消 订 单 "></asp:
LinkButton>
                   </td>
                  </tr>
                 </table>
                 </ItemTemplate>
            </asp:Repeater>
```

（2）拖放其他控件，布局如图 7.39 所示。

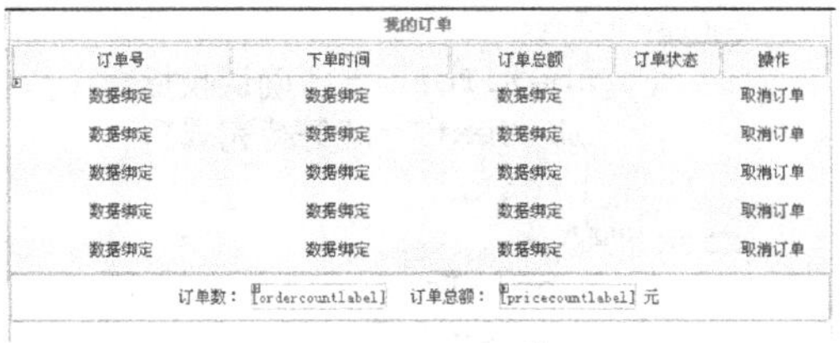

图 7.39　订单列表布局

（3）设置事件处理程序，代码如下：

```
        protected void Page_Load(object sender, EventArgs e)
               {  if (user.IsLogin() == True)
                   {  if (!this.IsPostBack)
                       {  this.Bind();  }
                   }
                   else
                   {  this.Response.Redirect("login_1.aspx");   }
               }
         ClothesShop.BLL.userinfo user = new ClothesShop.BLL.userinfo();
               ClothesShop.BLL.order ord = new ClothesShop.BLL.order();
           private void Bind()
               { DataTable table = ord.getordersbyuserid(user.getUserID());
                   this.orderrepeater.DataSource = table.DefaultView;
                   this.orderrepeater.DataBind();
        this.ordercountlabel.Text = this.orderrepeater.Items.Count.ToString();
        double pricecout = 0.0;
         foreach (RepeaterItem item in this.orderrepeater.Items)
              { pricecout += double.Parse((item.FindControl("orderpricelabel") as
               Label).Text); }
         this.pricecountlabel.Text = pricecout.ToString();
               }
            protected void orderrepeater_ItemDataBound(object sender,
            RepeaterItemEventArgs e)
```

```
{ if (e.Item.ItemType == ListItemType.AlternatingItem || e.Item.
ItemType == ListItemType.Item)
    {  DataRowView drv = e.Item.DataItem as DataRowView;
       Label label = e.Item.FindControl("statelabel") as Label;
       LinkButton lb = e.Item.FindControl("opratelinkbutton") as
       LinkButton;
       switch (drv["state"].ToString())
       { case "0" :
              { label.Text = "取消订单";
                lb.Text = "恢复订单";
                break; }
            case "1":
              { label.Text = "等待发货";
                lb.Text = "取消订单";
                break;  }
            case "2":
              {  label.Text = "商家已发货";
                lb.Text = "确认收货";
                break;    }
            case "3":
              { label.Text = "确认收货";
                lb.Text = "等待完成";
                break;   }
            case "4":
              { label.Text = "完成交易";
                lb.Text = "交易完成";
                lb.Enabled = false;
                break;   }
       }
    }
}
protected void orderrepeater_ItemCommand(object source,
RepeaterCommandEventArgs e)
{ if (e.CommandName == "canelorder")
   { RepeaterItem row = (RepeaterItem)((Control)e.CommandSource).
    Parent;
int statecode = int.Parse((row.FindControl("statecode") as Label).Text);
       string orderid = (row.FindControl("orderidliteal") as
       Literal).Text;
       if (statecode == 0)
       { ord.updatestate(orderid, 1);
           this.Bind(); }
       if (statecode == 1)
       { ord.updatestate(orderid, 0);
           this.Bind();   }
       if (statecode == 2)
       {  ord.updatestate(orderid, 3);
           this.Bind();     }
        if (statecode == 3)
       {  ord.updatestate(orderid, 4);
         this.Bind(); }
    }
}
```

运行效果如图 7.40 所示。

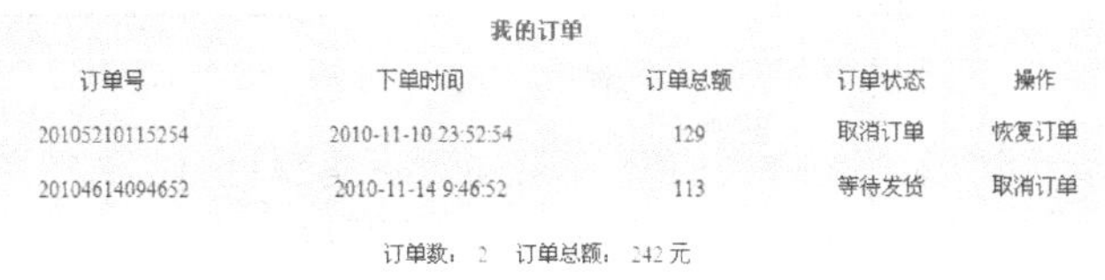

图 7.40 订单列表显示效果

(4)订单详细信息的显示是通过数据绑定到显示控件来实现的。新建窗体，名为 orderdetail.aspx，拖放控件，如图 7.41 所示。

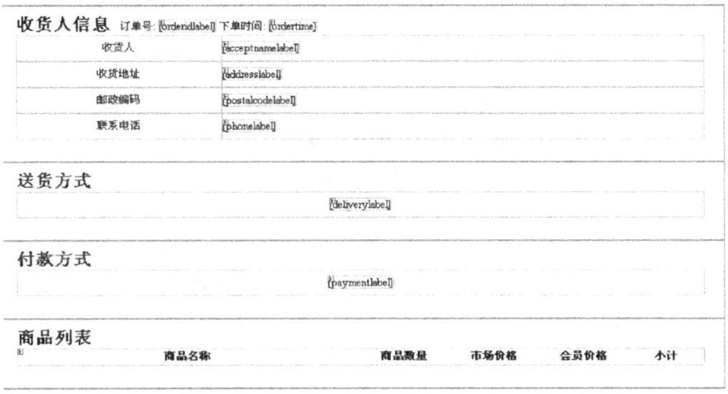

图 7.41 订单详细信息页的布局

(5) 在事件处理程序中编写数据绑定的代码如下：

```
protected void Page_Load(object sender, EventArgs e)
        { if (user.IsLogin() == True)
            { if (!this.IsPostBack)
                { this.Bind();    }
            }
            else
            { this.Response.Redirect("login_1.aspx");   }
        }
 ClothesShop.BLL.userinfo user = new ClothesShop.BLL.userinfo();
  ClothesShop.BLL.order ord = new ClothesShop.BLL.order();
        ClothesShop.BLL.cart ocart = new ClothesShop.BLL.cart();
private void Bind()
        { string oid = this.Request.QueryString["oid"].ToString();
            DataRow row = ord.getoneorder(oid);
            this.orderidlabel.Text = row["orderid"].ToString();
            this.ordertime.Text = row["ordertime"].ToString();
            this.acceptnamelabel.Text = row["acceptname"].ToString();
            this.addresslabel.Text = row["address"].ToString();
            this.postalcodelabel.Text = row["postalcode"].ToString();
            this.phonelabel.Text = row["phone"].ToString();
            this.deliverylabel.Text = row["delivery"].ToString();
            this.paymentlabel.Text = row["payment"].ToString();
   string [] productids = row["productid"].ToString().Split(',');
   for (int i = 1; i < productids.Length; i++)
            { TableRow tr = new TableRow();
```

```
                    tr.Width = new Unit(this.productlisttable.Width.Value);
                   DataRow dr = ocart.getonecartbyproductid(int.Parse(productids
                    [i]));

                    TableCell tc_1 = new TableCell();
                    tc_1.Width = new Unit(500);
                    tc_1.HorizontalAlign = HorizontalAlign.Center;
                    tc_1.Text = dr["productname"].ToString();
                    TableCell tc_2 = new TableCell();
                    tc_2.Width = new Unit(150);
                    tc_2.HorizontalAlign = HorizontalAlign.Center;
                    tc_2.Text = dr["count"].ToString();
                    TableCell tc_5 = new TableCell();
                    tc_5.Width = new Unit(150);
                    tc_5.HorizontalAlign = HorizontalAlign.Center;
                    tc_5.Text = dr["price"].ToString();
                    TableCell tc_3 = new TableCell();
                    tc_3.Width = new Unit(150);
                    tc_3.HorizontalAlign = HorizontalAlign.Center;
                   tc_3.Text = dr["specials"].ToString().ToLower() == "True" ?
                    dr["specialsprice"].ToString()                          :
dr["userprice"].ToString();
                    TableCell tc_4 = new TableCell();
                    tc_4.Width = new Unit(150);
                    tc_4.HorizontalAlign = HorizontalAlign.Center;
                   tc_4.Text = (int.Parse(tc_2.Text) * double.Parse(tc_3.Text)).
                    ToString();
                    tr.Cells.Add(tc_1);
                    tr.Cells.Add(tc_2);
                    tr.Cells.Add(tc_5);
                    tr.Cells.Add(tc_3);
                    tr.Cells.Add(tc_4);
                    this.productlisttable.Rows.Add(tr);
                }
            }
```

相关知识

与 DataList 相似，Repeater 控件也用于在重复列表中显示数据项。Repeater 中列表项的内容和布局是使用“模板”定义的，自动用模板标记的项目，像循环那样重复编排数据源的数据。但与 DataList 不同，Repeater 控件是分别在各模板标记中声明各种 HTML 标记实现数据的显示，而不能在设计视图中拖放控件来进行模板的设置。Repeater 的各模板的名称、作用与 DataList 中各模板相同。

Repeater 控件的基本语法如下：

```
<asp:Repeater Id="repeater1" Runat="server">
<HeaderTemplate>   </HeaderTemplate>
<ItemTemplate>   </ItemTemplate>
<AlternatingItemTemplate>
</AlternatingItemTemplate>
```

```
<FooterTemplate>  </FooterTemplate>
</asp:Repeater>
```

每个 Repeater 至少必须定义一个 ItemTemplate。功能如同 For/Next 循环，每一条记录的显示都显示一次模板中的标记。ItemTemplate 的内容按表记录数重复显示，如果定义了交替行，则在 0 开始的偶数行显示；AlternatingItemTemplate 如果包含内容，则按表记录数重复显示，在 0 开始的奇数行显示；HeaderTemplate 如果包含内容，则在用 ItemTemplate 显示记录之前最先显示，且仅显示一次；FooterTemplate 如果包含内容，则在用 ItemTemplate 显示完所有记录之后最后显示，且仅显示一次。

SeparatorTemplate 用于设置每一记录间用什么分隔，常用的如
或<hr/>。代码如下：

```
<ItemTemplate>
<%#container.ItemIndex %>
<%#Eval("productid")%>
<%#Eval("ProductName")%>
<%#Eval("Price") %>
<%#Eval("UserPrice") %>
</ItemTemplate>
<SeparatorTemplate>
<br>
</SeparatorTemplate>
```

<%#container.itemindex%>用于绑定记录项目编号，用<%#Eval(“字段名”）%>获取和显示指定字段内容。用换行隔开每条记录。

Repeater 控件中的 LinkButton 被单击时会触发 ItemCommand 事件，如果有多个 LinkButton，则在事件处理程序中要根据 CommandName 判断是哪个 LinkButton 被单击。

任务拓展

设计和实现高级查询功能。具体需求如下：

新建窗体 Search.aspx，添加图片、文本。添加的控件名称为用于输入关键字的 searchkey，选择类别的下拉列表 type_1ddl 和 type_2ddl，输入价格范围的 price_1 和 price_2 及提交查询的 input(Button)，并设置 input(Button)：onclick="url();"。界面如图 7.42 所示，查询条件如图 7.43 所示，查询结果如图 7.44 所示。

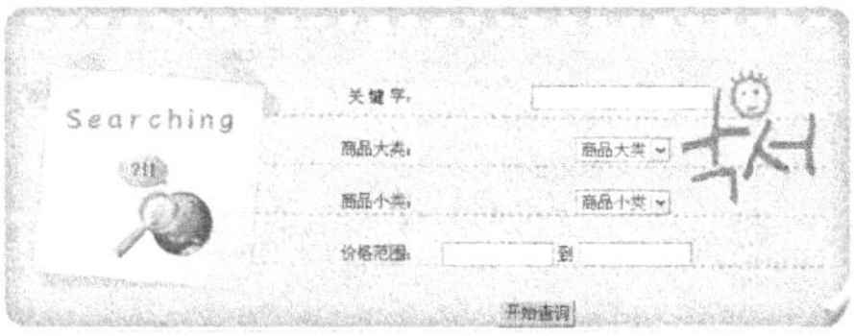

图 7.42　订单结算界面

图 7.43　查询条件

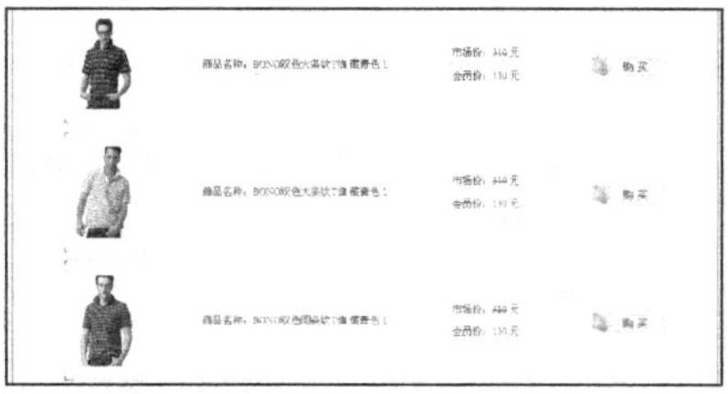

图 7.44　高级查询及查询结果

任务 4　留言管理子模块的设计与实现

后台管理模块可以实现对商城各类数据的管理，主要包括留言管理、订单管理、商品管理等。管理员通过留言管理子模块可以查看用户的留言，对用户的问题和建议进行回复解答。对留言也可以进行修改和删除。该模块的界面效果如图 7.45 所示。

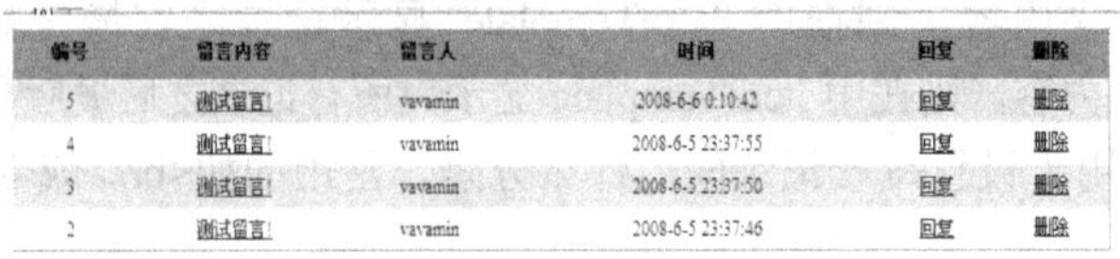

图 7.45　留言管理模块界面效果

7.4.1　在留言管理子模块窗体中添加数据控件

任务分析

在留言管理子模块的界面上，要以表格形式罗列出留言内容、留言人、留言时间等信息，并对每一条留言设置回复及删除的途径。在 ASP.NET 所提供的控件中，GridView 控件可以很方便地实现这样的布局。

任务实施

（1）在网站的 admin 文件夹中添加一个新窗体用于管理留言，名为 messagelist.aspx。

（2）从如图 7.46 所示的工具箱的“数据”组中拖放一个 GridView 控件到 messagelist.aspx 窗体中，从如图 7.47 所示的智能标签中选择“编辑列”选项。

（3）在“字段”对话框中将复选框“自动生成字段”取消选中，再添加三个 BoundField，HeaderText 为“编号”、“留言人”、“时间”，DataField 分别为 Messages_ID、Messages_Name、Messages_Time。添加三个 TemplateField，HeaderText 为“留言内容”、“回复”、“删除”，先后顺序如图 7.48 所示。

图 7.46　选择 GridView 控件

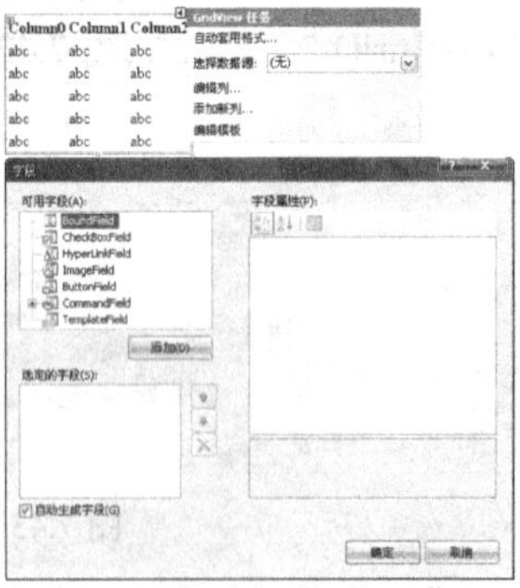

图 7.47　GridView 控件的编辑列

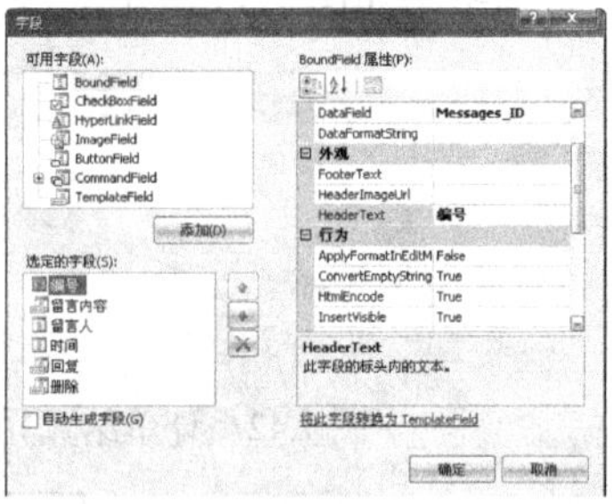

图 7.48　GridView 控件的字段编辑

（4）在属性窗口中设置 GridView 控件的 ID 为 booklistgv，Width 为 750px，SKinID 为 admin_gv_skin，AllowPageiing 为 True，PageSize 为 20，DataKeyNames 为 Messages_ID。

（5）切换到“源视图”，GridView 的代码如下所示：

```
<asp:GridView ID="booklistgv" runat="server" AllowPaging="True"
AutoGenerateColumns="False"
```

```
    DataKeyNames="Messages_ID"  PageSize="20"  SkinID="admin_gv_skin"
Width=
    "750px">
        <Columns>
            <asp:BoundField DataField="Messages_ID" HeaderText="编号" />
            <asp:TemplateField HeaderText="留言内容"></asp:
            TemplateField>
            <asp:BoundField DataField="Messages_Name" HeaderText="留
言人" />
            <asp:BoundField DataField="Messages_Time" HeaderText="留
言时间" />
            <asp:TemplateField HeaderText="回复"></asp:TemplateField>
            <asp:TemplateField HeaderText="删除"></asp:TemplateField>
        </Columns>
    </asp:GridView>
```

修改代码，为模板字段的 ItemTemplate 添加内容，在<asp:TemplateField HeaderText="留言内容">和</ asp:TemplateField >之间添加如下代码：

```
    <ItemTemplate>
    <a title='<%#Eval("Messages_Content") %>'href='relay.aspx?mid=<%#Eval
("Messages_ID") %>'> <%#Server.HtmlEncode(ClothesShop.Web. usaulclass.LeftTitle
(Eval("Messages_Content").ToString(),20))%> </a>
    </ItemTemplate>
```

在<asp:TemplateField HeaderText="回复">和</ asp:TemplateField >之间添加如下代码：

```
        <ItemTemplate>
         <a title="回复留言" href='relay.aspx?mid=<%#Eval("Messages_ID") %>'>
            回复</a>
        </ItemTemplate>
```

在<asp:TemplateField HeaderText="删除" ShowHeader="False">和</ asp:TemplateField >之间添加如下代码：

```
        <ItemTemplate>
          <asp:LinkButton       ID="LinkButton1"        runat="server"
CausesValidation ="False" CommandName="Delete" Text="删除" OnClientClick="return
confirm('是否真的删除?')"></asp:LinkButton>
        </ItemTemplate>
```

相关知识

数据控件可实现绑定数据的显示、编辑功能。在工具箱的“数据”组中在数据源控件上控件就是数据控件。

GridView 控件以表格形式显示绑定的数据源的数据记录的字段，并具有分页、排序和编辑功能。使用 GridView 控件，可以实现下列功能：

（1）通过数据源控件或代码方式绑定和显示数据。

（2）对数据进行选择、排序、分页、编辑和删除。

（3）使用模板、自定义列、样式控制 GridView 控件的外观和行为。

GridView 控件与其他 Web 控件一样，也可以通过源视图以声明方式配置。在设计视图中执行的任何操作与标记声明存在一对一的对应关系。

属性 DataKeyNames 指定绑定到 GridView 的唯一标识每行的列名，默认为主键列。

<Columns>元素定义 GridView 的各个字段。每个<asp:BoundField>元素代表要显示的一个字段，其中的 HeaderText 属性指定该列标题中显示的文本；DataField 属性指定该列要显示其数据的数据库列名。

在如图 7.49 所示的智能标签中选择“编辑列”选项，显示如图 7.50 所示对话框。

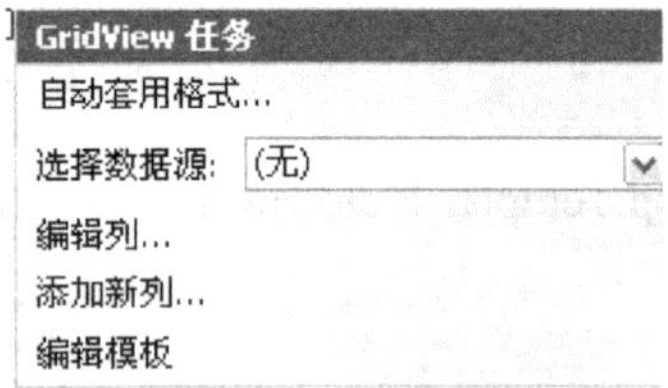

图 7.49　GridView 的智能标签

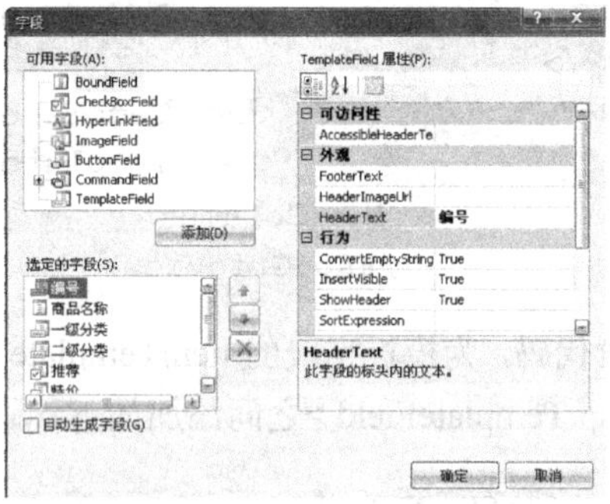

图 7.50　“字段”对话框

GridView 字段的用途有两方面：一方面用于以某种形式显示数据源中的数据；另一方面是提供界面元素实现控件的一些功能。BoundField 是用于显示数据源中数据的字段，在用于显示时，该字段只是将相关列的值显示为纯文本，当用于数据的编辑或插入时，显示为一个 TextBox 控件，Text 属性自动设置为该列的值。

在“字段”对话框的可用字段框中还包含以下字段类型。

（1）ButtonField　显示按钮字段，可以创建整列的按钮控件，让用户逐条记录地执行某个操作，不包括“编辑”、“删除”和“选择”按钮，这三个功能已经由 CommandField 提供。

（2）CheckboxField　显示一个复选框，对于 bit 类型数据库列非常有用，选中状态取决于指定列的值。

（3）CommandField　产生编辑功能字段，可以自动添加所需的“编辑”、“更新”或“取消”按钮，对应数据源的相应方法，命令无须手写，自动生成。通过智能标签启用这些功能时，将自动添加该字段。

（4）HyperLinkField　显示一个 HyperLink 控件的字段，文本和 URL 可以是静态或动态的，静态值对于所有行都相同，动态值则对每行根据该行绑定的数据而不同。设置静态值，使用 Text 属性设置显示的文本，使用 NavigateUrl 设置 URL 值。设置动态值，对于文本，是 DataTextField 和 DataTextFormatString 属性；对于 URL，是 DataNavigateUrlFields 和 DataNavigateUrlFormatString 属性。

（5）ImageField　显示一个 Image 控件的字段，其 ImageUrl 属性可以绑定到数据某列。它的 DataImageUrlField 属性用于指定列名，DataImageUrlFieldString 用于指定格式字符串。例如，在数据源中存放图片名称的列为 picture，那么 DataImageUrlField 属性就选择该字段；图片保存在应用程序的根目录下的 images\userpics\ 路径中，因此将 DataImageUrlFieldString 设置为~\images\userpics\{0}。

（6）TemplateColumn　使用模板标记自行定义字段，允许混合使用静态 HTML、Web 控件和数据绑定句法。

在如图 7.45 所示的“字段”对话框中，可以对选中的字段设置属性，还可以删除字段，调整字段排列顺序等。

GridView 可以通过属性窗口的“外观”部分从 GridView、特定字段及不同类型行几个方面定制外观。EmptyDataText 设置没有记录情况下的显示文本。

在“样式（Styles）”部分可以找到应用于不同行的属性：如交替行、编辑行、选定行、标题行等的样式。

如果无法自行设计出好看的外观，可以从智能标签中单击“自动套用格式”链接，将看到如图 7.51 所示的对话框。

在这个对话框中，可以选择适合的预定义样式。选定后，单击“确定”按钮，选择的格式就自动套用在 GridView 上。

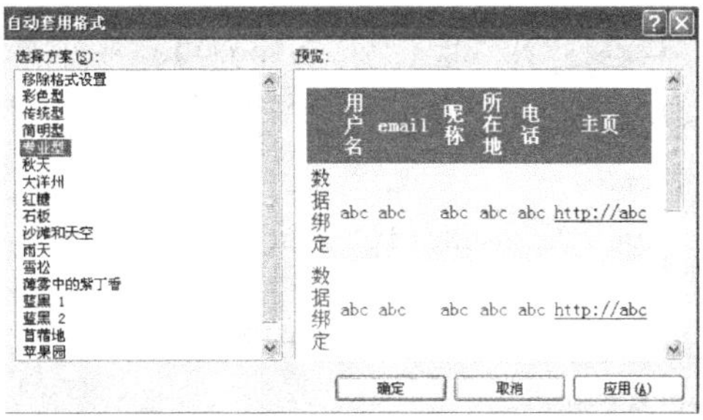

图 7.51 “自动套用格式”对话框

任务拓展

自行完成会员管理子模块的界面设计，在这个子模块中，管理员可以查看所有用户，了解用户的基本资料，可以修改用户的资料、密码并且可以删除用户、添加用户。

在会员管理子模块窗体中添加 GridView 控件，进行字段的设置和外观的设计。

7.4.2 在留言管理子模块窗体中编写事件处理程序

任务分析

管理员在留言管理子模块中可以对每一条留言进行回复或删除。要在用 GridView 控件显示的留言列表中实现删除功能，先要将 GridView 配置为为用户提供逐条删除数据的能力，并设置相应的事件处理程序。回复操作则需要创建一个包含回复所需各控件的新窗体，并设置“回复”按钮的事件处理程序来实现。

任务实施

（1）在留言管理窗体中事件处理程序。

双击窗体空白处，进入事件处理程序的编辑状态，输入以下代码：

```
protected void Page_Load(object sender, EventArgs e)
    { if (user.IsLogin() == True && user.getUserRole() == 2)
        { if (!this.IsPostBack)
            { this.Bind(); }
        }
        else
        { this.Response.Redirect("logins.aspx");   }
    }
    ClothesShop.BLL.userinfo user = new ClothesShop.BLL.userinfo();
    ClothesShop.BLL.message msg = new ClothesShop.BLL.message();
private void Bind()
    { DataTable table = msg.messagelist();
        this.booklistgv.DataSource = table.DefaultView;
        this.booklistgv.DataBind();  }
    protected void booklistgv_PageIndexChanging(object sender,
    GridViewPageEventArgs e)
```

```
            { this.booklistgv.PageIndex = e.NewPageIndex;
                this.Bind();   }
            protected void booklistgv_RowDeleting(object sender,
            GridViewDeleteEventArgs e)
            { int id = int.Parse(this.booklistgv.DataKeys[e.RowIndex].Value.
            ToString());
                if (msg.deletemessage(id) == 1)
                {  this.Bind();

Page.ClientScript.RegisterClientScriptBlock(this.GetType(),
                    "alert", "<script>alert('删除成功')</script>", false); }
                else

{ Page.ClientScript.RegisterClientScriptBlock(this.GetType(),
                "alert", "<script>alert('删除失败')</script>", false); }
            }
        }
```

（2）切换回设计视图，选中 GridView 控件，在属性窗口中设置相关事件处理程序，如图 7.52 所示。

（3）新建窗体，名为 relay.aspx，用于回复留言，界面如图 7.53 所示。在窗体中拖放控件并设置属性。

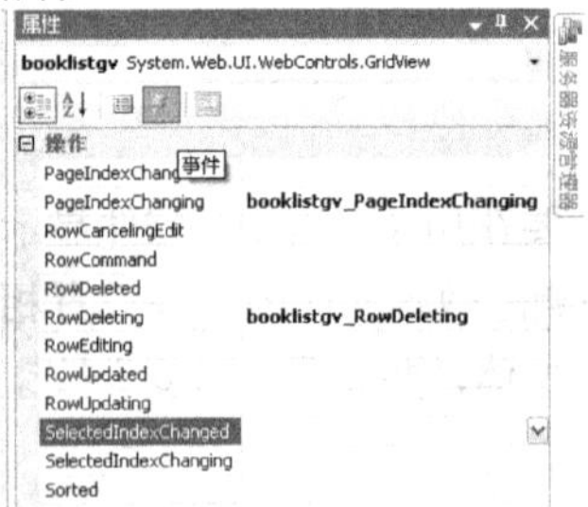

图 7.52　设置 GridView 控件的事件

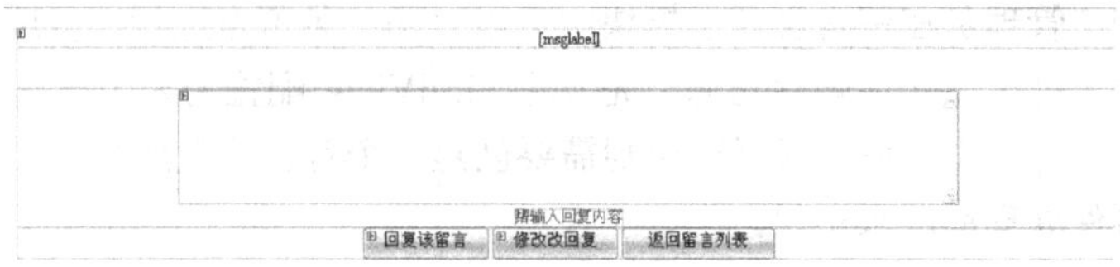

图 7.53　回复留言界面

然后双击“回复该留言”按钮编写事件处理程序，如下所示：

```
    public partial class relay : BasePage
        {  protected void Page_Load(object sender, EventArgs e)
            { if (user.IsLogin() == True && user.getUserRole() == 2)
                { if (!this.IsPostBack)
                    { this.Bind();   }
                }
                else
                {  this.Response.Redirect("logins.aspx");  }
            }
    ClothesShop.BLL.message msg = new ClothesShop.BLL.message();
            ClothesShop.BLL.relay rel = new ClothesShop.BLL.relay();
            ClothesShop.BLL.userinfo user = new ClothesShop.BLL.userinfo();
      private void Bind()
            { int mid = int.Parse(this.Request.QueryString["mid"].ToString ());
                if (rel.isRelay(mid) == True)
                {  this.relaybt.Visible = false;
                    this.updaterelaybt.Visible = True;
```

```
                this.relaycontent.Text = rel.getrelaybymessageid(mid);  }
            else
            {  this.relaybt.Visible = True;
               this.updaterelaybt.Visible = false;  }
            DataRow row = msg.getonemessage(mid);
            this.msglabel.Text = row["Messages_Content"].ToString();
        }
        protected void relaybt_Click(object sender, EventArgs e)
        { if (rel.createrelay(this.relaycontent.Text, int.Parse(this.
        Request.QueryString["mid"].ToString()), user.getUserID()) == 1)

{ Page.ClientScript.RegisterClientScriptBlock(this.GetType(),
            "alert", "<script>alert('回复留言成功')</script>", false);  }
            else

{ Page.ClientScript.RegisterClientScriptBlock(this.GetType(),
            "alert", "<script>alert('回复留言失败')</script>", false); }
        }

        protected void updaterelaybt_Click(object sender, EventArgs e)
        { if (rel.updaterelay(int.Parse(this.Request.QueryString["mid"].
        ToString()), this.relaycontent.Text, user.getUserID()) == 1)

{  Page.ClientScript.RegisterClientScriptBlock(this.GetType(),
            "alert", "<script>alert('修改留言成功')</script>", false);
                this.relaybt.Visible = false;
                this.updaterelaybt.Visible = True;   }
            else

{ Page.ClientScript.RegisterClientScriptBlock(this.GetType(),
            "alert", "<script>alert('修改留言失败')</script>", false);  }
        }
```

相关知识

在默认情况下，GridView 显示其连接的数据源中的所有记录。如果记录数过多，会影响用户查看记录。为使用户更易于查看，可以用 GridView 实现分页，一次只显示一部分记录。

除分页外，网站通常会提供按某特征对查询结果数据进行排序的功能。GridView 提供了一种让用户指定按特定字段对结果排序的方法。

要设置 GridView 能够用于对数据进行编辑和删除，必须将 GridView 绑定到配置了 UpdateCommand 和 DeleteCommand 的数据源控件。数据源配置完成后，打开 GridView 的智能标签，会看到增加了两个复选框：启用编辑和启用删除。选中“启用删除”复选框，GridView 就被配置为为用户提供逐条删除数据的能力。

用户单击“删除”按钮后，网页回传，GridView 生成特定的行的 RowDeleting 事件，将唯一标识该行的值赋给数据源控件的删除条件的参数，并调用数据源控件的 DeleteCommand，向数据库发出 DELETE 语句，实现对该行数据的删除。然后 GridView 重新检索数据并显示。对用户来说，他单击了特定行的“删除”按钮后该行消失了。

选中“启用编辑”复选框，GridView 提供让用户编辑数据的功能。每行增加了一个“编辑”按钮。测试时单击“编辑”按钮，所在行进入可编辑状态，用户可以为可编辑字段输入新值，单击“更新”按钮，保存修改。

GridView 是一个非常复杂、功能非常丰富的控件，要想熟练掌握 GridView 的使用，需要根据不同应用多练习以熟悉相关设置。

任务拓展

自行完成会员管理子模块的功能实现，在这个子模块中，管理员可以查看所有用户，了解用户的基本资料，可以修改用户的资料、密码并且可以删除用户、添加用户。

对会员管理子模块窗体中 GridView 控件进行设置，使之具有可编辑数据的功能，再添加相应的控件和编写事件处理程序以实现会员信息的删除、添加和修改功能。

任务 5　用户订单管理子模块的设计与实现

通过订单管理子模块，管理员可以查看用户的所有订单，了解用户订单的详细情况并且审核订单，可以按用户名和订单状态来查询订单，并对某个订单进行操作。该模块的界面效果如图 7.54 所示。

图 7.54　订单管理界面效果

任务分析

在订单管理子模块中，要根据用户名来查询订单，因此需放置一个控件用于输入用户名，另外还可以根据订单状态进行查询，由于订单状态是固定的几种，因此要使用下拉列表的方式进行选择。查询到的结果以数据列表的形式显示出来。

任务实施

（1）添加一个新窗体，名为 orderlist.aspx。

（2）在窗体中拖放控件，如图 7.55 所示。

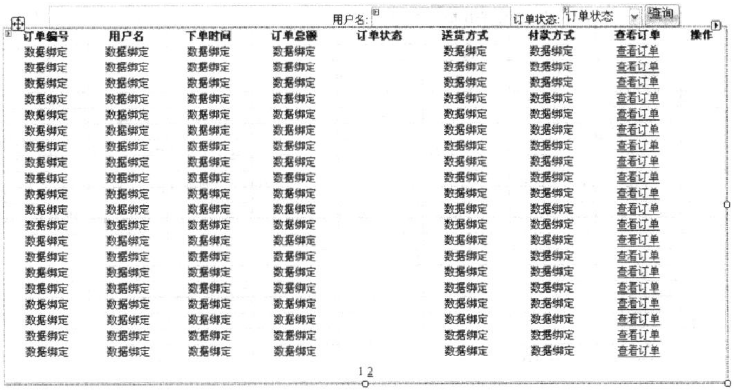

图 7.55　订单管理窗体中的控件

设置控件属性，切换到源视图，修改代码如下：

```
        <div style="text-align:right; width:700px">
                用户名:
                <asp:TextBox runat="server" ID="usernametb"></asp:TextBox>
                订单状态:
                <asp:DropDownList runat="server" ID="stateddl" AutoPostBack=
"True" OnSelectedIndexChanged="stateddl_SelectedIndexChanged">
                   <asp:ListItem Text="订单状态" Value="5"></asp:ListItem>
                   <asp:ListItem Text="取消订单" Value="0"></asp:ListItem>
                   <asp:ListItem Text="等待发货" Value="1"></asp:ListItem>
                   <asp:ListItem Text="商家已发货" Value="2"></asp:ListItem>
                   <asp:ListItem Text="确认收货" Value="3"></asp:ListItem>
                   <asp:ListItem Text="完成交易" Value="4"></asp:ListItem>
                </asp:DropDownList>
                <asp:Button runat="server" ID="searchTb" Text="查询" OnClick=
"searchTb_Click" />
            </div>
            <asp:GridView runat="Server" ID="orderlistgv" SkinID="admin_gv_
skin"       AllowPaging="True"          AutoGenerateColumns="False"
OnRowDataBound="orderlistgv_       RowDataBound"       Width="800px"
OnRowCommand="orderlistgv_RowCommand" OnPageIndex
Changing="orderlistgv_PageIndexChanging" PageSize="20">
               <Columns>
                  <asp:TemplateField HeaderText="订单编号">
                     <ItemTemplate>
                      <asp:Label  ID="orderidlabel"  runat="server"  Text='<%#
Bind("orderid") %>'></asp:Label>
                          <asp:Label runat="server" ID="statecodelabel" Text=
'<%#Bind("state") %>' Visible="false"></asp:Label>
                     </ItemTemplate>
                  </asp:TemplateField>
                 <asp:BoundField DataField="username" HeaderText="用户名" />
                 <asp:BoundField DataField="ordertime" HeaderText="下单时间" />

                 <asp:BoundField HeaderText="订单总额" DataField="orderprice"
                  DataFormatString="{0:c}" />
                  <asp:TemplateField HeaderText="订单状态">
```

```
                <ItemTemplate>
                 <asp:Label ID="statelabel" runat="server"></asp:Label>
                </ItemTemplate>
             </asp:TemplateField>
            <asp:BoundField DataField="delivery" HeaderText="送货方式" />
            <asp:BoundField DataField="payment" HeaderText="付款方式" />
             <asp:TemplateField HeaderText="查看订单">
                <ItemTemplate>
<a title="查看订单" href='../orderdetail.aspx?oid=<%#Eval("orderid") %>'
target="_blank">
              查看订单
            </a>
                </ItemTemplate>
             </asp:TemplateField>
             <asp:TemplateField HeaderText="操作">
               <ItemTemplate>
<asp:LinkButton runat="server" ID="operatelinkbutton" CommandName=
"operate"></asp:LinkButton>
               </ItemTemplate>
             </asp:TemplateField>
          </Columns>
       </asp:GridView>
```

（3）编写事件处理程序。

双击窗体空白处，进入事件处理程序的编辑状态，输入以下代码：

```
public partial class orderlist : BasePage
    { protected void Page_Load(object sender, EventArgs e)
        { if (user.IsLogin() == True && user.getUserRole() == 2)
            { if (!this.IsPostBack)
                { this.Bind(); }
            }
            else
            { this.Response.Redirect("logins.aspx"); }
        }
        ClothesShop.BLL.userinfo user = new ClothesShop.BLL.userinfo();
        ClothesShop.BLL.order ord = new ClothesShop.BLL.order();
  private void Bind()
        { DataTable table =
ord.selectorderlist(this.usernametb.Text.Trim(),int.Parse(this.stateddl
.SelectedValue.ToString()));
            this.orderlistgv.DataSource = table.DefaultView;
            this.orderlistgv.DataBind();  }
        protected void orderlistgv_RowDataBound(object sender,
        GridViewRowEventArgs e)
        {  if (e.Row.RowType == DataControlRowType.DataRow)
            {  DataRowView drv = e.Row.DataItem as DataRowView;
                Label label = e.Row.Cells[4].FindControl("statelabel") as
                Label;
    LinkButton lb = e.Row.Cells[8].FindControl("operatelinkbutton") as
    LinkButton;
                switch (drv["state"].ToString())
```

```
            { case "0":
                  { label.Text = "取消订单";
                    lb.Text = "恢复订单";
                    break;   }
              case "1":
                  {  label.Text = "等待发货";
                    lb.Text = "商家发货";
                    break;  }
              case "2":
                  { label.Text = "商家已发货";
                    lb.Text = "收货确认";
                    break;  }
              case "3":
                  { label.Text = "确认收货";
                    lb.Text = "完成交易";
                    break;  }
              case "4":
                  { label.Text = "完成交易";
                    lb.Text = "交易完成";
                    lb.Enabled = false;
                    break;  }
            }
        }
    }
    protected void stateddl_SelectedIndexChanged(object sender,
    EventArgs e)
    {  this.Bind(); }
    protected void orderlistgv_RowCommand(object sender,
    GridViewCommandEventArgs e)
    { if (e.CommandName == "operate")
     { GridViewRow row = (GridViewRow)((Control)e.CommandSource).
     Parent.Parent;
         string orderid = (row.Cells[0].FindControl("orderidlabel")
          as Label).Text;
   int statecode = int.Parse((row.Cells[0].FindControl("statecodelabel")
    as Label).Text);
          if (statecode == 0)
          {  ord.updatestate(orderid, 1);
             this.Bind();  }
          if (statecode == 1)
          {  ord.updatestate(orderid, 2);
             this.Bind();  }
          if (statecode == 2)
          {  ord.updatestate(orderid, 3);
             this.Bind();      }
          if (statecode == 3)
          {  ord.updatestate(orderid, 4);
             this.Bind();  }
        }
    }
  protected void orderlistgv_PageIndexChanging(object sender,
```

```
        GridViewPageEventArgs e)
           {  this.orderlistgv.PageIndex = e.NewPageIndex;
              this.Bind();   }
           protected void searchTb_Click(object sender, EventArgs e)

           { this.Bind();  }
        }
```

相关知识

DetailsView 控件一次从其关联的数据源呈现一条记录，同时可选择显示分页按钮，以在记录之间进行导航。该控件还可以添加、删除和更新记录数据。通常用于更新已有的记录、插入新记录。

通常在主/详细信息方案中使用 DetailsView 控件：主控件一般为 GridView，明细记录则借助 DetailsView 控件来显示。

从工具箱的数据部分拖放 DetailsView 控件到页面中，如图 7.56 所示。

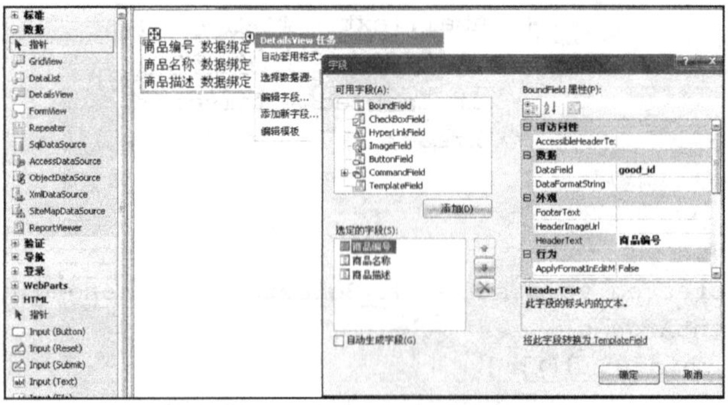

图 7.56　DetailsView 控件

DetailsView 控件在默认情况下显示数据源返回的第一条记录，并没有提供查看下一条记录的方法。可在智能标签中把启用分页前的复选框选中或将属性窗口中的“分页”部分的 AllowPaging 属性设置为 True，在 DetailsView 控件的底部会添加一个页调度行，包含查看其他记录的链接。其他与分页相关的属性还包括 Pagersetting 属性包括许多用于页调度行外观设置的子属性，如 Mode 属性可设置分页用数字还是上下页链接。

DetailsView 控件的外观可在“属性”窗口的“外观”和“样式”部分配置。对“字段”的设置可能过智能标签的“编辑字段”链接访问。相关设置与 GridView 比较相似。

DetailsView 控件可以配置为支持编辑、插入及删除功能，在智能标签上选中相应复选框或在“属性”窗口中“行为”部分设置相应属性即可启动这些功能。

DetailsView 默认的插入、编辑界面中各个绑定字段都使用 TextBox 控件，如果需要用其他控件，就要将 BoundField 转换为 TemplateField，并编辑相应的 Insert ItemTemplate。这和 GridView 中的设置相似。

任务拓展

设计实现一级类别的管理功能，具体要求如下：

新建窗体 type_1list.aspx，并为其拖放相应控件，如图 7.57 所示其中，数据列表用 GridView 控件运行效果如图 7.58 所示。

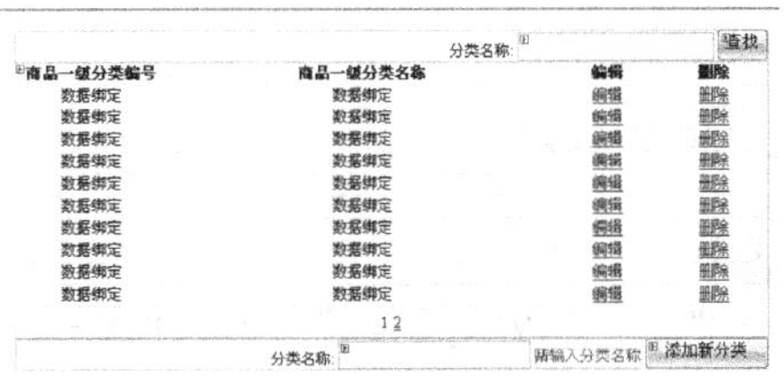

图 7.57　一级类别管理界面

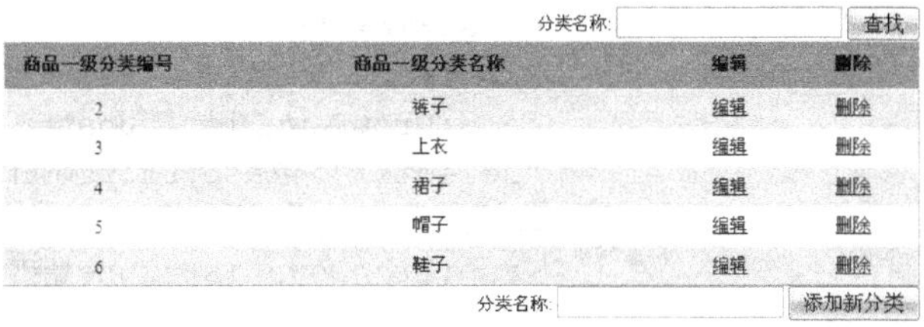

图 7.58　一级分类管理页面效果

任务 6　商品管理子模块的设计与实现

通过商品管理子模块，管理员可以编辑商品，填写商品的详细资料后发布商品，也可以删除商品。本模块的界面效果如图 7.59 所示。

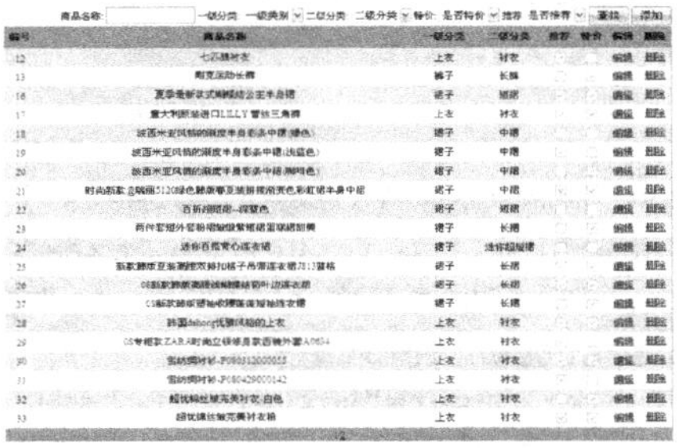

图 7.59　商品管理界面效果

任务分析

商品管理功能首先要能根据商品名称、一级和二级类别及是否推荐或特价进行查找，因此先要放置控件，使用数据绑定对应这些数据。查询到的结果要以列表的形式显示，并在列表中以复选框形式实现对推荐、特价状态的更改，以及添加能实现编辑、删除功能的链接。

任务实施

（1）添加一个新窗体，名为 productlist.aspx。

（2）在窗体中拖放控件，如图 7.60 所示。

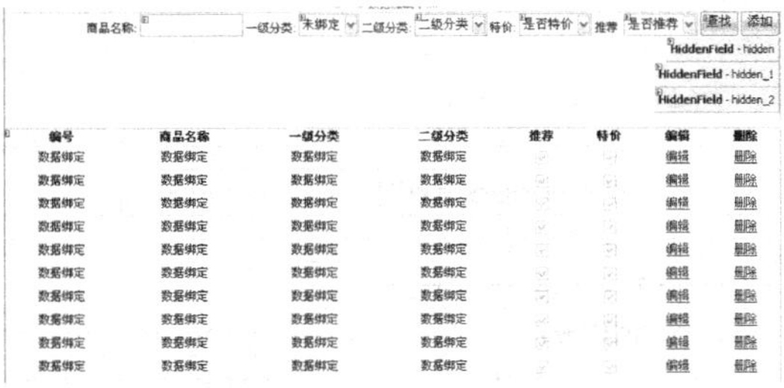

图 7.60　商品管理的界面

（3）设置各控件名称、属性，生成代码如下所示：

```
<div style="text-align:right; width:800px">
        商品名称:
        <asp:TextBox runat="server" ID="productnameTb" Width="100px">
```

```
                </asp:TextBox>
                一级分类:
                <asp:DropDownList runat="server" ID="type_1ddl" onchange=
                "select()"></asp:DropDownList>
                二级分类:
                <asp:DropDownList runat="server" ID="type_2ddl" onchange=
                "select_1()">
                  <asp:ListItem Value="0" Text="二级分类"></asp:ListItem>
                </asp:DropDownList>
                特价:
                <asp:DropDownList runat="server" ID="specialsddl">
                   <asp:ListItem Value="2" Text="是否特价"></asp:ListItem>
                   <asp:ListItem Value="1" Text="特价"></asp:ListItem>
                   <asp:ListItem Value="0" Text="非特价"></asp:ListItem>
                </asp:DropDownList>
                推荐
                <asp:DropDownList runat="server" ID="recommendedddl">
                   <asp:ListItem Value="2" Text="是否推荐"></asp:ListItem>
                    <asp:ListItem Value="1" Text="推荐"></asp:ListItem>
                   <asp:ListItem Value="0" Text="非推荐"></asp:ListItem>
                </asp:DropDownList>
                <asp:Button runat="server" ID="searchBt" Text="查找" OnClick=
                "searchBt_Click" />
                <input value="添加" type="button" onclick="window.location.
                href='addproduct.aspx'" />
                <asp:HiddenField ID="hidden" runat="server" />
                <asp:HiddenField ID="hidden_1" runat="Server" />
                <asp:HiddenField runat="server" ID="hidden_2" />
             </div>
            <asp:GridView runat="server" SkinID="admin_gv_skin" ID=
"productlistGv" AllowPaging="True" AutoGenerateColumns="False" Width="800px"
EmptyDataText="暂无相关数据" DataKeyNames="productid" OnPageIndexChanging=
"productlistGv_PageIndexChanging" OnRowCancelingEdit="productlistGv_
RowCancelingEdit" OnRowDeleting="productlistGv_RowDeleting" OnRowEditing=
"productlistGv_RowEditing" OnSelectedIndexChanged="productlistGv_
SelectedIndexChanged" PageSize="20">
                <Columns>
                  <asp:TemplateField HeaderText="编号">
                     <ItemTemplate>
                        <asp:Label ID="Label1" runat="server" Text='<%# Bind
                        ("productid") %>'></asp:Label>
                     </ItemTemplate>
                  </asp:TemplateField>
                 <asp:BoundField DataField="productname" HeaderText="商品名称" />
                  <asp:TemplateField HeaderText="一级分类">
                     <ItemTemplate>
                       <%#Eval("typename_1") %>
                     </ItemTemplate>
                  </asp:TemplateField>
                  <asp:TemplateField HeaderText="二级分类">
                     <ItemTemplate>
```

```
                <%#Eval("typename_2") %>
            </ItemTemplate>
        </asp:TemplateField>
      <asp:CheckBoxField HeaderText="推荐" DataField="recommended" />
      <asp:CheckBoxField HeaderText="特价" DataField="specials" />
        <asp:TemplateField HeaderText="编辑">
            <ItemTemplate>
         <a href='editproduct.aspx?pid=<%#Eval("productid") %>'
         title="编辑">
               编辑
            </a>
            </ItemTemplate>
        </asp:TemplateField>
        <asp:TemplateField HeaderText="删除" ShowHeader="False">
            <ItemTemplate>
    <asp:LinkButton ID="LinkButton1" runat="server" CausesValidation=
      "False" CommandName="Delete"
 Text="删除" OnClientClick="return confirm('是否真的删除?')">
 </asp:LinkButton>
            </ItemTemplate>
        </asp:TemplateField>
    </Columns>
 </asp:GridView>
```

（4）设置事件处理程序，代码如下：

```
    protected void Page_Load(object sender, EventArgs e)
         { if (user.IsLogin() == True && user.getUserRole() == 2)
            { if (!this.IsPostBack)
               {  Bindtype();
                  this.hidden_1.Value = "0";
                  this.Bind(); }
            }
            else
            {  this.Response.Redirect("logins.aspx");          }
         }
         ClothesShop.BLL.userinfo user = new ClothesShop.BLL.userinfo();
         ClothesShop.BLL.product pro = new ClothesShop.BLL.product();
        private void Bindtype()
         { ClothesShop.BLL.type_1 t_1 = new ClothesShop.BLL.type_1();
            DataTable dt_1 = t_1.type_1list("");
            foreach (DataRow row in dt_1.Rows)
        {ListItem li = new ListItem(row["typename"].ToString(), row
        ["typeid_1"].ToString());
               this.type_1ddl.Items.Add(li); }
            this.type_1ddl.Items.Insert(0, new ListItem("一级类别", "0"));
         }
        private void Bind()
       {DataTable table = pro.selectproduct(int.Parse(this.type_1ddl.
       SelectedValue.ToString()),
            int.Parse(this.hidden_1.Value.ToString()),
this.productnameTb.
```

```
            Text.Trim(),
            int.Parse(this.recommendedddl.SelectedValue.ToString()), int.
            Parse(this.specialsddl.SelectedValue.ToString()));
            this.productlistGv.DataSource = table.DefaultView;
            this.productlistGv.DataBind();
        }
        protected void searchBt_Click(object sender, EventArgs e)
        {  Bind(); }
        protected void productlistGv_PageIndexChanging(object sender,
        GridViewPageEventArgs e)
        { this.productlistGv.PageIndex = e.NewPageIndex;
            this.Bind(); }
        protected void productlistGv_RowEditing(object sender,
        GridViewEditEventArgs e)
        {  this.productlistGv.EditIndex = e.NewEditIndex;
            this.Bind(); }
        protected void productlistGv_RowCancelingEdit(object sender,
        GridViewCancelEditEventArgs e)
        {  this.productlistGv.EditIndex = -1;
            this.Bind(); }
        protected void productlistGv_RowDeleting(object sender,
        GridViewDeleteEventArgs e)
        {   int id = int.Parse(this.productlistGv.DataKeys[e.RowIndex].
        Value.ToString());
            pro.deleteproduct(id);
            this.Bind();
            Page.ClientScript.RegisterClientScriptBlock(this.GetType(),
            "alert", "<script>alert('删除成功!')</script>", false);
        }
```

相关知识

与 DetailsView 控件类似，FormView 控件用于一次从其关联的数据源呈现一条记录，同时可选择显示分页按钮，以在记录之间进行导航。但 FormView 控件的字段编排要求使用模板来定义。FormView 控件通过关联的数据源控件支持自动的 Update、Insert 和 Delete 操作。可同时定义 ItemTemplate、Edit ItemTemplate 和 Insert ItemTemplate。FormView 控件的 DefaultMode 属性指定以什么模板显示数据，默认值为 ReadOnly，即用 ItemTemplate 呈现；也可设定为 Edit，用 Edit ItemTemplate 呈现，或设定为 Insert，用 Insert ItemTemplate 呈现。

下面用一个例子来介绍数据源控件 SqlDataSource 控件和 FormView 控件的结合使用。

SqlDataSource 控件使用 SQL 命令来检索和修改数据。该控件可用于 Microsoft SQL Server、OLE DB、ODBC 和 Oracle 数据库。SqlDataSource 控件可将结果作为 DataReader 或 DataSet 对象返回。当结果作为 DataSet 返回时，该控件支持排序、筛选和缓存。

（1）从工具箱中拖放 SqlDataSource 控件到页面上。在设计视图中的数据源控件上显示该控件类型和 ID 值，如图 7.61 所示。

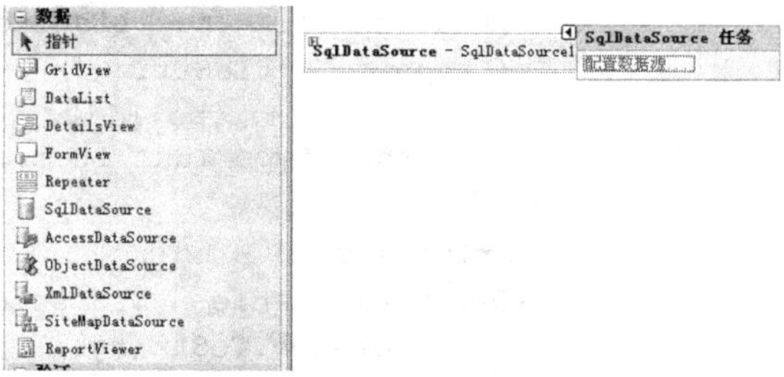

图 7.61　在页面中拖放一个 SqlDataSource 控件

拖放到页面上后，数据源控件上会显示一个智能标签（smart tag），这个标签是该控件的常见任务列表。一开始，这个标签只包含一个选项：配置数据源。单击该选项将启动“配置数据源向导”，可进行数据源连接和数据检索的设置。

在“配置数据源”的第一个窗口中，选择数据连接。这个窗口包含一个下拉列表，列表项由数据库资源管理器中包含的连接字符串组成，可以从中选择本数据源控件将要连接的数据库对应的连接字符串。如果在下拉列表中找不到需要的连接，则单击右边的“新建连接”按钮设置新连接。

在设置好连接字符串之后，接下来指定要从数据库检索哪些数据。使用设置向导，可以用以下两种方式之一配置 Select 语句：提供一个 SQL SELECT 查询或指定一个数据库表及要返回的列。两种方式都会产生数据源控件的 SELECT 命令字符串，向数据源检索数据。还可以通过向导设置筛选条件。

为 SqlDataSource 控件增加插入、更新和删除的支持，需要在如图 7.62 所示的界面中单击“高级”按钮，打开如图 7.63 所示的对话框。

选择第一个复选框“生成 INSERT、UPDATE 和 DELETE 语句”命令时，SqlDataSource 就将自动创建这些修改数据的 SQL 语句。完成后单击“确定”按钮关闭对话框。

需要注意的一点：复选框“生成 INSERT、UPDATE 和 DELETE 语句”只有前面步骤中配置的 SELECT 语句返回数据表的主键时才可以选择。如果建立数据表时未设置主键，则数据源控件无法自动生成修改数据的 SQL 语句。

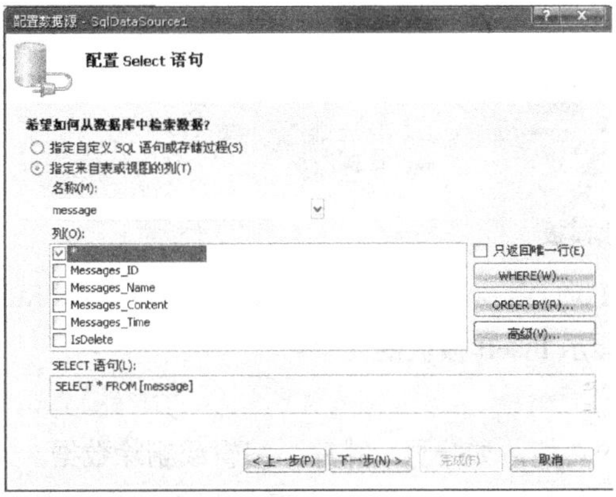

图 7.62 生成 SELECT 语句

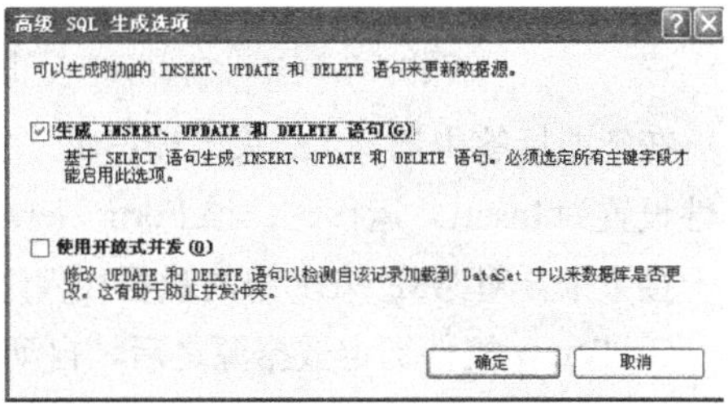

图 7.63 “高级 SQL 生成选项”对话框

在设置完成后，单击“下一步”按钮，进入“测试查询”窗口。单击“测试查询”按钮可以将该查询语句的执行结果显示在上方，单击“完成”按钮关闭配置数据源向导。

（2）设置完数据源，再从工具箱拖放一个 FormView 控件到窗体中，设置数据源为 SqlDataSource1，如图 7.64 所示。

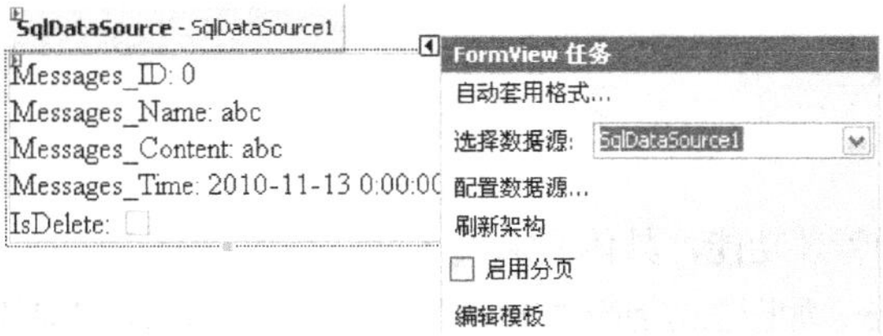

图 7.64 为 Formview 控件选择数据源

在智能标签中选择自动套用格式。单击智能标签的“编辑模板”按钮，进入模板编辑模式，如图 7.65 所示，FormView 控件的三个模板 ItemTemplate、EditItemTemplate 和 Insert ItemTemplate 都已自动生成包含所有字段的各个控件和所需的命令按钮。

模板中的控件可自行删除和拖放。如在本例中，使用 FormView 控件主要实现 Insert 功能，因此主要修改 InsertTemplate。将各个字段标题改为中文，再删除 Message_Time 对应的文本框，拖放一个日历控件。设置双向绑定，如图 7.66 所示。

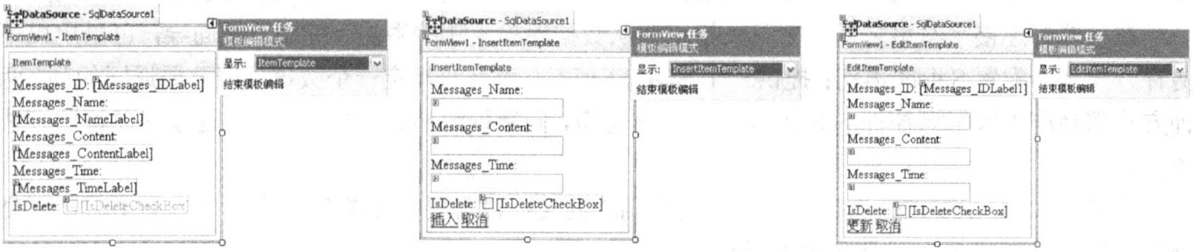

图 7.65　Formview 控件自动生成的模板

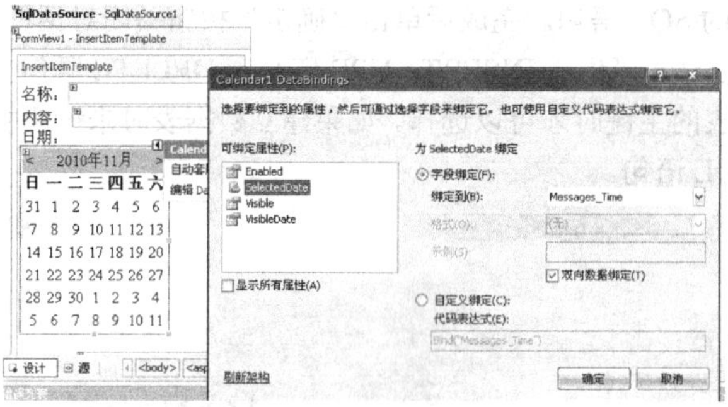

图 7.66　修改模板

在智能标签中选择“结束模板编辑”命令，选中 FormView 控件，在属性窗口中将 DefaultMode 属性设置为 Insert。运行时，该 FormView 控件直接显示 Insert 模板的内容。

接下来，对 ASP.NET 中的数据控件进行小结：

GridView 控件绑定数据源之后，自动提供常用的功能，如分页、排序、编辑或删除数据。

DetailsView 控件呈现一条记录。 GridView/ DetailsView 结合，可以实现主/详细信息方案。

DataList 控件用于在重复的列表中显示数据项，并且支持对这些项进行选择和编辑的功能。DataList 中列表项的内容和布局是使用模板定义的。

Repeater 控件也用于在重复列表中显示数据项。Repeater 没有内置的布局和样式，必须在控件的模板中显式声明所有 HTML 布局、格式设置和样式标记。

FormView 控件也用于一次从其关联的数据源呈现一条记录。FormView 控件使用模板定义每项的呈现。

任务拓展

设计和实现二级类别管理功能，具体要求如下。

新建窗体 type_2list.aspx，如图 7.67 所示拖放控件，其中，数据列表都是用 GridView 控件。二级类别管理功能模块运行效果如图 7.68 所示。

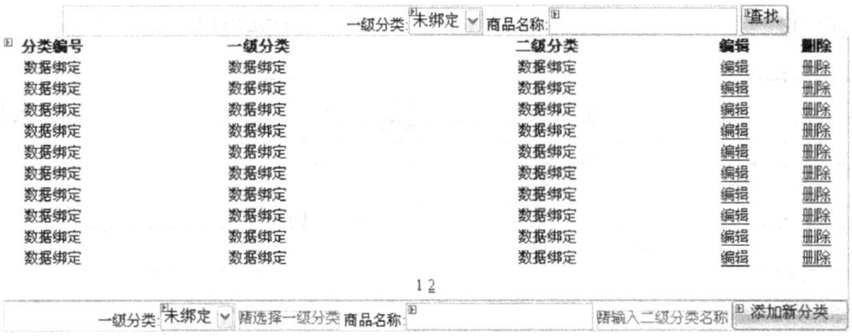

图 7.67　二级类别管理界面

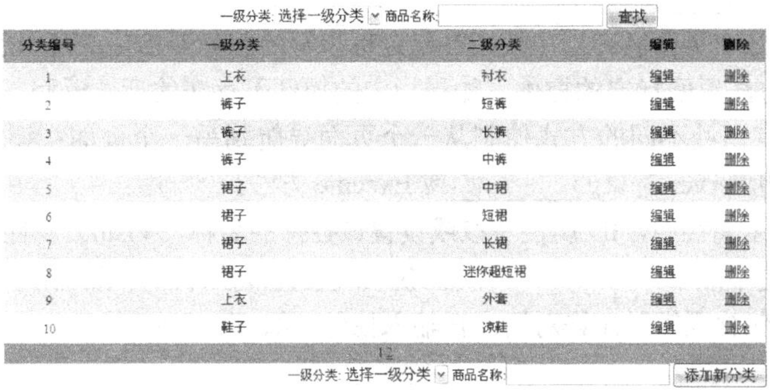

图 7.68　二级分类管理页面效果

习题

一、选择题

1. 有一个名为 Login 的 Web 页面，需要在其 Page_Load 事件中判断该页面是否回发，请问需要使用下列哪个属性（　　）。

A. Page.IsCallback　　B. Page.IsAsync

C. Page.IsPostBack　　D. Login.IsPostBack

2. 如果希望用户输入密码，则应该使用的控件和设置为 Password 的属性为（　　）。

A. Label, Text　　B. TextBox, TextMode

C. BulletedList, BulletStyle　　D. ListBox, SelectionMode

3. 用图像控件 Image1，显示在 images 文件夹下的 proc1.jpg 图片，则正确的语句为（　　）。

A. Image1.ImageUrl="proc1.jpg";

B. Image1.Image="proc1.jpg";

C. Image1.ImageUrl="～/images/proc1.jpg";

D. Image1.Image=" ～/images/proc1.jpg";

4. 通过 FileUpload 控件的（　　）属性，可以获取用户上传文件类型。

A. FileName　　B. HasFile　　C. FileContent　　D. PostedFile

5. 用户控件文件的扩展名为（　　）。

A. .ascs　　B. .cs　　C. .aspx　　D. .dll

6. 下面哪个不属于选择控件（　　）。

A. DropDownList　　B. CheckBoxList　　C. RadioButton　　D. HyperLink

7. DataList 控件的（　　）属性控制显示的列数。

A．RepeatLayout　　B．RepeatDirection

C．RepeatColumns　　D．DataSource

8．在 DataList 控件的模板中，放入一个 Button 控件，并设置 CommandName 属性为 getit,该 Button 控件被单击时将引发 DataList 控件的（　　）事件。

A．EditCommand　　B．DeleteCommand

C．ItemCommand　　D．CancelCommand

二、填空题

1．Page 对象的________事件在页面被请求时触发，相应的事件处理程序可用于放置在页面每次被请求时都要执行的________。

2．________方法在页命名容器中搜索带指定标识符的服务器控件，可用于访问在设计时其 ID 不可用的控件。该方法返回指定的控件，如果指定的控件不存在的话，返回________。

3．ASP.NET 有三种不同的方式控制从一个页面导航到另一个页面：调用 Response 对象的________方法，调用 Server 对象的________或 Execute 方法。

4．在控件的常用属性中，ID 属性获取或设置该控件的名称，Visible 属性若设定为________，则该控件不可见（更不能用），________属性获取或设置该控件的外观效果。

5．________是包含逻辑以允许对用户在输入控件（如 TextBox 控件）中输入的内容进行验证的控件。

6．ASP.NET 中有两组专用于数据处理的控件，分别是________和________。

7．数据绑定服务器控件的________属性指定要与控件中每项的 Text 属性相关联的字段的名称，________属性包含要与控件中每项的 Value 属性相关联的字段的名称。

8．要将 HTML 文本框文本绑定到页面的一个字段 name，在 HTML 源中可以这样绑定：

```
<INPUT  type=________  value=________>
```

三、实践题

1．选择合适的 Web 控件，设计一个 WebForm 页面，用于输入一本图书的信息，其中，出版社、出版时间要以选择的方式输入，并能对用户的输入进行验证。

2．设计一个 WebForm 页面，在用户初次访问时，显示登录界面，记录用户的登录信息，并在用户每次访问时，记录和显示用户的访问次数，同时，还显示当前在线人员名单，当用户退出时，能从在线人员名单中去除。

项目八

电子商务网站的测试与发布

项目简介

本项目的工作任务首先是对电子商务网站进行站点测试，然后为网站申请域名和虚拟主机，最后利用 Visual Studio 2005 发布电子商务网站。通过学习，让学生了解申请域名和虚拟主机的基本流程，了解主流的软件测试工具，掌握网站测试的方法，能够快速地发布电子商务网站等。

能力目标

- 能够测试电子商务网站
- 能够为电子商务网站申请域名
- 能够为电子商务网站申请 Web 空间
- 能够发布电子商务网站

知识目标

- 了解网站测试的过程和方法
- 掌握网站测试工具的应用
- 了解域名的基本知识，能够进行域名申请
- 了解虚拟主机的基本概念
- 了解网站发布的原理和过程
- 掌握网站发布工具的使用

任务 1 电子商务网站的测试

一个网站设计制作完毕，需要上传到 WWW 服务器，以供上网者访问自己的网站。发布网站之前需要对网站进行测试与整理，其目的是在尽可能短的时间里发现尽可能多的问题，然后经过一个发现问题、解决问题的过程，从而保证网站能够稳定地、正常地运行。本任务将从多个方面对网站进行测试，包括链接测试、Web 测试、负载测试等，在任务实施过程中将利用链接测试工具 Xenu's Link Sleuth 进行链接测试，并利用 Visual Studio 2005 进行 Web 测试和负载测试，Xenu's Link Sleuth 界面如图 8.1 所示。

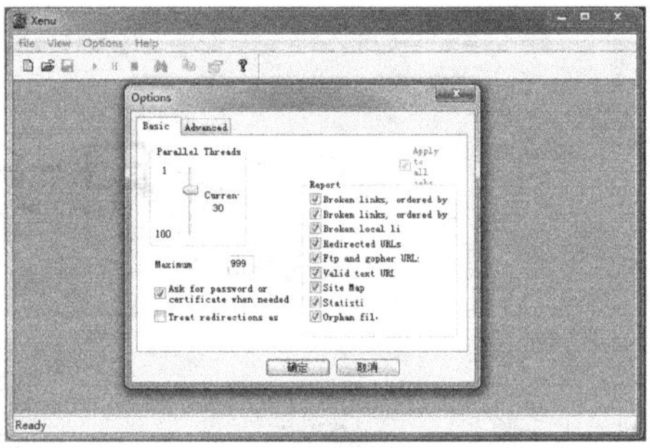

图 8.1 链接测试工具

8.1.1 链接测试

任务分析

网站上的网页是互相链接的，单击称为超链接的文本或图形就可以链接到其他页面。整个网站的链接犹如一张庞大的蜘蛛网，稍不留神就会有所遗漏。尽管网站的链接测试看起来似乎没有比较高深的技术含量，但同时，特别是对于一个较大的网站，涉及上百甚至上千个页面，链接测试需要较大的测试量，因此，提高测试的效率成了网站链接测试的一个重要方面。

网站上存在太多的死链接，会影响到网站在搜索引擎中的排名，对于搜索引擎优化（SEO）非常不利。那么如何检查死链接？是一个一个页面去浏览，去单击？还是等待访客的反馈？这里介绍一个专门检查网站死链接的工具软件，名为 Xenu's Link Sleuth。这是一个针对 Windows 操作系统平台的软件，被称为是最好用的死链接检查工具。下面将介绍 Xenu's Link Sleuth 的安装及使用方法。

任务实施

步骤一：安装 Xenu's Link Sleuth

（1）登录 Xenu's Link Sleuth 的官方网站 http://home.snafu.de/tilman/xenulink.html，在页面上方的导航栏中单击 Download。

（2）目前软件的最新版本是 1.3.7，在下载页面中只需单击下载链接即可将软件下载到本地计算机，在默认情况下，这是一个名称为 XENU.zip 的压缩包。

（3）将文件进行解压缩，运行安装程序 Setup.exe，界面如图 8.2 所示。

（4） 接下来只要按照安装向导提示操作即可，包括接受许可协议、设置目标文件夹等。

步骤二：使用 Xenu's Link Sleuth

（1）运行 Xenu 之后，可看到简单的用户界面。上面有几个菜单和一个工具栏，中间大部分是空白（工作区域）。当开始检查指定网址时，该空白区域显示链接检查的进展过程。

（2）选择 File 菜单下的 Check URL 命令或者直接单击工具栏上的“Check URL”按钮，弹出 Xenu's starting point 对话框，如图 8.3 所示。

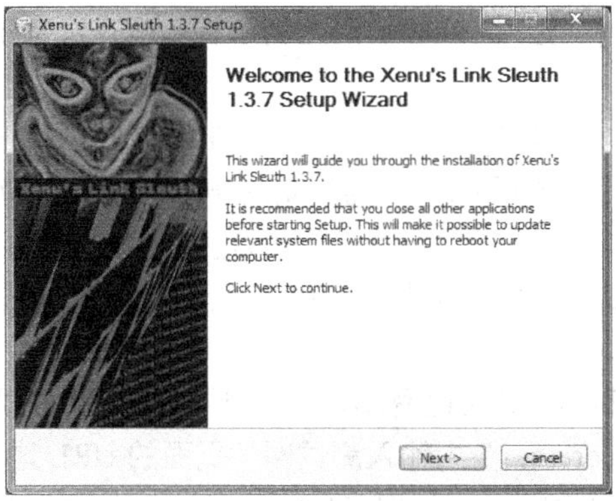

图 8.2 Xenu's Link Sleuth 安装程序

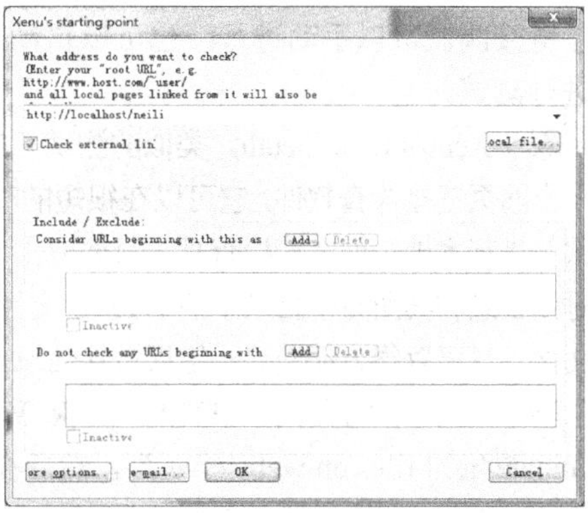

图 8.3 “Xenu's starting point”对话框

（3）填写要检查的网址，如 http://localhost/neili/，单击“OK”按钮就开始检查，运行结果如图 8.4 所示。

（4）检查完毕，询问是否要生成报告，选择“是”命令，并在弹出的“Remote Orphan Check: Ftp Parameters”对话框中单击“Cancel”按钮，就会生成 HTML 格式的结果报告并自动在 IE 浏览器中打开，如图 8.5 所示。

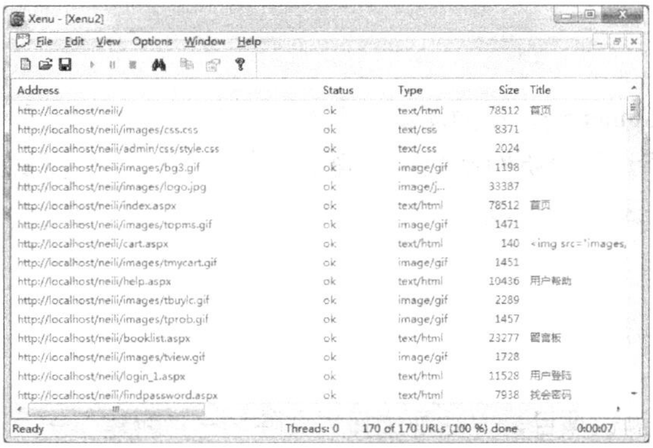

图 8.4 链接测试运行结果

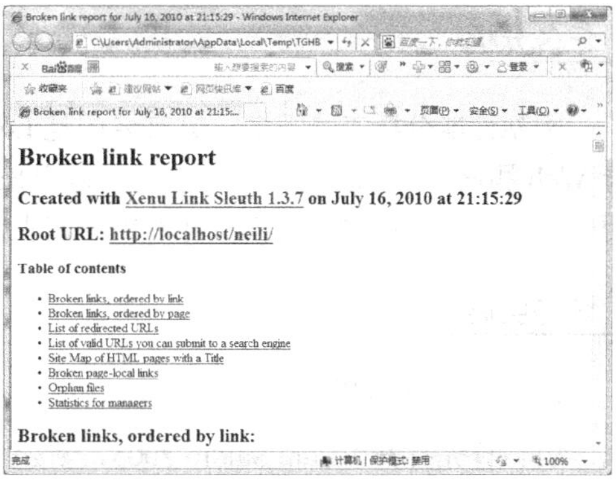

图 8.5 链接测试报告

（5）根据报告给出的死链接及其所在页面，可进行修复。

相关知识

死链接，又称为无效链接，即那些不可达到的链接。一个网站存在死链接不是什么好事，首先一个网站如果存在大量的死链接，必将大大损伤网站的整体形象，再者搜索引擎蜘蛛是通过链接来爬行搜索，如果太多链接无法到达，不但收录页面数量会减少，而且网站在搜索引擎中的权重会大大降低。

今天的网站都倾向于做得很大，无论是网站的层次、还是链接都相当丰富，再加上网站更新等原因，往往会存在无效链接的情况，因此，必须在网站发布之前做链接测试，建议在网站更新后也要做链接测试。为了检测网站中是否存在无效链接，可以使用专门的无效链接检测工具进行网站链接测试，无效链接检测工具会使链接测试变得更加简单、快速。

进行链接测试时，需要重点把握以下几个原则：链接的正确性，即单击某个地址之后，应该能够达到正确的页面；要测试所链接的页面是否存在；要保证系统中没有孤立的页面，也就是说，网站中的页面彼此之间应该有联系，而不是独立在整个系统之外。

链接测试可以手动进行，也可以自动进行。链接测试必须在 Web 网站的所有页面开发完成之后进行测试。

除了 Xenu's Link Sleuth，类似的测试工具还有很多，如 HTML Link Validator。HTML Link Validator 是一个网页链接检查软件，它可以在很短的时间内检查数千个网页文件。其链接测试分为本地测试和远程测试。进行本地页面链接检查时，只要双击 HTML 文件就可对该文件中的所有链接进行检查，双击目录则对该目录和其所有子目录中的 HTML 文件进行链接测试。在查询结果中，可以标识含有错误链接的网页文件，且可以很方便地显示错误链接信息。

除了测试本地页面，HTML Link Validator 还可以测试远程网站，只需要选择测试方式为“Validate html files on web server”，然后在“Starting address：”中输入测试网站页面的 URL 地址，单击“Validate”按钮即可对指定页面进行测试。测试完成后，单击“HTML Files found”左侧的小红点，就会显示出错的地方。单击任意一条出错的数据，还可以看到详细信息。

任务拓展

使用 HTML Link Validator 对衣购网进行链接测试。

8.1.2 使用 VS 2005 进行 Web 测试和负载测试

任务分析

网站性能分析工具很多，最有名的是 LoadRunner 进行压力测试。但 VS 2005 也提供了工具进行 Web 测试和负载压力测试，前者可以用来单步逐页分析网站性能，确定哪个 request 哪个步骤占用时间，后者可以对网站模拟并发用户请求，测试 Web 性能。

任务实施

步骤一：Web 测试

（1）首先打开 Visual Studio 2005，新建一个测试项目，方法是选择“文件”→“新建”→“项目”命令，弹出如图 8.6 所示的“新建项目”对话框。在左侧的项目类型一栏中选择 Test 命令，并在右侧的模板中选择“测试项目”命令，项目名称及位置按默认值设定即可。

（2）单击“确定”按钮后，显示如图 8.7 所示界面，在解决方案资源管理器中已经添加了测试项目，选中该项目，右击，出现快捷菜单，选择“添加”→“Web 测试”选项。

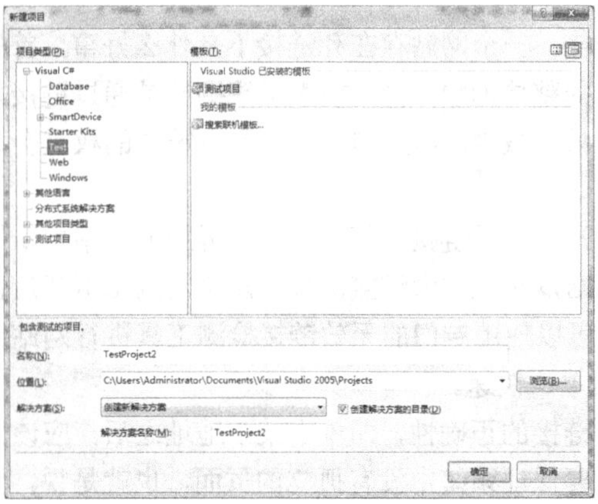

图 8.6　新建测试项目

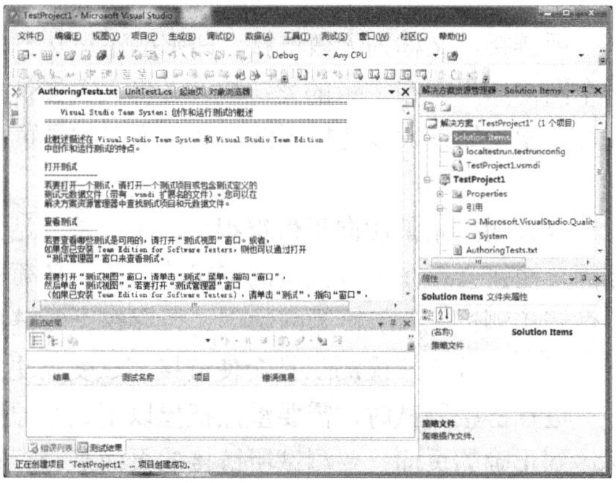

图 8.7　成功创建测试项目

（3）执行上述操作后，Visual Studio 2005 将启动 Internet Explorer 浏览器，如图 8.8 所示。其中，左侧显示 Web 测试记录器，右侧为访问的页面。

（4）为了简单，本例中只对用户注册及登录情况进行测试，内容包括利用网站的注册功能注册一个新用户，利用该账号登录到网站（若有自动登录功能，则免去该步骤），并使用网站的注销功能退出登录。为了测试的完整性，应该尽量模拟整个购物过程，包括登录网站、查询商品、购买商品、下订单、结账、退出登录等，这部分内容请自行完成。在浏览器地址栏中输入网站的 URL：http://localhost/neili/index.aspx，窗口右侧将显示网站的首页，单击窗口左侧红色的“录制”按钮（Record），录制开始，在网站中按照“注册新用户”→“登录”→“退出登录”的流程访问相关页面，完成后单击“停止录制”按钮（Stop）结束页面录制，运行结果如图 8.9 所示。

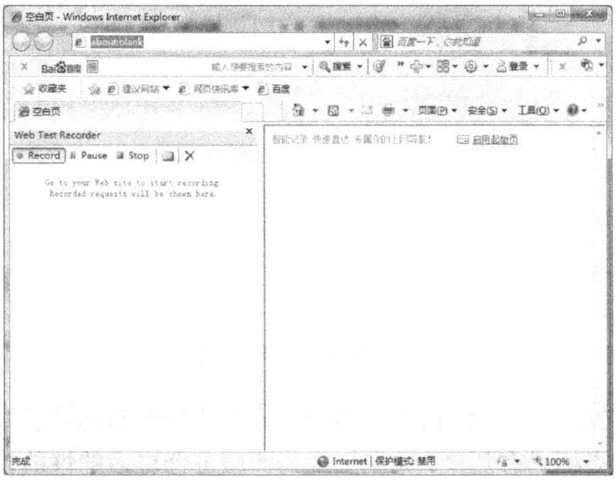

图 8.8　Visual Studio 2005 启动 Internet Explorer 浏览器

图 8.9　记录访问过的网页

（5）在建好的 Web 测试中单击“运行测试”按钮开始测试，如图 8.10 所示。在 WebTest1 文档中将记录下运行结果，如图 8.11 所示。通过“编辑运行设置”可以调整用于测试的浏览器类型及使用的网络，调整后可重新运行 Web 测试。在结果文档中详细地记录了每个请求的 HTTP 状态、响应时间、文件大小等信息。

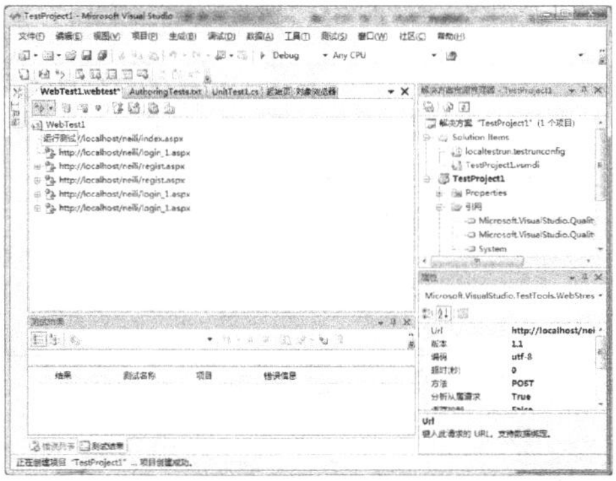

图 8.10　运行 Web 测试

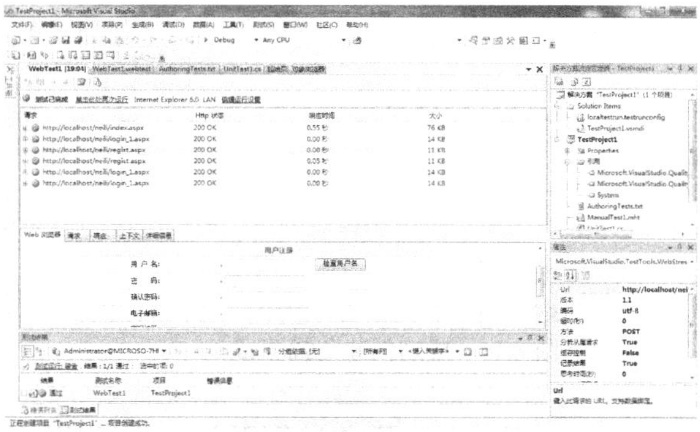

图 8.11　Web 测试结果

步骤二：负载测试

（1）选中测试项目，右击，出现快捷菜单，选择“添加”→“负载测试”命令，弹出如图 8.12 所示的“新建负载测试向导”对话框。

（2）在该对话框中，每一步可以设置一些测试参数，利用上一步和下一步进行导航。在负载模式这一步，可以指定负载模式及同时在线人数，默认情况下为常量负载，用户计数 25 人。在测试组合这一步，要单击“添加”按钮，添加前面已建立的 Web 测试项目，如图 8.13 所示。在浏览器组合这一步，可以将一个或多个浏览器类型添加到组合并指定分发方案。在网络组合这一步，可以模拟用户的网络状况，多加几种网络状况，设置权重比等。在计数器集这一步可以添加 Web 服务器。最后一步用于设置运行时间等，默认情况下运行持续时间为 10min，采样速率为 5s。

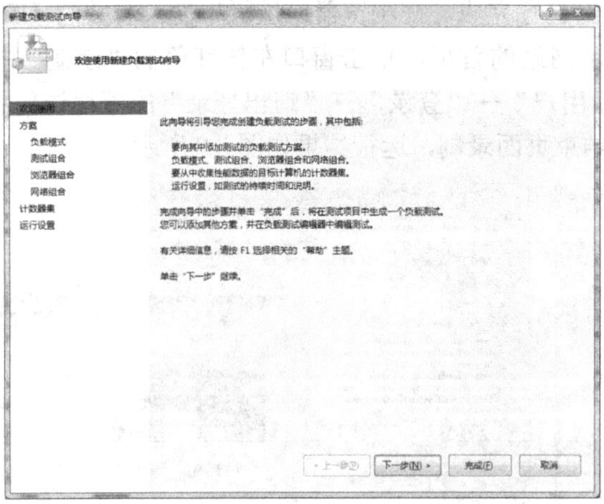

图 8.12 “新建负载测试向导”对话框

图 8.13 添加测试

（3）建立好的负载测试如图 8.14 所示，在建立好的负载测试中单击“运行测试”按钮开始测试。注意一点：默认的计数器集的 Web Server 的性能指标只有两个，如果希望监测服务器更多的性能指标，如 IO、网络、CPU、内存等，可以在左边选择“计算机”→“机器名”→“指标”选项，然后右击，执行“添加到选中的图表”命令菜单。负载测试结果如图 8.15 所示。

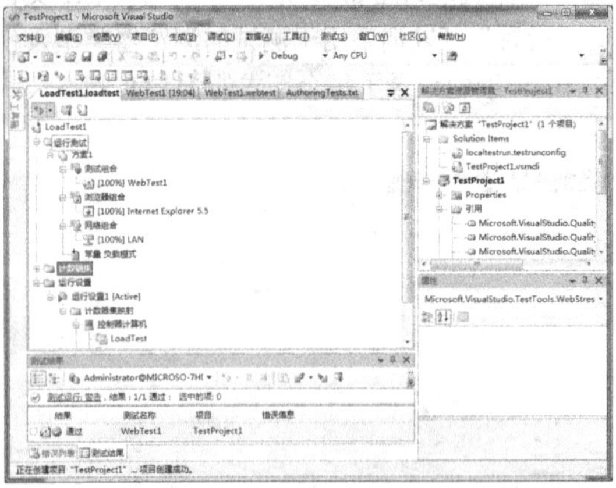

图 8.14 成功创建负载测试

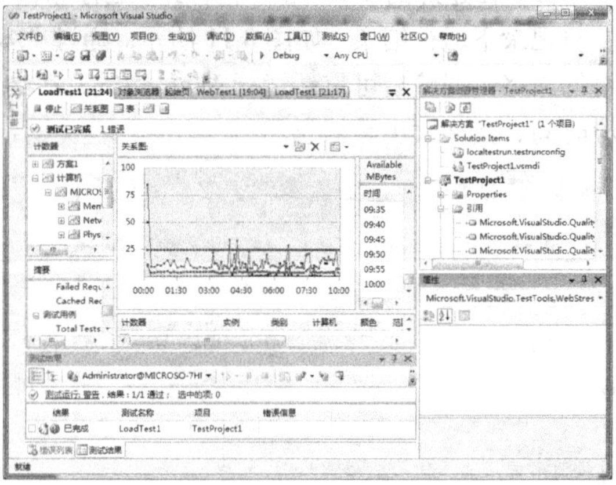

图 8.15 负载测试结果

（4）注意看 Server 的 CPU 利用率、IO、网络、内存使用情况、页面反应时间等，对性能瓶颈进行分析。并发数量可能受限于测试机的性能，这点要注意，尽量用多台机器分布式模拟用户并发。

相关知识

1. 网站测试项目

在将站点上传到服务器并声明其可供浏览之前，应该先在本地（或局域网内）对其进行测试。

测试中，应该确保页面在目标浏览器中如预期的那样显示和工作，而且没有断开的链接，页面下载也不占用太长时间。下面从功能、性能、可用性、兼容性、安全性等方面对网站测试项目进行介绍。

（1）功能测试。

① 链接测试。

链接是 Web 应用系统的一个主要特征，是在页面之间切换和指导用户去一些不知道地址的页面的主要手段。链接测试可分为三个方面。首先，测试所有链接是否按指示的那样确实链接到了该链接的页面；其次，测试所链接的页面是否存在；最后，保证 Web 应用系统上没有孤立的页面，孤立页面是指没有链接指向该页面，只有知道正确的 URL 地址才能访问。

链接测试可以自动进行，现在已经有许多工具可以采用。链接测试必须在集成测试阶段完成，也就是说，在整个 Web 应用系统的所有页面开发完成之后进行链接测试。

② 表单测试。

当用户给 Web 应用系统管理员提交信息时，就需要使用表单操作，如用户注册、登录、信息提交等。在这种情况下，必须测试提交操作的完整性，以校验提交给服务器的信息的正确性。例如，用户填写的出生日期与职业是否恰当，填写的所属省份与所在城市是否匹配等。如果使用了默认值，还要检验默认值的正确性。如果表单只能接受指定的某些值，则也要进行测试。例如，只能接受某些字符，测试时可以跳过这些字符，看系统是否会报错。

③ Cookies 测试。

Cookies 通常用来存储用户信息和用户在某应用系统的操作，当一个用户使用 Cookies 访问了某一个应用系统时，Web 服务器将发送关于用户的信息，把该信息以 Cookies 的形式存储在客户端计算机上，这可用来创建动态和自定义页面或者存储登录等信息。

如果 Web 应用系统使用了 Cookies，就必须检查 Cookies 是否能正常工作。测试的内容可包括 Cookies 是否起作用，是否按预定的时间进行保存，刷新对 Cookies 有什么影响等。

④ 设计语言测试。

Web 设计语言版本的差异可以引起客户端或服务器端严重的问题，例如，使用哪种版本的 HTML 等。当在分布式环境中开发时，开发人员都不在一起，这个问题就显得尤为重要。除了 HTML 的版本问题外，不同的脚本语言，例如，Java、JavaScript、ActiveX、VBScript 或 Perl 等也要进行验证。

⑤ 数据库测试。

在 Web 应用技术中，数据库起着重要的作用，数据库为 Web 应用系统的管理、运行、查询和实现用户对数据存储的请求等提供空间。在 Web 应用中，最常用的数据库类型是关系型数据库，可以使用 SQL 对信息进行处理。

在使用了数据库的 Web 应用系统中，一般情况下，可能发生两种错误，分别是数据一致性错误和输出错误。数据一致性错误主要是由于用户提交的表单信息不正确而造成的，而输出错误主要是由于网络速度或程序设计问题等引起的，针对这两种情况，可分别进行测试。

（2）性能测试。

① 连接速度测试。

用户连接到 Web 应用系统的速度根据上网方式的变化而变化，或许是电话拨号，或许是宽带上网。当下载一个程序时，用户可以等较长的时间，但如果仅仅访问一个页面就不会这样。如果 Web 系统响应时间太长（如超过 5s），用户就会因没有耐心等待而离开。

另外，有些页面有超时的限制，如果响应速度太慢，用户可能还没来得及浏览内容，就需要重新登录了。而且，连接速度太慢，还可能引起数据丢失，使用户得不到真实的页面。

② 负载测试。

负载测试是为了测量Web系统在某一负载级别上的性能，以保证Web系统在需求范围内能正常工作。负载级别可以是某个时刻同时访问Web系统的用户数量，也可以是在线数据处理的数量。例如，Web应用系统能允许多少个用户同时在线？如果超过了这个数量，会出现什么现象？Web应用系统能否处理大量用户对同一个页面的请求？

③ 压力测试。

负载测试应该安排在Web系统发布以后，在实际的网络环境中进行测试。因为一个企业内部员工，特别是项目组人员总是有限的，而一个Web系统能同时处理的请求数量将远远超出这个限度，所以，只有放在Internet上，接受负载测试，其结果才是正确可信的。

进行压力测试是指实际破坏一个Web应用系统，测试系统的反映。压力测试是测试系统的限制和故障恢复能力，也就是测试Web应用系统会不会崩溃，在什么情况下会崩溃。黑客常常提供错误的数据负载，直到Web应用系统崩溃，接着当系统重新启动时获得存取权。

压力测试的区域包括表单、登录和其他信息传输页面等。

（3）可用性测试。

① 导航测试。

导航描述了用户在一个页面内操作的方式，在不同的用户接口控制之间，例如，按钮、对话框、列表和窗口等；或在不同的连接页面之间。通过考虑下列问题，可以决定一个Web应用系统是否易于导航：导航是否直观？Web系统的主要部分是否可通过主页存取？Web系统是否需要站点地图、搜索引擎或其他的导航帮助？

在一个页面上放太多的信息往往起到与预期相反的效果。Web应用系统的用户趋向于目的驱动，很快地扫描一个Web应用系统，看是否有满足自己需要的信息，如果没有，就会很快地离开。很少有用户愿意花时间去熟悉Web应用系统的结构，因此，Web应用系统导航帮助要尽可能地准确。

导航的另一个重要方面是Web应用系统的页面结构、导航、菜单、连接的风格是否一致。确保用户凭直觉就知道Web应用系统里面是否还有内容，内容在什么地方。Web应用系统的层次一旦决定，就要着手测试用户导航功能，让最终用户参与这种测试，效果将更加明显。

② 图形测试。

在Web应用系统中，适当的图片和动画既能起到广告宣传的作用，又能起到美化页面的功能。一个Web应用系统的图形可以包括图片、动画、边框、颜色、字体、背景、按钮等。图形测试的内容如下：

- 要确保图形有明确的用途，图片或动画不要胡乱地堆在一起，以免浪费传输时间。Web应用系统的图片尺寸要尽量地小，并且要能清楚地说明某件事情，一般都链接到某个具体的页面。
- 验证所有页面字体的风格是否一致。
- 背景颜色应该与字体颜色和前景颜色相搭配。
- 图片的大小和质量也是一个很重要的因素，一般采用JPG或GIF格式。

③ 内容测试。

内容测试用来检验Web应用系统提供信息的正确性、准确性和相关性。

信息的正确性是指信息是可靠的还是误传的。例如，在商品价格列表中，错误的价格可能引起财政问题甚至导致法律纠纷；信息的准确性指是否有语法或拼写错误。这种测试通常使用一些文字处理软件来进行，例如，使用Microsoft Word的“拼音与语法检查”功能；信息的相关性指是否在当前页面可以找到与当前浏览信息相关的信息列表或入口，也就是一般Web站点中的“相关文章列表”。

④ 整体界面测试。

整体界面是指整个 Web 应用系统的页面结构设计，是给用户的一个整体感。例如，当用户浏览 Web 应用系统时是否感到舒适，是否凭直觉就知道要找的信息在什么地方？整个 Web 应用系统的设计风格是否一致？

对整体界面的测试过程，其实是一个对最终用户进行调查的过程。一般 Web 应用系统采取在主页上做一个调查问卷的形式，来得到最终用户的反馈信息。对所有的可用性测试来说，都需要有外部人员（与 Web 应用系统开发没有联系或联系很少的人员）的参与，最好是最终用户的参与。

（4）兼容性测试。

① 平台测试。

市场上有很多不同的操作系统类型，最常见的有 Windows、UNIX、Macintosh、Linux 等。Web 应用系统的最终用户究竟使用哪一种操作系统，取决于用户系统的配置。这样，就可能会发生兼容性问题，同一个应用可能在某些操作系统下能正常运行，但在另外的操作系统下可能会运行失败。

因此，在 Web 系统发布之前，需要在各种操作系统下对 Web 系统进行兼容性测试。

② 浏览器测试。

浏览器是 Web 客户端最核心的构件，来自不同厂商的浏览器对 Java、JavaScript、ActiveX、Plug-ins 或不同的 HTML 规格有不同的支持。例如，ActiveX 是 Microsoft 的产品，是为 Internet Explorer 而设计的，JavaScript 是 Netscape 的产品，Java 是 Sun 的产品等。另外，框架和层次结构风格在不同的浏览器中也有不同的显示，甚至根本不显示。不同的浏览器对安全性和 Java 的设置也不一样。

测试浏览器兼容性的一个方法是创建一个兼容性矩阵。在这个矩阵中，测试不同厂商、不同版本的浏览器对某些构件和设置的适应性。

（5）安全测试。

Web 应用系统的安全性测试区域主要有

① 现在的 Web 应用系统基本采用先注册，后登录的方式。因此，必须测试有效和无效的用户名和密码，要注意到是否大小写敏感，可以试多少次的限制，是否可以不登录而直接浏览某个页面等。

② Web 应用系统是否有超时的限制，也就是说，用户登录后在一定时间内（如 15min）没有单击任何页面，是否需要重新登录才能正常使用。

③ 为了保证 Web 应用系统的安全性，日志文件是至关重要的。需要测试相关信息是否写进了日志文件、是否可追踪。

④ 当使用了安全套接字时，还要测试加密是否正确，检查信息的完整性。

⑤ 服务器端的脚本会构成安全漏洞，这些漏洞又常常被黑客利用。所以，还要测试没有经过授权，就不能在服务器端放置和编辑脚本的问题。

2. ASP.NET 中如何防范 SQL 注入式攻击

（1）什么是 SQL 注入式攻击。

SQL 注入式攻击，就是攻击者把 SQL 命令插入到 Web 表单的输入域或页面请求的查询字符串，欺骗服务器执行恶意的 SQL 命令。在某些表单中，用户输入的内容直接用来构造（或者影响）动态 SQL 命令，或作为存储过程的输入参数，这类表单特别容易受到 SQL 注入式攻击。常见的 SQL 注入式攻击过程类如下：

① 某个 ASP.NET Web 应用有一个登录页面，这个登录页面控制着用户是否有权访问应用，它要求用户输入一个名称和密码。

② 登录页面中输入的内容将直接用来构造动态的 SQL 命令，或者直接用做存储过程的参数。下面是 ASP.NET 应用构造查询的一个例子：

```
System.Text.StringBuilder query = new System.Text.StringBuilder(
"SELECT * from Users WHERE login = '")
.Append(txtLogin.Text).Append("' AND password='")
.Append(txtPassword.Text).Append("'");
```

③ 攻击者在用户名字和密码输入框中输入"'或'1'='1"之类的内容。

④ 用户输入的内容提交给服务器之后，服务器运行上面的 ASP.NET 代码构造出查询用户的 SQL 命令，但由于攻击者输入的内容非常特殊，所以最后得到的 SQL 命令变成：SELECT * from Users WHERE login = '' or '1'='1' AND password = '' or '1'='1'。

⑤ 服务器执行查询或存储过程，将用户输入的身份信息和服务器中保存的身份信息进行对比。

⑥ 由于 SQL 命令实际上已被注入式攻击修改，已经不能真正验证用户身份，所以系统会错误地授权给攻击者。

如果攻击者知道应用会将表单中输入的内容直接用于验证身份的查询，他就会尝试输入某些特殊的 SQL 字符串篡改查询改变其原来的功能，欺骗系统并获得访问权限。

系统环境不同，攻击者可能造成的损害也不同，这主要由应用访问数据库的安全权限决定。如果用户的账户具有管理员或其他比较高级的权限，攻击者就可能对数据库的表执行各种他想要做的操作，包括添加、删除或更新数据，甚至可能直接删除表。

（2）防范 SQL 注入式攻击。

要防止 ASP.NET 应用被 SQL 注入式攻击闯入并不是一件特别困难的事情，只要在利用表单输入的内容构造 SQL 命令之前，把所有输入内容过滤一番就可以了。过滤输入内容可以按多种方式进行。

① 对于动态构造 SQL 查询的场合，可以使用下面的技术：

a. 替换单引号，即把所有单独出现的单引号改成两个单引号，防止攻击者修改 SQL 命令的含义。再来看前面的例子，“SELECT * from Users WHERE login = ''' or ''1''=''1' AND password = ''' or ''1''=''1'”显然会得到与“SELECT * from Users WHERE login = '' or '1'='1' AND password = '' or '1'='1'”不同的结果。

b. 删除用户输入内容中的所有连字符，防止攻击者构造出类如“SELECT * from Users WHERE login = 'mas' -- AND password =''”之类的查询，因为这类查询的后半部分已经被注释掉，不再有效，攻击者只要知道一个合法的用户登录名称，根本不需要知道用户的密码就可以顺利获得访问权限。

c. 对于用来执行查询的数据库账户，限制其权限。用不同的用户账户执行查询、插入、更新、删除操作。由于隔离了不同账户可执行的操作，因而也就防止了原本用于执行 SELECT 命令的地方却被用于执行 INSERT、UPDATE 或 DELETE 命令。

② 用存储过程来执行所有的查询。SQL 参数的传递方式将防止攻击者利用单引号和连字符实施攻击。此外，它还使得数据库权限可以限制到只允许特定的存储过程执行，所有的用户输入必须遵从被调用的存储过程的安全上下文，这样就很难再发生注入式攻击了。

③ 限制表单或查询字符串输入的长度。如果用户的登录名字最多只有 10 个字符，那么不要认可表单中输入的 10 个以上的字符，这将大大增加攻击者在 SQL 命令中插入有害代码的难度。

④ 检查用户输入的合法性，确信输入的内容只包含合法的数据。数据检查应当在客户性。

在客户端，攻击者完全有可能获得网页的源代码，修改验证合法性的脚本（或者直接删除脚本），然后将非法内容通过修改后的表单提交给服务器。因此，要保证验证操作确实已经执行，唯一的办法就是在服务器端也执行验证。可以使用许多内建的验证对象，例如 RegularExpressionValidator，它们能够自动生成验证用的客户端脚本，当然也可以插入服务器端的方法调用。如果找不到现成的验证对象，可以通过 CustomValidator 自己创建一个。

⑤ 将用户登录名称、密码等数据加密保存。加密用户输入的数据，然后再将其与数据库中保存的数

据比较，这相当于对用户输入的数据进行了“消毒”处理，用户输入的数据不再对数据库有任何特殊的意义，从而也就防止了攻击者注入 SQL 命令。System.Web.Security. FormsAuthentication 类有一个 HashPasswordForStoringInConfigFile，非常适合对输入数据进行消毒处理。

⑥ 检查提取数据的查询所返回的记录数量。如果程序只要求返回一个记录，但实际返回的记录超过一行，那就当做出错处理。

任务拓展

（1）以三人为一组成立软件测试小组，查阅资料熟悉软件测试流程，理解软件测试的目的及意义，并至少选择两种自动化测试工具，将使用方法整理成文档供测试小组成员查阅。

（2）根据软件测试流程及网站测试项目，参阅网上资源，为电子商务网站设计测试计划和测试用例，在测试计划中至少包括测试概述、测试背景、测试范围、测试手段、测试环境、测试策略及测试工作计划。每个测试用例包含开始条件、测试动作和预计输出三项。

（3）按照测试计划及测试用例，对电子商务网站进行全面测试，要求详细记录测试过程，测试结束时提交测试分析报告，必要时为开发人员提供意见与建议。

任务 2 电子商务网站的发布

在对网站进行本地测试后，接下来的任务就是将站点发布至 Internet 上，让全世界接入 Internet 的用户都可以访问该网站。但是，在此之前，还需完成一系列的前期准备工作，包括申请域名、申请虚拟主机、域名解析等。当空间生效后即可将网站上传至 Web 服务器上。本任务首先向 IDC（Internet Data Center）服务提供商提交域名申请，购买虚拟主机，然后进行域名解析，最后利用 Visual Studio 2005 将电子商务网站发布至本地文件系统，再利用 CuteFTP 文件传输工具将站点文件上传至 Web 空间。利用 CuteFTP 建立连接站点如图 8.16 所示。

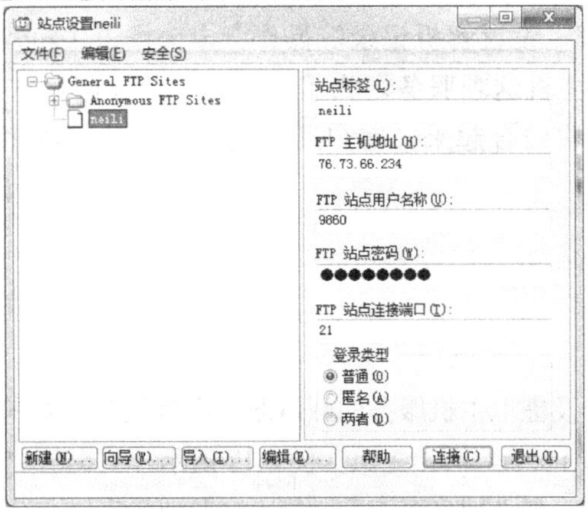

图 8.16 建立连接站点

8.2.1 域名注册

任务分析

域名注册是 Internet 中用于解决地址对应问题的一种方法。域名注册遵循先申请先注册原则，管理机构对申请人提出的域名是否违反了第三方的权利不进行任何实质审查。每个域名都是独一无二的，不可重复的。因此，在网络上，域名是一种相对有限的资源，它的价值将随着注册企业的增多而逐步为人们所重视。

在新的经济环境下，域名所具有的商业意义已远远大于其技术意义，而成为企业在新的科学技术条件下参与国际市场竞争的重要手段，它不仅代表了企业在网络上的独有的位置，也是企业的产品、服务范围、形象、商誉等的综合体现，是企业无形资产的一部分。

域名注册早期很多都不是实时注册的，现在直接提交域名注册查询都是实时结算、实时注册成功。这种实时性主要是应对越来越严重的域名抢注现象。域名注册的所有者都是以域名注册提交人填写域名订单的信息为准的，成功 24h 后，即可在国际（ICANN）、国内（CNNIC）管理机构查询 whois 信息（whois 信息就是域名所有者等信息）。域名注册的申请步骤如下：

（1）准备申请资料：com 域名无需提供身份证、营业执照等资料，cn 域名已开放个人申请注册（2012 年 5 月 29 日，CNNIC 发布新修订的《中国互联网络信息中心域名注册实施细则》，新细则首次允许个人申请包括“.CN”和“.中国”等顶级域名在内的互联网域名），所以申请则需要提供身份证或企业营业执照。

（2）寻找域名注册网站：由于.com、.cn 域名等不同后缀均属于不同注册管理机构所管理，如要注册不同后缀域名则需要从注册管理机构寻找经过其授权的顶级域名注册服务机构。如 com 域名的管理机构为 ICANN，cn 域名的管理机构为 CNNIC（中国互联网络信息中心）。若注册商已经通过 ICANN、CNNIC 双重认证，则无需分别到其他注册服务机构申请域名。

（3）查询域名并提出正式申请：先在域名注册查询网站查询想要申请的域名，确认域名的当前状态（已被注册或尚未注册）。由于域名注册遵循先申请先注册原则，需要先查询想要注册的域名，并且确认域名为可申请的状态后，才能提交注册申请，同时缴纳年费。

（4）申请成功：正式申请成功后，下一步可以申请虚拟主机（也可以选择主机托管），并开始进入 DNS 解析管理、设置解析记录等操作。申请虚拟主机可以在网上直接进行，网络上有很多公司都提供虚拟主机这项服务。为了方便客户建立网站，几乎所有的 ISP 都将域名注册和虚拟主机这两项工作结合起来，客户通过同一个 ISP，既可以注册域名，也可以租用虚拟主机。

任务实施

步骤一：申请域名

（1）目前提供域名注册及虚拟主机服务的网络服务商有很多，本任务以中国万网为例，首先登录中国万网网站 http://hichina.com，网站主页如图 8.17 所示。

（2）在主页的右上方有一栏“域名查询”，由于注册域名需要遵循先申请先注册原则，每一个域名的注册都是独一无二的、不可重复的，因此，首先需要查询域名是否已经被注册，在查询文本框中输入 neili，单击“查询”按钮，查询结果页面如图 8.18 所示。从查询结果可知，neili.cn 及 neili.com 已经被注册，而 neili.com.cn 尚未注册，若要查看已经被注册的域名的详细信息，可以单击“详细”链接，在新打开的页面中将列出详细的域名注册信息，包括域名的注册日期、到期时间、域名服务器等，结果如图 8.19 所示。

图 8.17　中国万网主页

图 8.18　域名查询结果页面

图 8.19　已注册域名的详细信息

（3）当确定需要注册某个域名时，单击旁边的“注册”按钮即可。由于网站要求用户先登录才能使用该项服务，因此，网站将跳转至用户登录页面。如果用户之前未在该网站上注册，则需要先注册后登录，用户登录页面如图 8.20 所示，用户注册页面如图 8.21 所示。

图 8.20　用户登录页面

图 8.21　用户注册页面

（4）用户登录网站后重新选择域名注册，购买国内中英文域名包括以下几个步骤：选择域名购买→填写真实、准确、完整的域名注册信息→支付域名费用→提交资料至万网→万网接收到资料初审合格后递交至 CNNIC 审核→如资料通过 CNNIC 审核→用户将收到域名注册成功函，此时可查看会员区域名管理，域名业务状态为“成功”，域名已经注册成功，用户可对域名进行解析操作或续费等管理，注册国内中英文域名流程如图 8.22 所示。在域名注册时，用户需要填写详细信息，包括用户类型（个人或公司）、所有人姓名、联系电话、通讯地址、使用的域名解析服务器等，用户只需按照网站提示操作即可，域名注册页面如图 8.23 所示。

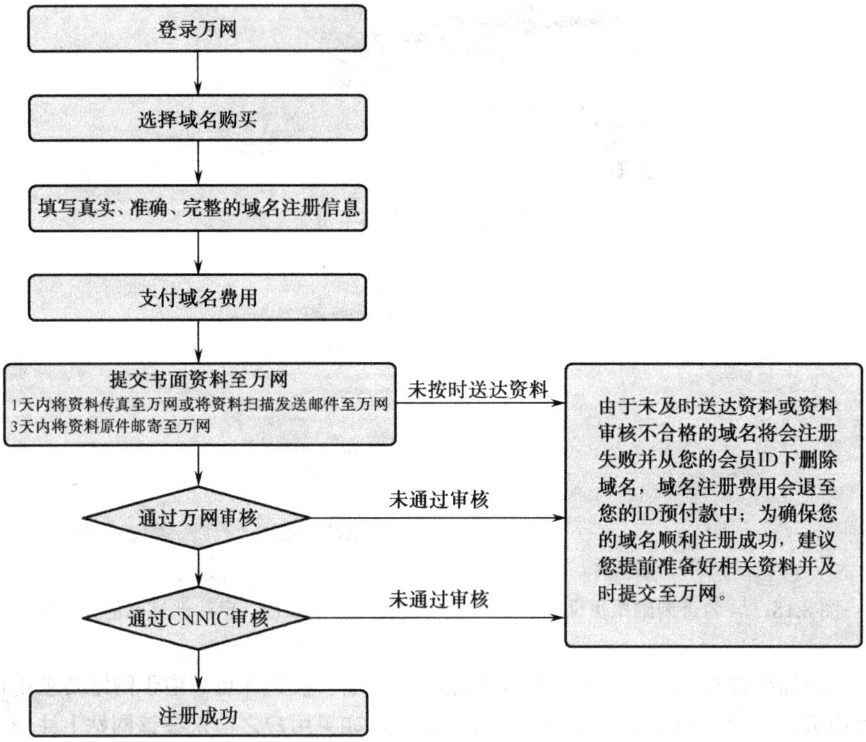

图 8.22　注册国内中英文域名流程图

图 8.23　域名注册页面

在申请国内域名时需要注意以下事项：

① 注册国内英文域名必须同时递交书面资料进行审核，未及时送达资料或资料审核不合格的域名将会注册失败，域名注册服务商接收到资料初审后递交 CNNIC 审核，资料通过 CNNIC 审核后，域名方注册成功。

② 根据 CNNIC 的要求，新注册的国内域名将暂时无法直接使用解析服务，需要先进行网站备案；域名所指向的网站备案成功并经核查无误后，予以开通解析服务。

步骤二：申请虚拟主机

（1）完成域名注册后，下一步即是申请虚拟主机，作为企业用户也可以选择主机托管。另外，很多 IDC 服务提供商也提供套餐服务，即同时购买域名及虚拟主机，甚至提供自动建站服务，费用比单独购买域名及虚拟主机要便宜。此任务以单独购买虚拟主机为例，登录中国万网网站，在导航栏中选择“主机服务”下的“虚拟主机”命令，打开后的页面如图 8.24 所示。

（2）购买虚拟主机主要应考虑的因素包括虚拟主机的网络空间大小、操作系统、对一些特殊功能如数据库的支持，虚拟主机的稳定性和速度，虚拟主机服务商的专业水平等。用户可以根据自身情况，结合上列因素选择虚拟主机，这里以 M3-HK 虚拟主机为例，单击“购买”按钮，将打开虚拟主机购买页面，如图 8.25 所示。

图 8.24 虚拟主机产品页面

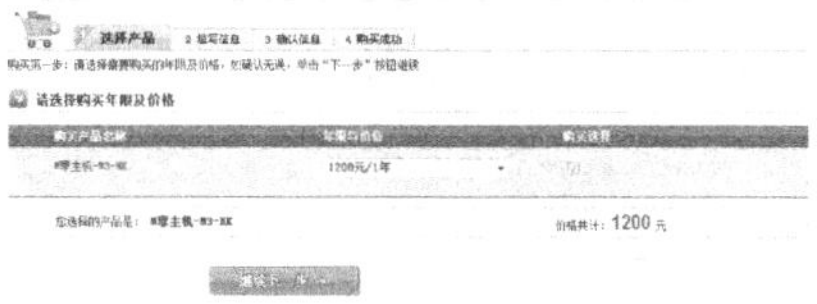

图 8.25 虚拟主机购买页面

（3）在虚拟主机购买页面中选择购买年限、填写主机域名、确认购买信息、选择适合的付款方式。需要注意的是，如果填写的域名是在同一个 ID 下申请，且域名的 DNS 是万网的 DNS，系统将自动生成域名解析，4h 左右网站对应的域名将被解析到此站点 IP 上。反之，则需手工将网站对应域名解析到业务成功通知邮件中给出的网站 IP。另外，如果申请的是国内域名，在购买虚拟主机以后，还要完成网站备案，网站才能最终开通。

步骤三：域名解析

万网会员区提供了“便捷解析”设置，通过“便捷解析”简单操作即可完成域名对主机和邮箱的解析设置。

（1）首先，使用万网会员 ID 和会员 ID 密码登录万网会员区，选择页面左侧“产品管理”中“域名管理”选项，页面右侧出现购买的域名，如图 8.26 所示。

（2）选中需要设置解析的域名并单击下边的“域名解析”按钮，如图 8.27 所示。

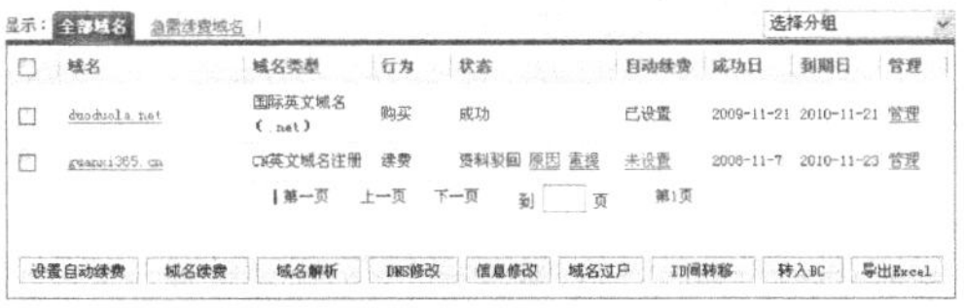

图 8.26 域名管理页面一

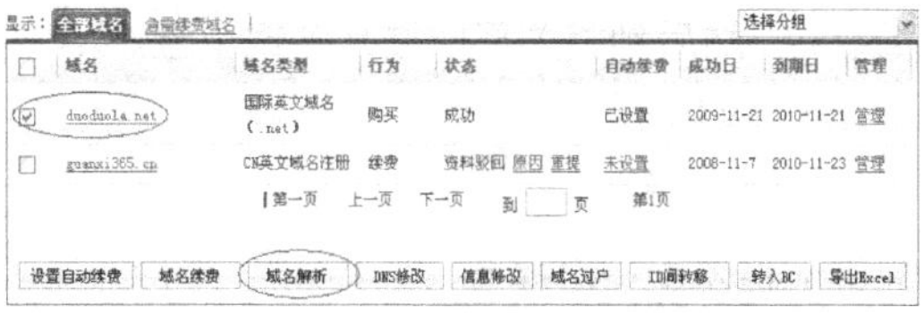

图 8.27 域名管理页面二

（3）进入解析界面，如图 8.28 所示。

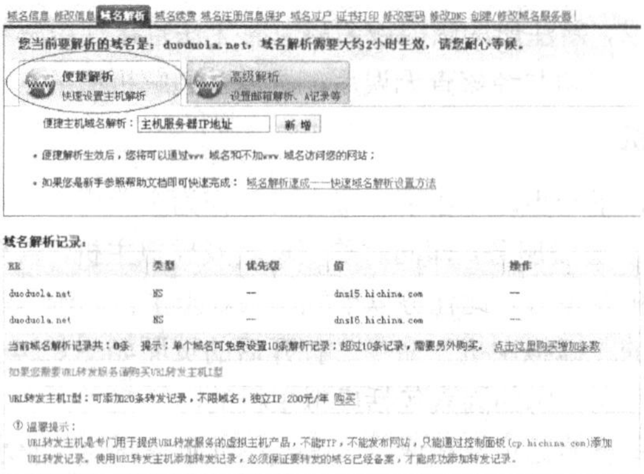

图 8.28　域名解析页面

（4）根据会员区提示，填写业务中相对应的主机服务器 IP 和邮箱服务器 IP 后，再单击“新增”按钮，如图 8.29 所示。

（5）设置完毕后，解析记录则保存在“详细记录列表”中，如图 8.30 所示。

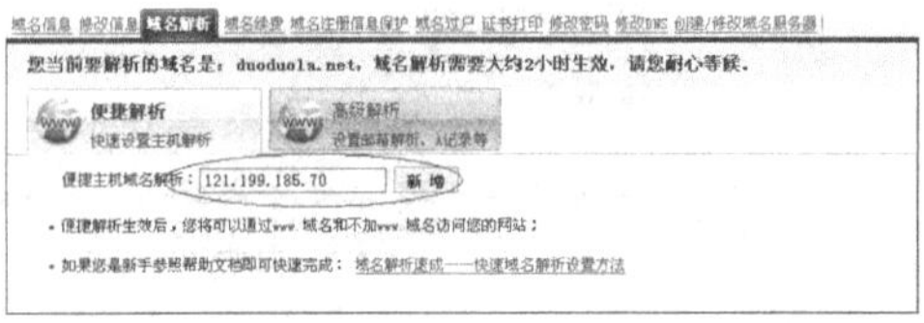

图 8.29　新增域名解析

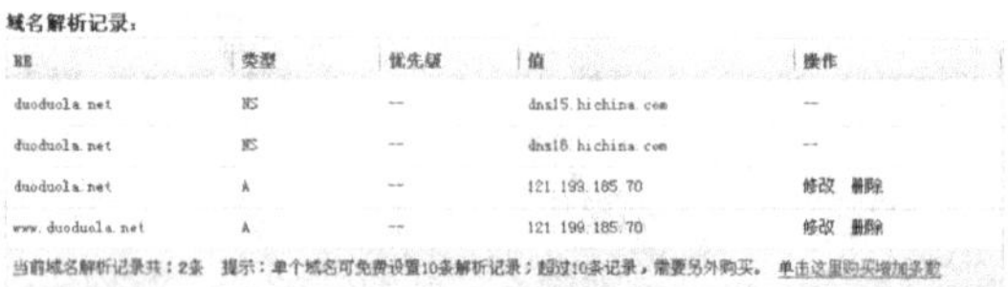

图 8.30　域名解析记录

相关知识

1. 虚拟主机

（1）什么是虚拟主机。

虚拟主机，又称为“网站空间”，就是把一台运行在互联网上的服务器划分成多个“虚拟”的服务器，每一个虚拟主机都具有独立的域名和完整的 Internet 服务器（支持 WWW、FTP、E-mail 等）功能。一台服务器上的不同虚拟主机是各自独立的，并由用户自行管理。

（2）申请虚拟主机的方法。

申请虚拟主机十分简单，用户只需登录 IDC 服务提供商网站即可。虚拟主机申请成功后，一般还要申请域名，并进行域名和 IP 地址的绑定，然后到相关部门进行备案审查。其流程如图 8.31 所示。

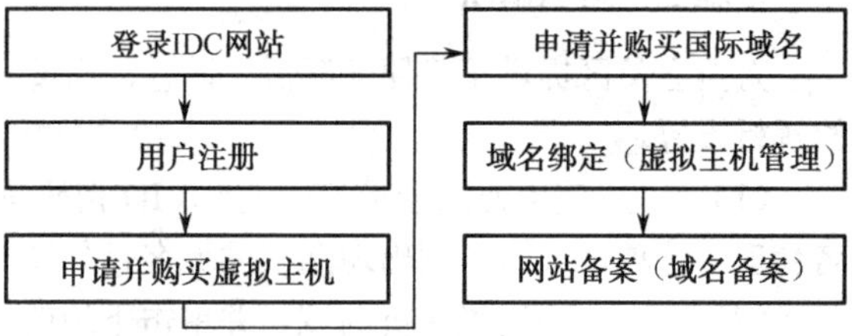

图 8.31　申请虚拟主机和域名的流程

2. 主机托管

（1）什么是主机托管。

主机（服务器）托管是客户自身拥有一台服务器，并把它放置在 Internet 数据中心的机房，由客户自己进行维护，或者是由其他的签约人进行远程维护。

（2）主机托管的优越性。

拥有一个良好的企业站点是企业发展、展示自己的重要手段。如果企业想拥有自己独立的 Web

服务器，同时又不想花费更多的资金进行通信线路、网络环境、机房环境的投资，更不想投入人力进行 24h 的网络维护，可以尝试主机托管服务。主机托管的特点是投资有限，周期短，无线路拥塞之忧。

（3）主机托管和虚拟主机的区别。

① 主机托管是用户独享一台服务器，而虚拟主机是多个用户共享一台服务器。

② 主机托管用户可以自行选择操作系统，而虚拟主机用户只能选择指定范围内的操作系统。

③ 主机托管用户可以自己设置硬盘，创造数 10GB 以上的空间，而虚拟主机空间则相对狭小。

④ 主机托管业务主要是针对 ICP 和企业用户，他们有能力管理自己的服务器，提供如 Web、E-mail、数据库等服务。但是需要借助 IDC 提升网络性能，而不必建设自己的高速骨干网的连接。

3. 域名

（1）域名基本类型。

一是国际域名，又称为国际顶级域名。这也是使用最早也最广泛的域名。例如，表示工商企业的.com，表示网络提供商的.net，表示非营利组织的.org 等。

二是国内域名，又称为国内顶级域名，即按照国家的不同分配不同后缀，这些域名即为该国的国内顶级域名。目前 200 多个国家和地区都按照 ISO3166 国家代码分配了顶级域名，例如，中国是 cn，美国是 us，日本是 jp 等。

（2）域名注册。

注册域名需要遵循先申请先注册原则，管理机构对申请人提出的域名是否违反了第三方的权利不进行任何实质审查。同时，每一个域名的注册都是独一无二的、不可重复的。因此，在网络上，域名是一种相对有限的资源，它的价值将随着注册企业的增多而逐步为人们所重视。

注册国际域名时没有条件限制，单位和个人均可以申请，一般只需填写一个在线注册表即可。而注册中国国家顶级域名（国内域名），域名注册申请人必须是依法登记并能够独立承担民事责任的组织，个人不能申请注册域名。域名注册申请表中的各类联系人都是代表组织来办理域名注册申请的各项事宜。另外，注册中国国家顶级域名（国内域名）需要注册人提供加盖公章的营业执照。

目前提供域名注册及虚拟主机服务的网络服务商有很多，表 8.1 是相对来说服务较好的部分 IDC 服务提供商（数据来自中国 IDC 圈 http://www.idcquan.com）。

表 8.1 部分 IDC 列表

公司名称	网址
中国万网	www.net.cn
新网	www.xinnet.com
第一主机	www.5778.com
中资源	www.zzy.cn
中国频道	www.china-channel.com
商务中国	www.bizcn.com
新互联网	www.dns.com.cn
中国 E 动网	www.edong.com
美橙互联	www.cndns.com
阳光互联	www.sundns.com

有的 IDC 可以提供虚拟主机的试用，甚至还可以提供免费域名。对于个人用户来说，可以在试用期内充分了解虚拟主机和域名的申请和使用方法。详细操作说明可以通过登录相关网站进行查询。

4. 网站备案

互联网信息服务分为经营性和非经营性两类。经营性互联网信息服务，是指通过互联网向上网用户有偿提供信息或者网页制作等服务活动。非经营性互联网信息服务，是指通过互联网向上网用户无偿提供具有公开性、共享性信息的服务活动。

对于经营性网站，根据中华人民共和国国务院令第 291 号《中华人民共和国电信条例》、第 292 号《互联网信息服务管理办法》（简称 ICP 管理办法），国家对提供互联网信息服务的 ICP 实行许可证制度。ICP 证是网站经营的许可证，根据国家《互联网信息服务管理办法》规定，经营性网站必须办理经中华人民共和国增值电信业务经营许可证，否则就属于非法经营。非经营性网站要办理非营业性互联网信息服务业务备案证。

网站备案可以登录 http://www.miibeian.gov.cn 进行网上备案，如图 8.32 所示。

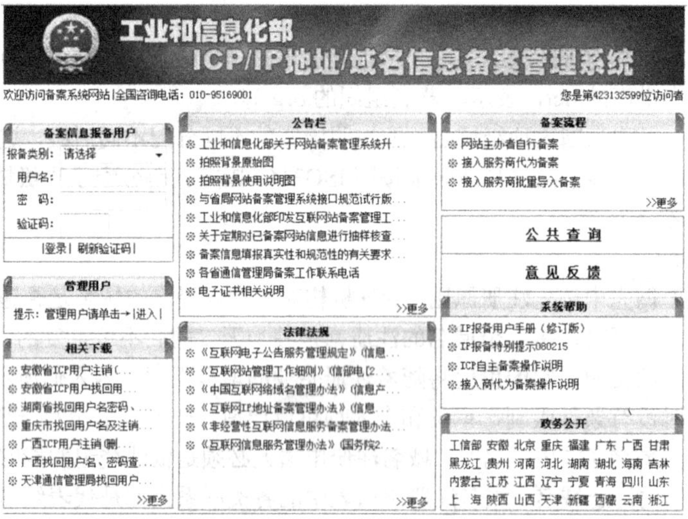

图 8.32　网站备案登录界面

任务拓展

（1）网站空间的分类与选择。

网站空间就是存放网站内容的空间。请列出几种常见的网站空间分类形式：按空间形式分类、按程序语言分类、按空间线路分类。并指明在选择网站空间时，主要应该考虑哪些关键因素？

（2）在 Internet 上申请一个域名及 Web 空间。

若条件允许，注册一个属于自己的域名并购买一个可以长期使用的虚拟主机空间，为站点发布做好准备。或者利用搜索引擎查找能够提供免费 Web 空间的站点（如 http://www.5944.net/），为自己的网站申请一个免费域名及免费 Web 空间。

8.2.2 发布网站

任务分析

在完成域名注册、申请虚拟主机、域名解析之后，所有的准备工作已经就绪，下一步的工作是上传网站，并且在后续的工作中做好网站的后期维护，保证网站内容的及时更新以及网站的正常运行，及时做好网站备份。

为了上传站点，既可以使用 Visual Studio 2005 提供的“复制网站”功能，也可以使用其提供的“发布网站”功能，将经过本地测试的站点上传至指定的 Web 空间，甚至可以利用 Visual Studio 2005 Web Deployment Projects 插件创建 Web 部署项目，将电子商务网站打包成利于分发的 msi 安装文件。本任务对前两种情况进行说明，关于如何制作 msi 文件请查阅相关资料。

任务实施

下面演示了两种发布网站的方式，读者可以任选步骤一或者步骤二，以完成网站的发布。

步骤一：利用 Visual Studio 2005 复制网站

（1）选择“开始”→“程序”→“Microsoft Visual Studio 2005”命令，打开内利网站，选择“网站”菜单下的“复制网站”命令，将打开如图 8.33 所示窗口，该窗口分成左右两栏，左栏为“源网站”，就是要复制的网站；右栏为“远程网站”，就是想要复制的地方。

（2）单击“连接”按钮，将弹出“打开网站”对话框，如图 8.34 所示，用于选择一个复制目标，有 4 种类型：文件系统、本地 IIS、FTP 站点、远程站点。前面已经完成了虚拟主机的购买（为了使该任务可以继续执行，也可以申请免费 Web 空间以上传站点），IDC 服务提供商一般会提供一个用于上传站点的 FTP 地址，以及用于登录的用户名及密码。在这里选择左侧栏的“FTP 站点”命令。

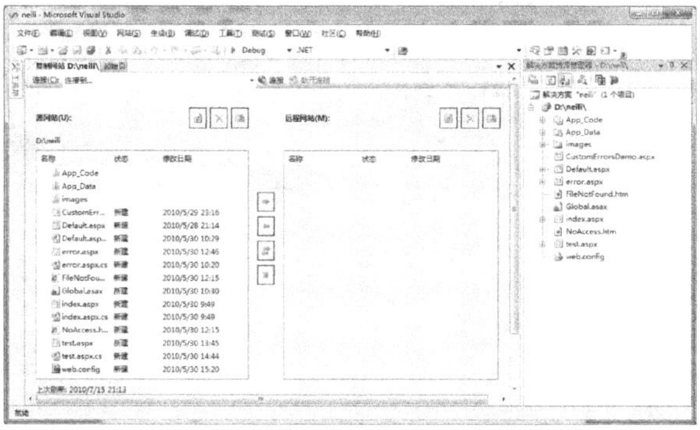

图 8.33　复制网站

图 8.34　“打开网站”对话框

（3）在打开的窗口中填写从 IDC 服务提供商处获得的 FTP 服务器地址、端口号（一般默认为 21，不需修改）、目录、用户名、密码等信息，如图 8.35 所示。

（4）单击“打开”按钮，Visual Studio 2005 将与 FTP 站点建立连接，这时右侧“远程网站”就会显示打开的站点情况，接下来的操作就像一个资源管理器，根据需要添加或删除文件就行。在这里选择左栏的源文件，并单击上传命令即可。如果上传后的站点有过修改，则可使用同步功能，使得远程站点与本地站点的内容保持一致。

（5）为了测试网站是否发布成功，打开浏览器，在地址栏内输入之前注册的域名即可通过 Internet 访问到网站。

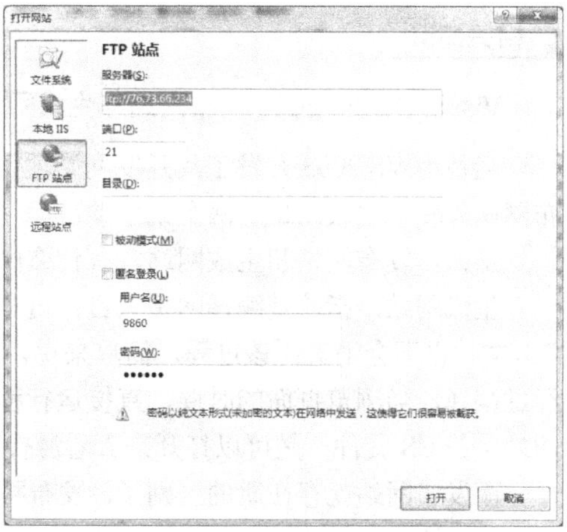

图 8.35　填写 FTP 站点信息

步骤二：利用 Visual Studio 2005 发布网站

（1）选择“开始”→“程序”→“Microsoft Visual Studio 2005”命令，打开内利网站，选择“生成”菜单下的“发布网站”命令，打开如图 8.36 所示的对话框。

（2）在“发布网站”对话框的目标位置处输入“D:\123”，单击“确定”按钮。这时 Visual Studio 2005 自动将编译好的站点文件保存至“D:\123”中。接下来，将发布后的站点文件利用 CuteFTP 上传至 Web 空间。首先确保已经安装 CuteFTP，启动该软件，选择“文件”→“站点管理器”命令，弹出“站点设置”对话框，单击“新建”按钮，为新建站点填写站点标签、FTP 主机地址、FTP 站点用户名称、FTP 站点密码、FTP 站点连接端口等信息（注：FTP 站点信息从 IDC 服务提供商处获得）。设置完毕后，单击“连接”按钮，软件运行界面如图 8.37 所示。

（3）程序主界面中间区域左侧为“本地区域”窗口，右侧为“远程区域”窗口，在“本地区域”窗口中选择本地硬盘“D:\123”，并选取一个或多个要上传的文件，在“远程区域”窗口中进入欲将文件送至的目录。单击工具栏上的上传图标，或者用鼠标直接将选取文件拖曳至“远程区域”窗口，文件便开始上传。

（4）为了测试网站是否发布成功，可以打开浏览器，在地址栏内输入之前注册的域名即可通过 Internet 访问到网站，如果未能发布成功，则可以联系 IDC 服务提供商以协助解决。

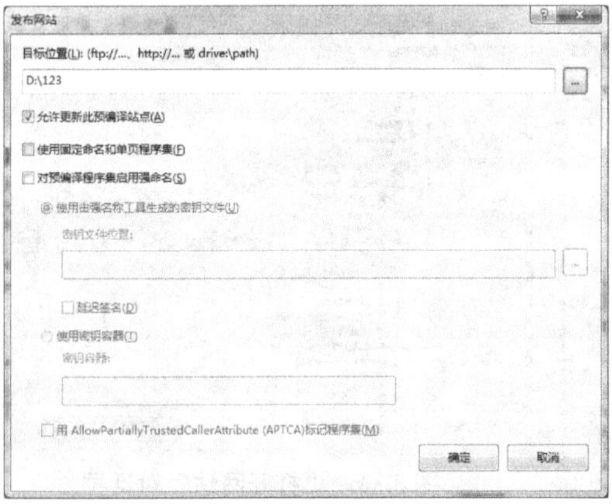

图 8.36 “发布网站”对话框

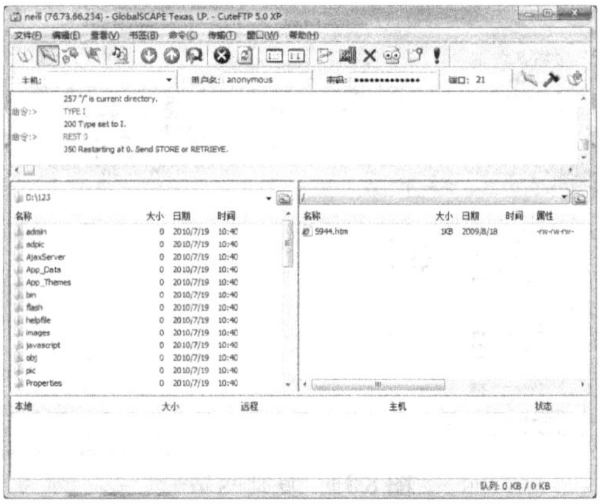

图 8.37 CuteFTP 连接远程站点

相关知识

Visual Studio 2005 发布网站与生成网站的区别

当使用 VS 2005 开发工具开发网站项目的时候，都会遇到这样的问题：在“生成”菜单有“发布网站”和“生成网站”两个菜单项。

那么，发布网站和生成网站，有什么区别呢？

生成网站，指的是编译网站项目；这个时候，CS 文件是不会被编译成为 DLL 文件的，同时，CS 文件也不会消失；该过程，简单来说，就是预先编译网站的程序，让没有出现任何错误的程序经过编译，当浏览页面的时候，直接运行程序，加快程序执行速度和提高网页的显示速度，但是，网站中的 CS 文件，是可以打开来查看源代码的。

而发布网站就存在质的区别了。发布网站允许用户将网站发布之后（可以选择一个目录进行发布），可将发布目录中的程序或网站资源，上传到服务器或复制粘贴到其他机器上面，然后，设置好 IIS 等 Web 服务器，该目录的网站即可运行。

发布网站的过程，可以将网站中所有的CS文件通过编译之后生成对应的DLL文件，一般在Bin目录里面，同时，CS文件会自动消失；因为CS文件都被编译到DLL动态链接库了，所以就没有必要保留了，因此，发布网站之后，CS文件就没了。但是，由于DLL里面事先就编译好了CS，并且确认了哪个ASPX文件应该调用哪个CS文件，所以，整个网站，一般仅存在ASPX文件和DLL文件和部分必要的文件。当然，还有网站资源，如图片、音乐、视频等对象。

这个时候，DLL里面的CS文件是无法看到的，即使使用任何工具打开，也是乱码，这是加密了的，起到一定的安全作用；也可以这样认为，DLL文件是可用不可看的。

当然了，发布网站这个过程，是相当复杂的，上面仅简单地做一个说明。它还包含将项目打包成安装程序、各种文件的引用、调用等一系列复杂的问题，在此就不过多阐述了。

总之，如果想让网站项目能够在其他计算机上或服务器上正常运行，就选择“发布网站”，如果只想在本机测试程序，就使用“生成网站”。

任务拓展

（1）利用Visual Studio 2005和FTP工具（如CuteFTP、LeafFTP等）将测试成功的本地站点发布到外部Web空间中，要求能够通过浏览器访问该站点。另外，上网搜索Visual Studio 2005 Web程序自定义安装包的制作方法。

（2）尝试维护站点，具体要求：更新首页新闻、LOGO标志、首页图片、文字内容；通过CSS样式修改整个网站的标题文字样式。

习题

一、选择题

1．在软件的生命周期中，下列哪一种说法是错误的（　　）。

A．软件生命周期分为计划、开发和运行三个阶段

B．在开发初期要进行可行性研究和详细设计

C．在开发后期要进行代码编写和软件测试

D．运行阶段主要是进行软件维护

2．一般来说，经过修改的软件可能仍然包含着错误，甚至引入了新的错误，必须进行（　　）。

A．回归测试　　B．单元测试　　C．集成测试　　D．白盒测试

3．为了测量Web系统在某一负载级别上的性能，以保证Web系统在需求范围内能正常工作，需要进行（　　）。

A．功能测试　　B．可用性测试　　C．压力测试　　D．负载测试

4．在ASP.NET中，使用代码隐藏技术来分离页面文件和代码文件，已经编译好的.dll文件在Windows 2003上发布以后，一般都放在（　　）。

A．虚拟目录的根目录　　B．虚拟目录跟目录下的bin文件夹中

C．站点所在的目录的bin文件夹中　　D．系统目录的system32目录下

5．在域名系统中，域名采用（　　）。

A．树型命名机制　　B．星型命名机制

C．层次型命名机制　　D．网状型命名机制

二、填空题

1．软件测试就是在软件投入运行前，对_________、设计规格说明和编码的最终复审，是

_________的关键步骤。

2．通常在编写每一个功能模块之后就对它做必要的测试，这种测试称为_________。

3．进行测试之前，测试负责人要根据“产品定义书”及“总体设计说明”和“详细设计文档”制定_________，详细阐明本次测试目的、对象、方法、范围、过程、环境要求、接受标准，以及测试人员和测试时间等内容。

4．_________是一个文档，描述了输入、动作、或者时间和一个期望的结果，其目的是确定应用程序的某个特性是否正常的工作。

5．虚拟主机把一台运行在互联网上的服务器划分成多个“虚拟”的服务器，每一个虚拟主机都具有独立的_________和完整的_________功能。

6．_________是客户自身拥有一台服务器，并把它放置在 Internet 数据中心的机房，由客户自己进行维护，或者是由其他的签约人进行远程维护。

7. 域名是上网单位和个人在网络上的重要标识，起着识别作用，域名申请的原则是_________。

三、实践题

1．对电子商务网站进行测试，要求在测试之前事先制定测试计划，编写测试用例，并对测试过程进行记录，分析测试结果。

2．利用 Visual Studio 2005 使用复制网站的方法，发布电子商务网站。

3．查阅相关资料，使用 XCOPY 命令发布电子商务网站。

附录A

习题参考答案

项目一　习题参考答案

一、选择题

1	2	3	4	5	6
B	C	C	B	D	D

二、填空题

1．设计、程序代码
2．代码分离模式、单一模式
3．OnInit()，Page_Load()
4．建立 Web 应用程序、网站发布与维护
5．实现类文件、实现 Web 页面
6．Default.aspx.designer.cs 文件、Default.aspx.cs 文件

项目二　习题参考答案

一、选择题

1	2	3	4	5	6
D	A	C	C	B	B

二、填空题

1. C/S、B/S
2. 两端、Client 端和 Server 端
3. Web 浏览器、信息共享
4. 应用层、数据层
5. DAL（数据访问层）、COMMON（通用层）
6. 概念设计、逻辑结构设计

项目三 习题参考答案

一、选择题

1	2	3	4	5	6
C	A	A	D	D	B

二、填空题

1. 可视化用户组件界面部分、接口逻辑部分
2. Web 控件
3. XML 文件、Web.Sitemap、应用程序的根目录
4. SiteMapPath、TreeView、Menu
5. Items、ChildItems、MenuItem
6. ContentPlaceHolder、ID

项目四 习题参考答案

一、选择题

1	2	3	4	5	6
D	D	B	D	A	D

二、填空题

1. configuration、<configuration>、</configuration >
2. 配置节处理程序声明区域、配置节设置区域
3. Global.asax、应用程序
4. Session_Start()、 Session_End()
5. Response 对象、Request 对象、
6. Lock、Unlock

项目五 习题参考答案

一、选择题

1	2	3	4	5	6
B	C	D	A	A	D

二、填空题

1. 通用功能、对象
2. 垃圾回收（GC）、析构函数
3. 运行时的多态性、编译时的多态性
4. 同参数表、同返回类型

5．基类、构造函数体中的操作

6．成员、无值可赋

项目六 习题参考答案

一、选择题

1	2	3	4	5	6
C	D	A	C	C	A

二、填空题

1．DataReader、DataSet

2．XML、数据库链路。

3．多、多

4．多、一

5．字符串、临时字符串

6．SqlCommand、DataSet

项目七 习题参考答案

一、选择题

1	2	3	4	5	6	7	8
C	B	C	C	A	D	C	C

二、填空题

1．Load、代码

2．FindControl、null

3．Redirect、Transfer

4．False、Style

5．验证控件

6．数据源控件、数据绑定控件

7．DataTextField、DataValueField

8．"text"、"<%# name %>

项目八 习题参考答案

一、选择题

1	2	3	4	5
B	A	D	C	C

二、填空题

1．软件需求分析、软件质量保证

2．单元测试

3．测试计划

4．测试用例

5．域名、Internet 服务器

6．主机托管

7．先申请先注册原则

参 考 文 献

[1] （罗）戴瑞，（美）沃特森．ASP.NET 电子商务开发实战[M]．北京：人民邮电出版社，2010.04．

[2] 李云强，徐艳，王玉松．基于 ASP.NET 的 B2C 电子商务网站设计与实现[J]．现代计算机，2006，2(229)：80-83．

[3] 陈显刚．电子商务网站的研究与设计[D]．长春：长春理工大学研究生院，2007.03．

[4] 刘巧红．电子商务网站构建技术研究[D]．武汉：武汉科技大学研究生院，2007.05．

[5] 微软公司．面向．NET 的 Web 应用程序设计[M]．北京：高等教育出版社，2008.02．

[6] 王杰瑞，宾晟，张琴．ASP.NET+SQLServer 项目开发全程实录[M]．北京：科学出版社，2009．09．

[7] 宋海兰，李航，沙继东．ASP.NET 3.5 项目开发实战[M]．北京：电子工业出版社，2010.08．

[8] 肖金秀，何鹏，王当文．ASP.NET 案例教程[M]．北京：冶金工业出版社，2005.03．

[9] 夏阳，张强，陈小林．基于 ASP.NET 的电子商务网站开发与设计[J]．计算机工程与设计，2004，11(25)：2027-2029．